胡彦著

周易六十四卦象數集解

下

中華書局

周易下经

三一　咸卦

☱☶兑上艮下

咸：

来知德：咸者，感也。不曰感者，咸有皆义，男女皆相感也。艮为少男，兑为少女，男女相感之深，莫如少者。盖艮止则感之专，兑悦则应之至，此咸之义也。《序卦》："有天地至，然后礼义有所错。"天地，万物之本；男女，人伦之始。上经首乾坤者，"天地定位"也。下经首咸恒者，"山泽通气"也。位欲其对待而分，《系辞》"天地定位"一条是也，故天地分为二卦。气欲其流行而合，《系辞》"刚柔相摩"一条是也，故山泽合为一卦。

张惠言：消息卦，在否，次渐。渐"女归待男行"，咸以乾感坤，为反泰之始也。候在五月。变成既济。

按："咸"是卦名，卦象由上泽下艮构成。《周易·序卦传》言："有天地，然后有万物。有万物，然后有男女。有男女，然后有夫妇。有夫妇，然后有父子。有父子，然后有君臣。有君臣,然后有上下。有上下,然后礼义有所错。”咸卦上卦兑为少女,下卦艮为少男,少男少女情投意合,所以卦象被命名为“咸”。

咸卦与损卦旁通。

亨,利贞,取女吉。

虞翻:咸,感也。坤三之上成女,乾上之三成男,乾坤气交以相与,止而说,男下女,故通,“利贞,取女吉”。

来知德:《彖辞》明。盖八卦正位艮在三,兑在六,艮属阳,三则以阳居阳;兑属阴,六则以阴居阴;三为艮之主,六为兑之主,男女皆得其正,所以“亨,贞吉”。

张惠言:由否来。“贞”谓初四易位,少男下少女亲迎之义。初四正则中男正乎外,中女正乎内,故“取女吉”。

尚秉和:咸,感也。《归藏》曰钦。《诗·秦风》:忧心钦钦。《传》:思望之,心中钦钦然。盖以少男仰求少女,有钦慕之情。是钦亦有感意,与咸义同。六爻皆有应,故曰亨,利贞。少女在前,少男在后,而艮为求,兑为悦,艮男求女,兑悦应之。得婚姻之正,故曰取女吉。

按:咸卦六爻阴阳相应,上下感通,所以系辞为“亨,利贞”。

下卦艮为少男、为求,上卦兑为少女、为悦,女上男下,男求女,女喜悦,所以系辞为“取女吉”。

《彖》曰:咸,感也。

来知德:释卦名义,又以卦综、卦德、卦象释卦辞而极言之。感者,感而应也,无应不为感矣。本卦二体,初阴四阳、二阴五阳、三阳六阴,皆阳感而阴应,阴感而阳应,故曰感也,取其交相感之义也。凡天下之事,无心以感之者,寂也,不能感也;有心以感之者,私也,非所感也。惟心虽感之,而感之至公,无所容心于其间,则无所不感矣。故卦去其心,而《彖》加其心。

张惠言:阳始感阴。

按:"咸,感也"是对卦名"咸"字的解释。

咸卦六爻阴阳相应,上下感通,所以系辞为"咸,感也"。

柔上而刚下,二气感应以相与。

来知德:柔上而刚下者,本卦综恒,二卦同体,文王综为一卦,故《杂卦》曰"咸,速也;恒,久也"。柔上者,恒下卦之巽上而为咸之兑也。刚下者,恒上卦之震下而为咸之艮也。二气者,山泽之气也。因二气刚柔,一上一下,刚感而柔应之,柔感而刚应之,即山泽通气也。故恒卦亦曰"上下相与"也。此感之所以亨也。

张惠言:柔,坤三。刚,乾上。郑氏云:"与犹亲也。"

尚秉和:否三上交,故曰"柔上而刚下"。山泽通气,故曰"二气感应以相与"。

按:"柔上而刚下,二气感应以相与"是对"亨"字的解释。

上卦兑为泽、为"柔",下卦艮为山、为"刚",上下六爻阴阳相应,山泽通气,所以系辞为"柔上而刚下,二气感应以相与"。

止而说,男下女,是以"亨,利贞,取女吉"也。

来知德:止而说者,人心之说,易失其正,惟止而说,则无徇情纵欲之私,此所以利贞也。男下女者,以艮之少男下于兑之少女也。凡婚姻之道,无女先男者,必女守贞静,男先下之,则为得男女之正,此所以取女吉也。

张惠言:止,艮。说,兑。艮,男。兑,女。

尚秉和:艮止兑悦,故曰止而悦。兑上艮下,故曰男下女。

按:"止而说,男下女"是对"利贞,取女吉"的解释。

下卦艮为止,上卦兑为悦,下卦艮为男,上卦兑为女,所以系辞为"止而悦,男下女"。

天地感而万物化生,圣人感人心而天下和平。

虞翻:乾为圣人,初四易位成既济,坎为心、为平,故"圣人感人心而天下和平"。此"保合太和","品物流形"也。

来知德:化者气化,生者形生,万物化生者,天地以气感万物,而万物无不通也。和者无乖戾,平者无反侧。圣人以德感天下,而天下无不通也。

张惠言:初四正,既济定。天地行变化,既成万物,故"万物化生"。一说谓咸反泰也。《序卦》云:"有天地,然后有万物。"注云:"谓否反成泰,'天地絪缊,万物化醇'。"否乾。

尚秉和:天地感即阴阳和合,和合则万物生。圣人感人则仁义兼施,仁义浃则天下和平。

按:上卦兑为泽、为天,下卦艮为山、为地,六二爻与九四爻互卦为巽,巽为木、为"万物",上下阴阳相通,所以系辞为"天地感而万物化生"。

九三爻与九五爻互卦为乾,乾为圣人,下卦艮为民安,上卦兑为喜悦,圣人联通上下,国泰民安,所以系辞为"圣人感人心而天下和平"。

观其所感,而天地万物之情可见矣。

虞翻:谓四之初,以离日见天,坎月见地,悬象著明,万物见离,故"天地万物之情可见"也。

来知德:观其所感者,由感通之道引而伸之也。寂然不动者性,感而遂通者情,天地万物之情可见者,见天地万物之情,不过此感通也。

尚秉和:盖天地万物之事,莫不由感而通,由感而成,而其所以能感之故则情也,故曰其情可见。

按:咸卦下卦艮为山,上卦兑为泽,山泽通气,阴阳感应,万物化生,所以系辞为"观其所感,而天地万物之情可见矣"

《象》曰:山上有泽,咸;

来知德:泽性润下,土性受润,泽之润有以感乎山,山之虚有以受乎泽,咸之象也。

按:"山上有泽,咸"是从地理学的角度解释卦象。

下卦艮为山，上卦兑为泽，上下阴阳相交，所以系辞为"山上有泽，咸"。

君子以虚受人。

虞翻：君子谓否乾，乾为人，坤为虚，谓坤虚三受上，故"以虚受人"。艮山在地下为谦，在泽下为虚。

来知德：虚者，未有私以实之也。受者，受人之善也。人之一心，寂然不动，感而遂通者，虚故也。中无私主，则无感不通，闻一善言，见一善行，沛然若决江河矣。苟有私意以实之，如有所好乐，是喜之私实于中矣；有所忿懥，是怒之私实于中矣。既有私意，则先入者为主，而感通之机窒。虽有至者，将拒而不受矣。故山以虚则能受泽，心以虚则能受人。

张惠言：乾坤感应，阳施阴受，故曰"君子"。泽在山上，源出山中，山虚受之。

尚秉和：艮为君子。艮男下兑女，卑以自牧，故曰以虚受人。虞翻曰：否坤为虚，乾为人。今坤虚三受上，故以虚受人。

按："君子以虚受人"是从卦象引申出来的人文思想。能够效法咸卦的人被称为"君子"。下卦艮为山，上卦兑为泽，山高居下，兑泽在上，所以系辞为"君子以虚受人"。

初六：咸其拇。

虞翻：拇，足大指也。艮为指，坤为母，故"咸其拇"。

来知德：拇，足大指也。艮综震，足之象也，故以拇言之。以理论，初在下，亦拇之象。咸其拇，犹言咸以其拇也。拇岂能感人？特以人身形体上下之位，象所感之浅深耳。六爻皆然。

初六阴柔，又居在下，当感人之时，志虽在外，然九四说之，初六止之，特有感人之心，而无感人之事，故有感其拇之象，所以占无吉凶。

张惠言：咸家男下女，四感初，初乃之四，然初之志则常在四也。母非动始，然足之行先于母。

尚秉和：拇，《释文》：马、郑、薛云足大指也。初在下震爻，故曰咸其拇。感及拇，则欲行矣。

按：下卦艮为身，初六爻为脚拇指，初六爻与九四爻阴阳相应，所以系辞为“咸其拇”。

《象》曰：“咸其拇”，志在外也。

虞翻：失位远应，之四得正，故“志在外”。谓四也。

来知德：外者，外卦也。初与四为正应，所感虽浅，然观其拇之动，则知其心志已在外卦之九四矣。

张惠言：谓初志应四，初之四，坎为“志”。

尚秉和：外谓四。初应在四，初四相上下，则各当其位。足者人所恃以行，今感在拇，故欲之外也。巽伏，故亦为志。见《易林》，亦失传象也。

按：“志在外也”是对“咸其拇”的解释。

下卦艮为“志”，初六爻与九四爻阴阳相应，所以系辞为“志在外也”。

六二：咸其腓，凶。

来知德：腓，足肚也。拇乃枝体之末，离拇升腓，渐进于上，则较之咸其拇者，其感不甚浅矣。凶者，以上应九五而凶也。感皆主于动，但九五君位，岂可妄动以感之？故凶。六二阴柔，当感人之时，咸之渐进，故有咸其腓之象。然上应九五，不待其求而感之，故占者不免于凶。

张惠言：腓，胫腨也。巽为股，二最在下，腓之象，艮注云"巽长为股，艮小为腓"是也。感之者三也。凡感之道，近则通，二五正应，近为三感，故"凶"。

尚秉和：胫腓所恃以行，感及于腓，则欲前进。乃进而凶者，何也？按二当位，承阳有应，与革二至上同，革六二征吉，此应与之同，然而凶者，以革义取革新，故利于征；若咸则义取阴阳相感，感在五为正应，乃三四亦阳，二独与五，则为三四所忌，故动凶居吉。此与同人六二同。二同于五，原为正应，然而吝者，以三四亦阳，二不与同而独同五，则招忌也。其故皆在三四。近比三则失五之正应，远应五则有近不承阳之嫌。遁六二絷以牛革，亦戒其动，以遁二与同人、咸体同也。腓，《说文》：胫腨也。腨，《说文》：腓肠也。段玉裁云：腓肠谓胫骨后之肉。腓之言肥，似中有肠者，故曰腓肠。按段释腓肠，至为明晰，即今俗所谓腿肚也。《庄子·天下篇》：禹腓无胈。注：胈，细毛也。腓因劳受摩揩，故胈不生。然则腓为胫肚明矣。人之行恃胫，感及于胫，必前进矣。进则有咎，故曰凶。

按:“腓”是指小腿肚。六二爻与九四爻互卦为巽,巽为股,六二爻与九五爻阴阳相应,所以系辞为“咸其腓”。

下卦艮为止,六二爻居中正之位,顺承九三爻,若妄动则为“凶”。

居吉。

来知德:居者,非寂然不动也,但不妄动耳。盖此爻变巽为进退,且性入上体兑悦,情悦性入,必不待其求而感。若居则不感矣,不感则不变,尚为艮体之止,故设此居吉之戒。若安其居,以待上之求,则得进退之道而吉矣,故又教占者以此。

张惠言:阴道承阳,故居而比三,虽凶,吉也。

尚秉和:居则不动而承阳,故曰居吉。此爻凶义,鲜有详其故者。崔憬谓二应五,失艮止义;惠栋谓二比三,失五正应,义皆未备。

按:下卦艮为“居”,六二爻居中正之位,顺承九三爻,所以系辞为“居吉”。

《象》曰:虽凶居吉,顺不害也。

来知德:顺者,中正柔顺之德也。不害者,不害其感也。言居者,非戒之以不得相感也。盖柔顺之中德,本静而不动,能居而守是德,则不至有私感之害也。

张惠言:二在否体坤,坤为“顺”、为“害”。三来坤坏,二坤中,故“顺不害”。

尚秉和:二承阳有应,当位,本无凶理。象辞恐人生疑,故释其故。言爻辞虽云动凶居吉,然阴顺阳为天职,六二但上承诸阳,亦无害也。《传》意似重近取,不必远应也。翼经之大,莫过于是。

按:"顺不害也"是对"虽凶居吉"的解释。

六二爻阴顺九三阳爻,所以系辞为"顺不害也"。

九三:咸其股,

虞翻:巽为股,谓二也。

来知德:股者,髀也,居足之上,腰之下,不能自由随身而动者也。中爻为巽,股之象也。

张惠言:三与二俱为"股"。三二相感,非谓二独为股也。

尚秉和:巽为股,股在腓上,故感及于股。

按:六二爻与九四爻互卦为巽,巽为"股",九三爻与上六爻阴阳相应,所以系辞为"咸其股"。

执其随,往吝。

虞翻:巽为随,艮为手,故称"执"。三应于上,初四已变历险,故"往吝"。

来知德:执者,固执也,专主也。执其随者,股乃硬执之物,固执而惟主于随也,以阳而从阴。以人事论,乃以君子而悦小人之富贵,故可羞吝。然九三以阳刚之才而居下之上,是宜自得其正道,以感于物矣,然所居之位应于上六,阳好上而悦阴,上居悦体之极,三往而从之,故有咸股执随之象。占者以是而往,羞吝不必言矣。

张惠言:谓三当执守于二,二乃随之。"往"谓之上。

尚秉和:阳遇阳则窒,上虽有应,不能往也,往则为四五所忌而吝生矣。若初二,则随三者也,三下履重阴,止于是可矣。执者,止也。止于三,下比于阴,不必前进,否则吝穷也。

按:下卦艮为"执",初六、六二二阴爻顺从九三爻,所以系辞为"执其随"。

上卦兑为毁折,九三爻若与上六爻感应,有毁折之忧,所以系辞为"往吝"。

《象》曰:咸其股,亦不处也。

虞翻:巽为处女也,男已下女,以艮阳入兑阴,故"不处也"。凡士与女未用,皆称"处"矣。

来知德:处者,居也,即六二"居吉"之"居",因艮止,故言"居"言"处",处则不随,随则不处。曰"亦"者,承二爻而言,言六二阴柔,以不处而凶,处而吉。阴柔随人,不足怪矣。今九三刚明,宜乎卓然自立,则所执主者,乃高明自重之事,有何可羡?

尚秉和:股所以行,故曰不处。

按:"亦不处也"是对"咸其股"的解释。

下卦艮为"处",九三爻阳刚欲动,所以系辞为"亦不处也"。

志在随人,所执下也。

虞翻:志在于二,故"所执下也"。

来知德:今乃亦不处,而志在随人,则所执者卑下之甚,不其可羞乎?“亦不处”,惜之之辞。“所执下”,鄙之之辞。

张惠言:当咸之时,已有男下女之象,故三二同在巽体,“亦不处也”。二,女。三,士。

尚秉和:巽为志,乾为人。言初、二志在随三,故三之所执,宜于下也。

按:下卦艮为“志”,六二爻与九四爻互卦为巽,巽为“随”,所以系辞为“志在随人”。下卦艮为“执”,九三爻得初六、六二爻顺从,所以系辞为“所执下也”。

九四:贞吉,悔亡。

虞翻:失位,悔也。应初,动得正,故“贞吉”而“悔亡”矣。

来知德:贞者,正而固也。此心不思乎正应之阴柔,则廓然大公,物来顺应,正而固矣。吉者,诚无不动也。悔亡者,内省不疚也。九四乃心,为咸之主,以阳居阴而失正,又应乎初之阴柔,不免悔矣,故戒占者此。心能正而固,则吉而悔亡,形于其感,无所不感矣。

尚秉和:四不当位,承乘皆阳,故必贞定无为,方免悔吝。

按:九四爻阳居阴位不正,与六二爻互卦为巽,巽为病,与初六爻阴阳相应,上下易位,变为既济卦䷾,所以系辞为“贞吉,悔亡”。

憧憧往来,朋从尔思。

虞翻:憧憧,怀思虑也。之内为来,之外为往。欲感上隔五,感初隔三,故“憧憧往来”矣。兑为朋,少女也。艮初变之四,坎心为思,故曰“朋从尔思”也。

来知德:憧憧,往来貌。往来者,初感乎四、二感乎五、三感乎六者,往也;六感乎三、五感乎二、四感乎初者,来也。四变,上下成坎,中爻成离,“来之坎坎”。“突如来如”者,往来之象也。朋者,中爻三阳牵连也,故曰朋。泰三阳牵连亦曰朋。损六五三阴也,益六二三阴也,复九四三阴也,故皆以朋称之也。思者,四应乎初之阴,初乃四之所思也;五应乎二之阴,二乃五之所思也;三应乎六之阴,六乃三之所思也。尔者,呼其心而名之也。朋从尔思者,言四与三五,共从乎心之所思也。四居股之上、脢之下,乃心也。心之官则思,思之象也。心统乎百体,则三与五皆四之所属矣,故可以兼三五而称朋也。

若此心憧憧往来,惟相从乎尔心之所思,则溺于阴柔,不能正大光明,而感应之机窒矣,又岂能吉而悔亡?故戒占者以此。

张惠言:四为咸心,无所不感,初上举其远者,故有往来之象。谓上。谓四既正,则上亦从也。四与上非男女之感,故转兑为朋象。

尚秉和:朋谓初,尔谓四。憧憧,思不定也。盖四来应初则三害之,初往应四则二害之,故初四不宜动,宜静。然阻愈多则感愈切,朋从尔思者,言初不得应阳,而慕思四也。

按:九四爻与初六爻阴阳相应,九四爻居乾卦中爻为心、为思,九四爻欲与初六爻上下相交,所以系辞为“憧憧往来”。

上卦兑为“朋”,兑反为巽,巽为“从”,友朋都顺从九四爻的抉择,所以系辞为“朋从尔思”。

《象》曰:“贞吉,悔亡”,未感害也。

虞翻:坤为害也。今未感坤初,体遁弑父,故曰“未感害”也。

来知德:不正而感则有害,贞则未为感之害也。

张惠言:未感则害必“贞吉”,乃“悔亡”。

尚秉和:《下系》云:凡《易》之情,近而不相得则凶,或害之。三近四,二近初,然三亦阳,为四敌,二亦阴,为初敌,故二三为初四害。知其害而不动,害斯免矣,故曰未感害也。

按:“未感害也”是对“贞吉,悔亡”的解释。

九四爻与初六爻上下相交,避免祸患,所以系辞为“未感害也”。

“憧憧往来”,未光大也。

虞翻:未动之离,故“未光大也”。

来知德:往来于心者皆阴私,又岂能正大光明?

张惠言:谓感上亦以求正也。

尚秉和:初四相上下成离,离为光大;今不能相上下,故曰"未光大"。

按:"未光大也"是对"憧憧往来"的解释。

九四爻若与初六爻不相交,上卦兑为暗昧,所以系辞为"未光大也"。

九五:咸其脢,无悔。

虞翻:脢,夹脊肉也。谓四已变,坎为脊,故"咸其脢"。得正,故"无悔"。

来知德:脢,背脊肉,不动者也。脢虽在背,然居口之下,心之上,盖由拇而腓、而股、而心、而脢、而口,六爻以渐而上也。初与四应,故拇与心皆在人身之前;二与五应,故腓与脢皆在人身之后;三与上应,故股与辅颊皆在两旁,而舌则居中焉。虽由拇以渐而上,然对待之精至此。诸爻动而无静,非所感者也。此爻静而不动,不能感者也。

九五以阳居悦体之中,比于上六,上六悦体之极,阴阳相悦,则九五之心志惟在此末而已,所以不能感物。不能感物,则亦犹脢之不动也,故有咸其脢之象。悔生于动,既不能动,而感则亦无悔矣,故占者无悔。

张惠言:五感上也。通体坎为"脢",亦如三之股,脢不动,象五不应二。舍二感上,嫌有悔,故云"无悔"。

尚秉和:脢,《说文》:背脊肉也。郑、虞同。伏艮,艮为背,故曰咸其脢。当位得中,故无悔。脢居人身之上,故《象》曰志末。末谓上六,言九五感上,近而无阻,故无悔也。案五正应在二,而舍二感上者,以三四害之也。

按:九五爻与六二爻阴阳相应,下卦艮为背,所以系辞为“咸其脢”。“脢”是指背肌肉。

九五居中正之位,与上六阴阳相交为悦,所以系辞为“无悔”。

《象》曰:“咸其脢”,志末也。

来知德:末者,上六也。大过上体亦兑卦,《彖辞》“本末弱”,“末”指上六可见矣。九五应二而比六,《小象》独言“志末”,何也?二乃艮体,止而不动。六乃悦体,又悦之极。则九五之心志,惟在此末,而不在二矣,所以言“志末”。亦如谦卦九三比二,六二“鸣谦”则“中心得”,上六正应,“鸣谦”则“志未得”是也。人君感人心而天下和平者,以其廓然大公,物来顺应也。今志在末,岂能感人?所以仅得无悔。

张惠言:四支谓之“末”。五正坎心,为末之志。上与五为“脢”,脢从,然后可正“末”。

尚秉和:大过云:本末弱。以上为末也。兹曰志末,谓五为三四所阻,不能应二,故舍远取近,感在上也。

按:“志末也”是对“咸其脢”的解释。

九五爻与九三爻互卦为乾,乾为“志”,上六爻为“末”,九五爻与上六爻相亲,所以系辞为“志末也”。

上六:咸其辅颊舌。

虞翻:耳目之间称辅颊。四变为目,坎为耳,兑为口舌,故曰“咸其辅颊舌”。

来知德:辅者,口辅也,近牙之皮肤,与牙相依,所以辅相颊舌之物,故曰辅。颊,面旁也。辅在内,颊在外,舌动则辅应,而颊从之,三者相须用事,皆所用以言者,故周公兼举之。兑为口舌,辅颊舌之象也。咸卦有人身象,上阴爻为口,中三阳为腹背,下有腿脚象,故周公六爻自拇而舌。

上六以阴居悦之终,处咸之极,感人以言而无其实,故其象如此。盖小人、女子之态,苏秦、张仪之流也。

张惠言:离也。“辅颊”,在耳目之间,与舌不相接而相通。上应三,三在离坎之间,“辅颊”也。上为兑舌也。上感于五,不得之三,而与三通气,以言语相感,故曰“咸其辅颊舌”,《象》曰“滕口说也”。

尚秉和:虞翻曰:耳目之间曰辅颊。按《说文》:辅,人颊车也。颊,面旁也。《左传》:辅车相依。注:辅,辅颊。车,牙车。《正义》云:《易》以辅颊舌三者并言,则三物也。故郑注颐卦云:颐者,口车辅也。震动于下,艮止于上,口车动而上,因辅嚼物以养人。按郑所谓口车即牙车。牙车在口下,故曰动而上。辅在口上,故曰因辅嚼物以养人。是辅与牙车对,在口中。颊在面旁,居口上,与颐连。不过颊在上,颐在下;颊以骨言,颐以肉言耳。是辅与颊确为二物,又皆为口之属,故与舌并言。兑为口为言,辅颊舌皆兑象,所用以言者。感及于是,则言说多矣,故《象》曰滕口说。来矣鲜云:舌动则辅应而颊随之,三者相须用事,皆所以言者，皆兑象。

按：上卦兑为口舌，上六爻与九三爻阴阳相应，所以系辞为“咸其辅颊舌”。

《象》曰：“咸其辅颊舌”，滕口说也。

虞翻：滕，送也。不得之三，“山泽通气”，故“滕口说也”。

来知德：滕，张口骋辞貌，见《说文》。口说岂能感人。

张惠言：感于五。

尚秉和：《释文》：滕，达也。《九家》作乘。虞作媵。郑云：送也。按郑、虞说非也。朱子云：滕与腾通，即达也。李鼎祚本正作腾。

按：“滕口说也”是对“咸其辅颊舌”的解释。

上卦兑为口舌，以口舌为快，所以系辞为“滕口说也”。

三二　恒卦

䷟震上巽下

恒：

虞翻：恒，久也，与益旁通。

来知德：恒，久也。男在女上，男动乎外，女顺乎内，人理之常，故曰恒。又见《彖辞》，皆恒之义也。《序卦》：“夫妇之道，不可以不久也，故受之恒。”言夫妇偕老，终身不变者也。盖咸少男在少女之下，以男下女，乃男女交感之义；恒长男在长女之上，男尊女卑，乃夫妇居室之常。论交感之情，则少为亲切；论尊卑之序，则长当谨严，所以次咸。

张惠言：泰息卦，通益，否反泰也，故注云“与益旁通”。乾坤天地终则有始，恒久之道，故名曰“恒”。内卦候在六月，外卦七月。否之反泰，由益反下，无取于恒，恒特明乾坤终始之义耳。故变又成益，所以为恒久不已也。恒则化成，必先正位，故先言“利贞”，明既济也；后言“利有攸往”，明成既济乃反益也。爻上不变，云在益上，明三当“立不易方”也。

尚秉和：咸男下女，男求女，得婚姻之正。夫妇之道既立，则长男在前，长女在后，夫倡妇随，终身以之，故受之以恒。恒，常也，久也。

按：“恒”是卦名，卦象由上震下巽构成。《周易·序卦传》言：“夫妇之道，不可以不久也，故受之恒。恒者，久也。”恒卦上卦震为雷、为夫，下卦巽为风、为妇，风随雷动，夫唱妇随，天长地久，所以卦象被命名为“恒”。

恒卦与益卦旁通。

亨，无咎，利贞。

虞翻：乾初之坤四，刚柔皆应，故通，“无咎，利贞”矣。

来知德：恒之道，可以亨通。恒而能亨，乃无咎也。恒而不可以亨，非可恒之道也，为有咎矣。如君子恒于善，故无咎；小人恒于恶，焉得无咎？然恒亨而后无咎，何也？盖恒必利于正,若不正,岂能恒?如孝,置之而塞乎天地,溥之而横乎四海,如此正方得恒,故利贞。

张惠言:恒乾通益坤。由泰来。乾坤交故。失位,咎也。刚柔应,故"无咎"。谓变复成益,三不易方,成既济定。

尚秉和:卦六爻皆有应,故亨,利贞。《易林》大畜之未济云:乾坤利贞,乳生六子。利贞者,和合也。

按:恒卦上下六爻阴阳相应,所以系辞为"亨,无咎"。上卦震雷为动,下卦巽风为随,风随雷动,所以系辞为"利贞"。

利有攸往。

虞翻:初利往之四,终变成益,则初四二五皆得其正,终则有始,故"利有攸往"也。

来知德:恒必利有攸往,达之家邦,万古不穷,如孝施之后世而无朝夕,方谓之恒。如不可攸往,不谓之恒矣。利贞,不易之恒也,恒之利者也。利有攸往,不已之恒也,亦恒之利者也。故恒必两利。恒字,《广韵》《玉篇》皆有下一画,独《易经》无下一画,与"无"字同,不同各经"无"字。

张惠言:否泰相寻,恒益反复。

尚秉和:二五应初承重阳,四临重阴,故曰利有攸往,虞翻谓终变成益者是也。

按:下卦巽为"利",上卦震为"往",雷动风随,所以系辞为"利有攸往"。

《彖》曰：恒，久也。刚上而柔下，雷风相与。巽而动，刚柔皆应，恒。

来知德：释卦字义，又以卦综、卦象、卦德释卦名、卦辞而极言之。恒者，长久也。若以恒字论，左旁从立心，右旁从一日，言立心如一日久而不变者也。刚上而柔下者，本卦综咸，刚上者，咸下卦之艮上而为恒之雷也；柔下者，咸上卦之兑下而为恒之巽也。阴阳之理，刚上柔下，分之常；迅雷烈风，交助其势，气之常。男动作于外，女巽顺于内，人理之常。刚以应柔，柔以应刚，交感之常。此四者皆理之常，故曰恒。

张惠言：乾初上，坤四下。蜀才云："分乾与坤，雷也。分坤与乾，风也。"

尚秉和：泰初四相上下，成震巽，故曰刚上而柔下。

按："恒，久也。刚上而柔下，雷风相与。巽而动，刚柔皆应，恒"是对卦名"恒"字的解释。

恒为久。之所以为久，是因为"刚上而柔下，雷风相与。巽而动，刚柔皆应，恒"。上卦震为"刚上"、为雷，下卦巽为"柔下"、为风，风随雷动，上下阴阳相应，所以系辞为"刚上而柔下，雷风相与。巽而动，刚柔皆应，恒"。

"恒亨，无咎，利贞"，久于其道也。天地之道，恒久而不已也。

虞翻：泰乾坤为天地。谓"终则复始"，"有亲则可久"也。

来知德:"恒亨,无咎,利贞"者,以久于其道也。盖道者,天下古今共由之路,天地之正道也。惟久于其道,故亨,故无咎,故利贞。若非其道,亦不能恒矣。

张惠言:乾为"久",阳为道。凡不变者不足恒,故"利贞"乃"久于其道"。《系》注云:"阳道成,乾为父,震坎艮为子,'本乎天者亲上',故'有亲'。"此终变成益,乾坤历生六子,故曰"有亲"。

按:"久于其道也。天地之道,恒久而不已也"是对"恒亨,无咎,利贞"的解释。

雷动风随,阴阳相应,天地亨通,天长地久,所以系辞为"久于其道也。天地之道,恒久而不已也"。

"利有攸往",终则有始也。

来知德:且恒久莫过于天地,天地之道恒久而不已者也,惟其恒久不已,所以攸往不穷。盖凡人事之攸往,至于终而不能恒久者,以其终而不能又始也。终而不能始,则自终而止,有止息间断,非恒久不已者矣,安能攸往?惟天地之道,昼之终矣而又有夜之始,夜之终矣而又有昼之始;寒之终矣而有暑之始,暑之终矣而又有寒之始。终则有始,循环无端,此天地所以恒久也。此恒所以必利有攸往,而后谓之恒也。若有所往,不能终始,循环不穷,则与天地不相似,安得谓之恒哉?

张惠言:"有始"读曰"又"。

尚秉和:震巽相反复,乾坤者震巽之终,震巽者乾坤之始,故曰终则有始。蛊先甲三日,后甲三日,终则有始,与此理同也。

按:“终则有始也”是对“利有攸往”的解释。

下卦巽为“终”,上卦震为“始”,所以系辞为“终则有始也”。

日月得天而能久照,四时变化而能久成,圣人久于其道而天下化成。

虞翻:动初成乾为天,至二离为日,至三坎为月,故“日月得天而能久照”也。春夏为变,秋冬为化,变至二离夏,至三兑秋,至四震春,至五坎冬,故“四时变化而能久成”,谓“乾坤成物”也。“圣人”谓乾。乾为道,初二已正,四五复位,成既济定,“乾道变化,各正性命”,有两离象,“重明丽正”,故“化成天下”矣。

来知德:得天者,附丽于天也。变化者,寒而暑,暑而寒,迭相竭,还相本,阴变于阳,阳化为阴也。久成者,成其岁功也。久于其道者,仁渐义摩也。化成者,化之而成其美俗也。此极言恒久之道。

张惠言:阳信。阴诎。此误,应云“变至二离夏兑秋,至三震春,至五坎冬”,即乾三君子。三“不易方”,故久于道。此论爻变也。卦三上得位,三久其道,不与上易,则益初、二、四、五正位成既济。

尚秉和:夫妇者,天地也。天地之道,循环往来,恒久不已。乾为日,兑为月,日月久照,恒也。震为春,巽为夏,兑秋,乾冬,四时反复,无有穷期,恒也。乾为圣人。

按:上卦震为"日",九三爻与六五爻互卦为兑,兑为"月",九二爻与九四爻互卦为乾,乾为天,天行健,日月运行,寒来暑往,四时代序,周而复始,所以系辞为"日月得天而能久照,四时变化而能久成"。

乾为"圣人",下卦巽为"天下"。圣人以天道设教,天下闻风而动,顺天而行,所以系辞为"圣人久于其道而天下化成"。

观其所恒,而天地万物之情可见矣。

虞翻:以离日照乾,坎月照坤,万物出震,故"天地万物之情可见矣"。与咸同义也。

来知德:言观其所恒,可见万古此天地,万古此恒也;万古此万物,万古此恒也。若当春时为夏,当秋时为冬,当生物时不生,当成物时不成,此之谓变怪,安得谓之恒?

尚秉和:震巽为草木,故曰万物之情。

按:恒卦上卦震动为天动,下卦巽随为地随,地随天动,万物滋生,所以系辞为"观其所恒,而天地万物之情可见矣"。

《象》曰:雷风,恒;

张惠言:雷风至变而恒。

尚秉和:雷风同声相应,可常可久,立而易方,则不恒矣。

按:“雷风,恒”是从天文学的角度解释卦象。

上卦震为雷,下卦巽为风,风随雷动,恒久不已,所以系辞为“雷风,恒”。

君子以立不易方。

虞翻:君子谓乾三也。乾为易、为立,坤为方,乾初之坤四,三正不动,故“立不易方”也。

来知德:立者,正于此而不迁也。方者,大中至正之理,理之不可易者也,如为人君止于仁,为人臣止于敬是也。不易方者,非胶于一定也。理在于此,则止而不迁,如冬之寒,理在于衣裘则衣裘而不易其葛;夏之暑,理在于衣葛则衣葛而不易其裘是也。巽性入,入而在内;震性动,出而在外。二物各居其位,不易方之象也,故曰“不易方”。

张惠言:乾爻唯三正。

尚秉和:故此卦六爻皆有应,而爻辞皆不取。《论语》:有勇知方。注:方,义也。立不易方,即蹈义而行,无或违也。

按:“君子以立不易方”是从卦象引申出来的人文思想。

能够效法恒卦的人被称为“君子”。下卦巽随天而入,上卦震随天而出,乾为天、为“不易”,顺天而动,因时而变,所以系辞为“君子以立不易方”。

初六:浚恒,贞凶,无攸利。

虞翻:浚,深也。初下称浚,故曰“浚恒”。乾初为渊,故“深”矣。

来知德:浚,深也,浚井之浚。浚字生于“巽性入”之“入”字来。初六为长女之主,九四为长男之主,乃夫妇也。巽性入,始与夫交之时,即深求以夫妇之常道。四动而决躁,安能始交之时,即能从其所求?贞者,初与四为正应,所求非不正也。凶者,骤而求之深,彼此必不相契合也。无攸利者有所往,则夫妇反目矣。盖初阴居阳位,四阳居阴位,夫妇皆不正,皆有气质之性,所以此爻不善。下三爻皆以妻言,初爻凶者,妻求夫之深而凶也;三贞吝者,妻改节而见黜也。上三爻皆以夫言,四无禽者,夫失其刚,而无中馈之具也;五凶者,夫顺从其妻而凶也。

初与四为正应,妇责备夫以夫妇之常道,亦人情之所有者。然必夫妇居室之久,情事孚契,而后可以深求其常道也。但巽性务入,方交四之始,即深以夫妇之常道求之,则彼此之情未免乖矣,故有浚恒之象。占者如此,则虽贞亦凶,而无攸利也。

张惠言:初失位,变体“潜龙”,故“浚恒贞”。益成则死坤中,故“凶,无攸利”。益初宜吉而凶者,未定既济,非损上益下也。

尚秉和:浚,深也。虞翻云:乾初为渊,故深。深谓阳。乃泰初阳上居四,四阴下居初,虽皆失位,而仍有相求相交之象,故曰浚恒。而四阳为二三所隔,不能应初,若初,则可应四也。惟初远应四,则有近不承阳之嫌,为二三所忌,故曰贞凶,无攸利。贞,卜问。巽为利也。

按:初六爻居地下,以此寻求长久,所以系辞为“浚恒”。

初六爻阴居阳位不正,所以系辞为“贞凶”。

下卦巽为“利”,居此位为凶,所以系辞为“无攸利”。

《象》曰:“浚恒之凶”,始求深也。

虞翻:乾初为渊,故“深”矣。失位,变之正,乾为始,故曰“始求深也”。

来知德:求者,中馈之酒浆、器皿、衣服、首饰之类也。

尚秉和:爻在初称始,宜静不宜动。况阴居初失位,尤不宜动,以违恒久之义。乃初六求与四阳交,不知二三之有厉,故曰浚恒之凶,始求深也。言凶之故在初六求与四交也。《焦氏易林》泰之恒云:蔡侯适楚,流连江滨;逾日历月,思其后君。巽为草莽,故为蔡。丛木为楚,故震为楚。言初求四,故曰蔡侯适楚。乾为江海,初在乾下,故曰流连江滨。乾为日,兑为月,初前临乾兑,故曰逾日历月。初求交四,震为君,故曰思其后君。《林》词专释此爻与四之关系。而曰思其后君,释求深之义,尤为明白,故本焦义以为诂。

按:“始求深也”是对“浚恒之凶”的解释。

初六一阴滋生为始,居地下为深,所以系辞为“始求深也”。

九二:悔亡。

虞翻:失位,悔也。动而得正,处中多誉,故“悔亡”也。

来知德:以阳居阴,本有悔矣,以其久中,故其悔亡。亡者,失之于初而改之于终也。

尚秉和:二不当位,前临重阳,宜有悔矣。然得中位,进虽不利,中正自守,亦无悔也。

按:九二爻阳居阴位不正,所以有悔。九二爻居中,与六五爻阴阳相应,所以系辞为“悔亡”。

《象》曰:九二悔亡,能久中也。

来知德:可久之道,中焉止矣。人能恒久于中,岂止悔亡?孔子之言,盖就周公之爻辞而美之也。

张惠言:变得位,是能“久中”。

尚秉和:乾为久。为三四所隔,不能应五,故久于中。卦以恒为义,久中,故悔亡。

按:“能久中也”是对“九二悔亡”的解释。

九二爻居中,与九四爻互卦为乾,乾为“久”,所以系辞为“能久中也”。

九三:不恒其德,或承之羞,贞吝。

来知德:阳德居正,故得称德。不恒其德者,改节也。居巽之极,为进退,为不果,改节之象也。以变坎为狐疑,此心不定,亦改节之象也。长女为长男之妇,不恒其德而改节,则失其为妇之职矣。既失其职,则夫不能容,而妇被黜矣。或者,外人也。承者,进也。羞者,致滋味也。变坎有饮食之象,羞之象也。因妇见黜,外人与夫进其羞也。贞者,九三位正也。若依旧注,羞作羞耻,则下“吝”字重言

“羞”矣。

九三位虽得正，然过刚不中，当雷风交接之际，雷动而风从，不能自守，故有“不恒其德，或承之羞”之象，虽正亦可羞矣，故戒占者如此。

张惠言：卦变成益，三上失位，三宜“立不易方”，则上亦不变而既济定，所谓“圣人久于其道，而天下化成”也。乾为“德”，坤为“耻”。三不守乾，则二四与为坤，故“或承之羞”。至承羞而后“贞”，虽正犹“吝”。

尚秉和：乾为德。三承乘皆阳，宜静不宜动。倘亟于应上，而四或害之，则羞吝生矣，故贞吝也。又三居巽上，下桡，进退不定，亦不恒之一因也。

按：九三爻为乾卦中爻，乾为“德”，下卦巽为进退，所以系辞为“不恒其德”。

九三爻与六五爻互卦为兑，兑为口舌，所以系辞为“或承之羞”。

九三爻进退失据，所以系辞为“贞吝”。

《象》曰：“不恒其德”，无所容也。

来知德：无所容者，夫不能容其妇而见黜也，所以使外人进其羞也。

张惠言：诸爻皆正，三独失其位，故“无所容”。

尚秉和：乾为德，承乘皆阳，进退有阻，故曰无所容。

按：“无所容也”是对“不恒其德”的解释。

九三爻居乾卦中央，进退失据，难以容身，所以系辞为

“无所容也”。

九四：田无禽。

虞翻：田谓二也，地上称田。无禽，谓五也。九四失位，利二上之五，已变承之，故曰“田无禽”。

来知德：应爻为地道，又震为大涂，故曰“田”，与师卦“田有禽”之“田”同。本卦大象与师卦大象皆与小过同，故皆曰“禽”。应爻巽为鹳，亦禽之象也。应爻深入，与井下卦同巽，故皆曰“无禽”也。师卦所应刚实，故有禽。本卦所应阴虚，故无禽。

九四以阳居阴，久非其位，且应爻深入，故有田无禽之象。既无禽，则不能与妻备中馈之具，夫非其夫矣，故其象占如此。

张惠言：乾九二。禽，获也。阳出征阴则有获。在五多功，与师五“田有禽”同义。凡二五易位者，四多利五变。

尚秉和：震为田猎。禽，获也。下应初，三二遇敌为阻，故无禽。按四前临重阴，例之豫四、大壮、解、丰，四爻皆吉，兹独不吉者，卦以恒久贞定为义，故不取利往也。

按：“田”是指田猎。上卦震为田猎、为出，所以系辞为“田无禽”。

《象》曰：久非其位，安得禽也？

虞翻：言二五皆非其位，故《象》曰“久非其位，安得禽也”。

来知德：久非其位，则非所久而久矣，故不得禽。

张惠言:注云:言二五皆非其位。

尚秉和:乾为久。乾四失位,故曰久非其位。

按:“久非其位,安得禽也”是对“田无禽”的解释。

九四爻阳居阴位不正,乾为“久”,所以系辞为“久非其位,安得禽也”。

六五:恒其德,贞,妇人吉,

虞翻:动正成乾,故“恒其德”。妇人谓初,巽为妇,终变成益,震四复初,妇得归阳,从一而终,故“贞,妇人吉”也。

来知德:六五恒其中德,正矣,故有恒其德贞之象。此爻变兑,兑为少女,又为妾,妇人之象也。妇人以顺为正,故吉。

张惠言:乾五。

尚秉和:二五为夫妇,乾为德。六五下遇重阳,而正应在九二,通利极矣。阴得阳应,终身顺承,故贞,妇人吉。

按:六五爻居中,与九二爻阴阳相应,上下相交,所以系辞为“恒其德,贞”。

六五爻与九三爻互卦为兑,兑为“妇人”、为悦,所以系辞为“妇人吉”。

夫子凶。

虞翻:震,乾之子而为巽夫,故曰“夫子”。终变成益,震四从巽,死于坤中,故“夫子凶”也。

来知德:丈夫用刚用柔,各适其宜,以柔顺为常,是因人成事矣，所以凶。但刚而中，可恒也；柔而中，妇人之常，非夫子之所当常也，故占者有吉有凶又如此。

张惠言：初上为四，从震而吉，四下为初，从巽死坤中，此“浚恒”所以“凶”也。故三“立不易方”乃各正性命也。使初四正者，乾五，故言之。

尚秉和：乾为夫，大过九二“老夫得女妻”是也，故夫子谓九二。六五者九二之妇，本为正应，然二若应五而从妇，则三四遇敌，横犯灾难，故曰夫子凶。大畜初九曰不犯灾，需初九曰不犯难行，二卦初九皆有正应，而皆二三得敌，故曰灾难。兹与之同。

按：“夫子”指九二爻，九二爻居位不正，所以系辞为“夫子凶”。

《象》曰：妇人贞吉，从一而终也。

虞翻：一谓初，终变成益，以巽应初震，故“从一而终也”。

来知德：从一者，从夫也。妇人无专制之义，惟在从夫，顺从乃其宜也。

尚秉和：五应二，故曰从一而终。

按：“从一而终也”是对“妇人贞吉”的解释。

六五爻与九二爻相交，所以系辞为“从一而终也”。

夫子制义，从妇凶也。

虞翻：震没，从巽入坤，故“从妇凶”矣。

来知德：制者，裁制也。“从妇”者，从妇人顺从之道也。夫子刚果独断，以义制事。若如妇人之顺从，委靡甚矣，岂其所宜？故凶。

张惠言：坤为义，以乾制坤，为“制义”。

尚秉和：坤为义，乾制义者也。阳得阴应，本无足贵，况应之而犯灾难乎？故曰从妇凶也。

按：“夫子制义，从妇凶也”是对“夫子凶”的解释。

坤为“义”，乾为“制”，九二爻当升至六五的位置，所以系辞为“夫子制义”。

九二爻若不变，违背阴顺阳之道，所以系辞为“从妇凶也”。

上六：振恒，凶。

虞翻：在震上，故“震恒”。五动乘阳，故“凶”。

来知德：振者，奋也，举也，整也。振恒者，振动其恒也。如宋时，祖宗本有恒久法度，王安石以祖宗不足法，乃纷更旧制，正所谓振恒也。凶者，不惟不能成事，而反偾事也。在下入乃巽之性，浚恒也；在上动乃震之性，振恒也。方恒之始，不可浚而乃浚；既恒之终，不可振而乃振，故两爻皆凶。

上六阴柔，本不能固守其恒者也，且居恒之极，处震之终，恒极则反常，震终则过动，故有振恒之象。占者之凶可知矣。

张惠言：不变在益上，故“凶”。三正定既济，则非乘阳也。

尚秉和：上六居动之极，故曰振恒。振，起也。卦以贞静恒久为义，振则于恒德或违，故凶。

按：上卦震为动，所以系辞为“振恒”。

上六爻居天极之位，坤卦上六爻《象传》言“龙战于野，其道穷也”，所以系辞为“凶”。

《象》曰：振恒在上，大无功也。

虞翻：终在益上，五远应，故“无功也”。

来知德：大无功者，不惟无功，而大无功也。曰大者，上而无益于国家，下而不利于生民，安石、靖康之祸是也。

张惠言：五应二，不能比上，上不得五，故“无功”而“凶”。上六在益上，故“凶”。三“不易方”，则上不变，成既济，非“震恒”矣。

尚秉和：爻至上而穷，不宜动。大谓三。三欲应上，为四所隔，故曰大无功。

按：“振恒在上，大无功也”是对“振恒，凶”的解释。

上六爻居震卦之上，所以系辞为“振恒在上”。震为动，上六爻阴虚，动而无所利，所以系辞为“大无功也”。

三三　遁卦

乾上艮下

遁：

虞翻：阴消姤二也。艮为山，巽为入，乾为远，远山入藏，故“遁”。

来知德：遁者，退避也。六月之卦也。不言“退”而曰“遁”者，退止有退后之义，无避祸之义，所以不言退也。为卦天下有山，山虽高，其性本止；天之阳，性上进，违避而去，故有遁去之义。且二阴生于下，阴渐长，小人渐盛，君子退而避之，故为“遁”也。《序卦》：“恒者，久也，物不可以久居其所。”久则变，变则去，此理之常，所以次恒。

张惠言：消姤，阴道长，阳当退，故名曰“遁”。与临旁通。临“至八月有凶”，谓遁也。遁六月卦也。卦不变，消时也。爻取三消成否，上来四反，成既济，明泰否之义，与时行也。

按：“遁”是卦名，卦象由上乾下艮构成。《周易·序卦传》言：“物不可以久居其所，故受之以遁。遁者，退也。”遁卦上卦乾为天，下卦艮为山，高天之下，入山隐藏，所以卦象被命名为“遁”。

遁卦与临卦旁通。十二消息卦为六月。

亨。

虞翻：以阴消阳，“子弑其父，小人道长”，避之乃通，故遁而通，则“当位而应，与时行之”也。

来知德：亨为君子言也。君子能遁，则身虽遁而道亨。

张惠言：宜与临旁通，不言，略也。乾人入藏于远山。艮为少男，变乾为艮，故“子弑父”。“当位”谓五，“应”谓二。二阴道长，弑父弑君，由应五利贞，故阳不伤，遁之而通。

尚秉和：遁，月卦辟未，阴长阳消，小人道长，君子道消。遁者，退也，避也。当阴盛之时，势须退避，否则其祸有不可胜言者矣，故曰“遁亨”。盖以行止论，洁身退隐，否所谓俭德避难也，无所谓亨。而以祸福论，防微虑远，不事王侯，高尚其事，优游事外，亨莫亨于是矣，故《传》曰遁而亨也。

按：遁卦下卦艮为隐，上卦乾为天，天道当隐，所以系辞为“亨”。

小利贞。

虞翻：小，阴，谓二。得位浸长，以柔变刚，故“小利贞”。

来知德：小者，阴柔之小人也，指下二阴也。利贞者，小者利于正而不害君子也。若害君子，小人亦不利也。

张惠言：二得位贞矣，浸长则非正。“利贞”者，谓“执用黄牛之革”也。

尚秉和：阳大阴小。小利贞者，谓宜贞定也。《传》曰浸而长，谓阴方长，长则消阳，故利于静，不利于动也。

按：下卦阴气上升，阴为“小”，所以系辞为“小利贞”。

《彖》曰：“遁亨”，遁而亨也。刚当位而应，与时行也。

虞翻：刚谓五，而应二，艮为时，故“与时行”矣。

来知德：以九五一爻释亨，以下二阴爻释利贞而赞之。遁而亨者，惟遁乃亨，见其不可不遁也。刚指五。当位者，当中正之位。而应者，下与六二相应也。时行，言顺时而行也。身虽在位而心则遁,此所以谓之时行也。九五有中正之德,六二能承顺之,似亦可以不必于遁,然二阴浸而长时,不可以不遁。知时之当遁,与时偕行,此其所以亨也。

张惠言:遁乃得通。

尚秉和:五当位,二有应,故曰刚当位而应。然而不能不遁者,时不可也,故曰与时行。遁太早则有过情之讥,如严光是也;太晚则不能遁,沉溺于小人之中,而不能免,如刘歆是也。

按:“遁而亨也。刚当位而应,与时行也”是对遁之所以为亨的解释。

九五爻居中正之位,与六二爻阴阳相应,下卦艮为“时”,所以系辞为“刚当位而应,与时行也”。

“小利贞”,浸而长也。

来知德:浸者,渐也。浸而长,其势必至于害君子,故戒以利贞。

张惠言:临云“刚浸而长”,注以“兑泽”解之。此亦曰“浸长”者,临“至八月有凶”,遁二消临兑,故亦取泽象。虞虽不说,可以例求。

按:“浸而长也”是对“小利贞”的解释。

下卦二阴滋生,阳气退隐,所以系辞为“浸而长也”。

遁之时义大矣哉!

来知德:时义大者,阴虽浸长,尚未盛大,且九五与二相应,其阳渐消之意,皆人之所未见而忽略者,是以苟且流连而不能决去也。当此之时，使不审时度势，则不知遁。若眷恋禄位，又不能遁，惟有明哲保身之智，又有介石见几之勇，方能鸿冥凤举，所以叹其时义之大。汉元、成之时，弘恭、石显得志于内，而萧望之、刘向、朱云皆得巨祸；桓灵之际，曹节、王甫得志于内，而李膺、陈蕃、窦武皆被诛戮，均不知遁之时义者也。《易》中“大矣哉”有二：有赞美其所系之大者，豫、革之类是也；有称叹其所处之难者，大过、遁之类是也。

张惠言：阴消之际，“时行则行”，否反成既济，故“义大”也。

尚秉和：行而宜之之谓义，故夫子极叹时义之大。

按：遁卦下卦艮为时、为止，上卦乾为天、为行。时行则行，时止则止，天下有道则见，无道则隐，所以系辞为“遁之时义大矣哉”。

《象》曰：天下有山，遁；

张惠言：弑乱之时，天下无邦，唯山可遁。

尚秉和：凡卦皆合上下卦以立名。乾健艮止，皆无退义，然而遁者，以乾与艮先后天皆居西北也。西北者，幽潜无用之地，《太玄》谓曰冥。冥者，明之藏也，故曰遁。

按：“天下有山，遁”是从天文学、地理学的角度解释卦象。

上卦乾为天，下卦艮为山，天下无道，可以入山隐遁，所以系辞为“天下有山，遁”。

君子以远小人，不恶而严。

虞翻：君子谓乾，乾为远、为严；小人谓阴，坤为恶、为小人，故"以远小人，不恶而严"也。

来知德：恶者，恶声厉色，疾之已甚也。严者，以礼律身，无可议之隙，而凛然不可犯也。不恶者，待彼之礼。严者，守己之节。天下有山，天虽无意于绝山，而山自不能以及乎天，遁之象也，故君子以远小人，不恶而严。曰"不恶而严"，则君子无心于远小人，而小人自远，与天之无心于远山，而山自绝于天者同矣。远小人，艮止象。不恶而严，乾刚象。

张惠言：二阴浸长，三消入坤，是"小人"也。乾上反三，据坤四动初，既济定，是"远小人，不恶而严"。

尚秉和：乾为君子，远遁在外，故曰远小人。五应二，故曰不恶。然以有阻隔故，绝难为与，故曰不恶而严。盖外不与绝，内实远之也。

按："君子以远小人，不恶而严"是从卦象引申出来的人文思想。

能够效法遁卦的人被称为"君子"。上卦乾为"君子"、为"远"、为"严"，下卦艮为"小人"，九五爻与六二爻阴阳相应为"不恶"，所以系辞为"君子以远小人，不恶而严"。

初六：遁尾，厉。

虞翻：艮为尾也。初失位，动而得正，故"遁尾，厉"。

来知德：遁者，居当遁之时也。尾者，初也。因在下，故曰尾。厉者,天下贤人君子皆以遁去,是何时也,岂不危厉?

张惠言:初动则遁去其尾。之四成坎,故"厉"。遁消方长,必至否乃能复济,初在艮中,"时止则止",故"宜静"。

尚秉和:爻象初为尾。初往应四,则为同性之二所阻,危厉之道也。

按:下卦艮为身,初六爻为尾,隐遁在下,所以系辞为"遁尾"。

初六爻阴居阳位不正,有"履霜"之患,所以系辞为"厉"。

勿用有攸往。

虞翻:之应成坎为灾,在艮宜静。

来知德:往者,往而遁去也。本卦遁乃阳刚,与阴不相干涉,故不可往。且初在下,无位,又阴柔所居不正,无德无位,无德则无声闻,不过凡民耳,与遁去之贤人君子不同,遁之何益?

初六居下当遁之时,亦危厉矣,但时虽危厉,而当遁者,非初之人,故教占者勿用遁去,但晦处以俟时可也。

张惠言:否既成,上既来变三,四来之初,则可"往"。

尚秉和:勿往则免矣。

按:下卦艮为止,初六爻静居无为,不可妄动,所以系辞为"勿用有攸往"。

《象》曰:遁尾之厉,不往何灾也。

虞翻:若不往于四,则无灾矣。

来知德:不遁有何灾咎？所以勿用有攸往。

张惠言:之四成坎,为“灾”也。

尚秉和:艮为止,在艮宜静。勿用有攸往,则无灾矣。

按:“不往何灾也”是对“遁尾之厉”的解释。

初六爻静守顺居,不妄动就可以避免祸患,所以系辞为“不往何灾也”。

六二:执之用黄牛之革,莫之胜说。

虞翻:艮为手称执,否坤为黄牛,艮为皮,四变之初,则坎水濡皮;离日乾之,故“执之用黄牛之革”。莫,无也。胜,能。说,解也。乾为坚刚,巽为绳,艮为手持革,缚三在坎中,故“莫之胜说”也。

来知德:执者,执缚也。艮性止,执之象也。黄,中色,指二。应爻错坤,牛之象也。胜者,任也。脱者,解脱也。能胜其脱,欲脱即脱矣。莫之胜脱者,不能脱也。言执缚之以黄牛之皮,与九五相交之志坚固,不可脱也。本卦遁者乃阳,初与二阴爻皆未遁,故此爻不言“遁”字。

二阴浸长,近于上体之四阳,已凌迫于阳矣。然二与五为正应,二以中正顺应乎五,五以中正亲合乎二,正所谓“刚当位而应”,不凌迫乎阳可知矣。故有执之用黄牛之革,莫之胜说之象。占者当是时,亦当如此也。

张惠言:二执三。二执三,在成否之后,故取“否坤”。皮濡而干乃成“革”。阴浸而长,三消成否,二“小利贞”,故上来之三,仍为艮,四之初而执三,在坎中也。此则三动而复出，与旅三同，故旅上“丧牛”，五动成遁，注云“六二‘执用黄牛’，则旅家所丧牛也”。说读如“脱”。上乾。上来时，四未变，为巽绳。

尚秉和：艮为牛，无妄六三或系之牛是也。二居中，故曰黄牛。《易林》既济之艮云：伺候牛羊。同人之无妄云：负牛上山。皆以艮为牛。艮为皮革。执，持也，止也。艮手为执。言二得中正，宜贞定自持，如牛革之固，莫能胜我而说去也。仍小利贞之旨也。说、脱同。

按：下卦艮为“执”、为“牛革”，六二爻居中为黄，所以系辞为“执之用黄牛之革”。

六二爻与九四爻互卦为巽，巽为绳，六二爻阴顺阳，紧紧系缚在九三爻上，所以系辞为“莫之胜说”。

《象》曰：执用黄牛，固志也。

来知德：坚固其二、五中正相合之志也。

张惠言：坎为“志”。谓上来之三，四变之初。

尚秉和：巽为志。牛革者至固之物，持志如是，贞定极矣，故曰固志。固则不动，不动则不消阳。

按：“固志也”是对“执用黄牛”的解释。

六二爻与九四爻互卦为巽，巽为志，下卦艮止为固，所以系辞为“固志也”。

九三：系遁，有疾厉，

虞翻：厉，危也。巽为四变时，九三体坎，坎为疾，故“有疾厉”。

来知德：系者，心维系而眷恋也。高祖有疾，手敕惠帝曰："吾得疾随困，以如意母子相累，其余诸儿皆足自立，哀此儿犹小也。"曹瞒临死，持姬女而指季豹，以示四子，曰："以累汝。"因泣下。此皆所谓系也。中爻为巽，巽为绳，系之象也。系遁者，怀禄狥私，隐忍而不去也。疾者，利欲为缠魔，困苦之疾也。厉者，祸伏于此而危厉也。

张惠言：宜脱"绳"字。三在巽，故"系"。消坤失位，有系于上，故"系遁"。此二所谓"执用黄牛之革"，据上来之三也。据四初未动言。

尚秉和：巽为绳，故曰系。艮止，故曰系遁。言系恋而不即遁也。巽为疾。三无应，往遇敌，故有疾厉。

按：六二爻与九四爻互卦为巽，巽为"系"，下卦艮为遁，所以系辞为"系遁"。

巽为"疾"，九三爻居危惧之地，所以系辞为"有疾厉"。

畜臣妾，吉。

虞翻：遁阴剥阳，三消成坤，与上易位，坤为臣，兑为妾，上来之三，据坤应兑，故"畜臣妾，吉"也。

来知德：臣者，仆也；妾者，女子也，指下二阴也，乃三所系恋之类也。盖臣妾也，宫室也，利禄也，凡不出于天理之公而出于人欲之私者，皆阴之类也，皆人之所系恋者也。本卦止言臣妾者，因二阴居下位故也。畜者，止也，与剥卦"顺而止之"同。止之，使制于阳而不陵上也。艮畜止象，又为阍寺，臣之象；又错兑，妾之象。

九三当阴长陵阳之界，与初二二爻同体，下比于阴，故有当遁而系恋之象。既有所系，则不能遁矣，盖疾而为厉之道也。然艮性能止，惟刚正自守，畜止同体在下二阴，驭之以臣妾之正道，使制于阳而不陵上，斯吉矣，故又教占者必如此。

张惠言：虽"有疾厉"，然以乾畜坤兑，终成既济，故"吉"也。

尚秉和：然下有重阴，承顺于三，畜臣妾则吉。艮为臣妾也。巽，疾象，详履卦《彖传》注。艮臣象亦本《易林》。《易林》夬之坎云：君臣扰忧。坎中爻艮震，震为君，艮为臣，故曰君臣扰忧。又兑之艮云：臣围其君。亦以艮为臣，盖艮为僮为仆，故为妾。臣与仆古不分，故为臣。由是知蹇六二曰王臣蹇蹇，小过六二曰遇其臣，《易》原以艮为臣也。

按：下卦艮为"居"，下二阴为臣妾，九三爻阳制阴，阴顺阳，居正位，所以系辞为"畜臣妾，吉"。

《象》曰：系遁之厉，有疾惫也；

来知德：疾惫者，疲惫于私欲，困而危矣。

尚秉和：《广韵》：惫，羸困也。

按："有疾惫也"是对"系遁之厉"的解释。

巽为"疾"，九三与六二爻比邻，所以系辞为"有疾惫也"。

"畜臣妾，吉"，不可大事也。

虞翻：三动入坤，坤为事，故"不可大事也"。

来知德:不可大事者,出处去就乃大丈夫之大事。知此大事,方知其遁。若畜止臣妾,不过以在我艮止之性禁令之尔,乃小事也。九三"系遁",能此小事,亦即吉矣,岂能决断其出处去就之大事哉?

张惠言:故上来之三。

尚秉和:陆绩云:大事谓天下之政。潜遁之世,但可居家,畜养臣妾,不可治国之大事。

按:"不可大事也"是对"畜臣妾,吉"的解释。

九三爻居家畜养臣妾,与上卦乾天无应,乾为"大事",所以系辞为"不可大事也"。

九四:好遁,君子吉,小人否。

虞翻:否乾为好、为君子,阴称小人,动之初,故"君子吉"。阴在四多惧,故"小人否"。得位承五,故无凶咎矣。

来知德:三比二,故曰系。四应初,故曰好。好者,爱也。系者,缚也。爱者必眷恋而缚,缚者因喜悦而爱,其实一也。好遁者,又好而又遁也。好者,爵位利禄,爱慕之事也。遁者,审时度势,见几之事也。好者,四也。遁者,九也。阳居阴位,阳可为君子,阴可为小人,故可好、可遁也,所以圣人设小人之戒。否者,不也。

九四以刚居柔,下应初六,故有好而不遁之象。然乾体刚健,又有遁而不好之象。占者顾其人何如耳,若刚果之君子,则有以胜其人欲之私,止知其遁,不知其好,得以遂其洁身之美,故吉矣。若小人,则徇欲忘反,止知其好,不知其遁，遁岂所能哉？故在小人则否也。

张惠言：三消成否，四仍之初，故称“否乾”。四以乾入坤，故“吉”。初“遁尾厉”，故“否”。

尚秉和：虞翻曰：否乾为好、为君子，阴称小人。按四与初有应，好遁者，外不与小人绝，当祸患未形之时，从容而遁也。然知几其神，惟君子能之，若小人则系恋而不去也，故曰君子吉，小人否。

按：上卦乾为“君子”，九四爻与初六爻阴阳相应，不贪恋高位，所以系辞为“好遁，君子吉”。

九四爻与六二爻互卦为巽，巽为“小人”，小人贪恋高位，所以系辞为“小人否”。

《象》曰：君子好遁，小人否也。

来知德：君子刚果，故好而知遁，必于其遁。小人阴柔，故好而不知遁，惟知其好矣。

尚秉和：否，不也。小人不肯退，不退则凶咎至矣。

按：“君子好遁，小人否也”是对“君子吉，小人否”的解释。

九四爻与初六爻阴阳相应，功成身退，所以系辞为“君子好遁”。

九四爻与六二爻互卦为巽，巽为小人、为利，小人贪恋利禄，不知进退，所以系辞为“小人否也”。

九五：嘉遁，贞吉。

虞翻：乾为嘉，刚当位应二，故“贞吉”。谓三已变，上来之三,成坎象,《象》曰:“以正志也。”

来知德:嘉遁者,嘉美乎六二也。当二阴浸长之时,二以艮体,执之以黄牛之革,不凌犯乎阳,其志可谓坚固矣。为君者不嘉美以正其志,安能治遁?故贞吉。人君无逃遁之理。玄宗幸蜀,安得为嘉?

九五阳刚中正,有治遁之才者也。当天下贤人君子遁去之时,下应六二之中正,见六二之志固,乃褒嘉之,表正其志,以成其不害贤人君子之美,正而且吉之道也,故其象占如此。

张惠言:成否也。四已易初。坎为“志”。

尚秉和:乾为嘉。五居中当位,下有应与,大必遁也;乃识微虑远,及此嘉时而遁焉,故曰贞吉。

按:上卦乾为“嘉”,九五爻与六二爻阴阳相应,所以系辞为“嘉遁”。

九五爻与六二爻上下易位,遁入山林,所以系辞为“贞吉”。

《象》曰:“嘉遁,贞吉”,以正志也。

来知德:二之固志者,坚固其事上之志,臣道中正之心也。五之正志者,表正其臣下之志,君道中正之心也。二五《小象》皆同言“志”字,所以知五褒嘉乎二。

张惠言:谓三已变,否上之三,四正初,五在坎为志正。

尚秉和:五应在二。二互巽,巽为伏,故为心志。虞翻用卦变,谓四与初易位,三已变成坎,上来之三,成坎为志。

夫圣人观象系辞，其所用象，乃在三变之后，迂曲如此，使后学乌从测之哉？

按："以正志也"是对"嘉遁，贞吉"的解释。

六二爻与九四爻互卦为巽，巽为"志"，九五爻遁入六二的位置，所以系辞为"以正志也。"

上九：肥遁，无不利。

虞翻：乾盈为肥，二不及上，故"肥遁，无不利"。故《象》曰："无所疑也。"

来知德：肥者，疾惫之反。遁（遯）字从豚，故初六言尾，上九言肥，皆象豚也。以阳刚之贤而居霄汉之上，睟面盎背，莫非道德之丰腴；手舞足蹈，一皆仁义之膏泽。心广体胖，何肥如之？无不利者，天子不得臣，诸侯不得友，尧虽则天，不屈饮犊之高；武既应人，终全孤竹之节。理乱不闻，宠辱不惊，何利如之？

诸爻皆疑二阴之浸长，心既有所疑而戚戚，则身亦随之而疾瘠矣，安能肥乎？惟上九以阳刚而居卦外，去柔最远，无所系应，独无所疑。盖此心超然于物外者也，故有肥遁之象，占者无不利，可知矣。

张惠言：四、五、上皆乾，由乾而遁，故曰"好遁""嘉遁""肥遁"也。遁皆变去，五不变，故曰"贞吉"。二执三谓执上，然二不能及上，上遁之三，二乃得执之，入坎。坎为"疑"，疑"有疾厉"，不利。

尚秉和：《子夏传》释肥为饶裕，虞翻以乾盈为肥，皆非。《后汉·张衡传》注引《淮南九师训》云：遁而能飞，吉孰大焉。《易林》需之遁云：去如飞鸿。节之遁云：奋翅鼓翼。王弼云：缯缴不能及。并皆读为飞。朱芹引姚宽《西溪丛语》云：肥古作巸，巸、蜚同字，是肥即蜚，蜚即飞也。盖上九居极上，高飞远引，无有阻隔，故无不利。而乾为行，故为飞，乾九五飞龙在天是也。

按：上卦乾为盈，阳气盈满，居高天之外，所以系辞为“肥遁”。

阳气充盈，所以系辞为“无不利”。

《象》曰：“肥遁，无不利”，无所疑也。

来知德：无所疑者，不疑二阴之浸长而消阳也。无所疑，所以逍遥物外，不至于愁苦而瘠。

张惠言：谓之三坎为“疑”。

尚秉和：上九逍遥世外，故无所疑。

按：“无所疑也”是对“肥遁，无不利”的解释。

上九爻居高天之上，蛊卦上九爻言“不事王侯，高尚其事”，所以系辞为“无所疑也”。

三四　大壮卦

震上乾下

大壮：

来知德：大壮者，大者壮也，大谓阳也。四阳盛长，故

为大壮,二月之卦也。为卦震上乾下,乾刚而震动,大壮之义也。又雷之威震于天上,声势壮大,亦大壮之义也。《序卦》:"遁者,退也。物不可以终遁,故受之以大壮。"遁者,阳衰而遁也。壮者,阳盛而壮也。衰则必盛,消长循环之理,所以次遁。

张惠言:阳息泰,过盛而为阴伤,故名曰"大壮"。壮,伤也。与观旁通。大壮,二月卦也。卦辞正五成需,阳过当止,故曰"大壮,止也"。爻成既济,五正则阳道成。

按:"大壮"是卦名,卦象由上震下乾构成。《周易·序卦传》言:"物不可以终遁,故受之以大壮。"大壮卦下卦乾为天,上卦震为动,天道运行,阳气升腾,所以卦象被命名为"大壮"。

大壮卦与观卦旁通。十二消息卦为二月。

利贞。

虞翻:阳息,泰也。壮,伤也。大谓四,失位,为阴所乘,兑为毁折,伤,与五易位乃得正,故"利贞"也。

来知德:阳壮,则占者吉亨不必言矣。然君子所谓壮者,非徒以其势之盛,乃其理之正也,故利于正。阴之进不正,则小人得以陵君子,故遁言小者利于贞。阳之进不正,则君子不能胜小人,故大壮言大者利于贞。大壮综遁,二卦本是一卦,故卦下之辞如此。

张惠言:物过则伤,不云伤而云壮者,阴阳之辞。《方言》曰:"凡草木刺人,北燕朝鲜之间,谓之'策',或谓之

'壮'。"郭璞注云"今淮南亦呼壮为伤"是也。阳不失位，不致伤也。

尚秉和：《杂卦》云：大壮则止。《序卦》云：物不可以终壮，故授之以晋。晋者，进也。是亦训为止，故与进对文。《太玄》拟为格。格，阻也，亦止也。又拟为夷。夷，伤也。故马、虞训壮为伤。吴先生曰：伤则必止，二义相因。按《说卦》震为蕃，蕃有闭义。《诗》：四国于蕃。笺云：蕃，屏也。《周礼·大司徒》：蕃乐。杜子春读蕃为藩，谓藩闭乐器而不用。是蕃与藩通。大壮之所以为止者，以震藩屏闭在前也。四不应初，二三遇敌，下阳全为四所格阻，故曰利贞。言利于贞定不动也，即止也。不止则伤，四五两爻是也。郑、王谓为强盛，然注莫古于《十翼》，莫精于《太玄》，皆不如是言，疑非《易》本旨。

按：大壮卦下卦乾为天，上卦震为动，天行健，应天而动，所以系辞为"利贞"。

《彖》曰："大壮"，大者壮也。刚以动，故壮。

来知德：以卦体、卦德释卦名，又释利贞之义而极言之。阳长过中，大者壮也，盖正月泰阳虽长而未盛，三月夬阳已盛而将衰，皆不可以言壮，惟四阳则壮矣。且乾刚震动，刚则能胜其人欲之私，动则能奋其必为之志，何事不可行哉？此其所以壮也。卦体则势壮，卦德则理壮，所以名壮。

张惠言：阳为"大"。刚，乾。动，震。动而过刚，谓四失位,为阴所乘,故伤也。

尚秉和:大谓乾。乾在下为四所格,故曰大者壮也。盖刚宜静,刚而动必多阻格,释壮之故也。

按:“大者壮也。刚以动,故壮”是对卦名“大壮”的解释。

阳为“大”。下卦乾为“刚”,上卦震为动,所以系辞为“刚以动”。阳气因动而刚,阳气生长为壮,所以系辞为“大壮”。

“大壮,利贞”,大者正也,正大而天地之情可见矣。

虞翻:谓四进之五乃得正,故“大者正也”。“正大”谓四之五成需,以离日见天,坎月见地,故“天地之情可见”也矣。

来知德:大者,正也,言大者自无不正也。凡阳明则正,阴浊则邪,自然之理,故利于贞。若不贞,则非大矣。正大者,正则无不大也。天地之情者,覆载生成,所发之情也。一通一复,皆一诚之贯彻,岂不正?既正,岂不大?故曰正大。盖大者壮以气言,乃壮之本体也。大者正以理言,所以运壮之道也。正大而天地之情可见,又推极上天下地,莫非此正大之理,非特人为然也。一阳来复,见天地之心;四阳,见其情。仁者,天地之心,情则其所发也。

尚秉和:利贞者,贞定。乾《彖传》云:各正性命,保合太和，乃利贞。天地之情，本如是也。

按："大者正也，正大而天地之情可见矣"是对"大壮，利贞"的解释。

阳气为"大"、为"正"，下卦乾为天，上卦震为动、为万物生，应天而动，阳气升腾，才可能有大地上的万物生，所以系辞为"大者正也，正大而天地之情可见矣"。

《象》曰：雷在天上，大壮；

张惠言：雷阳气，震阴而为声。"在天上"，阳盛而伤，故震也。

按："雷在天上，大壮"是从天文学的角度解释卦象。

上卦震为"雷"，下卦乾为"天"，所以系辞为"雷在天上，大壮"。

君子以非礼弗履。

来知德：非礼者，人欲之私也。履者，践履也。非礼弗履，则有以克胜其人欲之私矣。此惟刚健以动者可能。矫哉其强，何壮如之？雷在天上，大壮者以声势而见其壮也。君子非礼弗履，大壮者以克胜其私而见其壮也。

张惠言：失位而伤，"非礼弗履"之义。震足履乾，履非所履，四正成坎，震足不见，故曰"非礼弗履"。"君子"谓乾阳。履，以坤柔履刚，故"嘉会合礼"。此以震刚履乾，故"非礼弗履"。其义同也。

尚秉和：震为履。震履乾，即卑履尊，非礼甚矣。陆绩曰：君子见卑履尊，终必消除，故以为戒。《大象》每相反为义,此其一也。

按:“君子以非礼弗履”是从卦象引申出来的人文思想。

能够效法大壮卦的人被称为“君子”。下卦乾为天,上卦震为履,凌驾于天之上,逆天而行,大逆不道,所以系辞为“非礼弗履”。

初九:壮于趾,征凶,有孚。

虞翻:趾谓四。征,行也。震足为趾,为征。初得位,四不征之五,故“凶”。坎为孚,谓四上之五成坎,已得应四,故“有孚”。

来知德:震为足,又初在下,趾之象也。征凶者,往则必裁抑摈斥也。孚者,自信其阳刚之正德也。初以阳居阳,乾之刚未盛也,故有孚。至三,则乾刚极矣,故贞厉。

初九阳刚处下,当壮之时,壮于进者也,故有壮趾之象。以是而往,凶之道也。然阳刚居正,本有其德,故教占者惟自信其德,以甘穷困,不可有所往,往则凶矣。

张惠言:当作“征”。“趾征”,犹言趾之征也。凡应不相得则伤,四不应初,故初伤而凶。江承之云:“经文言征,非言不征,如虞读,似四征五而初伤,殆非也。‘趾’谓四,‘征’谓初。四失位,初不得应,故伤。若遂动而应四,则‘凶’。唯不动而待四之五,已得应之,则‘有孚’也。‘壮于趾’为句,‘征凶’为句。《象》曰:‘壮于趾,其孚穷也。’‘趾’‘征’不连读,明甚。”

尚秉和:初应在四,四震为趾。乃四亦阳,初失应,故壮于趾。言趾有所阻格也。又二三亦阳,阳遇阳则窒,故征凶。有,《说文》:有,不宜有也,《春秋传》日月有食之是也。依《说文》,有孚者,谓不宜于有也,即不孚也。正与《象辞》孚穷之义合也。

按:初九爻居震位,下卦乾为"壮",所以系辞为"壮于趾"。

初九爻与九四爻不相应,动则有凶,所以系辞为"征凶"。

初九爻潜龙勿用,含藏不动,所以系辞为"有孚"。

《象》曰:"壮于趾",其孚穷也。

虞翻:应在乾终,故"其孚穷也"。

来知德:既无应援,又卑下无位,故曰穷。当壮进之时,有其德而不能进,进则必凶,乃处穷之时矣。故惟自信其德,以自守可也。是其孚者,不得已也,因穷也,故曰"其孚穷"。贤人君子不偶于时,栖止山林者多是如此。

张惠言:穷于"孚",故伤。

尚秉和:初得敌,无应,故孚穷。

按:"其孚穷也"是对"壮于趾"的解释。

初九爻为"孚",与九四爻无应,屈居下位,所以系辞为"其孚穷也"。

九二:贞吉。

虞翻:变得位,故"贞吉"。

来知德:中则无太过,不恃其强而猛于必进,所以此爻贞吉。九二以阳刚当大壮之时,居中而不过于壮,盖正而吉者也,故其占如此。

尚秉和:二得中,故贞吉。与下贞厉为对文。

按:九二爻居中位,所以系辞为“贞吉”。

《象》曰:九二贞吉,以中也。

虞翻:动体离,故“以中也”。

来知德:以中者,居中位也,与解卦“得中道”、未济“中以行正”同。“中立而不倚,强哉”,九二有焉。

张惠言:二宜阴中。

尚秉和:二承乘皆阳,得敌,似不吉,然而言者,以位中也。

按:“以中也”是对“九二贞吉”的解释。

九二爻居中位,所以系辞为“以中也”。

九三:小人用壮,君子用罔。

虞翻:应在震也。三,阳,君子。小人谓上。上逆,故“用壮”。谓二已变离,离为罔,三乘二,故“君子用罔”。

来知德:罔者,无也,言不用也。君子以义理为勇,以非礼弗履为大壮,故不用壮也。

张惠言:九三。阴方逆乘,伤阳不应三。罔,罗也。

尚秉和:三应在上,小人谓上六,君子谓三。乃上六欲应三,而为五所格,故用壮。三欲应上,而为四所格,故用罔。罔,无也。

按：乾卦九三爻言："君子终日乾乾，夕惕若，厉。"九三爻为君子，君子居此位，有终日之忧，下卦乾与坤旁通，坤为"罔"，所以系辞为"君子用罔"。

下卦乾为阳气盈满，小人居此位，得意忘形，所以系辞为"小人用壮"。

贞厉，羝羊触藩，羸其角。

虞翻：体乾"夕惕"，故"贞厉"也。

来知德：羝羊，壮羊也。羸者，瘦也，病也。羝羊恃其强壮，乃触其藩，其角出于藩之外，易去而难反，不能用其力，是角之壮者，反为藩所困制而弱病矣，故曰"羸其角"也。本卦大象兑，中爻为兑，皆羊之象，故诸爻皆以羊言之。震为竹为苇，藩之象也。触藩者，用壮之象也。阳居阳位，故曰贞。羸角者，又贞厉之象也。

九三过刚不中，又当乾体之终，交震动之际，乃纯用血气之强，过于壮者也。然用壮为小人之事，君子以义理为主，岂其所用哉？故圣人戒占者曰：惟小人则用壮，君子则不用也。苟用其壮，虽正亦厉，亦如羊之触藩羸角也，壮其可恃哉！戒之之严，故占中之象又如此。

张惠言：三陷于罔，故危。羝羊，牡羊也。藩，篱也。虆，缀系也。三体兑，兑为羊，在乾，故曰"羝"。震为竹木，谓上二阴在阳前，为"藩"。乾为首，三乾上，故为"角"。兑为刚卤。三欲触上，反见虆。谓二已变，体巽为绳也。荀氏以"三触四而危之"，"三"为君子，明"不触四"也。

尚秉和:言三上皆失其用也,故卜问厉。中爻互兑,故曰羝羊。四震为藩。羸,缠绕也。三在下卦之上,于爻象为角者。羝羊触藩,羸其角者,言三欲上升,为九四所阻格,若羝羊以角触藩而不能决,角反为藩所困也。荀爽以五为角。五为角,则藩已决矣,胡有羸象哉?震,藩象。《易林》乾之丰云:藩屏周卫。同人之师云:藩屏汤武。皆以震为藩。而藩与蕃通。《说卦》震为蕃,即《易林》所本也。

按:九三爻居阳刚不中之位,所以系辞为"贞厉"。

"羝羊"就是壮羊。九三爻与六五爻互卦为兑,下卦乾为壮,取象为"羝羊"。上卦震为篱笆,所以系辞为"羝羊触藩"。

兑为毁折。壮羊用狠,撞击篱笆,伤了头角,所以系辞为"羸其角"。

《象》曰:"小人用壮",君子罔也。

来知德:言用壮者,小人之事,君子则无此也。

张惠言:上方伤阳,三宜正守,乃恶而触之,羸角宜矣。

尚秉和:罔,犹否也。

按:"君子罔也"是对"小人用壮"的解释。

下卦乾与坤旁通,坤为"罔",所以系辞为"君子罔也"。

九四:贞吉,悔亡。

虞翻:失位,悔也。之五得中,故"贞吉"而"悔亡"矣。

来知德:贞吉,悔亡者,惟正则吉而悔亡也。

张惠言:与五易位,故“得中”。

尚秉和:四前监重阴,利往,故贞吉无悔,

按:九四爻阳居阴位,本来有悔,九四爻顺天而动,所以系辞为“贞吉,悔亡”。

藩决不羸。壮于大舆之輹。

虞翻:体夬象,故“藩决”。震四上处五,则藩毁坏,故“藩决不羸”。坤为大车、为腹,四之五折坤,故“壮于大车之輹”。

来知德:决,破也。“藩决不羸”,承上文而言也。三前有四之阻隔,犹有藩焉;四前二阴,则藩决而可前进矣。震为大涂,兑为附决,藩决之象也。輹与辐同,车轮之中干也。车之败常在折輹,輹壮则车强矣。四变坤,大舆之象也。壮于大舆之輹,言尚往而可进也。此二句,又贞吉悔亡之象也。

九四当大壮之时,以阳居阴,不极其刚,前无困阻,而可以尚往矣,故其占中之象如此。

尚秉和:四前监重阴,利往,故贞吉无悔,故藩决不羸。震为舆、为輹。《象》曰尚往,是四往五也。四往五,震象毁,而兑为毁折,故曰壮于大舆之輹。盖卦以止为义,藩决则进,进则有伤,五爻丧羊相因而至矣。虞翻因不知輹象,改輹为腹,非。

按:上卦震为“藩”、为动、为通途,所以系辞为“藩决不羸”。

下卦乾为"大舆"、为"壮"、为"輹",九四爻应天而动,所以系辞为"壮于大舆之輹"。

《象》曰:"藩决不羸",尚往也。

虞翻:而《象》曰"尚往者",谓上之五。

来知德:尚往者,前无困阻而可以上进也。

张惠言:尚,上也,谓之五。

尚秉和:尚往,言上进居五。

按:"尚往也"是对"藩决不羸"的解释。

九四爻利于上升到六五的位置,所以系辞为"尚往也"。

六五:丧羊于易,无悔。

虞翻:四动成泰,坤为丧也,乾为易,四上之五兑,还属乾,故"丧羊于易"。动各得正,而处中和,故"无悔"矣。

来知德:易即埸,田畔地也。震为大涂,埸之象也。本卦四阳在下,故名大壮。至六五无阳,则丧失其所谓大壮矣,故有丧羊于易之象。既失其壮,则不能前进,仅得无悔而已,故其象占如此。

张惠言:体乾,九五有乾德,故曰"易"。

尚秉和:兑为羊,兑毁折,故丧羊。易,《释文》云:陆作埸,谓疆埸也。古文往往如是,《说文》:埸,田畔也。《诗·小雅》:疆埸有瓜。丧羊于埸,言丧羊于田畔也。诸家作难易解,不辞甚矣。惟埸象无有详者。按震为阪。《说文》:阪,坡也,山胁也。《诗·小雅》:瞻彼阪田。埸既为田畔,疑仍震象也。然虽丧羊，下有应得中，亦无悔也。

按："易"指場，田畔。六五爻位居田地，与九四爻互卦为兑，兑为"羊"、为毁折，所以系辞为"丧羊于易"。

六五爻与九四爻阴阳相通，居中位，所以系辞为"无悔"。

《象》曰："丧羊于易"，位不当也。

来知德：位不当者，以柔居五位也。

张惠言：四五不当位，故"丧羊"乃无悔。

尚秉和：位不当，释丧羊之故也。

按："位不当也"是对"丧羊于易"的解释。

六五爻阴居阳位不正，所以系辞为"位不当也"。

上六：羝羊触藩，不能退，不能遂。

虞翻：应在三，故"羝羊触藩"。遂，进也。谓四已之五，体坎；上能变之巽，巽为进退，故"不能退，不能遂"。

来知德：震错巽为进退。退，遂之象也。六五已丧羊矣，而上六又羝羊触藩者，盖六五以一爻言也，上六则合一卦而言也。三则刚之极，上则动之极，所以爻、象皆同。上六壮终动极，所以触藩而不能退，然其质本柔，又不能遂其进也，故有触藩不能退遂之象。

张惠言："能"衍字。不能进退，言为巽之不可。"退"谓上为巽，退于己则失位，进于五则逆乘刚也。

尚秉和：卦全体兑象，故仍曰羝羊。上欲应三，而为五所格，五亦阴，得敌。三之藩在四，上之藩在五，故退欲来三,为藩所阻;进欲前往,而道已穷,故不能退,不能遂。

按:上卦震为“藩”,六五爻与九三爻互卦为兑,兑为“羝羊”,在藩篱之中,所以系辞为“羝羊触藩”。

上六爻与九三爻阴阳相应,但为六五所阻,所以系辞为“不能退”。

坤卦上六爻《象传》言:“其道穷也。”上六爻居天极之位,不可再进,所以系辞为“不能遂”。

无攸利,艰则吉。

虞翻:退则失位,上则乘刚,故“无攸利”。坎为艰,得位应三利上,故“艰则吉”。

来知德:艰者,处之艰难而不忽慢也。吉者,无攸利者终得攸利也。上六壮终动极,所以触藩而不能退,然其质本柔,又不能遂其进也,故有触藩不能退遂之象,占者之无攸利可知矣。然犹幸其不刚,而不妄进也。若占者能艰以处之,则得以遂其进而吉矣。

张惠言:谓上不应三,使三触藩,故“无攸利”。明三所触者上矣。不变居坎,则得位。藩既决,三自应之,利居五上。

尚秉和:巽为利,巽伏,故无攸利。然上当位有应,艰贞自守,终吉也。

按:上卦震阳生为“利”,上六爻阴虚,所以系辞为“无攸利”。

上六爻阴居阴位为正,坚守此位,耐心等待九三阳气上升，所以系辞为“艰则吉”。

《象》曰：“不能退，不能遂”，不详也。

虞翻：乾善为详，不得三应，故“不详也”。

来知德：详者，慎密也。不详者，当壮终动极之时，不能度势而行、审几而进也。

张惠言：详、祥同。

尚秉和：《释文》云：详，审也。审，慎也。言不能退、不能遂之故，咎在不慎审于始而妄动也。郑、虞、王肃、王弼皆释详为善，于义亦通。

按：“不详也”是对“不能退，不能遂”的解释。

“详”与“祥”相通。上六爻与九三爻虽然阴阳相应，但上六爻进退失据，所以系辞为“不详也”。

“艰则吉”，咎不长也。

虞翻：巽为长，动失位为咎，不变之巽，故“咎不长也”。

来知德：既详，则能艰矣。咎者，不能退、不能遂之咎也。惟艰则能详，而咎不长矣。心思之艰难，所以能详；识见之详明，所以方艰。

尚秉和：三上为正应，终必和合，故曰咎不长。

按：“咎不长也”是对“艰则吉”的解释。

上六爻不能下降到九三的位置，所以为“咎”。上卦震为动、为春，春天来临，所以系辞为“咎不长也”。

三五 晋卦

䷢离上坤下

晋:

虞翻:观四之五。晋,进也。

来知德:晋者,进也。以日出地上,前进而明也。不言进而言晋者,进止有前进之义,无明之义,晋则有进而光明之义,所以不言进也。《序卦》:“物不可以终壮,故受之以晋。”盖物既盛壮,则必前晋,所以次大壮。

张惠言:观消卦,阴进居五,故名曰“晋”。晋,进也,不曰进而曰晋者,以阳为义,日中观之大也。故《杂卦》曰:“晋,昼也。”候在二月。卦辞初动成噬嗑,消道也。取阳义,故爻成既济。

尚秉和:离出地居五,南面向明而治,故曰晋。晋,进也。

按:“晋”是卦名,卦象由上离下坤构成。《周易·序卦传》言:“物不可以终壮,故受之以晋。晋者,进也。”晋卦下卦坤为地,上卦离为日,太阳从地面上升起,所以卦象被命名为“晋”。

晋卦与需卦旁通。

康侯用锡马蕃庶,昼日三接。

虞翻:坤为康,康,安也;初动体屯,震为侯,故曰“康侯”。震为马，坤为用，故“用锡马”。艮为多，坤为众，故“繁庶”。离日在上，故“昼日”。三阴在下，故“三接”矣。

来知德：康侯，安国之侯也。锡者，赐与也。蕃庶，见其恩之者隆；三接，见其礼之者频。坤错乾，马之象。中爻艮综震，震为蕃，蕃之象。庶者，众也，坤为众，庶之象。蕃庶者，言所锡之马众多也。昼日，离之象。离居三，三之象。艮为手，相接之象。日者，君也。坤者，臣也。坤为邑国，日在地上，照临其邑国之侯，有宠而锡马，三接之象。《易》止有是象无是事，如栋桡、金车、玉铉之类皆是也。诸儒不知象，乃以《周官》校人、大行人实之，失象旨矣。

张惠言：四阴例。谓四进居五，上行也。“康侯”犹宁侯，谓初坤为震也。惠征士读“锡贡”之“锡”，诸侯所以享王。“蕃”当作“繁”。观四之五，以离日接乾，初正坤，故三阴在下。三接，三享也。

尚秉和：四诸侯。康，美也，大也。《礼·祭统》：康周公。注：康，犹褒，大也。《易林》随之恒云：实沉参虚，封为康侯。康侯略如大侯，为诸侯之美称，犹《诗》之言齐侯，言平王也。坎为马，坤亦为马；坎为众，坤亦为众，故曰用锡马蕃庶。艮为手，故曰锡。锡，予也。言康侯恭顺，来宾于王，锡贲众多。《杂卦》：晋，昼也。艮为手，数三，离为昼，故曰昼日三接。侯果曰：《大行人职》曰诸公三飨三问三劳，诸侯三飨再问再劳，子男三飨一问一劳。即天子三接诸侯之礼也。昼日三接，即一昼三觌也。

按：上卦离为日、为“康侯”，九四爻与六二爻互卦为艮，艮为手、为“锡”，艮反卦为震，震为马、为“蕃”，下卦坤为“庶”，“阳春布德泽，万物生光辉”，所以系辞为“康侯用锡马蕃庶”。

上卦离为“昼日”，先天八卦离数为三，太阳一天当中三次普照大地，所以系辞为“昼日三接”。

《彖》曰：晋，进也。明出地上，顺而丽乎大明，柔进而上行，是以“康侯用锡马蕃庶，昼日三接”也。

来知德：释卦名，又以卦象、卦德、卦综释卦辞。明出地上者，离日出于地之上也。顺而丽乎大明者，坤顺而附丽乎大明也。柔进而上行者，晋综明夷，因二卦同体，文王综为一卦，故《杂卦》曰“晋，昼也；明夷，诛也”，言明夷下卦之离进而为晋上卦之离也。若以人事论，明出地上，乃世道维新、治教休明之时也。顺以臣言，大明以君言。顺者，小心承顺也。丽者，犹言攀龙鳞、附凤翼也。柔进而上行，则成虚中矣，是虚中下贤之君而居于五之位也。上句以时言，中句以臣之德言，下句以君言。言为康侯者，必际是时，备是德，遇是君，方得是宠也。

张惠言：离为明。顺，坤。丽，离。“大明”谓乾也。五乾位，阴顺丽阳，故“丽乎大明”，谓观四之五也。以四丽五，柔进上行，以离接乾，是“康侯用锡马”于王，“昼日三接”之象。

尚秉和：明出地上谓离，顺谓坤，柔进而上行谓五。进居地上，得君位也。

按："进也"是对卦名"晋"字的解释。

上卦离为明，下卦坤为地，所以系辞为"明出地上"。这即是"进"的意思。

下卦坤为地、为"顺"，上卦离为"丽"、为"大明"，所以系辞为"顺而丽乎大明"。

下卦坤为"柔"，上卦离为"上行"，太阳从地面上升起，所以系辞为"柔进而上行"。

"顺而丽乎大明，柔进而上行"是对"康侯用锡马蕃庶，昼日三接"的解释。

《象》曰：明出地上，晋；

张惠言：日出于地，进而照地。

按："明出地上，晋"是从天文学、地理学的角度解释卦象。

上卦离为"明"，下卦坤为地，太阳升起，普照大地，所以系辞为"明出地上，晋"。

君子以自昭明德。

虞翻：君子谓观乾。乾为德，坤为自，离为明，乾五动，以离日自照，故"以自昭明德"也。

来知德：地乃阴土，譬之人欲之私。自者，我所本有也。日本明，入于地则暗矣，犹人之德本明，但溺于人欲之私则暗矣。故自昭其明德，亦犹日之出地也。自昭者，格物致知以去其蔽明之私，诚意正心修身以践其自昭之实也。明德者,即行道而有得于我者。天下无道外之德,即五伦体之于身也。此德塞乎天地,横乎四海,如杲日当空,人人得而见之,故曰明,非《大学》旧注虚灵不昧之谓也。至健莫如天,故君子以之自强;至明莫如日,故君子以之自昭,所以二象皆以“自”字言之。

张惠言:乾五也。就阳而言,为乾五动。

尚秉和:明出地上,自然显著,德不求明而自明,故学《易》之君子,取法乎此,以自昭明德。言明德在己,自然昭朗,视能进与否耳。苟进而上行,未有不显著者。昭,《正义》云:周氏等作照。按昭、照古通,无异义也。

按:“君子以自昭明德”是从卦象引申出来的人文思想。

能够效法晋卦的人被称为“君子”。下卦坤为自身,上卦离为“昭”、为“明德”,以明德修身,所以系辞为“君子以自昭明德”。

初六:晋如,摧如,贞吉。

虞翻:晋,进;摧,忧愁也。应在四,故“晋如”。失位,故“摧如”。动得位,故“贞吉”。

来知德:晋如者,升进也。崔者,“崔嵬”之“崔”,高也。中爻艮山,在坤土之上,崔之象也。四近君,又阳爻,故有崔如之象。若以为摧如,则与《小象》“独行正”不相合矣。依郑为“南山崔崔”之“崔”是也。贞者,尽其在我,不畔援苟且,汲汲以求进也。吉者,终得遂其进也。

尚秉和:初阴,二三亦阴,得敌,故进而见摧。有应,故贞吉。

按:初六爻与九四爻阴阳相应,所以系辞为"晋如"。

六二爻与九四爻互卦为艮,艮为山,初六爻遇山阻,寸步难行,所以系辞为"摧如"。下卦坤为顺,初六爻阴顺阳,所以系辞为"贞吉"。

罔孚,裕,无咎。

虞翻:应离为罔,四坎称孚,坤弱为裕,欲四之五成巽,初受其命,故"无咎"矣。

来知德:罔孚者,二三不信之也。中爻坎为狐疑,不信之象也。当升进之时,众人通欲进,初卑下,故二三不见信。观《小象》曰"独行正",六三曰"众允",可知矣。裕者,不以进退为欣戚,从容以处之,而我之自修者,犹夫初也。无咎者,不失其身也。贞即下文"罔孚,裕,无咎"。

初六以阴居下,当升进之时,而应近君之四,故有"晋如,崔如"之象,占者守正则吉矣。设或不我见信,不可急于求信,惟宽裕以处之,则可以无咎矣。若求信之心切,则不免枉道失身,安得无咎哉？此所以利贞则吉也。

张惠言:四虽"孚"而在"罔",变则四在坤而"裕"。巽为"命"。正位得应,故"无咎"矣。

尚秉和:然初虽应四,以为二三所隔,应为甚难,故曰罔孚。裕,缓也。言初与四终为正应,缓以俟之,则无咎也。与屯六二十年乃字,义同也。旧解皆不知得敌之理,虞翻以失位诂摧如，以罔罟诂罔孚，遂歧误百出矣。

按：下卦坤为“罔”，初六爻阴虚无实，所以系辞为“罔孚”。

下卦坤为缓，初六爻徐徐图之，终将与九四阴阳相交，所以系辞为“裕，无咎”。

《象》曰：“晋如，摧如”，独行正也。

虞翻：初动震为行，初一称独也。

来知德：独行者，独进也。中爻艮综震，足行之象也。正者，应与之正道也。言升进之时，四阳在上，近乎其君，赫赫崔嵬；初又卑下，众人不进，而初独进之，似不可进矣，然四与初为正应，进之亦正道也，未害其为进也。

尚秉和：初阴遇阴得敌，故曰独行。有应，故曰正。

按：“独行正也”是对“晋如，摧如”的解释。

初六爻与九四爻阴阳相应，顺天而行，所以系辞为“独行正也”。

“裕，无咎”，未受命也。

虞翻：五未之巽，故“未受命也”。

来知德：未受命者，离日在上，未受君王之命也。未受命，则无官守，所以得绰绰有余裕。应四未应五，故曰“未受命”。六二曰“受兹介福于王母”，二“受”字相同。中爻艮为手，有授受之象，故文王卦辞曰“接”。初、二爻皆言“受”，皆有手象。

张惠言：四裕在坤，初受巽命。

尚秉和：未受命者，言初居勿用之位，尚未膺官守之命也。

按："未受命也"是对"裕，无咎"的解释。

下卦坤虚无阳，所以系辞为"未受命也"。

六二：晋如，愁如，贞吉。

虞翻：坎谓应，在坎上，故"愁如"。得位处中，故"贞吉"也。

来知德：中爻坎为加忧、为心病，愁之象也。其所以愁者，四乃大臣中鼫鼠之小人也，近君而据下三爻升进之路，二欲升进无应援，五阴柔，二愁五之不断四邪辟，二愁四之见害，此其所以愁也。贞者，中正之德也。初六之贞，未有贞而勉之也。六二之贞，因其本有而教以守之也。吉者，中正之德久而必彰，上之人自当求之，下文所言"受介福于王母"是也。

张惠言：脱字。当云"震为行，故晋如"。谓初已变，二在震也。二无应，嫌当变应五。

尚秉和：二无应，进遇坎，坎为忧，故曰愁如。贞吉者，卜问吉也。

按：六二爻与九四爻互卦为艮，艮为山高，所以系辞为"晋如"。

六二爻与六三爻比邻，六三爻与六五爻互卦为坎，坎为忧，六二爻欲进而遇坎，所以系辞为"愁如"。

六二爻居中正之位，所以系辞为"贞吉"。

受兹介福，于其王母。

虞翻：乾为介福，艮为手，坤为虚，故称“受”。介，大也。谓五已正中，乾为王，坤为母，故“受兹介福，于其王母”。

来知德：介者，大也。受介福者，应六五大明之君，因其同德而任用之，加之以宠禄也。王母者，六五也。离为日，王之象也。离为中女，母之象也。

六二中正，上无应援，故有欲进而愁之象。占者如是而能守正，则吉而受福矣。

张惠言：四五易位体艮。二也。艮手持福，与二，二受之。九五，乾也。消坤中，故为“王母”。

尚秉和：介，虞、《九家》皆训为大。坤为母，伏乾为大、为福、为王，故曰受兹介福，于其王母。王母谓二，言二虽不宜于进，然得中为坤本位，必受此大福也。旧解谓王母指六五。六五亦阴，焉能福二？故夫阴遇阴，阳遇阳，敌应之理不明，说《易》无不误也。

按：六二爻与九四爻互卦为艮，艮为“受”，上卦离为“介福”，所以系辞为“受兹介福”。

上卦离为“王母”，所以系辞为“于其王母”。

《象》曰：“受兹介福”，以中正也。

来知德：以中正者，以六二有此中正之德也。八卦正位坤在二，所以受介福，详见《杂说》。

尚秉和：言二所以受兹大福者，以得此中正之位也。若六五，则中而不正。各家因曰王母疑非五莫能当，岂知下坤方为母,伏乾,故曰王母。《易林》此例甚多也。

按:“以中正也”是对“受兹介福”的解释。

六二爻居中正之位,所以系辞为“以中正也”。

六三:众允,悔亡。

虞翻:坤为众。允,信也。土性信,故“众允”。三失正,与上易位,则“悔亡”,故《象》曰“上行也”。此则成小过,小过,故有飞鸟之象焉。臼杵之利,见鼫鼠出入坎穴,盖取诸此也。

来知德:坤为众,众之象也。允者,信也。初罔孚,未允也。二愁如,犹恐未允也。三则允矣。悔亡者,亡其不中正之悔也。

六三不中正,当欲进之时,宜众所不信而有悔矣。然所居之地近乎离明,又顺体之极,有顺上向明之志,则所谓不中正者,皆因亲近大明而中正矣,是以众皆信之,同下二阴上进,故有众允之象,而占者则悔亡也。

张惠言:不据初正也。此并解九四“硕鼠”由三上易位也。小过飞鸟则“硕鼠”也。《系》曰:“臼杵之利,取诸小过。”

尚秉和:施氏于升初六“允升”,读作䚻。䚻,进也。此允字当与之同,故吴澄亦读作众䚻。众䚻者,众进。坤为众。言群阴并进而承阳也,故曰悔亡。虞翻诂允为信,朱子从之,与《象传》上行之义不合。

按:下卦坤为“众”、为顺,上卦离为日、为行,大地顺天而行,所以系辞为“众允”。

六三爻阴居阳位不正，阴顺阳，所以系辞为“悔亡”。

《象》曰：众允之，志上行也。

虞翻：坎为志，三之上成震，故曰“上行也”。

来知德：上者，大明也。上行者，上顺丽于大明也。上从大明之君，众志之所同也。

张惠言：三体坎。

尚秉和：坎为志。上行谓进而承阳，即释鞴字，可见施读合也。

按：“志上行也”是对“众允之”的解释。

六三爻与六五爻互卦为坎，坎为“志”，六三爻阴顺阳，上卦离为“上行”，所以系辞为“志上行也”。

九四：晋如，鼫鼠贞厉。

来知德：鼫鼠，《广韵》以为蝼蛄，则非鼠矣。《玉篇》以为形大如鼠，头似兔，尾有毛，青黄色，则又鼠之异者也。蔡邕以为五技鼠，能飞不能过屋，能缘不能穷木，能游不能度谷，能穴不能掩身，能走无能先人，则飞鼠也。郭景纯以为形大如鼠，好在田中食粟豆，则田鼠也。《广韵》“鼫”字与“硕”字同一类，二字从石，皆音石。《诗·硕鼠》刺贪。硕，大也。阳大阴小，此爻阳，故为大鼠，即《诗》之“硕鼠”无疑矣。中爻艮，变爻亦艮，鼠之象也。鼠窃人之物，然昼则伏藏，夜则走动，盖不敢见日而畏人者也。离为日，晋者昼也，鼠岂能见之哉？但当进之时，见众人俱进，彼亦同进，不复畏其昼矣。贞者，当进之时，九四晋如，非不正也。

九四不中不正，当晋之时，窃近君之位，居三阴之上，上而畏五六大明之知，下而畏三阴群小之忌，故有鼫鼠日下，惟恐人见之象。占者如是，虽正亦危矣。

张惠言：“硕鼠”，五技鼠也。离为飞鸟，上之三离象坏，震为动，艮为穴，动出穴中，飞而不高，故为“硕鼠”。正居坎，故危。

尚秉和：《释文》：《子夏传》作硕鼠，云五技鼠也。古盖音同通用。艮为鼠、为穴。坎为盗。鼠居穴中，伺隙盗窃，昼伏夜动。四失位，前临夷主，下拥万民，而坎为隐伏，为畏怯，欲进居五，恐下民生疑，欲下应初，又恐失五位。进退周章，有类于硕鼠，故贞厉也。

按：上卦为离，所以系辞为“晋如”。

九四爻与六二爻互卦为艮，艮为“鼫鼠”，九四爻阳居阴位不正，所以系辞为“鼫鼠贞厉”。

《象》曰：“鼫鼠贞厉”，位不当也。

来知德：位不当者，不中不正也。

张惠言：谓当之五。

尚秉和：位不当，即谓不中不正。

按：“位不当也”是对“鼫鼠贞厉”的解释。

九四爻阳居阴位不正，所以系辞为“位不当也”。

六五：悔亡。

来知德：悔亡者，中以行正也。

张惠言:失位为“悔”,之正,故“亡”。

尚秉和:六五得尊位,向明而治,故悔亡。

按:六五爻阴居阳位不正有悔。六五爻居中,顺承上九爻,所以系辞为“悔亡”。

失得勿恤,往吉,无不利。

虞翻:矢,古“誓”字。誓,信也。勿,无。恤,忧也。五变得正,坎象不见,故“誓得,勿恤,往有庆也”。

来知德:恤者,忧也。中爻坎为加忧,恤之象也。五变,则中爻不成坎,故不忧而勿恤矣。火无定体,倏然而活,倏然而没,失得其常事也。凡《易》中遇离或错离,或中爻离,皆言“失”“得”二字,如比卦九五错离曰“失前禽”;随卦六三变离曰“失小子,随有求,得”;噬嗑九四曰“得金矢”,六五曰“得黄金”;坎卦错离六二曰“求小得”;明夷九三曰“得其大首”;解卦九二错离曰“得黄矢”;鼎卦初六曰“得妾”;震卦六二变,中爻为离,曰“七日得”;渐卦中爻离,六四曰“得其桷”;丰卦六二曰“得疑疾”;旅九四曰“得资斧”;巽上九变坎错离曰“丧其资斧”,“得失”“得丧”,皆一意也。既济六二曰“七日得”,未济上九曰“失是”,则或失或得,不以为事者,乃离之本有也,非戒辞也。本卦以象论,日出地上,乃朝日也,非日中之昃。以德论,居大明之中而下顺从之。以卦变论,为飞龙在天之君,六爻独此爻善,所以《小象》曰“往有庆也”。失得勿恤者,虚中则廓然大公,不以失得累其心也,故吉,无不利。

六五柔中，为自昭明德之主，天下臣民莫不顺而丽之，是以事皆悔亡而心则不累于得失。持此以往，盖吉而无不利者也。占者有是德，斯应是占矣。

张惠言：誓得，信得也。"往"谓之正。

尚秉和：矢，辅嗣作失。兹从孟、马、荀、虞、郑、王肃诸家。坎为矢，五坎体，是得矢也。坎为恤，得矢为用，故勿恤。承阳，故往吉。坎，矢象。噬嗑九四云得金矢，以坎为矢也。《易林》常用，乃至汉末竟失传。

按："失"与"矢"相通。六五爻与六三爻互卦为坎，坎为矢、为忧，六五爻居中位，所以系辞为"失得勿恤"。

六五爻顺承上九爻，所以系辞为"往吉，无不利"。

《象》曰："失得勿恤"，往有庆也。

虞翻：动之乾，乾为"庆"也。

来知德：往有庆，即"吉无不利"。

尚秉和：往遇阳，故曰往有庆。虞翻强命五变得乾为有庆，岂知六五上下皆乾阳，五居其中，往承阳，故有庆。若五变为阳，往遇阳得敌，尚能有庆哉？

按："往有庆也"是对"失得勿恤"的解释。

六五爻与上九阴阳相通，所以系辞为"往有庆也"。

上九：晋其角，维用伐邑。

虞翻：五以变，之乾为首，位在首上，故称"角"，故"晋其角"也。坤为邑。动成震，而体师象，坎为心，故"维用伐邑”。

来知德:“晋其角”,与“姤其角”同。晋极明终,日已晚矣。角在首之上,晋其角,言欲进而前无其地矣,甚言其前无所进也。维者,维系也,系恋其三之阴私也。阳系恋乎阴私,皆不光明之事,所以孔子《小象》但阳比于阴者,皆曰“未光”。离为戈兵,坤为众,此爻变震,众人戈兵震动,伐邑之象也。故离卦上九变震,亦曰“王用出征”。邑即内卦坤之阴土也,详见谦卦。伐邑即同人“伏戎于莽”之意。凡《易经》爻辞无此事而有此象,如此类者甚多。

张惠言:字误,当为“惟”。“心”谓五也。五未正,体师已正,体坎惟思也。言思欲伐邑,谓五使上之三伐坤也。

尚秉和:爻例上为角,故曰晋其角。坤为邑,离上九云:王用出征,有嘉折首。是离有征伐象。盖离为甲兵,故维用伐邑。

按:上九爻取象为“角”,所以系辞为“晋其角”。

上卦离为戈兵,上九爻与六三爻阴阳相应,下卦坤为“邑”,所以系辞为“维用伐邑”。

厉,吉,无咎,贞吝。

虞翻:得位乘五,故“厉,吉,无咎”而“贞吝”矣。

来知德:厉吉无咎者,言其理也,言邑若理可以伐,虽危厉,亦吉而无咎也。吉无咎,即下文之“贞”也。贞吝者,言虽当伐,亦可羞也。

上九明已极矣,又当晋之终,前无所进,此心维系恋乎三爻所应之阴私而已,故有晋其角,维用伐邑之象。夫系恋其私以伐邑,其道本不光明,然理若可伐而伐之,事虽危厉,亦吉而无咎。但前无所进,既不能成康侯光明之业,反系恋其私以伐邑,虽邑所当伐,其事故贞,亦可羞矣,安得吉而无咎哉? 故戒占者以此。

张惠言:得位,故"吉,无咎"。乘阳,故"吝"。

尚秉和:然下应柔爻,故必振厉方吉无咎。以不全吉,故贞吝。

按:上九爻居"亢龙有悔"之位,所以系辞为"厉"。

上九爻阳乘阴,与六三爻阴阳相应,所以系辞为"吉,无咎"。

上九爻阳居阴位不正,所以系辞为"贞吝"。

《象》曰:"维用伐邑",道未光也。

来知德:此爻变震,下乃顺体,阴阳相应,性顺情动,岂有光明之事?

张惠言:谓五已正,离为光。上之三"伐邑",五得光也。五阳为道。

尚秉和:离为光明,至上光将熄矣。夫王道大光,则无用征伐。用征伐,必未光也。

按:"道未光也"是对"维用伐邑"的解释。

下卦坤为地道,上卦离为光明,地道昏暗,所以系辞为"道未光也"。

三六　明夷卦

䷣坤上离下

明夷：

虞翻：夷，伤也。临二之三而反晋也。明入地中，故伤矣。

来知德：夷者，伤也。为卦坤上离下，日入地中，明见其伤，与晋相综，故曰“明夷”。《序卦》：“晋者，进也。”进而不已，必有所伤，理之常也，所以次晋。

张惠言：临息卦，次升。阳虽升而未光，犹伤于阴，故曰“明夷”也。言阳当有所诛杀，故曰“明夷，诛也”。候在九月。五出成既济。二阳例。兼取反卦，非消息例。侯果云：“晋与明夷，往复不已，故见暗则伐取之，乱则治取之。”

尚秉和：郑云：夷，伤也。日出地上，其明乃光；至其入地，明则伤矣。

按：“明夷”是卦名，卦象由上坤下离构成。《周易·序卦传》言：“进必有所伤，故受之以明夷。夷者，伤也。”明夷卦下卦离为日，上卦坤为地，日入地中，所以卦象被命名为“明夷”。

明夷卦与讼卦旁通。

利艰贞。

虞翻：谓五也。五失位，变出成坎为艰，故“利艰贞”矣。

来知德:艰贞者,艰难委曲以守其贞也。盖暗主在上,去之则忘国,又有宗国同姓不可去者,比之则失身,又当守正。然明白直遂,守正又不免取祸,所以占者利艰贞,以守正而自晦其明也。

尚秉和:按二至四互坎,故曰艰。坤安,故曰贞。利艰贞者,言当明夷之世,宜以艰苦贞定自守也。

按:下卦离为日,上卦坤为地,日入地中,黑暗笼罩,需耐心等待光明的到来,所以系辞为“利艰贞”。

《象》曰:明入地中,明夷。

张惠言:谓反晋,坎为入。

按:“明入地中”是对卦名“明夷”的解释。

下卦离为“明”,上卦坤为地,光明隐遁,黑暗来临,所以系辞为“明入地中,明夷”。

内文明而外柔顺,以蒙大难,文王以之。

虞翻:以,用也。“三”喻文王,“大难”谓坤,坤为弑父,迷乱荒淫,若纣杀比干。三幽坎中,象文王之拘羑里。震为诸侯,喻从文王者,纣惧出之,故“以蒙大难”,得身全矣。

来知德:以卦象释卦名,又以文王释卦德,以箕子释卦辞。内文明者,离也。外柔顺者,坤也。此本卦之德也。蒙者,遭也。以蒙大难者,言以此德而遭此明伤之时也。文王以之者,言文王遭纣之囚,用此卦之德,所以内不失己,外得免祸也。

张惠言：谓上。谓四也。文明，离也。柔顺，坤也。蒙，遭也。虞以纣惧诸侯而出文王，足以正史记之失。

尚秉和：离文明，坤柔顺，离内坤外，故曰内文明而外柔顺。坎为难，故曰以蒙大难。坤为文，震为王，故曰文王。文王囚羑里，几经艰难，而后出之，故曰以蒙大难。

按："内文明而外柔顺，以蒙大难，文王以之"是对卦名"明夷"的解释。

内卦离为"文明"，外卦坤为"柔顺"，所以系辞为"内文明而外柔顺"。

上卦坤阴为"大难"，下卦离为"文王"，所以系辞为"以蒙大难，文王以之"。

"利艰贞"，晦其明也。内难而能正其志，箕子以之。

虞翻：箕子，纣诸父，故称"内难"。五乾天位，今化为坤，箕子之象。坤为"晦"，箕子正之。出五成坎体离，"重明丽正"，坎为"志"，故"正其志，箕子以之"，而纣奴之矣。

来知德：晦其明者，晦其明而不露也。大难，关天下之难。内难，一家之难。正其志者，不失其正也。不失其正，又不显其正，是谓晦其明而利艰贞之义也。箕子为纣近亲，外而佯狂，内而明哲，是即"晦其明"也，故曰"箕子以之"。大抵箕子之难，虽与文王同其艰贞，然文王为西伯，散宜生之徒以珍物美女献于纣，而西伯即出羑里矣。若箕子佯狂，则必要君知其真狂，左右国人亦知其真狂，再不识其佯狂。至牧野之师诛君吊民，方释箕子之囚。箕子逃之朝鲜，武王以朝鲜封之，因以《洪范》授于武王，人方知其不狂。则箕子艰贞难于文王多矣，故以艰贞系箕子之下。要之，天命兴周，故文王之明夷处之易；天命废殷，故箕子之明夷处之难，虽人为，实天意也。文王、箕子，一而已矣。

张惠言：乾为大明，故"晦其明"。

尚秉和：坤为黑，坎为隐伏，明伏地下，故曰晦其明。坎在下，故曰内难。坎为志、为正，故曰内难而能正其志。震为子、为箕，故曰箕子。《易林》贲之屯云：章甫荐履，箕子佯狂。以屯震为箕子也。箕子，纣诸父，故曰内难。纣囚箕子，箕子佯狂为奴，晦明不用，仅以身免，故曰箕子以之。以，用也。（《易》凡于人名、地名，无不从象生。除焦延寿外，无知此者。震箕象形，《易林》屡用。）

按："晦其明也。内难而能正其志，箕子以之"是对"利艰贞"的解释。

上卦坤为"晦"，下卦离为"明"，明入地中，所以系辞为"晦其明也"。

九三爻为坎卦中爻，坎为"内难"、为"正"、为"志"，九三爻与六五爻互卦为震，震为"箕子"，所以系辞为"内难而能正其志，箕子以之"。

《象》曰：明入地中，明夷；

按："明入地中，明夷"是从天文学、地理学的角度解释卦象。

下卦离为“明”，上卦坤为“地”，太阳沉入地下，所以系辞为“明入地中，明夷”。

君子以莅众，用晦而明。

虞翻：而，如也。“君子”谓三，体师象。以坎莅坤，坤为众、为晦，离为明，故用晦如明也。

来知德：坤为众，故言莅众。用晦而明者，不用明为明，用晦为明也。言我本聪明睿知，乃不显其明，若似不明者以晦为明，此之谓用晦而明也。若以晋、明夷相综并论之，地在下，日在上，明在外也，君子以之，则绝去其人欲之私，以自昭明德，亦如日之极其高明，常升于万物之上，此修己之道当如是也；地在上，日在下，明在内也，君子以之，则存其宽厚浑含之德，去其刻薄残忍之私，以之莅众，如小过必赦，使人不求备，罪疑惟轻，胁从罔治之类是也。古之帝王冕而前旒以蔽其明，黈纩塞耳以蔽其聪，亦此意。此则居上之宽，治人者当如是也。故明夷之《大象》曰“莅众用晦而明”。修己、治人，二卦之象尽之矣。

张惠言：虽在晦，犹自明也。

尚秉和：坤为众，震为君子。莅众，谓三也。用晦而明，言君子处明夷之世，仍自昭明德也。

按：“君子以莅众，用晦而明”是从卦象引申出来的人文思想。

能够效法明夷卦的人被称为“君子”。九三爻与六五爻互卦为震，震为“君子”，上卦坤为“众”，所以系辞为“君子以莅众”。

上卦坤为“晦”，下卦离为“明”，外暗内明，外愚内智，所以系辞为“用晦而明”。

初九：明夷于飞，垂其翼；

来知德：明夷于飞者，伤其飞之翼也。垂其翼者，其翼见伤而垂翺也。离为雉，鸟之象也，此爻变艮，独一阳在中，卦之中为鸟身。初与六上下为翼，故小过初六曰飞，上六亦曰飞，皆以翼言也。此爻居初，故曰垂翼也。垂其翼而犹能飞，则伤亦未太重矣。

张惠言：离为“飞”。晋时离在上，今反下，故“垂翼”。

尚秉和：此与师六五义同也，辞在五而象全在应。初应在四，四体震。震为飞、为翼，坤为下，故曰垂其翼。

按：下卦离为“鸟”、为“飞”，所以系辞为“明夷于飞”。鸟在地下，不能振翅高飞，所以系辞为“垂其翼”。

君子于行，三日不食。

来知德：三日不食者，离居三，三之象也。离为日，三日之象也。离中虚，又为大腹，空腹不食之象也。于行者，方见几而欲行也。不食者，自悲其见伤而不食也。此爻旧指伯夷耻食周粟之事。

张惠言：晋四下初，体震为行。晋初动体噬嗑“食”。初从四下，不从坤变，故“不食”。离为日，自四至初三爻，故“三日不食”。

尚秉和：震为君子、为行；数三，离日，故曰三日。震为口、为食,坤闭,故三日不食。

按:初九爻为君子,与六四爻阴阳相应,所以系辞为“君子于行”。

先天八卦离数为三,离为日,离中虚,六二爻与六四爻互卦为坎,坎为食,所以系辞为“三日不食”。

有攸往,主人有言。

来知德:有攸往者,于行而长往也。中爻震足,行而长往之象也。主人者,所适之主人,对君子之言也。有言者,主人不相合,言语讥伤其君子也。外卦错乾,乾为言,有言之象也。象为飞,占为行、为往;象为垂翼,占为不食、有言,象占俱分明。

初九阳明在下,当伤之时,故有飞而垂翼之象。占者不惟方行而有不食之厄,及长往而犹有言语之讥,此其时之所遭,不可得而避者,安其义命可也。

张惠言:震为“主人”、为“言”。应在震,故“有攸往”而“有言”。

尚秉和:震为往、为主人、为言,故曰有攸往,主人有言。盖初虽应四,而为三所阻格,故飞则不能高,行则不得食,凡有所往,而为主人所恶,责让不安。《左传》僖十五年,晋筮遇归妹之睽曰:西邻责言。以归妹上震为责言也。震言外向,与我相背,故曰责言。兹曰有言,与责言义同也。《易林》同人之坎云:鼓其羽翼,飞上乔木。以坎中爻震为鼓,为飞,为羽翼。又《易林》蒙之艮云:攫饭把肉,以就口食。以艮中爻震为口、为食也。《易》颐象曰:自求口实。以颐下震为口食也。乃震飞、震翼、震口之象皆失传,旧解皆以属之离。离在地下,且为初爻,胡能飞哉?若食象,益茫然不知所指。

按:初九爻与六四爻阴阳相应,所以系辞为"有攸往"。

九三爻与六五爻互卦为震,震为"主人"、为"有言",所以系辞为"主人有言"。

《象》曰:"君子于行",义不食也。

来知德:义之所在,见几而作,不食可也。

张惠言:荀氏云:"暗昧在上,有明德者,义不食禄也。"

尚秉和:初潜龙勿用,况当明夷之世?方自晦之不暇,当然不得禄食也。

按:"义不食也"是对"君子于行"的解释。

坎为"食",初九爻恪守"潜龙勿用"的训诫,所以系辞为"义不食也"。

六二:明夷,夷于左股,

来知德:夷于左股,言伤之犹未在上体也。以去暗君,虽不如初之远,然亦不得言近,故以足之上股象之。中爻为震,震错巽,股之象也。此爻变,中爻为兑,兑综巽,亦股之象也。明夷象人身,故初二为股,三四为腹,五上为首。股居下体,盖以人身上下为前后也。凡《易》中言左者,皆"后"字。详见师卦并本卦六四。

张惠言:本临三。在震为足。初,趾。二,股也。震为左,故“左股”。

尚秉和:《释文》云:股,马、王肃作般。孙堂云:般,盘之省。汉碑盘字常作股,股常作般。然则马、王虽作般,义仍作股。汉时般、股通用不分也。互震为左,巽为股,巽伏不见,故曰夷于左股。

按:下卦离为明,明在地下,所以系辞为“明夷”。

坎为马脊,六二爻为“股”,下卦离为日,日居左,所以系辞为“夷于左股”。

用拯马壮,吉。

来知德:拯者,救也。此爻变乾,为健,为良马,马健,壮之象也。言用健壮之马以救之,则吉矣。文王囚于羑里,“夷于左股”也。散宜生之徒献珍物美女,“用拯马壮”也。脱羑里之囚,得专征伐,“吉”也。

六二去暗主稍远,故有伤下体左股之象。然二有中正之德,能速以救之,则吉矣,故其象占如此。

张惠言:“拯”,《子夏传》作“抍”,举也。壮,伤也。震为马。谓临二震在坤下,失位而伤,三之二举之,得位而吉。

尚秉和:三震为马。拯,郑云:承也。《子夏传》作抍,仍音承。用拯马壮吉者,言二承三,三阳,故壮吉也。旧解独惠栋谓马谓三;而谓三抍二,故壮,则又非。承者顺,谓阴顺阳。《象》释曰顺,即释拯义也。

按:“拯”是顺承的意思。九三爻与六五爻互卦为震,震为马，六二爻居中正之位，顺承九三爻，所以系辞为“用拯马壮，吉”。

《象》曰：六二之吉，顺以则也。

来知德：顺者，外柔顺也。则者，法则也。言外虽柔顺，而内实文明，有法则也，所以用拯马壮也。因六二中正，故言“顺以则”。

张惠言：坎为“则”，谓二顺三。

尚秉和：则者，法也，阴以阳为则。“顺以则”，谓阴顺阳，释拯马之义也。乃旧解皆不知其所谓，故愈说愈晦，岂知《象》以解经，顺即谓拯也。

按：“顺以则也”是对“六二之吉”的解释。

六二爻顺承上九爻，六二爻与六四爻互卦为坎，坎为“则”，阴顺阳为“则”，所以系辞为“顺以则也”。

九三：明夷于南狩，得其大首，

来知德：南狩者，去南方狩也。离为火，居南方，南之象也。离为戈兵，中爻震动，戈兵震动，出征远讨之象也。大首者，元恶也。坤错乾，乾为首，首之象也。居天位，大首之象也。

张惠言：体师，以坎征坤，离为南，故“南狩”。此本离上也，离上“有嘉折首”。

尚秉和：三遇坤，坤为夜、为黑，震为南。《左传》成十六年，晋筮遇复曰：南国蹙。以坤为国，震为南也。三南遇坤，故曰明夷于南。震为狩、为大，坎为首、为获，故曰得其大首,言得其渠率也。

按:下卦离为“南”,九三爻与六五爻互卦为震,震为狩,所以系辞为“明夷于南狩”。

震为“大首”,九三爻为桎梏,所以系辞为“得其大首”。

不可疾,贞。

来知德:不可疾者,不可亟也。九三虽刚明,臣也;上六虽昏暗,君也。必迟迟以俟之,出于万一不得已,如天命未绝,人心尚在,则一日之间犹为君臣也。征者,伐暴救民,其事正也,故不可疾,惟在于贞。若亟亟以富天下为心,是疾而不贞矣。

九三以阳刚居明体之上,而居于至暗之下,正与上六暗主为应,故有向明除害,得其大首之象。然不可亟也,故有不可疾,惟主于贞之戒。占者有成汤文武之德,斯应是占矣。

张惠言:坎为“疾”。疾贞,正乎坎也。言当征五,成既济也。季札闻《周南》《召南》曰“犹有憾”,谓“疾贞”也。

尚秉和:《诗·大雅》:旻天疾威。《传》:疾,犹急也。不可疾,言虽得其大首,不可持之过急也。贞,谓宜安定也。疾与贞相对为义。旧读疾贞连文,《九家》谓不可疾正,最为害理。独项氏《玩辞》以贞自为句,与经义合。又旧读以南狩连文,义亦不协。

按:九三爻与六五爻互卦为震,震为动、为“疾”,九三爻阳陷阴中,所以系辞为“不可疾”。

九三爻居正位，所以系辞为“贞”。

《象》曰：南狩之志，乃得大也。

来知德：志，与“有伊尹之志则可”之“志”同。得天下有道，得其民也。得其民者，得其心也。故除残去暴，必大得民心，不然，以暴易暴，安能行南狩之志？

张惠言：坎为“志”。

尚秉和：阳遇阴，故大有得。

按：九三爻居坎卦中央，坎为“志”，所以系辞为“南狩之志”。

九三爻与六五爻互卦为震，震为“大首”，南狩俘获敌方首领，所以系辞为“乃得大也”。

六四：入于左腹，获明夷之心，

来知德：此爻指微子言。盖初爻指伯夷，二爻指文王，三爻指武王，五爻指箕子，上六指纣，则此爻指微子无疑矣。左腹者，微子乃纣同姓，左右腹心之臣也。坤为腹，腹之象也。此爻变，中爻为巽，巽为入，入之象也。因六四与上六同体，故以腹心言之。然必曰左腹者，右为前，左为后，今人言“左迁”，师卦六四“左次”是也。六四虽与上六同体，然六五近上六在前，六四又隔六五在后，是六五当入其右，而六四当入其左矣，故以左言之。坤为黑，腹中乃黑暗幽隐之地也。心者，心意也。明夷者，纣也。明夷之心者，纣之心意也。

张惠言：坤为“腹”，体震为“左”。本晋初也。在艮下，艮为门庭,今体震,故“出”。坎为“心”。“明夷之心”,三也。

尚秉和:震为左。坤为腹、为门庭、为心。四坤体,故曰入于左腹。坤心之象,益九五云:有孚惠心。心谓二,二坤体也。又益九五《象》云:大得志,志亦谓坤。故《易林》需之否云:志如死灰。以坤为死、为志。人只知坎为心志,不知坤亦为心志,故《易》辞多误解。

按:上卦坤为“腹”,六四爻居震卦中央,震为“左”,所以系辞为“入于左腹”。

六四爻与六二爻互卦为坎,坎为“心”,所以系辞为“获明夷之心”。

于出门庭。

来知德:出门庭者,遁去也。中爻震综艮,艮为门,门之象也。震足动,出门庭之象也。言微子终日在腹里左边,黑暗幽隐之中,已得明夷之心意,知其暴虐无道,必亡天下,不可辅矣,于是出门庭而归周。《书》云:“吾家耄逊于荒。”又曰:“我不顾行遁。”正此爻之意也。

六四阴柔得正,与上六同体,已于幽暗之中得其暴虐之心意,故有入腹获心之象,于是出门庭而遁去矣。占者得此,亦当远去也。

张惠言:四应初历险,近得于三,故“获明夷之心,于出门庭”矣。

尚秉和:坤暗,故曰获明夷之心,于出门庭。震为出。

言行至四入坤。悉明夷之故,正在于是也。四当位有应,故无吉凶。

按:九三爻与六五爻互卦为震,震为"出",震反卦为艮,艮为"门庭",所以系辞为"于出门庭"。

《象》曰:"入于左腹",获心意也。

来知德:凡人腹中心事,难以知之,今入于左腹,已得其心意,知其不可辅矣,微子所以去也。

张惠言:入坤宜比三。

尚秉和:坤为心意,故曰获心意。旧解多以三升五成坎为心意,穿凿无理,不可从。

按:"获心意也"是对"入于左腹"的解释。

六四爻与六二爻互卦为坎,坎为"心",六四爻居震卦中央,震为"获",所以系辞为"获心意也"。

六五:箕子之明夷,利贞。

来知德:六五居至闇之地,近至闇之君,然有柔中之德,晦其明而正其志,所以佯狂受辱也。居明夷如箕子,乃贞之至矣,故占者利于贞。诸爻以五为君位,故周公以"箕子"二字明之,上六以"登天"二字明之。又九三与上六为正应,曰"得其大首",皆欲人知上六之为君也。《易》不可为典要者以此。然周公爻辞必以上六为君者,何也?盖九三明之极,惟武王可以当之。上六闇之极,惟纣可以当之。若六五有柔中之德,又非纣之所能当也。

尚秉和:震为箕子已见前。据《易林》,此箕子则孩子也。夬之中孚云:道路不通,孩子心愦。以中孚互震为孩子。又家人之巽云:孩子贪饵。以伏震为孩子。又损之大畜云:婴儿孩子,未有知识。以大畜上艮为婴儿,互震为孩子。凡《易林》取象,无不本之《易》。《易》他处无孩子象也。宋吴棫《韵补》云:古亥字音喜,亦音其。按亥字既读为其,则其字亦必读为亥。《淮南子·时则训》:爨萁燧火。高诱注:萁读为该备之该。即爨该燧火也。萁既读为该,于是亥、孩、刻、荄与其、箕常通用。《书·微子》:我旧云刻子。《论衡》作我旧云孩子。孩子谓纣。言久知其愚蒙昏愦也。是应为孩子,而作刻子。《墨子·非攻篇》:纣播弃黎老,贼诛孩子。是孩子即箕子。古之所谓诛,不尽是杀。贼诛孩子,即幽囚箕子也。是应为箕子,而作孩子。故此处六五之箕子,汉赵宾又作荄兹。夫《墨子》以孩子作箕子,则明夷六五之箕子,《易林》作孩子,正与《墨子》合,与《论衡》同。孩子皆谓纣也。孩、箕、刻、荄,皆非讹字也,以音同古通用,犹磐桓之磐,或作盘,作槃,作般,皆非讹字也。《易林》云:婴儿孩子,未有知识。释孩子之义也。六五天子位,孩子之明夷,谓纣昏蒙。惟其指纣,故《象传》推及于文王、箕子。不然,《彖传》之箕子,胡以无一异读哉?故《易林》姤之明夷云:西戎为疾,幽君去室。明夷六五君位,坤黑,故曰幽君。坎为室,六五在坎外,故曰幽君去室。幽君即释孩子之义。又困之明夷:邃怸作云,蒙覆大臣。坤为云,亦释昏蒙之义。又《京房易传》明夷云:君暗臣明，不可止。君暗谓六五，臣明谓六二。亦以五为君，不以为纣臣。又《象传》曰：孩子之贞，明不可息也。贞，正也。言孩子居天子之正位，天子一日万几，故明不可息！若箕子，已晦其明矣，有何不可息。古今释者千百家，于此语未有能通者。盖文王与微子不欲明斥纣，故以孩子为代名，犹《麦秀歌》之谓狡童也。观《墨子》以箕子为孩子，则此之箕子亦为孩子。《易林》之读，独得其真。自孩、箕音同通用之义弗明，竟作纣臣矣！岂知孩子即谓纣，与《微子》之孩子同。彼夫赵宾作荄兹，刘向、荀爽作荄滋，蜀才作其子，王弼作其兹，惠栋作亥子，虽与《象传》义不合，然皆知作纣臣之必非。乃孔疏不从王注，而从马融，竟作纣臣解，疏已。五本君位，马融作纣臣解，亦知其不安，而以箕子演畴，有君德为解，益可证《易林》以孩子为纣之精。五承乘皆阴，下又无应，故曰利贞，谓宜艰贞自守不妄动也。

按：六五爻与九三爻互卦为震，震为“箕子”，六五爻处于黑暗当中，所以系辞为“箕子之明夷”。

六五爻居中位，所以系辞为“利贞”。

《象》曰：箕子之贞，明不可息也。

来知德：不可息者，耿耿不昧，常存而不息也。明不可息者，言明可晦不可息，以其在内不露，所以为贞也。

张惠言：五正则重明，丽正，故不息。

尚秉和：五为天子。天子一日万几，明息则政乱矣，故曰明不可息。

按:“明不可息也”是对“箕子之贞”的解释。

六五爻与九三爻互卦为震,震为动,下卦离为明,太阳东升西降,周而复始,所以系辞为“明不可息也”。

上六:不明晦,

虞翻:应在三,离灭坤下,故“不明晦”。

来知德:不明晦者,日落不明而晦也。

尚秉和:入地,故晦而不明。

按:上六爻与九三爻阴阳相应,上卦坤为“晦”,下卦离为“明”,不懂得“日中则昃,月盈则亏”的道理,所以系辞为“不明晦”。

初登于天,后入于地。

虞翻:晋时在上丽乾,故“登于天,照四国”。今反在下,故“后入于地,失其则”。

来知德:初登于天者,日在地上也。后入于地者,日在地上也。本卦原是日在地下伤其明名为“明夷”,上六为明夷之主,至此则明夷成矣,故复以明夷之本象言之。

上六以阴居坤土之极,昏闇之至者也。惟其昏闇之至,不明而晦,是以初则尊为天子,有可伤人之势,专以伤人之明为事,终则自伤,而坠厥命,欲为匹夫而不可得矣,故有日落不明而晦,初虽登天而后入地之象。其象如此,而占者可知矣。

尚秉和:明夷之初为晋,晋日在地上而为昼,故曰初登于天。乃晋覆成明夷，日在地下而为夜，故曰后入于地。卦正如彼，覆则如此，此文王示《序卦》之义也。

按：明夷卦反卦为晋卦，晋卦离日在地上，所以系辞为“初登于天”。

明夷卦离日在地下，所以系辞为“后入于地”。

《象》曰：“初登于天”，照四国也；

来知德：照四国以位言，言日居天上，能照四国，亦如人君高位，得伤人之势也。

张惠言：谓晋时在坤上，坤为“四国”。

尚秉和：坤为国，震卦数四，故曰四国。

按：“照四国也”是对“初登于天”的解释。

晋卦离日在地上，离为“照”，坤为“四国”，所以系辞为“照四国也”。

“后入于地”，失则也。

来知德：失则以德言，言为人君，止于仁，视民如伤者也，岂可以伤人为事哉？君以伤人为事，失其君之则矣，是以始而登天以伤人，而终于自伤也。文王之“顺以则”者，外柔顺而内实文明，凡事通有法则，文王之所以兴。纣之“失则”者，居坤之极，而内实昏暗，凡事通失法则，纣之所以亡。故二六皆言“则”字。

张惠言：谓反在坤下，三坎为“则”。三在下，不应上，上失之。

尚秉和：则，谓三。上为四五所格，不能应三，故曰失则。此则字与六二顺以则、谦六四不违则义同,皆谓阳。旧解皆不知失则之故何在,泛说之,非。

按:“失则也”是对“后入于地”的解释。

上六爻居天极之位,不能降至九三爻的位置,所以系辞为“失则也”。

三七 家人卦

☲巽上离下

家人:

来知德:家人者,一家之人也。八卦正位巽在四,离在二,此卦巽以长女而位四,离以中女而位二,二四皆得八卦正位。又九五、六二内外各得其正,皆家人之义也。《序卦》:“夷者,伤也,伤于外者必反于家,故受之以家人。”所以次明夷。

张惠言:遁消卦,次讼。阴阳一家,故名曰“家人”。候在五月。三权变,受上成既济。消卦正位多由家人,此发例也。卦不变,消卦之正。

按:“家人”是卦名,卦象由上巽下离构成。《周易·序卦传》言:“伤于外者,必反于家,故受之以家人。”家人卦下卦六二爻为中女,居中正之位,与九五中正之夫阴阳相应,阴顺阳,火旺木燃,家道兴旺,所以卦象被命名为“家人”。

家人卦与解卦旁通。

利女贞。

虞翻:遁初之四也。“女”谓离巽,二四得正,故“利女贞”也。

来知德:言占者利于先正其内也。以占者之身而言也,非女之自贞也。盖女贞乃家人之本,治家者之先务。正虽在女,而其所以正之者则在丈夫,故曰“利女贞”。

张惠言:二阴例。

尚秉和:《归藏》曰散家人。卦以一阳一阴散处于卦内,又上卦巽风,下卦火炎上,均有散意,故以为名乎?马融曰:家人以女为奥主,长女中女各得其正,故曰利女贞。然《彖传》曰:男正位乎。似家人兼男女言,特女贞尤利耳。又考《太玄》拟家人为居,云:躆肤赫赫,为物城郭,万物咸宅。是以家人初上爻皆阳,故曰肤,曰城郭,而人宅其中,故曰家人也。义似较各家为优。二四得正,承阳有应,故利于女子之占也。

按:家人卦六二爻与六四爻居正位,上卦巽为“利”,所以系辞为“利女贞”。

《彖》曰:家人,女正位乎内,男正位乎外。

来知德:释卦名、卦辞而推言之。男女二字,一家之人尽之矣。父母亦男女也。曰男女,即卦名也。“女正位乎内,男正位乎外”,“正”即卦辞之“贞”也。《本义》上父、初子之说非也。吴幼清以五为巽女之夫,三为离女之夫,亦非也。惟依《彖辞》“女正”“男正”二句,则卦名、卦辞皆在其中矣。

尚秉和:女正位乎内谓二,男正位乎外谓五。

按:“女正位乎内,男正位乎外”是对卦名“家人”的解释。

下卦六二爻离女居中正之位在内,上卦九五爻男夫居中正之位在外,所以系辞为“女正位乎内,男正位乎外”。

男女正,天地之大义也。

虞翻:遁乾为天,三动坤为地,男得天,正于五;女得地,正于二,故“天地之大义也”。

来知德:言女正位乎内,男正位乎外,男女正,乃天地间大道理,原是如此,所以“利女贞”。

张惠言:遁五不变。成既济,二不变。离巽皆女,女以男为家,故三动正天地,则二五男女正内外矣。三本正位,变坤复易上,成既济,所谓权也。

尚秉和:二五者夫妇,即天地也,即父母也。

按:“男女正,天地之大义也”是对“利女贞”的解释。

下卦六二爻离女居中正之位在地,上卦九五爻男夫居中正之位在天,所以系辞为“男女正,天地之大义也”。

家人有严君焉,父母之谓也。父父、子子、兄兄、弟弟、夫夫、妇妇而家道正,正家而天下定矣!

虞翻:遁乾为父,艮为子,三五位正,故“父父,子子”。三动时,震为兄,艮为弟,初位正,故“兄兄,弟弟”。三动时,震为夫,巽四为妇,初四位正,故“夫夫,妇妇”也。

来知德:严乃“尊严”,非“严厉”之“严”也,尊无二上之意。言一家父母为尊,必父母尊严,内外整肃,如臣民之听命于君,然后父尊子卑,兄友弟恭,夫制妇顺,各尽其道,而后家道正,正家而天下定矣。定天下系于一家,岂可不利女贞?此推原所以当女贞之故。

张惠言:父母,乾坤也。乾为"君",坤为后,后亦"君"也。父子、兄弟、夫妇所以各正,由父母正。故三动然后既济定。父尊,子卑,当言初五位正。上已言三五,故省文。兄先,弟后。夫内成,妇外成。三上易位,六爻皆成。成既济定,"云行雨施,天下平"。

尚秉和:父母皆得正位,故曰严君。严君者,尊也。卦下五爻皆得正,故曰父父、子子、兄兄、弟弟、夫夫、妇妇。初震爻,震为子、为兄、为夫。三艮爻互坎,坎、艮皆为弟。巽为妇。父子兄弟夫妇皆得正,则家正。家齐则国治,故曰天下定。

按:六二爻居中正之位在地为母,九五爻居中正之位在天为父,敬天畏地,父母就是家人的天地,这是人伦之始,所以系辞为"家人有严君焉,父母之谓也"。

家人卦初九爻至九五爻五爻皆居正位,所以系辞为"父父、子子、兄兄、弟弟、夫夫、妇妇而家道正"。

能够正家,自然能够平天下,所以系辞为"正家而天下定矣"。

《象》曰:风自火出,家人;

来知德:风自火出者,火炽则炎上,而风生也。自内而及外之意。知风自火出之象,则知风化之本自家而出,而家之本又自身出也。

张惠言:火,天气。风,地气。火则生风,得风而火盛,犹男女之道相须而成。

尚秉和:巽木生火,火动生风,故曰风自火出。

按:"风自火出,家人"是从天文学、地理学的角度解释卦象。

上卦巽为风,下卦离为火,风火相依,犹如家道正而家业旺,所以系辞为"风自火出,家人"。

君子以言有物而行有恒。

来知德:有物者,有实物也,言之不虚也,言孝则实能孝,言弟则实能弟也。有恒者,能恒久也,行之不变也,孝则终身孝,弟则终身弟也。言有物,则言顾行;行有恒,则行顾言。如此则身修家齐,风化自此出矣。

张惠言:"君子"谓九三。遁艮"贤人"也。三动成震为"言",为"行",纳上成坎为法,故"有物""有恒",与乾九二"庸言之信,庸行之谨"同义。

尚秉和:物,孔疏云:事也。按《周礼·地官·司门》:几出入之不物者。注:衣服视瞻,不与众同;及所操物,不如品式者。然则不物即违常,即不法也。言有物者,即言不离乎经常也。

按:"君子以言有物而行有恒"是从卦象引申出来的人文思想。

能够效法家人卦的人被称为“君子”。上卦巽为风，风为天之号令，六四爻与六二爻互卦为坎，坎为实、为“有物”，下卦离为日、为“有恒”，所以系辞为“君子言有物而行有恒”。

初九：闲有家，悔亡。

来知德：闲者，防也，阑也。其字从门从木，木设于门，所以防闲也。又变艮，艮为门，又为止，亦门阑止防之意也。闲有家者，闲一家之众，使其父父、子子、兄兄、弟弟、夫夫、妇妇也。

初九以离明阳刚处有家之始。离明则有豫防先见之明，阳刚则有整肃威如之吉，故有闲其家之象。以是而处家，则有以潜消其一家之渎乱，而悔亡矣，故其象占如此。

张惠言：应四在坎为“闲”。闲，防也。初夫四妇，三未动，震巽未成，故闲之悔也。三动则“悔亡”。

尚秉和：《释文》：马云：闲，阑也，防也。离中虚外坚，故离有闲义，即《太玄》所谓为物城郭也。能闲其家，故悔亡也。荀、郑训闲为闲习，似非。

按：“闲”是防止的意思。下卦离为“家”，所以系辞为“闲有家”。

初九爻与六四爻阴阳相应，初九爻居正位不妄动，所以系辞为“悔亡”。

《象》曰：“闲有家”，志未变也。

来知德：九五为男，刚健得正；六二为女，柔顺得正。在初之时，正志未变，故易防闲也。

张惠言:坎为“志”,谓三。

尚秉和:初应在四,四体坎,坎为志。志未变者,言初与四为正应,无敢或渝,所谓行有恒而家道正也。其以遁为说者,皆因不得解而穿凿也。

按:“志未变也”是对“闲有家”的解释。

初九爻虽然暂时潜伏在下,志在与六四爻阴阳相应,六四爻为坎卦上爻,坎为“志”,所以系辞为“志未变也”。

六二:无攸遂,在中馈,贞吉。

来知德:攸者,所也。遂者,专成也。无攸遂者,言凡阃外之事,皆听命于夫,无所专成也。馈者,饷也,以所治之饮食而与人饮食也。馈食内事,故曰中馈。中爻坎,饮食之象也。言六二无所专成,惟中馈之事而已。自中馈之外,一无所专成也。

六二柔顺中正,女之位正乎内者也,故有此象。占者如是,贞则吉矣。

张惠言:二得地正,坤道从阳,故“无攸遂”。三动体颐,二在颐中,五在颐上,艮手馈养,故“在中馈”。居正应五,故“吉”。

尚秉和:《礼·月令》:百事乃遂。注:遂,犹成也。《公羊传》桓八年:大夫无遂事。注:遂,专事也。坤道无成,六二应五承三,顺以巽可矣,不必专事也,故曰无攸遂。六二得中,故曰在中馈。馈,饷也。《周礼·天官》:膳夫掌王之馈。注:进食于尊曰馈。在中馈者,言道顺从,无敢专事,

职供中馈,酒食是议也。贞吉者,卜问吉也。

按:六二爻阴顺阳,地道无成,所以系辞为"无攸遂"。

六二爻居中正之位,与六四爻互卦为坎,坎为酒食,所以系辞为"在中馈"。

六二爻居中正之位,阴顺阳,所以系辞为"贞吉"。

《象》曰:六二之吉,顺以巽也。

来知德:顺以巽者,顺从而卑,巽乎九五之正应也。《易》《小象》言"顺以巽"者三:蒙六五中爻为顺,变爻为巽;渐六四变乾错坤为顺,未变为巽;本卦亦变乾错坤为顺,应爻为巽,三"顺以"皆同。

张惠言:坤为"顺","巽"谓五。

尚秉和:顺以巽,言承三应五也。

按:"顺以巽也"是对"六二之吉"的解释。

六二爻阴顺九三之阳,与九五爻阴阳相通,上卦巽为利,所以系辞为"顺以巽也"。

九三:家人嗃嗃,悔厉,吉。

来知德:家人者,主乎一家之人也。惟此爻独称家人者,三当一卦之中,又介乎二阴之间,有夫道焉。盖一家之主方敢嗃嗃也。嗃嗃,严大之声。

张惠言:马氏云:"嗃嗃,悦乐自得貌。"今当从之。三动震为喜乐,故"嗃嗃"。失位,故"悔厉"。天地正,故"吉"。

尚秉和:《释文》:嗃嗃,马云悦乐自得貌。荀作确确。

按离外坚，荀读是也。嘻嘻，郑云：骄佚笑乐之意。然同在一爻，吉吝不同者，盖三居离上，离外坚，有坚确自守，安不忘危之意，故曰家人嗃嗃。嗃嗃则守正安常，故厉而吉也。

按："嗃嗃"是疾言厉色的意思。九三爻为一家之主，离为火、为刚，所以系辞为"家人嗃嗃"。

九三爻居坎卦中央，坎为险，所以系辞为"悔厉"。

九三爻居正位，与九五爻互卦为离，离为光明，所以系辞为"吉"。

妇子嘻嘻，终吝。

来知德：嘻嘻，叹声。妇者，儿妇也。子者，儿子也。九三阳刚不中，为家人之主，故有嗃嗃之象。占者如是，不免近于伤恩，一时至于悔厉。然家道严肃，伦序整齐，故渐趋于吉。夫曰嗃嗃者，以齐家之严而言也。若专以嗃嗃为主，而无恻怛联属之情，使妇子不能堪，而至有嘻叹悲怨之声，则一家乖离，反失处家之节，不惟悔厉，而终至于吝矣。因九三过刚，故又戒占者以此。

张惠言：嘻嘻，乐笑无节也。妇，巽。子，震也。三终为坤而不正位，则悦乐之过而"妇子嘻嘻"矣。谓当与上易位。

尚秉和：而三前临巽风，巽为妇，为进退，为躁动，为声应，故曰妇子嘻嘻。嘻嘻则悦而淫矣，故曰终吝。嗃嗃之象下取离，嘻嘻之象上取巽。诚以同此一爻，或吉或吝，必有其故。而先儒无言者，探测如此。

按:"嘻嘻"是悦乐放肆的意思。上卦巽为"妇子",巽为风,妇人随风飘荡,容止失礼,所以系辞为"妇子嘻嘻"。

六四爻阴乘九三爻,居坎卦之上,坎为险,所以系辞为"终吝"。

《象》曰:"家人嗃嗃",未失也;

来知德:家人嗃嗃者,威也,未失处家之节也。

张惠言:终纳上,故"未失"。

尚秉和:失、佚古通。未佚者,言不敢放逸也。

按:"未失也"是对"家人嗃嗃"的解释。

九三爻居正位,所以系辞为"未失也"。

"妇子嘻嘻",失家节也。

来知德:节者,竹节也,不过之意,不过于威,不过于爱也。处家之道,当威爱并行。若主于威而无爱,使妇子不能容,则反失处家之节矣。

张惠言:坎为"节"。三上易则体两坎,为"家节"。

尚秉和:若嘻嘻,则淫佚而不中节矣,故曰失家节。失,下读得失之失。上读佚,以与节韵。

按:"失家节也"是对"妇子嘻嘻"的解释。

六四爻阴乘阳,上卦巽为风,随风飘荡,容止没有节制,所以系辞为"失家节也"。

六四:富家,大吉。

虞翻:三变体艮,艮为笃实,坤为大业,得位应初,顺五乘三,比据三阳,故曰"富家,大吉,顺在位也",谓顺于五矣。

来知德：巽为近市利三倍，富之象也。又变乾，为金、为玉，亦富之象也。承、乘、应皆阳，则上下内外皆富矣。《记》曰："父子笃，兄弟睦，夫妇和，家之肥也。""肥"字即"富"字。因本卦六爻皆中正而吉，所以说此富字，亦因本爻有此象也。若家庭之间，不孝不弟，无仁无义，纵金玉满堂，将何为哉？然则周公之所谓富者，必有所指归，观孔子《小象》之"顺在位"，可知矣。

六以柔顺之体而居四得正，下三爻乃一家之人，皆所管摄者也。初能闲家，二位乎内而主中馈，三位乎外而治家之严，家岂不富？而四又以巽顺保其所有，惟享其富而已，岂不大吉？是以有富家之象，而占者大吉也。

尚秉和：乾为富。四承重阳，当位有应；体坎，坎为室家，故曰富家，大吉。凡上卦为巽，四当位，无不吉者，如小畜、观、益、巽、涣、中孚六四皆吉。惟不当位者，虽临重阳，不尽吉也，此《易》例也。虞翻强命三变成艮，最为害理。三当位，胡为使失正哉？

按：上卦巽为利，六四爻居离卦中央，离为"家"，六四爻居正位，所以系辞为"富家，大吉"。

《象》曰："富家，大吉"，顺在位也。

虞翻：谓顺于五矣。

来知德：以柔顺居八卦之正位，故曰"顺在位"。

张惠言：得位顺五，故"顺在位"。

尚秉和:言富之故,以顺阳也。五得位,故曰顺在位。

按:“顺在位也”是对“富家,大吉”的解释。

六四爻居正位,顺承九五爻,所以系辞为“顺在位也”。

九五:王假有家,

来知德:假,至也。自古圣王未有不以修身正家为本者,所谓“刑于寡妻,至于兄弟,以御于家邦”是也。有家,即初之“有家”也。然初之“有家”,家道之始。五之“有家”,家道之成。

张惠言:假,大也。乾五称“王”。“家”谓二。

尚秉和:五天子,故曰王。假,《释文》:更白反。注:至也。案《虞书》:格于上下。《传》:格,至也。是王弼、陆德明皆读假为格。与萃之王假有庙同。王假有庙,言王以至诚感神明;王假有家,言王以至德感格家人。

按:离为“家”,九五爻居天位为“王”,所以系辞为“王假有家”。

勿恤,吉。

来知德:大意谓初“闲有家”,二主中馈,三治家严,四巽顺以保其家,故皆吉,然不免有忧恤而后吉也。若王者,至于有家不恤,而知其吉矣。盖中爻坎,忧恤之象。此爻出于坎之外,故“勿恤”。

九五刚健中正,临于有家之上,盖身修、家齐、家正而天下治者也,不忧而吉可知矣,故其占如此。

张惠言:坎为“恤”,谓三也。三变则五交二,无忧而吉。

尚秉和:无有不正,故无所忧而吉也。

按:巽为疾,九五爻居中正之位,所以系辞为“勿恤,吉”。

《象》曰:“王假有家”,交相爱也。

虞翻:乾为爱也,二称家,三动成震,五得交二,初得交四,故“交相爱”。震为交也。

来知德:交相爱者,彼此交爱其德也。五爱二之柔顺中正,足以助乎五;二爱五之刚健中正,足以刑乎二,非如常人情欲之爱而已。以周家论之,以文王为君,以太姒为妃;以王季为父,以大任为母;以武王为子,以邑姜为妇;以周公为武王之弟,正所谓父父、子子、兄兄、弟弟、夫夫、妇妇也。彼此皆有德,故交爱其德,非止二五之爱而已。孔子曰:“无忧者,其惟文王乎?”惟其交相爱,所以无忧恤。

尚秉和:交相爱,谓二五交孚,即释格义。诸家皆释假为大,与交相爱之义相去甚远,故唯王注为得也。

按:“交相爱也”是对“王假有家”的解释。

九五爻居中正之位,与居中正之位的六二爻阴阳相交,所以系辞为“交相爱也”。

上九:有孚,威如,终吉。

虞翻:谓三已变,与上易位成坎,坎为孚,故“有孚”。乾为威如,自上之坤,故“威如”。易则得位,故“终吉”也。

来知德:一家之中,礼胜则离,寡恩者也;乐胜则流,寡威者也。有孚则至诚恻怛,联属一家之心,而不至乖离;威如则整齐严肃,振作一家之事,而不至渎乱。终吉者,长久得吉也。

上九以刚居上,当家人之终,故言正家。长久之道,不过此二者而已。占者能诚信、威严,则终吉矣。

尚秉和:上九居家之上,为全家所翊戴,故曰有孚,曰威如。上居卦终,故曰终吉。

按:上九阳爻,所以系辞为"有孚"。

上九爻居天极之位,所以系辞为"威如"。

上九爻为一卦之终,所以系辞为"终吉"。

《象》曰:威如之吉,反身之谓也。

虞翻:谓三动坤为身,上之三,成既济定,故"反身之谓"。此"家道正,正家而天下定矣"。

来知德:反身,修身也。如"言有物,行有恒",正伦理,笃恩义,正衣冠,尊瞻视,凡反身整肃之类皆是也。如是则不恶而严。一家之人有不威之畏矣。

尚秉和:巽究成震,震为威。言震巽相反覆,故曰反身。虞翻命三变成阴,以说反身。三当位,胡能使变?乃惠栋不知其强说,谓蹇上六志在内为反身。夫蹇三上,皆当位有应与。若家人则三上皆阳,艮《传》所谓敌应也,上胡能反三哉?

按:"反身之谓也"是对"威如之吉"的解释。

“反身”就是修身的意思，修身正，所以有“威如之吉”。上九爻居天极之位，上卦巽为天命，修身以顺应天命，所以系辞为“反身之谓也”。

三八　睽卦

䷥离上泽下

睽：

来知德：睽字从目，目少睛也。目主见，故周公爻辞初曰“见恶人”，三曰“见舆曳”，上曰“见豕负涂”，皆见字之意。若从耳，亦曰聧，盖耳聋之甚也。睽，乖异也。为卦上离下兑，火炎上，泽润下，二体相违，睽之义也。又中、少二女同居，志不同，亦睽之义也。《序卦》：“家道穷必乖，故受之以睽。”家道穷者，教家之道理穷绝也。无教家之道理，则乖异矣，所以次家人。睽综家人，家人离之阴在二，巽之阴在四，皆得其正；睽则兑之阴居三，离之阴居五，皆居阳位，不得其正，不正，则家道穷，故曰“家道穷必乖，故受之以睽”。

张惠言：消息卦，通蹇。蹇三之复二成临。坤五丽乾五，微阴始著，阴阳之气自此而分，故名曰“睽”。《序卦》曰：“睽，乖也。”《彖》曰“天地睽而其事同”，义在乾五伏阳出通坤五，故先睽而后同。候在十二月。卦唯言五应乾，消息之义。爻取五正则定既济，明乾元也。与小畜、大畜亦同义。

尚秉和:《归藏》作瞿。《说文》:鹰隼视也。《礼·玉藻》:视容瞿瞿。注:惊视不审貌。夫惊而惧,视而不审,则视象必至乖违明矣。至《周易》曰睽,义与瞿略同。睽,乖也。《说文》:目不相听也。卦三至五两目相背,相背则视乖。听,从也。不相从,则一目视为彼,一目视为此,如三上所言是也。盖卦之得名,全以卦象。《六书故》:睽,反目也。与《说文》义同。自反目之义失,旧解于三、上爻辞皆莫详其故矣。

按:"睽"是卦名,卦象由上离下泽构成。《周易·序卦传》言:"家道穷必乖,故受之以睽。睽者,乖也。"睽卦上卦离为火,下卦兑为泽,火性炎上,水性下流,上下相悖,所以卦象被命名为"睽"。

睽卦与蹇卦旁通。

小事吉。

虞翻:大壮上之三,在《系》盖取无妄二之五也。小谓五,阴称小,得中应刚,故"吉"。

来知德:《彖辞》明。

张惠言:四阳之例。《杂卦》曰"睽,外也",亦谓阳动而外也。《系》盖取者,《系》云"弧矢之利,以威天下,盖取诸睽。"此《彖》云"柔进而上行",故知与"盖取"同义。蹇乾五。

尚秉和:小谓阴。六五得中有应,故小事吉也。

按:六五爻居中,与九二爻阴阳相应,所以系辞为"小事吉"。

《彖》曰：睽，火动而上，泽动而下。二女同居，其志不同行。

虞翻：离火炎上，泽水润下也。二女，离、兑也。坎为“志”，离上兑下；无妄震为行，巽为同，艮为居；二五易位，震巽象坏，故“二女同居，其志不同行也”。

来知德：以卦象、卦德、卦综、卦体释卦名、卦辞，极言其理而赞之。火燥炎上，泽湿就下，物性本然之睽；中女配坎，少女配艮，人情必然之睽，故名“睽”。

张惠言：无妄二之五。二动为“火”，五动为“泽”。巽艮体皆坏，则“同居”者原其在无妄而言，非即谓离上兑下为“同居”。女道外成，离兑为姊妹，故原在家为“同居”。

尚秉和：火性炎上而即居上，水润下而即居下，愈去愈远，故二女同居不同行。坎为志也。然所以睽者，以同为女也。

按：“火动而上，泽动而下。二女同居，其志不同行”是对卦名“睽”字的解释。

上卦离为火，火性炎上，下卦兑为泽，水流往下，所以系辞为“火动而上，泽动而下”。

上卦离为中女，下卦兑为少女，六三爻与六五爻互卦为坎，坎为志，所以系辞为“二女同居，其志不同行”。

说而丽乎明，柔进而上行，得中而应乎刚，是以“小事吉”。

虞翻：说，兑；丽，离也。明谓乾。当言大明以丽于晋。

柔谓五,无妄巽为进,从二之五,故"上行"。刚谓应乾五伏阳,非应二也。与鼎五同义也。

来知德:兑说离明,说丽乎明也。柔进而上行者,睽综家人,二卦同体,文王综为一卦,故《杂卦》曰"睽,外也。家人,内也",言家人下卦之离,进而为睽之上卦。六得乎五之中,而下应乎九二之刚也。三者皆柔之所为,柔本不能济事,又当睽乖之时,何由得小事吉?然说丽明则有德,进乎五则有位,应乎刚则有辅,因有此三者,是以"小事吉"也。

张惠言:乾五伏阳即蹇五也。"丽"疑当为"例"。晋言"丽乎大明",大明谓乾,此亦当然与晋同,则脱字也。鼎应屯五乾,睽应蹇五乾。

按:"说而丽乎明,柔进而上行,得中而应乎刚"是对"小事吉"的解释。

下卦兑为"悦",上卦离为"明",所以系辞为"说丽乎明"。

六五爻为"柔",居中位与九二爻阴阳相应,所以系辞为"柔进而上行,得中而应乎刚"。

天地睽而其事同也,男女睽而其志通也,万物睽而其事类也。

虞翻:五动乾为天,四动坤为地,故"天地睽"。坤为事也,五动体同人,故事同矣。四动艮为男,兑为女,故"男女睽"。坎为志、为通,故"其志通也"。四动,"万物出乎震”，区以别矣，故“万物睽”。坤为事、为类，故“其事类也”。

来知德：事同者，知始作成，化育之事同也。志通者，夫唱妇随，交感之情通也。事类者，声应气求，感应之机类也。

张惠言：惠征士云：“乾上坤下，象天地否，故天地睽。”惠征士云：“咸两象易，故男女睽。”震生兑杀，故“区以别矣”。

尚秉和：若夫天地男女，其形虽睽隔，而其功用无不和合而同也，其心志无不相感而通也。即推而至于万物，若繁赜不可计数矣，然只有物即有阴阳，有牝牡，阴阳牝牡则必合而为类无疑也。

按：上卦离为日、为天，下卦兑为泽、为地，天上地下共同成就化育之功，所以系辞为“天地睽而其事同也”。

九二爻为“男”，六五爻为“女”，六三爻与六五爻互卦为坎，坎为“志”，所以系辞为“男女睽而其志通也”。

上卦离为日，下卦兑为悦，阳光普照，万物欣悦，所以系辞为“万物睽而其事类也”。

睽之时用大矣哉！

来知德：天地不睽不能成造化，男女不睽不能成人道，万物不睽不能成物类，此其时用所以大也，与坎、蹇同。

张惠言：离，夏。兑，秋。坎，冬。四变，震，春。故曰“时”。惠征士云：“非义之常，故曰‘时用’也。”

尚秉和:故睽亦有时有用也。

按:下卦兑为秋,上卦离为夏,中间坎为冬,所以系辞为“睽之时用大矣哉”。

《象》曰:上火下泽,睽;

按:“上火下泽,睽”是从天文学、地理学的角度解释卦象。

上卦离为火,下卦兑为泽,上下相悖,所以系辞为“上火下泽,睽”。

君子以同而异。

来知德:同者理,异者事,天下无不同之理,而有不同之事,异其事而同其理,所以同而异,如禹、稷、颜回同道而出处异,微子、比干、箕子同仁而去就死生异是也。《彖辞》言“异而同”,《象辞》言“同而异”,此所以为圣人之言也。

张惠言:“君子”谓乾五伏阳。伏阳出,成巽为“同”。四动,三上易位,既济定,乾坤别,故“以同而异”。

尚秉和:同者同为女,异者不同行。君子法之,不拘于一。

按:“君子以同而异”是从卦象引申出来的人文思想。

能够效法睽卦的人被称为“君子”。睽卦上下卦虽然形态不一,相悖相反,但上下心意相通,所以系辞为“君子以同而异”。

初九:悔亡。丧马,勿逐,自复。

虞翻:无应,悔也。四动得位,故“悔亡”。应在于坎,坎为马，四而失位，之正入坤，坤为丧，坎象不见，故“丧马”。震为逐，艮为止，故“勿逐”。坤为自，二至五体复象，故“自复”。四动震马来，故“勿逐，自复”也。

来知德：丧者，丧去也。中爻坎，为亟心之马，马亟心，倏然丧去，丧马之象也。勿逐，自复者，不追逐而自还也。兑为悦体。凡《易》中言兑者，皆“勿逐，自复”，如震之六二变兑，亦“勿逐，七日得”；既济六二变兑，亦“勿逐，七日得”是也。

张惠言：当以二变，四至初体复，云“二至五似非”。

尚秉和：震为马。兑二折震，震毁，故曰丧马。震为复。二必升五，升五则下成震，故曰自复。

按：下卦兑为悦，六三爻与六五爻互卦为坎，坎为险，初九爻居正位，所以系辞为“悔亡”。

坎为马，兑为毁折，所以系辞为“丧马”。

初九爻居正位不动，一阳来复，所以系辞为“勿逐，自复”。

见恶人，无咎。

虞翻：离为见，恶人谓四，动入坤初，四复正，故“见恶人，以避咎矣”。

来知德：坎为盗，恶人之象也。中爻应爻离，持戈兵，亦恶人之象也。故大有初爻曰“无交害”，三爻曰“小人害”也。曰小人，则指离矣。见恶人者，恶人来而我即见之，不以恶人而拒绝也。离为目，见之象也。

初九当睽乖之时，上无应与相援，若有悔矣。然阳刚得正，故占者悔亡。但时正当睽，不可强求人之必合，故必去者不追，惟听其自还；来者不拒，虽恶人亦见之。此善于处睽者也。能如是，则悔亡而无咎矣。故又教占者，占中之象如此。

张惠言：四离"焚""弃"，故"恶人"。

尚秉和：离为恶人，初前遇之，兑见，故曰见恶人。盖初居潜龙之位，勿用之时，居易俟命，无所动作，故悔亡而无咎也。

按：下卦兑为"见"，六三爻与六五爻互卦为坎，坎为"恶人"，所以系辞为"见恶人"。

初九爻居正位，潜龙勿用，所以系辞为"无咎"。

《象》曰："见恶人"，以避咎也。

虞翻：离为见，恶人谓四，动入坤初，四复正，故"见恶人，以避咎矣"。

来知德：当睽之时，行动即有咎病，故恶人亦不拒绝而见之者，所以避咎也。咎，即睽乖之咎。

尚秉和：言无咎之故，在避之也。

按："以避咎也"是对"见恶人"的解释。

初九爻当"见恶人"，含藏不动，所以系辞为"以避咎也"。

九二：遇主于巷，无咎。

虞翻：二动体震，震为主、为大涂，艮为径路，大道而有径路，故称"巷"。变而得正，故"无咎"而"未失道也"。

来知德：遇者，相逢也。详见噬嗑六三"遇毒"。巷有二,街巷也,里巷也。兑错艮,艮为径路,里巷之象也。应爻离中虚,街巷之象也。离为日,主之象也。当睽之时,君臣相求,必欲拘堂陛之常分,则贤者无自而进矣。遇主于巷者,言不在廊庙之上,而在于巷道之中,如邓禹诸臣之遇光武是也。

九二以刚中而居悦体,上应六五,六五正当人心睽乖之时,柔弱已甚,欲思贤明之人以辅之。二以悦体,两情相合,正所谓"得中而应乎刚"也,故有"遇主于巷"之象。占者得此,睽而得合矣,故无咎。

张惠言:二失位,故"动"。

尚秉和:五为卦主,丰九四云遇其夷主是也。二应之,离为巷,故曰遇主于巷。有应得中,故无咎。离巷象失传。《易林》无妄之小畜云:鳝鰕去海,游于枯里;街道迫狭,不得自在。小畜上巽为鱼,故曰鳝鰕。乾为海,巽在外,故曰去海。离为枯、为里、为街巷。《说文》:巷,里道。《诗·郑风》:巷无居人。《传》曰:巷,里涂。离上下阳,中虚,俨然里巷也。巷为里道,故《象》曰未失道。巷象失传,故旧解无不误,不足怪也。

按:九二爻与九四爻互卦为离,离为"主"、为"巷",九二爻与六三爻阴阳相交,所以系辞为"遇主于巷"。

九二爻居中位,所以系辞为"无咎"。

《象》曰:"遇主于巷",未失道也。

虞翻:动得正,故"未失道"。

来知德：卦离为戈兵，中爻离，亦为戈兵，兑为毁折，中爻又为坎陷，言君臣相遇于巷，岂不失道哉？然当天下睽乖之时，外而前有戈兵，后有戈兵，中原坎陷；内而主又柔弱，国势毁折，分崩离析，正危迫之秋，非但君择臣，臣亦择君时也。得一豪杰之士，即足以济睽矣，况又正应乎？圣人见得有此象，所以周公许其"无咎"，孔子许其"未失道也"，所以《易经》要玩象。

尚秉和：得应，故曰未失道。

按："未失道也"是对"遇主于巷"的解释。

九二爻与九四爻互卦为离，离为"道"，所以系辞为"未失道也"。

六三：见舆曳，其牛掣。

虞翻：离为见，坎为车、为曳，故"见舆曳"。四动坤为牛、为类，牛角一低一仰，故称"掣"。离上而坎下，故"其牛掣也"。

来知德：上卦离为目，见之象也。见者，六三与上九并见之也。又为牛，牛之象也。中爻坎，舆之象也，曳之象也。曳者，拖也，引也。掣者，挽也。兑错艮为手，挽之象也。

张惠言：当以四动坤为"舆"，直取坎车似非。"舆"谓四也。"为类"，未详，疑字之误。

尚秉和：兑为见，坎为舆、为曳。坎舆在前，而三居坎后，故曰见舆曳。互离为牛。掣，郑作挈，云牛角皆踊也。

踊,起也。《说文》作觢,云角一仰一俯。《子夏传》作挈,云一角仰。

按:六三爻居离卦中央,六三爻与六五爻互卦为坎,坎为"舆"、为泥淖,所以系辞为"见舆曳"。

离为牛,坎为桎梏,所以系辞为"其牛掣"。

其人天且劓,无初有终。

虞翻:其人谓四,恶人也。黥额为天,割鼻为劓。无妄乾为天。震二之乾五,以阴墨其天;乾五之震二,毁艮,割其劓也。兑为刑人,故"其人天且劓"。失位,动得正成乾,故"无初有终"。《象》曰"遇刚",是其义也。

来知德:其人天者,指六三与上九也。六三,阴也,居人位,故曰人。上九,阳也,居天位,故曰天。周公爻辞之玄至此。错艮,又为鼻,鼻之象也。刑割鼻曰劓。鼻之上有戈兵,劓之象也。艮又为阍寺,刑人不曰阍寺而曰劓者,戈兵之刑在卦之上体也。若阍寺,则在下体矣。然非真割鼻也,鼻者通气出入之物,六三、上九本乃正应,见其曳掣,怒气之发,如割鼻然,故取此象。且者,未定之辞,言非真割鼻也。大意言车前必有牛,六三在车中,后二曳其车,前四掣其牛,所以上九见之而发怒也。此正所谓"无初"也。此皆本爻自有之象,《易》惟有此象,无此事,如"入于左腹"之类是也。后儒不悟象,所以将此等险辞通鹘突放过去了。

六三不中不正,上应上九,欲与之合,然当睽乖之时,承乘皆不正之阳,亦欲与之相合,曳掣不能行,上下正应,见其曳掣，不胜其怒，故有此象。然阴阳正应，初虽睽乖，而终得合也，故其象占如此。

张惠言：四睽五顾三，三失位，故所见“舆”“牛”“人”皆四也。

尚秉和：虞翻云：黥额为天，割鼻为劓。黥即古之墨刑。马云黥，凿，殆误也。艮为额、为鼻，艮伏不见，故曰劓。兑上毁缺，故曰天。惟古刑无名天者。俞越云：天为兀字。古文天作兲，以形近，故兀讹为天。《庄子》云：鲁有兀者。《释文》云：刖足曰兀，其人兀且劓，犹困九五曰劓刖也。按三震象半见，故曰刖足。俞氏之说或是也。又胡安定云：天当作而，古文相类，传写遂误。在汉法，有罪髡其鬓发曰而。又《周礼·梓人》：作其鳞之而。亦谓髡其鬓发。按之而，注训为颊颌，《释文》云秃也，《玉篇》亦训为颌秃，贾疏亦无髡其鬓发之解。然颌之为秃，字书皆同。则而者，秃也。秃则天然无发，不必受刑。似胡说不如俞说优也。三不当位，故初不吉。有应承阳，故曰有终。

按：下卦兑与艮旁通，艮为额、为鼻，六三爻额破鼻损，所以系辞为“其人天且劓”。

六三爻阴居阳位不正，与上九爻阴阳相交，所以系辞为“无初有终”。

《象》曰：“见舆曳”，位不当也；

来知德：阴居阳位，故不当。

张惠言：三失位，故见四顾之。

尚秉和:位不当,故无初。

按:“位不当也”是对“见舆曳”的解释。

六三爻阴居阳位,所以系辞为“位不当也”。

“无初有终”,遇刚也。

虞翻:动正成乾,故“遇刚”。

来知德:遇刚者,遇上九也。

张惠言:“刚”谓上。三与上相易。

尚秉和:遇刚,故有终。

按:“遇刚也”是对“无初有终”的解释。

六三爻与上九爻阴阳相交,所以系辞为“遇刚也”。

九四:睽孤,遇元夫。

虞翻:孤,顾也。在两阴间,睽五顾三,故曰“睽孤”。震为元夫,谓二已变,动而应震,故“遇元夫”也。

来知德:元者,大也。夫者,人也。阳为大人,阴为小人,指初为大人也。九四以阳刚当睽之时,左右之邻皆阴柔之小人,孤立而无助者也,故有睽孤之象。然性本离明,知初九为大人君子,与之同德相信,故又有遇元夫,交孚之象。

张惠言:《释名》有此文。体离,故为目。《说文》云:“睽,目不相视也。”四失位,不承五而顾三,故曰“睽孤”也。

尚秉和:坎为孤,为夫。虞翻强令四变成震,以取夫象。岂知《左传》襄二十四年,筮遇困之大过,坎变巽,曰夫从风,以坎为夫也。坎者乾元之精,故曰元夫。比曰元永贞,是其义也。

按:九四爻阳陷阴中,左顾右盼,孤立无援,所以系辞为"睽孤"。

九四爻居坎卦中央,坎为"元夫",所以系辞为"遇元夫"。

交孚,厉,无咎。

虞翻:震为交,坎为孚,动而得正,故"交孚,厉,无咎"矣。

来知德:交孚者,同德相信也。厉者,兢兢然危心以处之,惟恐交孚之不至也。九四以阳刚当睽之时,左右之邻皆阴柔之小人,孤立而无助者也,故有睽孤之象。然性本离明,知初九为大人君子,与之同德相信,故又有遇元夫,交孚之象。然必危心以处之,方可无咎,故又教占者如此。

张惠言:坎动成震,故"交孚"。

尚秉和:四上下皆阴,故曰交孚。坎险,故曰厉。交孚则志行,故厉,无咎。

按:坎为"孚",九四爻居二阴之间,以诚信相交,所以系辞为"交孚"。

九四爻阳居阴位不正,所以系辞为"厉"。

上卦离为光明,所以系辞为"无咎"。

《象》曰:"交孚无咎",志行也。

虞翻:坎动成震,故"志行也"。

来知德:志行者,二阳同德而相与,济睽之志行也。盖睽者乖之极，孤者睽之极，二德交孚，则睽者可合，孤者有朋，志可行而难可济，不特无咎而已也。

尚秉和：坎为志。志行，言阳得阴则孚也。此爻旧解，皆用虞氏爻变取夫象，信汉儒不信《左氏》，岂不异哉！

按："志行也"是对"交孚无咎"的解释。

九四爻居坎卦中央，坎为"志"，上卦离为日，日为天行，所以系辞为"志行也"。

六五：悔亡。

虞翻：往得位，"悔亡"也。

来知德：六五当睽之时，以柔居尊，宜有悔矣，然质本文明，柔进上行，有柔中之德，下应刚中之贤，而虚己下贤之心甚笃，故悔可亡，有厥宗噬肤之象。惟其合之甚易，所以悔亡也。

张惠言：谓动正。明五变，四乃能变。

按：六五爻阴居阳位不正，在坎卦之上本来有悔，恪守中道，顺承上九，上卦离为光明，所以系辞为"悔亡"。

厥宗噬肤，往，何咎？

虞翻：动而之乾，乾为宗，二动体噬嗑，故曰"噬"。四变时，艮为肤，故曰"厥宗噬肤"也。变得正成乾，乾为庆，故往无咎而"有庆"矣。

来知德：宗字，详见同人六二。噬肤，详见噬嗑六二。言相合甚易，如噬肤之柔脆也。九二"遇主于巷"，曰主者，尊之也。六五"厥宗噬肤"，曰宗者，亲之也。臣尊其君，君亲其臣,岂不足以济天下之睽?

六五当睽之时,以柔居尊,宜有悔矣,然质本文明,柔进上行,有柔中之德,下应刚中之贤,而虚己下贤之心甚笃,故悔可亡,有厥宗噬肤之象。惟其合之甚易,所以悔亡也。占者以是而往,睽可济矣,故无咎也。

张惠言:谓五本与乾五为体。"宗"谓乾五伏阳,非谓二应。

尚秉和:同人六二云:同人于宗。以五阳为宗。宗,主也,坤先迷后得主是也。兹以九二为宗。艮为肤,以刚在外也,故离亦为肤。二兑体,兑口逼近离肤,故曰厥宗噬肤。然二为正应,二五相上下,各得位,故往无咎。离肤象,《易林》师之井云:范子妙材,戮辱伤肤。井互离,兑毁折,故曰戮辱。离兑连体,故伤肤。是焦氏以离为肤也。井中爻亦睽也。

按:乾为"宗",艮为"肤",六五爻居乾卦中爻,取象为"厥宗",下卦兑与艮卦旁通,六三爻取象为"噬肤",合而言之,六五爻与六三爻互卦为坎,所以系辞为"厥宗噬肤",意思是说六五爻与祖宗相亲,有切肤之感。

六五爻与九二爻阴阳相交,所以系辞为"往,无咎"。

《象》曰:"厥宗噬肤",往有庆也。

来知德:往则可以济睽,故有庆。

张惠言:"庆"谓乾五阳。

尚秉和:得阳应,故曰有庆。

按:“往有庆也”是对“厥宗噬肤”的解释。

九二爻为“有庆”,六五爻与九二爻阴阳相交,所以系辞为“往有庆也”。

上九:睽孤。见豕负涂,载鬼一车。

虞翻:睽三顾五,故曰“睽孤”也。离为“见”,坎为“豕”、为雨,四变时坤为土,土得雨为泥涂,四动艮为背,豕背有泥,故“见豕负涂”矣。坤为鬼,坎为车,变在坎上,故“载鬼一车”也。

来知德:九四之孤,以人而孤也,因左右皆阴爻也。上九之孤,自孤也,因猜疑而孤也。见者,上九自见之而疑也。负者,背也。涂者,泥也。离错坎,坎为豕,又为水,豕负涂之象也。坎为隐伏,载鬼之象也。上九以阳刚处明终睽极之地,猜疑难合,故为睽孤

张惠言:四变也。“豕”“鬼”皆谓五。五未变,上失正,所见如此。五变上乃与三相应。三本象。谓三不应己。

尚秉和:睽为反目,目反,故所见不同,一目见为豕,一见为鬼;一目见张弧而惧,一见说壶而喜;一见为寇,一见为婚媾也。见字统全爻而言,反目之精神全出。旧解若只见豕负涂者,由不知睽之取象在反目也。离为见。互坎为豕、为涂、为车、为鬼。坎数一,故曰一车。

按:上九高居睽卦之上,所以系辞为“睽孤”。

离为“见”,六五爻与六三爻互卦为坎,上九爻与六三爻阴阳相应,坎为“豕”、为“涂”、为“鬼”、为“车”,所以系

辞为“见豕负涂，载鬼一车”。

先张之弧，后说之弧。

虞翻：谓五已变，乾为先，应在三；坎为弧，离为矢，张弓之象也，故“先张之弧”。四动震为后。说犹置也；兑为口，离为大腹，坤为器。大腹有口，坎，酒在中壶之象也。之应历险以与兑，故“后说之壶”矣。

来知德：又为弓，又为狐疑，张弓说弓，心狐疑不定之象也。与六三本为正应，始见六三舆曳牛掣，乃疑其为豕，又疑其非豕而乃鬼，方欲张弓射之，又疑其非鬼，乃脱弓，而近于前乃六三也。

张惠言：“说”读如“税”。四动三乃与上相应，坎象不见，壶空置矣。

尚秉和：坎为弧、为矢，张弧则欲射我矣。离为壶。说，遗也。而坎为酒，遗我以壶酒，则意善也。

按：离为“矢”，坎为“弓”，上九与六三阴阳相应，有张弓搭箭之象，所以系辞为“先张之弧”。

六三爻为离卦中爻，离为壶，六三爻与六五爻互卦为坎，坎为酒水，六三爻与上九爻消除误会，以酒相待，上九爻放下弓箭，所以系辞为“后说之弧”。

匪寇婚媾。往，遇雨则吉。

虞翻：匪，非；坎为寇，之三历坎，故“匪寇”。阴阳相应，故“婚媾”。三在坎下，故“遇雨”。与上易位，坎象不见，各得其正，故“则吉”也。

来知德:变震为归妹,男悦女,女悦男,婚媾之象也。寇止九二、九四。又坎为雨,雨之象也。遇雨者,遇六三也。雨则三之象也。三居泽之上,乃雨也。使非二四之寇难,则早与六三成其婚媾矣。始虽睽孤,终而群疑亡,又复相合,故有此象。往,遇雨,又婚媾之象也。占者凡事必如是则吉。

张惠言:谓三匪与上为应。谓上易三。下坎为"雨"。成既济定。

尚秉和:坎为寇。三虽坎体,而应上九,则婚媾也,寇则非矣。兑为雨,上往居三,故曰遇雨。三上相上下,各当位,故吉。上之内,宜曰来。然蹇五往外也,曰朋来;需三往上也,曰三人来,盖自本位言则曰来,去本位言则曰往,不能执也。壶,王弼作弧。兹从京、马、郑、王肃、翟子玄。说,《释文》:始锐反,音税。

按:上九爻与六三爻阴阳相应,六三爻与六五爻互卦为坎,来的不是强盗,而是来求婚的,所以系辞为"匪寇婚媾"。

上九爻与六三爻上下相交,各得其位,坎为"雨",所以系辞为"往,遇雨则吉"。

《象》曰:遇雨之吉,群疑亡也。

虞翻:物三称群,坎为疑,三变坎败,故"群疑亡"矣。

来知德:惟群疑亡,所以遇雨吉。

张惠言:谓坎三爻也。坎为"疑",三变坎,败,故"群疑亡"矣。

尚秉和:坎为疑,疑之,故全在坎。上往三成大壮,天雷一震,坎象消释,故曰群疑亡。坎为众,故曰群疑,即上所见诸象也。

按:"群疑亡也"是对"遇雨之吉"的解释。

坎为"群"、为"疑",上九爻下降到六三这个位置,坎象消失,所以系辞为"群疑亡也"。

三九　蹇卦

䷦坎上艮下

蹇:

来知德:蹇,难也。为卦艮下坎上,坎险艮止,险在前,见险而止,不能前进,蹇之义也。《序卦》:"睽者,乖也。乖必有难,故受之以蹇。"所以次睽。

张惠言:消息卦,通睽。萃四既息五,则下反三而为蹇。蹇三之复二成睽。睽五应蹇五,乾坤乃通,阳老入重坎,始蹇难,故名曰"蹇"。坤德至蹇而复,故卦辞"利西南,不利东北",与坤同也。候在十一月。成既济,坤元复也。

尚秉和:重坎,故曰蹇。

按:"蹇"是卦名,卦象由上坎下艮构成。《周易·序卦传》言:"乖必有难,故受之以蹇。蹇者,难也。"蹇卦下卦艮为止,上卦坎为险,前方有危险,难以通行,所以卦象被命名为“蹇”。

蹇卦与睽卦旁通。

利西南，不利东北。

虞翻：观上反三也。坤，西南卦。五在坤中，坎为月，月生西南，故“利西南”。“往得中”，谓“西南得朋”也。谓三也。艮，东北之卦，月消于艮，丧乙灭癸，故“不利东北，其道穷也”，则“东北丧朋”矣。

来知德：蹇难在东北，文王《圆图》艮、坎皆在东北也。若西南，则无难矣，所以“利西南”。旧注“坤方体，顺而易；艮方体，止而险”，又云“西南平易，东北险阻”，皆始于王弼。弼曰：“西南为地，东北为山。”后儒从之，遂生此说，而不知文王卦辞乃与解卦相综也。

张惠言：观上即萃四。萃，观上之四也。坤德成观，又二阳之例，故不言萃四。此言乾五当使三之复二成睽也。三之睽，成震兑，“西南得朋”。五居坤中，以应睽五，故曰“利西南”，与坤同义。然则“往得中”者，谓三往居二中爻。就一卦言，以外体为“往”。卦就消息言，以之卦为“往”。义各有当也。言丧乙灭癸，明不但以艮为“东北”也，则“西南”亦指震兑。

尚秉和：坤在西南，五往居坤中，得中有应，故曰利西南。艮居东北，三阳穷于上而多凶，故不利东北。

按：坤位西南，上卦九五爻居坤卦中央，与九三爻互卦为离，离为光明，所以系辞为“利西南”。

下卦艮位东北，九三爻阳陷阴中，所以系辞为“不利东北”。

利见大人。贞吉。

虞翻：离为见，大人谓五，二得位应五，故“利见大人，往有功也”。谓五当位正邦，故“贞吉”也。

来知德：大人者，九五也。

张惠言：此乃据爻义言之。坤为“邦”，乾正坤。明初当正。

尚秉和：大人谓五，往得尊位，故利于出见，《传》所谓往有功也。往五当位，居中，故贞吉。

按：九三爻与九五爻互卦为离，离为“见”，九五爻居中正之位为大人，所以系辞为“利见大人”。

九五爻居正位，所以系辞为“贞吉”。

《彖》曰：蹇，难也，险在前也。见险而能止，知矣哉！

虞翻：离见坎险，艮为止，观乾为智，故“知矣哉”。

来知德：以卦德、卦综、卦体释卦名、卦辞而赞之。难者，行不进之义也。坎之德为险，居卦之前，不可前进，此所以名为蹇也。然艮止在后，止之而不冒其险，明哲保身者也，不其智哉？

张惠言：前，外也。诸爻言“往蹇”以险在前。谓五体观乾。

尚秉和：坎险艮止，故曰见险而能止。此卦义也。

按：“蹇，难也，险在前也。见险而能止，知矣哉”是对卦名“蹇”字的解释。

上卦坎为险，所以系辞为“蹇，难也，险在前也”。

下卦艮为止，看见前方有危险就停止前行，所以系辞为“见险而能止，知矣哉”。

蹇“利西南”，往得中也；

来知德：往得中者，蹇综解，二卦同体，文王综为一卦，故《杂卦》曰：“解，缓也；蹇，难也。”言解下卦之坎往而为蹇上卦之坎，所以九五得其中也。讼卦刚来而得中者，坎自需上卦来，故曰来；此卦解自下卦往，故曰往。

张惠言：谓三之复二得中。震“西”兑“南”。

按：“往得中也”是对“利西南”的解释。

九五爻居坤卦之中，所以系辞为“往得中也”。

“不利东北”，其道穷也；

来知德：其道穷者，解上卦之震下而为蹇下卦之艮也，蹇难在东北，今下于东北，又艮止不行，所以“其道穷”。文王《圆图》，东北居《圆图》之下，西南居《圆图》之上，故往而上者，则入西南之境矣，故“往得中”；来而下者，则入东北之境矣，故“其道穷”。

张惠言：谓三在坤中。坤“东”癸“北”，阳道穷。

按：“其道穷也”是对“不利东北”的解释。

下卦艮为道、为终，所以系辞为“其道穷也”。

“利见大人”，往有功也。

虞翻：大人谓五，二往应五，“五多功”，故“往有功也”。

来知德:“往有功”之“往”,即“往得中”之“往”。故利见九五之大人,则“往有功”。

按:“往有功也”是对“利见大人”的解释。

下卦艮为成功,九三爻与九五爻大人相见,所以系辞为“往有功也”。

当位“贞吉”,以正邦也。

来知德:当位者,阳刚皆当其位也。八卦正位坎在五,艮在三,今二卦阳刚皆得正位,有贞之义,故贞吉。

张惠言:谓五正坤。坤为“邦”。

尚秉和:虞翻于利不利之故,盖茫然莫解,复以《参同契》月出庚之说解利西南,月灭癸之说解不利东北。岂知兹所谓西南确指坤位,坤为邦,五居坤中,故曰正邦。而翻则曰月生西南。夫月于三日出庚,庚岂西南哉?真管辂所谓美而伪也。

按:“以正邦也”是对“贞吉”的解释。

九五爻居中正之位,下卦艮为“邦”,所以系辞为“以正邦也”。

蹇之时用大矣哉。

虞翻:谓坎月生西南而终东北,震象出庚,兑象见丁,乾象盈甲,巽象退辛,艮象消丙,坤象穷乙,丧灭于癸,终则复始,以生万物,故“用大矣”。

来知德:渐卦巽艮,男女皆得正位,故《彖辞》同。若以人事论,往得中者,是所往得其地,据形胜而得所安也。若非其地，其道穷矣。往有功者，所依得其人也。盖阳刚中正，以居尊位，则其德足以联属天下之心，其势足以汲引天下之士，故往有功。正邦者，所处得其正，正则行一不义、杀一不辜而不为，所以能明信义于天下，而邦其底定矣。有此三者，方可济蹇，故叹其时用之大，与坎、睽同。

张惠言：三之复二成震兑。五乾照之，为阳息。变之四成巽，艮灭于坤，为阴消，故备时用。蹇坤乾之合，阳将老，故又发此义。

按：下卦艮为"时"，上卦坎为冬，旁通离为夏，险难之时有大用存焉，所以系辞为"蹇之时用大矣哉"。

《象》曰：山上有水，蹇；

来知德：山上有水，为山所阻，不得施行，蹇之象也。

张惠言：山上有水，地险山川，故为蹇难。

按："山上有水，蹇"是从地理学的角度解释卦象。

下卦艮为山，上卦坎为水，山上有水，地势险难，所以系辞为"山上有水，蹇"。

君子以反身修德。

虞翻：君子谓观乾。坤为身，观上反三，故"反身"。阳在三，进德修业，故"以反身修德"。孔子曰："德之不修，是吾忧也。"

来知德：君子以行有不得者，乃此身之蹇也。若怨天尤人，安能济其蹇？惟反身修德，则诚能动物，家邦必达矣。此善于济此身之蹇者也。

张惠言：体乾九三，故曰“君子”。观乾德外著，反之于内，体乾之“夕惕”。

尚秉和：见险而止，反身修德，以俟之而已。《文言》云：进德修业。乾三云君子终日乾乾，夕惕若，修德之事也。艮为身。反身，反而求诸己，不徒止而不前也。艮身象，艮《彖》云：艮其背，不获其身。以艮为身也。故《易林》需之坎云：名困身辱，劳无所得。坎中爻艮，艮为名、为身，坎隐伏，故名困身辱。虞翻用卦变，以坤为身，不知艮亦为身也。

按：“君子以反身修德”是从卦象引申出来的人文思想。

能够效法蹇卦的人被称为“君子”。上卦坎为困境，下卦艮在内为“反身”、为“德”，遭遇困境，君子修德，所以系辞为“君子以反身修德”。

初六：往蹇，来誉。

虞翻：誉谓二，二多誉也。失位应阴，往历坎险，故“往蹇”。变而得位，以阳承二，故来而誉矣。

来知德：往来者，进退二字也。本卦蹇字从足，艮综震，震为足，故诸爻皆以往来言之。誉者，“有智矣哉”之誉也。往以坎言，上进则为往，入于坎矣；来以艮言，不进则为来，艮而止矣。

六非济蹇之才，初非济蹇之位，故有进而往则冒其蹇、退而来则来其誉之象。占者遇此，亦当有待也。

张惠言:蹇以见险而止为义,故诸爻并言"往来"。内卦则以外卦为"往",外卦则以变为"往"。

尚秉和:四不应,二至四坎,初临之,故往蹇。来居初,静而不动,则有誉也。艮为名,故曰誉。

按:上卦坎为险阻,初六爻妄动就会掉入陷阱当中,所以系辞为"往蹇"。

下卦艮为成功、为"誉",初六爻静止不动,所以系辞为"来誉"。

《象》曰:"往蹇,来誉",宜待也。

虞翻:艮为时,谓变之正,以待四也。

来知德:待者,待其时之可进也。

尚秉和:宜时,《正义》作宜待。《释文》云:张氏作宜时。郑本作宜待时。虞同。兹从张氏。艮为时。宜时者,谓时宜如此也。阮校云:《石经》待也二字漫漶。而不言上有宜字,可见郑、虞读似非。

按:"宜待也"是对"往蹇,来誉"的解释。

下卦艮为"待",所以系辞为"宜待也"。

六二:王臣蹇蹇,匪躬之故。

虞翻:观乾为王,坤为臣、为躬,坎为蹇也。之应涉坤,二五俱坎,故"王臣蹇蹇"。观上之三,折坤之体,臣道得正,故"匪躬之故"。《象》曰:"终无尤也。"

来知德:王者,五也。臣者,二也。外卦之坎,王之蹇也。中爻之坎,臣之蹇也。因二五在两坎之中,故以两

“蹇”字言之。六二艮体,有不获其身之象,故言“匪躬”。匪躬者,不有其身也。言王、臣皆在坎陷之中,蹇而又蹇,不能济其蹇。六二不有其身者,因此蹇蹇之故也。张巡、许远此爻近之。

六二当国家蹇难之时,主忧臣辱,故有王臣蹇蹇之象。然六二柔顺中正,盖事君能致其身者也,故又有匪躬之象。占者得此,成败利钝非所论矣。

张惠言:五也。二也。蹇亦险难。君臣同难。

尚秉和:艮为臣,五为王,二应五,故曰王臣。艮为憧仆,古臣、仆不分,故艮亦为臣。二临重坎,故曰王臣蹇蹇。蹇蹇,言劬劳也。艮为躬。匪躬之故,言所以劬劳如此者,乃从王事,匪为私也。艮臣象,损上九云:得臣无家;小过六二云:遇其臣;遁六三云:畜臣妾吉。皆以艮为臣也。

按:六二爻为“臣”,九五爻为“王”,六二爻与九五爻阴阳相应,所以取象为“王臣”。六二爻与六四爻互卦为坎,坎为“蹇”,上卦亦为坎,所以系辞为“王臣蹇蹇”。

下卦艮为“躬”,六二爻辛苦不已,是为君王效劳,所以系辞为“匪躬之故”。

《象》曰:“王臣蹇蹇”,终无尤也。

来知德:力虽不济,心已捐生,有何尤?初六以不往为有誉,六二以匪躬为无尤,有位无位之间耳。

张惠言:尤亦悔意,坎也。“终无尤”,言不累于坎。

尚秉和:有应,故无尤。尤古音怡,《诗·鄘风》:大夫君子，无我有尤。与下之协。此与上时、下之协，与《诗》同，故《正义》上象作宜待非。

按："终无尤也"是对"王臣蹇蹇"的解释。

下卦艮为"终"，六二爻居中正之位，与九五爻阴阳相应，所以系辞为"终无尤也"。

九三：往蹇，来反。

虞翻：应正历险，故"往蹇"。反身据二，故"来反"也。

来知德：来反者，来反而比于二也。此爻变坤为水地，比来反者，亲比于人之象也。六二忠贞之臣，但其才柔，不能济蹇，蹇而又蹇，思刚明之人以协助之，乃其本心，所以喜其反也。

九三阳刚得正，当蹇之时，与上六为正应，但为五所隔，故来反而比于同体之二，三则资其二之巽顺，二则资其三之刚明，可以济蹇之功矣，故有往则蹇而来反之象。占者得此，亦宜反也。

张惠言：江承之云："反当谓三反之复二，成临，息睽。"注似非。

尚秉和：往遇险，反据下二阴则利也，故曰往蹇来反。

按：上卦坎为"蹇"，九三爻上行遇蹇难，所以系辞为"往蹇"。

九三爻居正位，下拥二阴，所以系辞为"来反"。

《象》曰："往蹇，来反"，内喜之也。

虞翻：内喜谓二阴也。

来知德:内者,内卦之二也。二之阴乐于从阳,故喜之。

张惠言:谓二是阴爻,非通初六言之。爻注云"反身据二",是其义也。

尚秉和:内谓下二阴,阴欲承阳,故曰内喜之。释来反之故也。

按:"内喜之也"是对"往蹇,来反"的解释。

初六、六二爻阴顺九三爻,所以系辞为"内喜之也"。

六四:往蹇,来连。

虞翻:连,辇;蹇,难也。在两坎间,进则无应,故"往蹇"。退初介三,故"来连"也。

来知德:连者,相连也。许远当禄山之乱,乃对张巡曰:"君才十倍于远。"由是帷帐之谋,一断于巡。此六四之"来连"者也。六二喜之者,内之兄弟,喜其己之有助也。六四连之者,外之朋友,喜其人之有才也。

六四近君,当济蹇矣,但六四以阴柔之才,无拨乱兴衰之略,于是来连于九三,合力以济,故其象如此,占者凡事亲贤而后可。

张惠言:辇亦难意,故通训之。"进"谓变往,初已正,故"无应"。

尚秉和:《正义》:马云连亦难也。王弼云:往来皆难。是亦训连为难。盖四居上下坎之间,故往来皆难。荀爽谓与至尊相连,朱子谓连于九三者,皆非也。又屯上六云:泣血涟如。《淮南子》引作连如。盖与此义同,亦连为难之一证。

按:上卦坎为"蹇",六四爻上行遇蹇难,所以系辞为"往蹇"。

六四爻与六三爻互卦为坎,六四爻下降亦遇蹇难,所以系辞为"来连"。

《象》曰:"往蹇,来连",当位实也。

来知德:阳实阴虚。实指九三,与"独远实"之"实"同。当位实者,言九三得八卦之正位,实当其位也。阳刚得其正位,则才足以有为,可以济蹇矣。

张惠言:阳为实,谓初变正应四,不以"来连"为患。

尚秉和:坎为实。当位实者,言四位当,惟所值上下皆实,故进退难也。坎刚中,故为"实"。《易林》屯之师云:李梅冬实。师震为李梅,坎为冬为实也。旧解皆以乾为实,致此句义不明了。岂知此实字谓坎。上下坎,方能明来往皆难之义也。

按:"当位实也"是对"往蹇,来连"的解释。

六四爻居正位,上下阳爻为实,进退两难,当此之际,应当恪守正位,顺阳为"实",所以系辞为"当位实也"。

九五:大蹇,朋来。

虞翻:当位正邦,故"大蹇"。睽兑为朋,故"朋来"也。

来知德:阳大阴小,大者阳也,即九五也。言九五之君蹇也。朋指三,即九五同德之阳,三与五同功异位者也。

上六"来硕",应乎三者也。六四"来连",比乎三者也。三有刚实之才,惟三可以济蹇,然三与五非比非应,不能从乎其五,惟二与五应,乃君臣同其患难者,余四爻则不当其责者也。"朋来"合乎二以济蹇,则诸爻皆共济其蹇矣。自下而上曰"往",自上而下曰"来"。今曰"朋来",则知六四三皆来合乎二也。"朋来"之"来",即"来反"之"来"。此爻变坤,坤为众,朋之象也。自本爻言之,所谓"当位贞吉,以正邦也";自上下诸爻言之,所谓"利见大人,往有功也",所以"大蹇,朋来"。

九五居尊,有阳刚中正之德,当蹇难之时,下应六二,六二固匪躬矣,而为三者又来反乎二而济蹇,三之朋既来,则凡应乎朋而来硕,比乎朋而来连,皆翕然并至,以共济其蹇矣,故有大蹇朋来之象。占者有是德,方应是占也。

张惠言:江承之云:"九三之复二成临,临者大,故大其蹇。"九五以乾通睽,故"大其蹇"。三之复二为兑,"西南得朋"。独于九五言通睽者,消息在五,三往得中,五所为也。

尚秉和:当位居尊,故曰大蹇。阴以阳为朋,阳往阴中,故曰朋来。虞翻以下卦伏兑为朋。岂知《象传》曰中节,即谓五居坤中,如合符节,释朋义也。

按:上卦坎为"蹇",九五爻阳陷阴中,所以系辞为"大蹇"。

九五爻与六二爻阴阳相应,六二王臣,为陷入蹇难的君王排忧解难,所以系辞为"朋来"。

《象》曰："大蹇，朋来"，以中节也。

来知德：中者，中德也，即刚健中正之德也。节者，节制也。言为五者，有刚健之中德，足以联属之；有九五之尊位，足以节制之，所以大蹇朋来也。

张惠言：五"中节"，故能睽而同，是以"朋来"。惠征士说以《中庸》曰"发而皆中节"。

尚秉和：言五在阴中，阴阳相遇，如符节之合。

按："以中节也"是对"大蹇，朋来"的解释。

九五爻当蹇难之时，居中正之位，矢志不渝，所以系辞为"以中节也"。

上六：往蹇，来硕，吉。

虞翻：阴在险上，变失位，故"往蹇"。硕谓三，艮为硕，退来之三，故"来硕"。得位有应，故"吉"也。

来知德：硕者，大也。阳大阴小，故言大。不言"大"而言"硕"者，九五已有"大"字矣。来硕者，来就三也。吉者，诸爻皆未能济蹇，此独能济也。

张惠言：上无所往，故知以变为"往"。

尚秉和：上穷，故往蹇。来硕谓应三，三阳，故曰硕。《尔雅·释诂》：硕，大也。阳大，故曰硕。

按：上卦坎为"蹇"，上六爻居天极之位，其道穷也，所以系辞为"往蹇"。

上六爻与九三爻阴阳相应，下卦艮为硕果，所以系辞为"来硕"。

上六爻居正位,所以系辞为"吉"。

利见大人。

虞翻:离为见,大人谓五,故"利见大人"矣。

来知德:见大人者,见九五也。上六才柔不能济蹇,且居卦极,往无所之,益以蹇耳。九三乃阳刚当位,众志之所乐从者,反而就之,则可以共济其蹇矣,何吉如之?若此者,非因人成事也。以九五大人之君,方在蹇中,上与三利见之,共济其蹇,则往有功矣,此其所以吉也。故占者来硕则吉,而见大人则利也。若旧注来就九五,则见大人为重复矣。且《小象》曰:"志在内也。"若就九五,则志在外卦,不在内卦矣。

张惠言:之三历五,故"见大人"。

尚秉和:利见大人,谓顺五,五为大人。

按:上六爻与九三爻阴阳相交,九三爻为"大人",所以系辞为"利见大人"。

《象》曰:"往蹇,来硕",志在内也。

来知德:内指九三,对外卦而言,则曰内。

张惠言:坎为"志",三"在内"。

尚秉和:应三,故曰在内。三体坎,故曰志在内。

按:"志在内也"是对"往蹇,来硕"的解释。

上卦坎为"志",上六爻与九三爻阴阳相应,下卦艮为"内",所以系辞为"志在内也"。

"利见大人",以从贵也。

来知德:贵指九五,对下贱而言,则曰贵。志内所以尚贤，从贵所以严分。

张惠言：五乾为“贵”，言上应三则比五。

尚秉和：五天子位，故曰从贵。

按：“以从贵也”是对“利见大人”的解释。

阳为贵，阴为贱，上六爻与九三爻相交，所以系辞为“以从贵也”。

四〇 解卦

䷧震上坎下

解：

来知德：解者，难之散也。居险能动，则出于险之外矣，解之象也。又雷雨交作，阴阳和畅，百物解散，亦解之象也。《序卦》：“蹇者，难也。物不可以终难，故受之以解。”所以次蹇。

张惠言：临息卦，次明夷。阳动而交坤，阴始解散，故名曰“解”。候在二月。卦辞成屯，消息震也。屯则既济定，故爻至上而三正。

尚秉和：震出险，故曰解。《归藏》作荔。荔与离通。《上林赋》：答遝离支。离支，即荔支。《干禄字书》：离支，俗作荔支。是离、荔音同通用。离即解也，义与《周易》同。

按：“解”是卦名，卦象由上震下坎构成。《周易·序卦传》言：“物不可以终难，故受之以解。解者，缓也。”解卦下卦坎为险，上卦震为动，动则出险，所以卦象被命名为“解”。

解卦与家人卦旁通。

利西南。

虞翻：临初之四。坤，西南卦。初之四，得坤众，故“利西南，往得众也”。

来知德：言“解，利西南”，当往西南。

张惠言：二阳例。此说“西南”与坤注违，盖非也。四在震，二往之五成兑，震“西”兑“南”，“西南得朋”。正坤五，故“利西南，往得众也”。

尚秉和：坤位西南。四居坤初，前临重阴，阳得阴则通，故利西南。

按：坤位西南，九二爻居坤卦中位，与九四爻互卦为离，离为光明，所以系辞为“利西南”。

无所往，其来复，吉。

虞翻：谓四本从初之四，失位于外，而无所应，故“无所往”。宜来反初，复得正位，故“其来复，吉”也。二往之五，四来之初，成屯，体复象，故称“来复，吉”矣。

来知德：无所往者，蹇下卦乃艮止，止则不往，所以无所往也。

张惠言：初亦失位，不相应也。下云“夙吉”，知二往之五，四乃得来之初。

尚秉和：六五前遇阴，故曰无所往。五得敌，故不利往。来复于二，各当其位，故曰其来复吉。

按：下卦坎为蹇难，九二爻阳陷阴中，所以系辞为“无所往”。

九二爻居中位，与九四爻互卦为离，离为光明，所以系辞为“其来复，吉”。

有攸往，夙吉。

虞翻：谓二也。夙，早也。离为日、为甲。日出甲上，故“早”也。九二失正，早往之五，则吉。故“有攸往，夙吉，往有功也”。

来知德：夙，早也。此教占者之辞。言“解利西南”，当往西南，若不往，来复于东北之地，亦吉。但往西南，则早得吉。不然，来复于东北之地，虽吉，不若西南之早矣。解与蹇相综，解即解蹇难，故文王有此辞。前儒不知文王《序卦》所以注蹇、解二卦，不成其说。

张惠言：乾为“甲”，离亦为“甲”，日所出也。四变则离不见，故“夙吉”。

尚秉和：有攸往，谓二往五。夙，早也，《礼记·孔子闲居》：夙夜基命宥密。疏：夙，即昕也。昕，明也。二坎为夜，五震为晨，二往五，则由夜及晨而天明矣，明故吉也。旧解于吉之故，皆言早往得位故吉，而王注诂夙为速尤误，岂知《诗》《书》皆以夙与夜对言，夙为早者，言早晨也，非速也。

按：九二爻与六五爻阴阳相应，九二爻宜升至六五位，上卦震为往、为早，所以系辞为“有攸往，夙吉”。

《彖》曰：解，险以动，动而免乎险，解。

虞翻：险，坎；动，震；解，二月；“雷以动之，雨以润之”，物咸孚甲，万物生震，震出险上，故“免乎险”也。

来知德：以卦德、卦综释卦名、卦辞，又极言而赞之。险之为物，见天则讼，见泽则困，见山则蹇，在外卦则屯，惟坎险在内，震动在外，是动而出乎险之外，得以免于险难，所以名解也。

张惠言：春分雷动地中，下坎为雨也。震为“出”，坎解为雨，故“免乎险”。

尚秉和：坎险震动，震在外，动而出险，故曰解。

按：“险以动，动而免乎险，解”是对卦名“解”字的解释。

下卦坎为险，上卦震为动，遇险而动，可以解除险难，所以系辞为“险以动，动而免乎险”。

“解，利西南”，往得众也；

来知德：自下而上曰往，自上而下曰来。往得众者，解综蹇，蹇下卦之艮往而为解上卦之震也。震二爻皆坤土，坤为众，故得众也。

张惠言：谓二之五。之外，故“往”也。

按：“往得众也”是对“解，利西南”的解释。

上卦震为“往”、为“得”，居二阴之下，所以系辞为“往得众也”。

“其来复，吉”，乃得中也；

来知德：得中者，蹇上卦之坎来而为解下卦之坎也。

九二得中,与讼卦“刚来而得中”同,故蹇坎往上曰“得中”,解坎来下曰“得中”也。

张惠言:复初为“中”。中,正也,天元之正也。二已之五,四来体复,故“乃得中也”。

尚秉和:来居二,居中当位,故吉。

按:“乃得中也”是对“其来复,吉”的解释。

九二爻居中位,所以系辞为“乃得中也”。

“有攸往,夙吉”,往有功也。

来知德:往有功,即上文“得众也”。得众,故有功。来复东北,止得中而已。往西南,则得众有功,所以早吉也。

张惠言:谓二之外为“往”,五“多功”也

尚秉和:九二往居五,故有功。

按:“往有功也”是对“有攸往,夙吉”的解释。

上卦震为往、为有功,九二爻前往六五位,所以系辞为“往有功也”。

天地解而雷雨作,雷雨作而百果草木皆甲坼。

来知德:天地者,雨出于天,雷出于地也。穷冬之时,阴阳固结不通,所以雷不随雨。及至阴阳交泰,则气解而雷雨交作,由是形随气解,而百果草木皆甲坼矣。甲者,萌甲。坼者,坼开。

张惠言:临乾解坤,故“天地解”。惠征士云:“皮曰‘甲’,根曰‘宅’。乾为‘百果’,震为‘草木’,离为‘甲’,艮为‘宅’。”

尚秉和：雷震坎雨，是天地解也。震为春，为百果草木。离为甲。孙星衍云：甲，皮也。震动，故甲坼。坼，《说文》：裂也。言草木当春，得雷雨，胚胎迸裂，蓓蕾怒发，芽蘖潜滋，而外甲坼也。《史记·律书》：甲者，言万物剖符甲而出。又《礼·月令》：其日甲乙。郑注云：时万物皆解孚甲。皆甲坼之的解也。乃马、陆皆读坼为宅，云根也。愚以为坼、宅音同，故通用。若以宅为根，则古无此训。且草木未得雷雨之先，岂皆无孚甲无根乎？郑康成盖读与马、陆同，而知其难通，故又曰：皆，读如人倦之解。以济其穷。若曰皆甲宅，即解甲宅也。岂知甲宅即甲坼，不必如是穿凿。且甲可解，根如何解哉？是仍不通也。然由郑说，可悟以宅为根之非矣。乃雅丽堂刻本从惠栋校，竟改《集解》甲坼为甲宅。岂知荀注本作甲坼，故曰草木萌芽。萌芽，即释坼义也。若作宅，荀胡以不释？且《释文》早言之矣，明本《集解》可证也。李道平作《纂疏》，不顾荀注义如何，亦改作宅，致传文与注不相应。真可异已！（《释文》只云马、陆作宅，后集荀注者，如孙堂，如马国翰，皆改荀注作宅，可谓盲从。）

按：上卦震为雷，下卦坎为雨，天上打雷，地上下雨，所以系辞为“天地解而雷雨作”。

九二爻与九四爻互卦为离，离为“甲”，上卦震为“百果草木”、为“坼”，打雷下雨，地上的百谷草木都破甲而出，所以系辞为“雷雨作而百果草木皆甲坼”。

解之时大矣哉！

来知德：解之时既至，天地不能闭之而使不解，则天地之所以成化功者，此解也。皆此解之时也，所以为大。

张惠言：解之时，震时也。万物出，故“大”。

按：下卦坎为冬，上卦震为春，冬去春来，万物萌生，所以系辞为“解之时大矣哉”。

《象》曰：雷雨作，解；

张惠言：阳升为“雷”，阴下为“雨”。

按：“雷雨作，解”释从天文学的角度解释卦象。

上卦震为雷，下卦坎为雨，天上打雷下雨，所以系辞为“雷雨作，解”。

君子以赦过宥罪。

虞翻：君子谓三，伏阳出，成大过。坎为罪人，则大过象坏，故“以赦过”。二四失位，皆在坎狱中。三出体乾，两坎不见，震喜兑说，罪人皆出，故以“宥罪”。谓三入则“赦过”，出则“宥罪”。“公用射隼以解悖”，是其义也。

来知德：赦过宥罪，君子之用刑原当如此，非因大难方解之后当如此也。无心失理之谓过，恕其不及而赦之不问。有心为恶之谓罪，矜其无知而宥之从轻。雷雨交作，天地以之解万物之屯；赦过宥罪，君子以之解万民之难，此正《杂卦》“解，缓”之意。

张惠言：取“三伏阳”者，临二阳息，乾三当正。临来之卦升、明夷，皆三正位，故解伏阳出，“以解悖也”。

尚秉和:坎为罪过,震为解,故赦过宥罪。

按:“君子以赦过宥罪”是从卦象引申出来的人文思想。

能够效法解卦的人被称为“君子”。下卦坎为“过”、为“罪”,上卦震为“赦”、为“宥”,所以系辞为“君子以赦过宥罪”。

初六:无咎。

虞翻:与四易位,体震得正,故“无咎”也。

来知德:难既解矣,六以柔在下,而上有刚明者为正应,以济其不及,无咎之道也,故其占如此。

张惠言:二已之五,故“体震”。失位宜咎,之正,故“无咎”。初四变不言贞者,解主九二,二贞则诸爻皆正。

尚秉和:承阳有应,虽失位,得无咎也。

按:初六爻阴居阳位不正,与九四爻阴阳相交,所以系辞为“无咎”。

《象》曰:刚柔之际,义无咎也。

虞翻:体屯,初震刚柔始交,故“无咎”也。

来知德:刚柔际者,刚柔相交际也。方解之初,宜安静以休息。六之柔,四之刚,交相为用,则不过刚、不过柔,而所事皆得宜矣,故于义无咎。

张惠言:谓二五已正,故“体屯”。

尚秉和:际,交也。言初承阳,刚柔交际,故义得无咎。

按:“刚柔之际”是对“无咎”的解释。

初六爻与九四爻阴阳相交，所以系辞为“刚柔之际，义无咎也”。

九二：田获三狐，得黄矢，贞吉。

虞翻：二称田，田，猎也。变之正，艮为狐，坎为弓，离为黄矢，矢贯狐体。二之五历三爻，故“田获三狐，得黄矢”。之正得中，故“贞吉”。

来知德：坎为狐，狐之象也。坎为弓，矢之象也。中爻离，离居三，三之象也。又为戈兵，戈兵震动，田之象也。变坤，坤为黄，黄之象也。狐，媚物，小人之象。黄，中色；矢，直物，中直者，君子之象，即六五爻所言君子、小人。

九二阳刚得中，上应六五，为之信任，于国家大难方解之后，盖有举直错枉之权，退小人而进君子者也，故能去邪媚，得中直，有田获三狐，得黄矢之象，正而且吉之道也，故其占如此。

张惠言：体乾九二“在田”。体坎离则象猎。二离“黄矢”，之正，艮体见，故“获狐”。二上五艮，狐象。四下初，又艮。二、三、四三爻皆狐，故“三狐”。三“解悖”，离复见，故“得黄矢”。

尚秉和：坎为狐，坎陷，故为获。二应在五，五震为田猎，数三，故曰田获三狐。坎为矢，互离色黄，故曰得黄矢。贞吉者，卜问吉也。诸家皆以离为矢。离虽为甲兵，然若斧象则专属兑，矢则专象坎，坎为棘、为匕、为直、为穿，故为矢。经从未以离为矢。

按:下卦坎为“狐”,九二爻与九四爻互卦为离,离为戈兵,离数为三,九二爻居田位,打猎捕获三只狐狸,所以系辞为“田获三狐”。

九二为弓箭,居中为黄色,所以系辞为“得黄矢”。

九二爻居中位,与六五爻阴阳相应,所以系辞为“贞吉”。

《象》曰:九二贞吉,得中道也。

虞翻:动得正,故“得中道”。

来知德:居中而得中道也。

张惠言:五乾为“道”也。

尚秉和:离为道,二中位,故曰中道。

按:“得中道也”是对“九二贞吉”的解释。

九二爻居中,与六五爻阴阳相应,上卦震为“道”,所以系辞为“得中道也”。

六三:负且乘,致寇至,贞吝。

虞翻:负,倍也。二变时艮为背,谓三以四艮倍五也。五来寇三时,坤为车,三在坤上,故“负且乘”。小人而乘君子之器,故《象》曰:“亦可丑也。”五之二成坎,坎为寇盗。上倍慢五,下暴于二,“慢藏悔盗”,故“致寇至,贞吝”。《象》曰:“自我致戎,又谁咎也?”

来知德:坎为舆,三居上,乘之象也;又为盗,寇之象也。负者,小人之事。舆者,君子之器。此二句虽孔子据理之言,然亦本卦象之所有者。盖三负四乘二,四不中不正,乃小人也;二得中,乃君子也。贞者,位乃君所与,故正也。负且乘,固无以正得之之理,如汉文帝宠邓通,擢为太中大夫,此负且乘也。天子所擢,岂不为正?后景帝时下吏,是寇之至也,此之谓贞而吝。

六三阴柔,不中不正,而乃居下之上,是小人窃高位,而终必失之者也,故有负乘致寇之象。占者得此,虽正,亦可羞也。

张惠言:《系》曰“作《易》者其知盗乎”,注云“否上之二成困,三暴慢,以阴乘阳,二变入宫为萃。五之二,夺之成解”,故曰“上慢下暴,盗之招”谓此也。此就爻变另为一例。此注以《系》解之者,三伏阳“解悖”,六三非能自正,故以致盗言之,取困三暴二入宫也。又本象二变之五为萃,正与困二入宫同。或者五既正后,四逼三暴,不能之初,五复之二夺之,故三伏阳出还成乾也。解悖,四乃之初。五在艮后,故“三以四艮倍五”。谓五之二,夺之成解也。萃坤。坤为“器”,乾为“君子”。乾在坤上称“君子德车”。五之二失正,故为“寇盗”。《系》注:“坎心为‘悔’,坤为‘藏’,困兑为见。藏而见,故‘慢藏’也。”伏阳出三,则“贞”矣,“可丑”,故“吝”也。

尚秉和:三不当位,坎为车,三在车上,故曰乘。上震,向外视之艮,艮为负何,故曰负且乘。坎为寇,三上下皆坎,故曰致寇至。古者君子方得乘车,若负戴则为小人之事,今负且乘焉,望之不似,则盗贼从而生心,故曰致寇至。

言招致使来也，故卜问吝矣。贞吝与上贞吉为对文，故夫从虞氏以贞吉为之正者非也。

按：六三爻顺承上九爻，上卦震为木，所以取象为“负”；六三爻阴乘九二爻，下卦坎为车，所以系辞为“负且乘”。

坎为盗贼，六三爻居上坎下坎之间，所以系辞为“致寇至”。

六三爻阴居阳位不正，坠入坎险之间，所以系辞为“贞吝”。

《象》曰：“负且乘”，亦可丑也；

虞翻：临坤为丑也。

按：“亦可丑也”是对“负且乘”的解释。

背负重物，乘坐豪车，样态丑陋，所以系辞为“亦可丑也”。

自我致戎，又谁咎也？

虞翻：坤为自我，以离兵伐三，故转寇为戎。艮手招盗，故“谁咎也”。

来知德：谁咎者，言我之咎也，非人之咎也。同人“又谁咎也”，言人谁有咎我者也。节“又谁咎也”，言无所归咎于人也。与节小异。

张惠言：义无取于“临坤”，不可云萃坤，故借言“临坤”。甚三之罪。《系》注云：“二藏坤时，艮手招盗。”谓二欲五伐三。

尚秉和:《说文》:戎,兵也。寇至,故谓致戎。

按:六三爻居离卦中央,离为戈兵,六三爻居位不正,招来强盗,咎由自取,所以系辞为"自我致戎,又谁咎也"。

九四:解而拇,朋至斯孚。

虞翻:二动时,艮为指,四变之坤为母,故"解而拇"。临兑为朋,坎为孚,四阳从初,故"朋至斯孚"矣。

来知德:而者,汝也。震为足,拇居足下,三居震之下,拇之象也。二与四同功,皆有阳刚之德,故曰朋。解而拇,占中之象也。若旧注以初为拇,则"刚柔之际,义无咎",不当解者也。惟负乘之小人,则当解之矣。

二与四为同德之朋,当国家解难之时,四居近君之位,当大臣之任,而二为五之正应,则四与二皆同朝君子之朋也。但四比于三,间于负乘之小人,则君子之朋安得而至?惟解去其小人,则君子之朋自至而孚信矣,故戒占者必如此。

张惠言:母,大指也。坤艮兼象指母。四解坤而成母。四本临之兑,四为二之"朋"。"朋至"自四,谓二往也。二之五成坎,故"斯孚"。

尚秉和:拇,陆绩云:足大指也。王肃云:手大指。手指于震象不合,故陆注是也。震为足,四前遇重阴,阳遇阴则通,故曰解而拇。言利往也。复《彖》云:朋来无咎。阴以阳为朋。九四前遇重阴,下乘阴,阴孚于阳,故曰朋至斯孚。言上下阴其共孚于四也。《彖传》谓往得众,指此爻也。旧解皆从虞翻说，谓四阳从初，下兑，故朋至斯孚。致孚义全晦。

按：震为足，“拇”为脚拇指。上卦震为动，松动你的脚趾，所以系辞为“解而拇”。

九四爻阳居阴中为“朋至”，坎为“孚”，九四爻因为诚信引来友朋，所以系辞为“朋至斯孚”。

《象》曰：“解而拇”，未当位也。

来知德：以阳居阴，故未当位。惟未当位，故有解拇之戒。

张惠言：初四失位。

尚秉和：解而拇，前进也。四失位，进至五则当位矣，申解而拇之故也。

按：“未当位也”是对“解而拇”的解释。

九四爻阳居阴位不正，所以系辞为“未当位也”。

六五：君子维有解，吉。

虞翻：君子谓二，之五得正成坎，坎为心，故“君子维有解，吉”。

来知德：维者，系也。文王坎卦“有孚维心”，此卦上坎下坎，故亦用此“维”字、“孚”字。君子者，四与二也。吉者，君子用事，小人远退，何吉如之？

张惠言：惟，思也。君子思解则解矣。

尚秉和：震为君子，谓四。君子维有解，言四宜升五，当位而吉。

按:上卦震为“君子”,九四爻“解而拇”为吉,所以系辞为“君子维有解,吉”。

有孚于小人。

虞翻:小人谓五,阴为小人,君子升位,则小人退在二,故“有孚于小人”。坎为孚也。

来知德:孚者,信也,言信于小人而小人自退也。本卦四阴,六五以阴居尊而三阴从之,乃宦官、宫妾、外戚之类也。然六五近比于四,又与九二为正应,皆阳刚之君子也。六五若虚中下贤,此心能维系之,则凡同类之阴皆其所解矣,所以吉也。何也? 盖君子用事,自能孚信于小人,而小人自退矣。此其所以有解而吉也,故教占者必如此。

张惠言:《乾凿度》曰:“阴失正为小人。”三阳出,二亦为坎。

尚秉和:小人谓阴。四升五成坎,坎上下皆阴,有孚维心亨,故曰有孚于小人。

按:六五阴乘阳为小人,九四居坎卦中央,坎为“孚”,九四爻以诚信取信于六五爻,所以系辞为“有孚于小人”。

《象》曰:君子有解,小人退也。

虞翻:二阳上之五,五阴,小人,退之二也。

来知德:君子维而有解,则小人不必逐之而自退矣。

尚秉和:君子有解,谓九四升五。小人退,谓五退居四。释爻义可谓至明白矣。

按:“小人退也”是对“君子有解”的解释。

九四爻上升，六五爻下降，所以系辞为“小人退也”。

上六：公用射隼于高墉之上，获之，无不利。

虞翻：上应在三。公谓三伏阳也。离为隼，三失位，变体大过死象，故“公用射隼于高墉之上，获之，无不利”也。

来知德：上高而无位，公也。隼，祝鸠也，鹞属，鸷鸟之害物者也。震为鹄，变爻为雉，鸟之象也。坎为弓，居下卦，自下射上之象也。震错巽，高之象也。墉者，墙也。高墉者，王宫之墙也。变离，外闱中空，近于六五之君，高墉之象也。故泰卦上六亦曰“城”。九二地位，故曰田。狐，则地之走者也。上六天位，故曰高隼，则天之飞者也。获之者，获其隼也。隼栖于山林，人皆得而射之，惟栖于王宫高墉之上，则如城狐、社鼠，有所凭依，人不敢射矣。盖六五之小人乃宦官、宫妾，上六之隼则外戚之小人，王莽之类是也。

上六柔顺得正而居尊位，当动极解终之时，盖能去有所凭依之小人者也，故有公用射隼于高墉而获之象。占者得此，则小人悖逆之大患解之已尽矣，故无不利。

张惠言：凡“公”皆三也。六三暴慢，故知三伏阳。三乾君子“赦过宥罪”，谓此也。离矢坎弓，乾人发之。同人注云：“巽为庸。”既济定，故“无不利”。

尚秉和：震为公、为射、为隼。伏巽为墉、为高。六居震上，故射隼于高墉之上。盖卦为重坎，上六履重坎之上，动作如意，故获之，无不利也。震射，《左氏》象。震为鸿鹄,故为"隼"。俱见《易林》。(详《焦氏易诂》。)

按:上卦震为"公"、为"射"、为"高墉",坎与离旁通,离为"隼",所以系辞为"公用射隼于高墉之上"。

震为"获",上六爻阴居阴位为正,所以系辞为"获之,无不利"。

《象》曰:"公用射隼",以解悖也。

虞翻:坎为悖,三出成乾,而坎象坏,故"解悖也"。

来知德:以下叛上,谓之悖,王莽是也。《系辞》别是孔子发未尽之意,与此不同。

尚秉和:坎为悖。上六居重坎之外,故曰解悖。

按:"以解悖也"是对"公用射隼"的解释。

九四爻居坎卦中央,坎为动,九四爻射隼,脱落坎险,所以系辞为"以解悖也"。

四一　损卦

䷨艮上兑下

损:

来知德:损者,减损也。其卦损下刚卦,益上柔卦,此损之义也。又泽深山高,损其深以增其高,此损之象也。《序卦》:"解者,缓也。缓必有所失,故受之以损。"所以次解。

张惠言:泰息卦,次既济,消之始。损阳益阴,失位,故曰“损”。谓泰不久也。候在七月。二五正成益,上之三既济。必成益者,损衰益盛也。

尚秉和:贞我悔彼,以我之阳,益彼之上,故曰损。《归藏》作员,朱彝尊谓即损卦。然《归藏》以益为诫,则此未必取义于损。按员,古作云。《商颂》:景员维何。笺:员,古文作云。以此例之,《归藏》必原作云也。《说文》:云,山川气也,象回转形。后人加雨作雲,是雲即云字。卦上艮下兑。《说卦》:山泽通气。气即云。中互坤,坤正为云。卦二至上正反震,震为出。云出泽中,至上而反,正回转之形,与《说文》合,与卦象合。

按:“损”是卦名,卦象由上艮下泽构成。《周易·序卦传》言:“缓必有所失,故受之以损。”损卦从泰卦变来:䷊→䷨。泰卦九三爻与上六爻上下易位,损刚益柔,损下益上,变为损卦,所以卦象被命名为“损”。

损卦与咸卦旁通。

有孚,元吉,无咎,可贞,利有攸往。

虞翻:泰初之上,损下益上,以据二阴,故“有孚,元吉,无咎”。艮男居上,兑女在下,男女位正,故“可贞,利有攸往”矣。

来知德:有孚者,言损不可声音笑貌为之,必当至诚也。凡曰损,本拂人情之事,或过不及,或不当其时,皆非合正理而有孚也。非有孚则不吉,有咎,非可贞之道,不能攸往矣。惟有孚,则元吉也,无咎也,可贞也,利有攸往也。

张惠言:自初之上,自上之三,坎为"孚"。泰初乾元损,成既济,由上,故"元吉"。失位宜咎,"元吉",故"无咎"。皆泰之上一爻当之。《系》注云:"天地絪缊,万物化醇。男女构精,万物化生。"彼注云:"艮男,兑女,乾为精,损反成益,万物出震。"此言"男女位正"者正明"构精""化生"所以"可贞",非谓此为贞也。"可贞"谓二五也。二五失位,二当贞五,则成益,万物化生,则上益三而亦正也。"利有攸往",谓三也。与上爻辞同义。损家损下,故二益五自二往,上益三则自三往。

尚秉和:六爻皆有应,故曰有孚。二阳遇阴,乾元通,故曰元吉。可贞,言二不宜升三再损也。利有攸往,谓上也。上九下乘重阴,颐曰利涉大川,利涉即利往也。

按:下卦兑为口,上卦艮为硕果,口纳硕果,所以系辞为"有孚"。

上下六爻阴阳相应,所以系辞为"元吉,无咎"。

上卦艮为少男居上,下卦兑为少女居下,上下六爻相交,所以系辞为"可贞,利有攸往"。

曷之用?二簋可用享。

来知德:有是四善矣,曷之用者,言何以用损也,若问辞也。二簋至薄,亦可享于鬼神,若答辞也。享鬼神,当丰不当损,曰"可用享",言当损时,至薄亦无害也。

张惠言:坤为"用",谓二正五成益。上为宗庙,震长子主祭,坤为器,艮手执器,享祭之象。簋,黍稷器,圆曰

"簋",方曰"簠",《周官》"旊人为簋",则簋以瓦为之。坤为土,上之三成两离。离火烧土而中虚,体乾为圆,在祭器则"簋"也。谓益道成,既济定,耒耨之利,荐之宗庙,当泰之后,王者治定制礼也。惠征士用郑义,以木器而圆为簋,取益时震象,谓二升五用"二簋"以"享"于上,上右五而益三,乃成既济。今谓《彖》注"二簋应有时"谓春秋,"损刚益柔"谓冬夏。既济既定,四时乃备。二簋之象,明当在上益三之后。

尚秉和:《尔雅·释诂》:曷,止也。而曷与愒通。《诗·大雅》:汔可小愒。《传》:愒,息也。息、止义同。故《集韵》云:愒,或作曷也。而愒与憩通。《诗·甘棠篇》:召伯所憩。《释文》:憩,本又作愒。曷之用,言憩息之时也。上卦艮,故云憩。震为簋,坤数二,故曰二簋。兑为亨。亨、飨通。《左传》成十二年:享以训恭俭。《释文》:享,本亦作飨。又庄四年:止而飨之。《周语》:大臣飨其禄。注皆训飨为食。曷之用?二簋可用亨,言当休暇之时,可以二簋为亨。二簋虽俭,然处损时,亦可也。清儒承荀氏旧说,见言簋即以为祭宗庙,侈陈礼制,岂知《仪礼·公食大夫礼》:宰夫启簋。《诗·秦风》:于我乎,每食四簋。凡宴享皆用簋,非必祭宗庙始用也。且于《易》义之谓何矣?崔憬以曷为何。荀爽等只说二簋可用享,不及曷义,于是清儒如惠栋、焦循、张惠言、孙星衍等亦不释曷义。只一姚配中袭崔憬说,疑非也。

按:“曷之用”就是说损的目的是为了什么。“二簋可用享”则是对此发问的回答。簋是古代用来盛食物的圆形器皿。九二爻与六四爻互卦为震,震为“簋”,上卦艮反卦为震,九二爻与上九爻相对为二簋,下卦兑为“享”,上卦艮为宗庙,用二簋盛满祭品祭祀宗庙,让先祖得到享受,人神心意可以在祭祀中得到沟通,所以系辞为“二簋可用享”。

《彖》曰:损,损下益上,其道上行。

来知德:以卦综释卦名、卦辞。本卦综益卦,二卦同体,文王综为一卦,故《杂卦》曰:“损益,盛衰之始也。”益卦柔卦居上,刚卦居下。损下益上者,损益下卦之震,上行居损卦之上,而为艮也,故其道上行,如言“柔进而上行”也。若以人事论,乃剥民奉上,民既贫矣,君不能以独富,是上下俱损矣,故名损。

张惠言:谓泰初之上。

尚秉和:贞我悔彼,内与外,上与下,其亲疏迥不相同,故夫以内阳益外,则我损矣。“上下”即内外也。泰三往上,故曰“其道上行”。

按:“损下益上,其道上行”是对卦名“损”字的解释。

损卦由泰卦变来,泰卦九三爻上升到上六爻的位置变为损卦,所以系辞为“损下益上”。泰卦九三爻与上六爻互卦为复,复为阳道,阳气上升,所以系辞为“其道上行”。

损而有孚,元吉,无咎,可贞,利有攸往。

张惠言:由乾道上行,故损之道如此,所谓“天地絪縕,万物化醇”。

按:泰卦损阳以济坤阴,损的结果是“有孚,元吉,无咎,可贞,利有攸往”。

“曷之用”?“二簋可用享”。

按:“二簋可用享”是对“曷之用”的解释。

二簋应有时,损刚益柔有时。损益盈虚,与时偕行。

虞翻:时谓春秋也。损二之五,震二月,益正月,春也;损七月,兑八月,秋也。谓春秋祭祀,以时思之。艮为时,震为应,故“应有时”也,谓冬夏也。二五已易成益,坤为柔。谓损益上之三成既济,坎冬离夏,故“损刚益柔有时”。乾为盈,坤为虚,损刚益柔,故“损益盈虚”。谓泰初之上,损二之五,益上之三,“变通趋时”,故“与时偕行”。

来知德:时者,理之当然,势之不得不然者也。言文王之所谓“二簋可用享”者,非常道也,以其时当于损,所以二簋也。本卦损下卦之刚益上卦之柔,亦非常道也。以时当损下益上,所以损刚益柔也。盖天下之理,不过损益盈虚而已。物之盈者,盈而不已,其势必至于消,消则损矣。物之虚者,虚而不已,其势必至于息,息则益矣。是以时当盈而损也,不能逆时而使之益;时当虚而益也,不能逆时而使之损。此皆物理之常,亦因时而有损益耳。文王之“二簋可用享”者,亦时而已。不然,致孝鬼神当丰,岂可损乎?

张惠言:损由泰反否,衰之始也。圣人于此明“与时偕行”之义,谓持泰之道,损而“有孚”反益而成既济,人道备矣。

尚秉和:震为应,二至四震,乃上卦震覆,若反声相应者,故曰二簋应,与中孚之鹤鸣子和理同也。二簋应有时,言时当愒息,用二簋享,正与时应也。泰极还否,损者泰之终,否之始。损刚益柔有时者,按卦气损为七月卦,时已当否,阳日减,阴日增,正损刚益柔之时,不可不预知也。时当益则益,时当损则损,益则盈,损则虚,乾盈坤虚,应时而行,所谓穷则变,变则通也。

按:损卦下卦兑为秋,上卦艮为立春,九二爻与六四爻互卦为震,震为"应",上卦艮反为震,所以系辞为"二簋应有时",意思是说损道是顺应天时而为的。

泰卦下卦乾为刚,上卦坤为柔,天地相交,刚柔相济,所以系辞为"损刚益柔有时"。

乾卦阳气充盈,坤卦阴气空虚,天地相交,需要损盈济虚,所以系辞为"损益盈虚,与时偕行"。

《象》曰:山下有泽,损;

来知德:泽深山高,损下以增高,损之象也。

张惠言:"山下有泽",润通乎上,损下益上之象也。泽以涤山,山以镇泽,"惩忿窒欲"之义也。

按:"山下有泽,损"是从地理学的角度解释卦象。

泽在下以增益山高,所以系辞为"山下有泽,损"。

君子以惩忿窒欲。

虞翻:君子,泰乾。乾阳刚武为忿,坤阴吝啬为欲,损乾之初成兑说，故“惩忿”。初上据坤，艮为止，故“窒欲”也。

来知德：惩者，戒也。窒者，塞也。忿多生于怒心，刚恶也，突兀而出，其高如山，况多忿如少男乎？故当戒。欲多生于喜心，柔恶也，浸淫而流，其深如水，况多欲如少女乎？故当塞。忿不惩必迁怒，欲不窒必贰过，君子修身，所当损者，莫切于此。

张惠言：惩，郑康成及刘巘皆云“清”也。蜀才作“澄”。盖古借作“澂”。卦取兑泽，训“清”是也。窒，塞也。山象窒塞。

尚秉和：震为决躁、为武人，故为忿。乃上卦震覆为艮，艮止，故曰惩忿。二至上正覆震，震为口，有争食象，坤闭，故曰窒欲。学《易》之君子，因以取法焉。

按：“君子以惩忿窒欲”是从卦象引申出来的人文思想。

能够效法损卦的人被称为“君子”。九二爻震动为“忿”、为“欲”，上卦艮为止，所以系辞为“君子以惩忿窒欲”，意思是说君子要控制住自己的情绪和欲望。

初九：已事遄往，无咎，酌损之。

虞翻：祀，祭祀。坤为事，谓二也。遄，速。酌，取也。二失正，初利二速往，合志于五，得正无咎，已得之应，故“遄往，无咎，酌损之”。《象》曰“上合志也”。祀，旧作“已”也。

来知德：己者，我也。本卦损刚益柔，损下益上，乃我之事也，即韩子“莫忧世事兼身事”之意。遄者，速也。“酌”即“损刚益柔有时”“时”字之意。

本卦初刚四柔，当损初以益四，故有已事遄往之象。占者得此，固无咎矣。然“损刚益柔有时”，不可以骤损，必斟酌而后损也，故许其无咎，而又戒之以此。

张惠言：“二簋用享”，故举“祀事”。“用享”者二。“正”当为“五”。“无咎”亦谓二。注未言“酌损”之义，惠征士云“谓五酌上，之刚以益三”。案《象》注云“终成既济”，四注云“三上复坎”，惠说是。

尚秉和：巳，虞作祀。晁氏云：巳，古文祀字。按金文《沈子它敦铭》：用剢飨巳公。巳公即祀公。初应在四，四震为祭祀，兑为飨。遄，速也。祀事遄往者，言宜往应四也。当位，故无咎。所应为阴，故曰酌损。

按：“巳”是指祭祀之“祀”。初九爻与六四爻阴阳相应，上卦艮为宗庙，初九爻与九二爻比邻，九二爻与六四爻互卦为震，震为动、为献祭，要赶紧祭祀先祖，所以系辞为“祀事遄往”。

初九爻居正位，所以系辞为“无咎”。

下卦兑为毁折，要拿出礼物来献祭，所以系辞为“酌损之”。

《象》曰：“巳事遄往”，尚合志也。

虞翻：终成既济，谓二上，合志于五也。

来知德：尚与上通，指四也。阴阳正应，故合志。四之志欲损其疾，而初遄往，合其志也。

张惠言：初欲二上，欲其酌上以益三也。

尚秉和：尚、上同。上谓四，初四婚媾，故曰合志。四坤为志。其用卦变以坎为志者，非也。

按："尚合志也"是对"已事遄往"的解释。

初九爻与六四爻阴阳相应，六四爻与九二爻互卦为震，震为"志"，所以系辞为"尚合志也"。

九二：利贞，征凶。

虞翻：失位当之正，故"利贞"。征，行也。震为征，失正毁折，故不征之五则凶。

来知德：贞者，即九二之刚中也，中则正矣。利者，安中德以自守，未有不利者也。征者，不守其刚中之德，而有所往也。凶者，六五君位，本卦性悦，此爻变震以悦而动，必容悦以媚上，则流于不中不正矣，所以凶也。

张惠言：不贞则为震。体兑。"征"当为"贞"声之误也。二有应于五，震性行，故戒其不正而之应于五也。

尚秉和：三已损矣，二不宜再损，故利于贞定也。震为征，二阳临重阴，更利于征；然二往五则下愈损，故征凶也。

按：九二爻居中位，所以系辞为"利贞"。

九二爻与六四爻互卦为震，震为"征"，六三爻与六五爻互卦为坤，坤为"凶"，动则有凶，所以系辞为"征凶"。

弗损，益之。

虞翻：二之五成益，小损大益，故"弗损益之"矣。

来知德:弗损者,弗损其刚中之德,即贞也。益者,即利也,五虽柔而居刚,非不足;二虽刚而居柔,非有余,所以损刚,不能益柔也。初以刚居刚,且欲酌损,况二居柔乎?何以弗损而能益?二乃五之正应,为臣者能为正人君子,岂不有益于君?所以损则不益,弗损则能益也。

九二刚中,当损刚之时,志在自守弗损,贞之道也,故占者利于此贞。若失此贞,而有所往,则凶矣。盖不变其所守正以益上,故贞则利而征则凶也。

张惠言:贞之五亦损下,故“小损”。谓弗虑其损,当益五也。

尚秉和:弗损者,即贞于二不动,不再损下也。弗损即益二矣,故曰益之。夫贞我侮彼,泰三阳三阴,而阳全在我,此所以为泰也。损我一阳以益外,已非善征,若损之不已,则成否矣。否天地闭,贤人隐,故于二爻著以为戒,曰利贞,曰征凶。旧解惟王弼能识二之不宜往五,谓刚全上则剥道成。若虞翻则谓二不征之五则凶,故反经为说。岂知二阳得五阴为应,利往诚为常例,独损二因其利往,再损内也,故因以为戒。乃后世如惠栋、张惠言等,多祖述其说。独姚配中识虞义之反经,乃又以利贞为之正,二之正成阴,阴与阴不相应,故征凶,仍以卦变为穿凿。然则不独易象失传,易理之失传更甚也。

按:九二爻居中位不动,所以系辞为“弗损”。

九二爻阳实为益,所以系辞为“益之”。

《象》曰：九二利贞，中以为志也。

虞翻：动体离中，故“为志也”。

来知德：德以中为美，志定则守斯定矣。二中以为志，所以“弗损，益之”。

张惠言：上来之三，二离在坎为“志”。

尚秉和：中谓二。言志贞于二，不前进也，故曰中以为志。旧解无不误者。

按：“中以为志也”是对“九二利贞”的解释。

九二爻与六四爻互卦为震，震为“志”，九二爻居中，所以系辞为“中以为志也”。

六三：三人行，则损一人；

虞翻：泰乾三爻为三人，震为行，故“三人行”。损初之上，故“则损一人”。

来知德：本卦综益，二卦原是阴阳相配之卦，因损下益上，正在此爻，所以发此爻辞也。益卦下震，三为人位，人之象也。震为足，行之象也。又为大涂，行人之象也。中爻坤为众，友之象也。三人行者，益下卦三爻，居于损之上三爻也，即《彖辞》“其道上行”也。“损一人”者，损六三也。

张惠言：乾为“人”。谓泰三爻“拔茅茹”。

尚秉和：乾为人。泰三阳原为三人，今成兑，损一人矣。

按：乾三爻为“三人行”。

乾变兑,兑为毁折,所以系辞为“则损一人”。

一人行,则得其友。

虞翻:“一人”谓泰初,之上损刚益柔,故“一人行”。兑为友,初之上,据坤应兑,故“则得其友”。言致一也。

来知德:一人行,即六三也,六三行上而居四也。三行上而居四,即损下之三而益上之四也。益卦下三爻乃一阳二阴,今损一阴以居四,则阴阳两相配矣。居四以初为正应,则得其友也。两相得则专,三则杂乱。三损其一者,损有余也,两也。一人得友者,益不足也,两也。天地间阴阳刚柔,不过此两而已,故孔子《系辞》复以天地男女发之。

本卦综益,损下益上,此爻正损益上下交接之爻,故有此象。占者得此,凡事当致一,不可参以三而杂乱也。

张惠言:此“一人行”。反来益三,此言“得友”。谓三。上来益三,由三往之上,故上但言“应兑”而已。或疑“损刚益柔”四字当在“应兑”之下,著脱字失处耳。然三不言利有攸往者,三往之上,当在五正之后也。“致一”谓“天地化醇”,“男女化生”。

尚秉和:损三以益上,上乘重阴,阳以阴为友,故曰一人行,则得其友。友谓四五。旧解以下应兑为友,故于三则疑之故,无有通者。

按:六三爻居震卦之中,震为行,所以系辞为“一人行”。

六三爻与上九爻阴阳相应,所以系辞为“则得其友”。

《象》曰:“一人行”,三则疑也。

虞翻:坎为疑,上益三成坎,故“三则疑”。

来知德:一人行,得友而成两,则阴阳配合而专一。若三则杂乱而疑矣,所以损其一也。

尚秉和:三阳上行则成否,否上九为四、五所阻格,所谓敌也,敌则相疑相忌,而不相友矣。释得友之故也。《易》于阴阳相遇为朋友之故,言之可谓明白矣。乃自荀、虞以来,以兑二阳、艮二阴为朋友,相承至今,岂知阳遇阳,阴遇阴,艮谓之敌应,中孚谓之得敌哉?

按:“三则疑也”是对“一人行”的解释。

六三爻阴居阳位不正,当前往与上九爻相交,所以系辞为“三则疑也”。

六四:损其疾,使遄有喜,无咎。

虞翻:四谓二也。四得位,远应初。二疾上五,已得承之。谓二之五,三上复坎为疾也。阳在五称喜,故“损其疾,使遄有喜”。二上体观,得正承五,故“无咎”矣。

来知德:四变中爻为坎,坎为心病,疾之象也。遄,即初“遄往”之“遄”。初与四阴阳相合,当损下之时,初即以为己之事而遄往矣。使其初果得遄往,则有喜矣,所以加一“使”字。兑悦在下,喜之象也。

六四阴柔得正,与初九为正应,赖其阳刚,益己而损其疾,故有损其疾之象。使初能遄往,则四得损其疾而有喜矣,无咎之道也,故其象占如此。

张惠言:与初同义。二坎体,故称“疾”,亦《象》称“上有孚”之义。三正,四在坎“疾”,故明之“无咎”。

尚秉和:坤为疾,四得阳应,故曰损其疾。遄,往也。坤为忧,乾为喜。使遄有喜者,言往得阳应而喜也。坤疾象失传,旧解故多不当。

按:六四爻居坤卦中央,坤为“疾”,六四爻与初九爻阴阳相应,所以系辞为“损其疾”。

六四爻居震卦上爻,震为动,下卦兑为悦,六四爻迅速与初九爻相交,所以系辞为“使遄有喜”。

六四爻与初九爻阴阳相交,上下易位,所以系辞为“无咎”。

《象》曰:“损其疾”,亦可喜也。

虞翻:二上之五,体大观象,故“可喜也”。

来知德:赖初损疾,亦可喜矣,而况初之遄往哉?

尚秉和:疾损,故可喜。

按:“亦可喜也”是对“损其疾”的解释。

下卦兑为喜,与初九爻相交,所以系辞为“亦可喜也”。

六五:或益之,十朋之龟,

虞翻:谓二五已变成益,故“或益之”。坤数十,兑为朋,三上失位,三动离为龟。十谓神、灵、摄、宝、文、筮、山、泽、水、火之龟也,故“十朋之龟”。

来知德:两龟为一朋,十朋之龟,大宝也。大象离,龟之象也。十者,土之成数。中爻坤,十之象也。坤土两两相比,朋之象也。本卦错咸,故咸九四亦曰"朋从"。综益,益之六二,即损之六五,特颠倒耳,故亦曰"十朋",两象相同。或者,不期而至,不知所从来也。

张惠言:"或"者不主之辞。不可云上益之,故云"或"。见《尔雅》。

尚秉和:艮为龟。《汉书·食货志》注:苏林曰:两贝为朋,朋值二百一十六。元龟十朋。艮为朋友,坤数十,故曰十朋之龟。言阳在上,五得承之,若大宝之益也。

按:六五爻与九二爻居位不正,阴阳相应,上下易位,九二爻升至六五爻的位置,所以系辞为"或益之"。

六五爻与六三爻互卦为坤,坤数十,上卦艮为"龟",九二爻与六四爻互卦为震,震反为艮,上下两龟相应,所以系辞为"十朋之龟"。

弗克违,元吉。

虞翻:三上易位,成既济,故"弗克违,元吉"矣。

来知德:弗克违者,虽欲违之而不可得也。六五当损之时,柔顺虚中以应九二,盖有下贤之心,实受天下之益者也,故有此象。占者得此,元吉可知,然必有是德,方有是应也。

张惠言:惠征士云:"不违龟筮也。"

尚秉和:阴顺阳,故曰弗克违。五卦位最尊,故曰元吉。艮龟象失传,侯果谓内柔外刚,龟之象,岂知艮即为龟?

按：六五爻阴顺上九爻，所以系辞为“弗克违”。

六五爻居中位，顺承上天，所以系辞为“元吉”。

《象》曰：六五元吉，自上祐也。

来知德：与大有“天祐”、旅“上逮”同，盖皆五之虚中也。

张惠言：三兑为“右”。右，助也。自上益三，所以“右五”，故“元吉”。

尚秉和：上为阳，五承之，故曰自上祐。祐，福也。《释文》或作佑。无言汉人作右者。惠栋擅改之，后学盲从之，于是《集解》之文遂乱矣，不可不知。又自虞翻以来，皆以二益五为说，清儒皆宗之，不惟与《象传》背，且与经背。经于九二言征凶，言利贞，言弗损，则二固不往五。况《象传》明言自上祐，则十朋之龟指上也。弗克违，言五承上也。则以二益五为说者，其误益明矣。

按：“自上祐也”是对“六五元吉”的解释。

六五爻顺承上九，得到上天的护佑，所以系辞为“自上祐也”。

上九：弗损，益之，无咎，贞吉，利有攸往。

虞翻：损上益三也。上失正，之三得位，故“弗损，益之，无咎，贞吉”。动成既济，故“大得志”。谓三往之上，故“利有攸往”。

来知德：居损之时，若用刚以损下，非为上之道矣，安得无咎？安得正而吉？又安能行之而得人心也？今不损下而自益，是即益其下也。九二“弗损，益之”，益其上；上九“弗损，益之”，益其下，所以大得志如此。

张惠言：弗损而益三也。失位咎，之正，故“无咎，贞吉”矣。《象传》义。自内曰“往”。三至是始往。

尚秉和：上之三则上损矣，不动则益上，故曰弗损，益之。贞吉者，卜问吉也。上乘重阴，故利有攸往。

按：上卦艮为止，上九爻不动，硕果仅存，所以系辞为“弗损，益之，无咎，贞吉”。

上卦艮为道，所以系辞为“利有攸往”。

得臣无家。

虞翻：二五已动成益，坤为臣，三变据坤成家人，故曰“得臣”。动而应三，成既济，则家人坏，故曰“无家”。

来知德：得臣者，阳为君，阴为臣，三为正应，得臣之象也。无家者，此爻变坤，有国无家之象也。故师卦上六坤变艮，则曰“承家”；此爻艮变坤，则曰“无家”，可见矣。若以理论，乃国尔忘家，无自私家之心也。若用刚以损下，是自私而有家矣。

上九居损之终，则必变之以不损。居艮之极，则必止之以不损。当损下益上之时，而能弗损以益下，所以无咎也，正而吉也，利有攸往也，得臣无家也。占者有是德，方应是占矣。

尚秉和：与颐上九同。坤为臣，上据坤，是得臣为助也。三者上九之家，上既得臣为助，即不返三，故曰得臣无家。言公而忘私也。

按:艮为"臣",上九爻居二阴之上,取象为"得臣"。上九爻不与六三爻相交,所以系辞为"得臣无家"。

《象》曰:"弗损,益之",大得志也。

虞翻:谓二五已变,上下益三,成既济定,离坎体正,故"大得志"。

来知德:无咎,贞吉,利有攸往,得臣无家,岂不大得志?

尚秉和:坤为志。上据坤,阳乘阴,故曰大得志。旧解皆以上返三为说,非。

按:"大得志也"是对"弗损,益之"的解释。

上九爻居群阴之上,所以系辞为"大得志也"。

四二 益卦

䷩巽上震下

益:

来知德:益与损相综,益之震上而为艮,则损下以益上,所以名"损"。损之艮下而为震,则损上以益下,所以名"益"。《序卦》:"损而不已,必益,故受之以益。"所以次损。

张惠言:否反泰,消息卦。否终必倾,上反于初,"先否后喜",三阳以次而下,则泰成。否泰"拔茅"以此也。损上益下，中行得位，故名曰“益”。益与恒旁通，明益之道，当恒也。其实益反泰不由恒，故恒终变还成益，而益卦义不取恒。候在正月。三正，由上益三成既济，故曰“益，盛之始也”。卦取涣者，明三伏阳与爻“告公”同义。

尚秉和：贞我悔彼，以彼之阳，下来益我，故曰益也。《归藏》曰諴。《说文》：諴，和也 。《书·召诰》：其丕能諴于小民。注亦训諴为和。风雷同声相应，和之至也。是《周易》以阳爻上下言，故曰益；《归藏》合上下卦言，曰諴也。

按：“益”是卦名，卦象由上巽下震构成。《周易·序卦传》言：“损而不已，必益，故受之以益。”益卦是从否卦变来：䷋→䷩。否卦九四爻下降到初六爻，初六爻上升到九四爻的位置，变为益卦；天道满，地道虚，损上益下，所以卦象被命名为“益”。

益卦与恒卦旁通。

利有攸往，利涉大川。

虞翻：否上之初也。“损上益下，其道大光。”二利往坎应五，故“利有攸往，中正有庆”也。谓三失正。动成坎体涣，坎为大川，故“利涉大川”。涣，舟楫象，木道乃行也。

来知德：利有攸往者，凡事无不利也。利涉大川者，言不惟利所往，可以处常，亦可以济变。

张惠言：与损同。言应坎者，明当成既济。

尚秉和：利有攸往，谓五。五既中且正，《传》所谓中正有庆也。利涉大川，谓初。坤大川，震为舟，初阳遇阴而通，故曰利涉。《传》所谓木道乃行也。

按：六二爻居中正之位，与九五爻阴阳相应，所以系辞为“利有攸往”。

下卦震为木，六二爻与六四爻互卦为坤，坤为“大川”，所以系辞为“利涉大川”。

《彖》曰：益，损上益下，民说无疆。自上下下，其道大光。

虞翻：四之初，坤为“无疆”，震为喜笑，以贵下贱，大得民，故“说无疆”矣。乾为大明，以乾照坤，故“其道大光”。或以上之三，离为大光矣。

来知德：以卦综释卦名，以卦体、卦象、卦德释卦辞而赞之。损，损上卦之艮；益，益下卦而为震也。民说无疆，就损益所及之泽而言也，益在民也。其道大光，就损益所行之事而言也，益在君也。人君居九重之上，而能膏泽及于闾阎之民，则其道与乾坤同其广大，与日月同其光明，何大光如之？卦本损上，然能损上以益下，则并上亦益矣。民益君益，所以名益。

张惠言：否上也。坤为“民”。谓上之初。乾为“道”。亦自上下下。

尚秉和：坤为民，震为乐，故曰民说。坤为广，故曰无疆。否四来居下卦之下，故曰自上下下。震为玄黄，故曰大光。

按:“损上益下,民说无疆。自上下下,其道大光”是对卦名“益”字的解释。

否卦九四爻下降到初六爻的位置,下卦坤变为震,坤为“民”、为“无疆”,震为“乐”,所以系辞为“损上益下,民说无疆”。

九四爻下降到初六爻的位置,下卦震为阳关大道,所以系辞为“以上下下,其道大光”。

“利有攸往”,中正有庆;

虞翻:中正谓五,而二应之,乾为庆也。

来知德:九五以中正位乎上,而六二以中正应之,是圣主得贤臣,而庆泽自流于天下矣,所以利有攸往也。

尚秉和:利有攸往,中正有庆,谓五。

按:“中正有庆”是对“利有攸往”的解释。

九五爻居中正之位,乾为“庆”,所以系辞为“中正有庆”。

“利涉大川”,木道乃行。

虞翻:谓三动成涣。涣,舟楫象。巽木得水,故“木道乃行”也。

来知德:木道乃行者,亦如中孚之舟虚,乃风中之木,故木道乃行。中孚、涣皆风水,且本卦象离错坎,亦有水象。

尚秉和:利涉大川,木道乃行,谓初。震为舟,故曰木。古刳木为舟,故谓舟为木。涣曰:乘木有功。中孚曰:乘木舟虚。皆以木为舟。利涉大川,故曰木道乃行。言舟行水上,舟楫之利用溥也。此纯释利涉之义。坤为水,震为舟,故曰木,曰行。程子不知木即为舟,改木为益。野文之害,至斯而极。

按:"木道乃行"是对"利涉大川"的解释。

下卦震为"木道",所以系辞为"木道乃行"。

益动而巽,日进无疆。天施地生,其益无方。

虞翻:震三动为离,离为日,巽为进,坤为疆,日与巽俱进,故"日进无疆"也。乾下之坤,震为出生,万物出震,故"天施地生"。阳在坤初为无方,"日进无疆",故"其益无方"也。

来知德:动而巽者,动则有奋发之勇而不柔弱,巽则有顺入之渐而不卤莽,所以德崇业广,日进无疆。此以卦德言也。震乃刚卦为天,天施者,初之阳也。巽乃柔卦为地,地生者,四之阴也。天以一阳施于下,则天道下济而资其始也;地以一阴升于上,则地道上行而资其生,所以品物咸亨,而其益无方。此以卦体言也。

张惠言:坤为"方"。

尚秉和:阳自外来,故曰天施。震为生,坤为地,故曰地生。

按:益卦下卦震为动,上卦巽为风,随风而动,所以系辞为"益动而巽"。

下卦震为"日进",六二爻与六四爻互卦为坤,坤为"无疆”，所以系辞为“日进无疆”。

下卦震一阳动为“天施”，上卦一阴生为“地生”，天地交合，生生不已，所以系辞为“天施地生，其益无方”。

凡益之道，与时偕行。

虞翻：上来益三，四时象正。艮为时，震为行，与损同义，故“与时偕行”也。

来知德：时者，理之当其可也。言凡益之道，非理之本无，而勉强增益之也，乃理之当其可而后增益也。如曰“日进无疆”者，以人事当然之理而益也。曰“其益无方”者，以造化自然之理而益也。理之所在，当益而益，是以自我益之，改过迁善，不嫌其多；自人益之，十朋之龟，愈见其吉矣。

张惠言：上之三，坎冬离夏，益初反泰，震春兑秋，故“四时象正”。损衰之始，有孚反益而定既济；益盛之始，成既济而后反泰，所谓“与时偕行”。

尚秉和：益者否之终，泰之始。《太玄》云：已用则贱，当时则贵。艮为时。与时偕行者，言时而当益，不能不益也。

按：九五爻与六三爻互卦为艮，艮为“时”，下卦震为“行”，益道应天而动，因时而行，所以系辞为“凡益之道，与时偕行”。

《象》曰：风雷，益；

来知德：风雷之势，交相助益，益之道也。

张惠言：《稽览图》曰：“降阴下迎，阴起合和，而阳气用上，薄之则为雷。”郑注云：“阳气，风也。”是风之益雷，自上下下也。《系》注云:“益万物者莫大乎风雷。”

按:“风雷,益”是从天文学的角度解释卦象。

上卦巽为风,下卦震为雷,风雷相助,所以系辞为“风雷,益”。

君子以见善则迁,有过则改。

虞翻:君子,谓乾也。上之三,离为见,乾为善,坤为过,坤三进之乾四,故“见善则迁”。乾上之坤初,改坤之过,体复象,“复以自知”,故“有过则改”也。

来知德:善者,天理也,吾性之本有也。过者,人欲也,吾性之本无也。理欲相为乘除,去得一分人欲,则存得一分天理。人有善而迁从,则过益寡;已有过而速改,则善益增,即风雷之交相助益矣。

张惠言:上之初,故三进居四;居四得位,故曰“迁善”。

尚秉和:乾为善,坤为过。乾来初,得位得民,是迁善也;乾来初成震,坤象灭,是改过也,故学《易》之君子法之。

按:“君子以见善则迁,有过则改”是从卦象引申出来的人文思想。

能够效法益卦的人被称为“君子”。上卦巽为天命,下卦震为人生,顺天而动,阳气日生为“善”,阴气日退为“过”,所以系辞为“君子以见善则迁,有过则改”。

初九:利用为大作,元吉,无咎。

虞翻:大作谓耕播耒耨之利,盖取诸此也。坤为用,乾为大,震为作,故“利用为大作”。体复,初得正,“朋来无咎”,故“元吉,无咎”。震,二月卦,“日中星鸟,敬授民时”,故以耕播也。

来知德:大作者,厚事也,如迁国大事之类是也,故曰“益以兴利”。阳大阴小,此爻阳,故以大言之。元吉,以功言,非诸爻以效言也。

初刚在下,为动之主,当益之时,受上之益者也。六四近君,与初为正应,而为六四所信任,以其有刚明之才,故占者利用为大作,然位卑任重,则有所不堪者,必其所作之事周悉万全,为经久之良图,至于元善,方可无咎。苟轻用败事,必负六四之信任矣,故戒占者以此。

张惠言:所以反泰。复初“元吉”也。“三”当为二。“日中星鸟”,春分也。益,正月卦。启蛰郊而祈谷,农事之始。益民之大,莫若农。

尚秉和:虞翻云:大作,谓耕播耒耜之利。按《虞书》:平秩东作。注:岁起于东,而始就耕,谓之东作。《禹贡》:恒卫既从,大陆既作。注:二水已治,从其故道,大陆之地已可耕作。是作即耕也。震为春,为耕,至春民尽耕,故曰大作。阳遇阴,故利。乾元通,故大吉,无咎。

按:下卦震为“大作”,初九爻与六四爻阴阳相应,应天而动,所以系辞为“利用为大作”。

初九爻阳居阳位为正,所以系辞为“元吉,无咎”。

《象》曰:“元吉,无咎”,下不厚事也。

来知德:下者,下位也。厚事者,大作也。初位卑,本不可以任厚事,岂能无咎?故必大善而后无咎也。

张惠言:坤为“厚事”。民无他事,农为“大作”也。

尚秉和:震健而决躁,故《左氏》以为射,言其速也。厚,余也。行速,故无余事。坤为事。言初虽在下,往利无阻,事无积滞。仍利涉大川之意也。

按:“下不厚事也”是对“元吉,无咎”的解释。

初九爻上承三阴为坤,坤为“厚事”,初九爻潜龙勿用,所以系辞为“下不厚事也”。

六二:或益之十朋之龟,

虞翻:谓上从外来益也,故“或益之”。二得正远应,利三之正,已得承之。坤数十,损兑为朋,谓三变离为龟,故“十朋之龟”。

来知德:损之六五即益之六二,以其相综,特倒转耳,故其象同。损受下之益,此则受上之益。十朋之龟者,宠锡优渥之象也。

张惠言:以反泰,则上下益初。以爻定既济,则上来益三。二五卦主,益三所以益二。成卦在初,反泰在上。当否之时,阳不正位,不能反泰,故上必先来益三,而后下益初。上下初成损体兑,故曰“十朋之龟”。

尚秉和:艮为龟,为朋友,坤数十,故曰十朋之龟。

按:六二爻与九五爻阴阳相应,上下相交,所以系辞为“或益之”。

艮为“龟”,初九爻与九五爻两龟相应,六二爻与六四爻互卦为坤，坤数十，所以系辞为“十朋之龟”。

弗克违，永贞吉。

虞翻：坤为永，上之三得正，故“永贞吉”。

来知德：永贞吉者，必长永贞固，守其虚中之德，而后可以常保其优渥之宠锡也。

张惠言：明上当益初，“朋来无咎”也。注云“损兑为朋”，其旨微矣。

尚秉和：二应在五，五艮，故以十朋之龟益二也。二得阳应，故曰弗克违。二当位，故永贞于二吉。

按：六二爻虽然与九五爻有相交之应，但六二爻恪守正位，不升至九五的位置，所以系辞为“弗克违”。

六二爻居中正之位，所以系辞为“永贞吉”。

王用享于帝，吉。

虞翻：震称帝，王谓五，否乾为王，体观象，艮为宗庙；三变折坤牛，体噬嗑食，故“王用享于帝”。得位，故“吉”。

来知德：王用享于帝者，言永贞虚中之心，必如人君之对越在天，小心翼翼也。此一句，又永贞之象，乃占中之象也。帝出震齐巽，本卦下震上巽，帝之象也。

六二当益之时，虚中处下，盖精白一心一事君，本无求益之心，而自得君之宠益者也，故有或益十朋之龟，弗克违之象。然爻位皆阴，又戒以永贞，必事君如事天，而后可以受此益也，故又有王用享于帝之象。占者必如是，方吉也。

张惠言：此享帝而取宗庙，以其祭感生帝也。《礼》曰：

"王者禘其祖之所自出,以其祖配之,而立四庙。"郑注云"祖所出"谓五帝,即南郊之祭也。明"不王不禘"。《乾凿度》曰:"孔子曰:益之六二:'或益之十朋之龟,弗克违,永贞吉。王用享于帝,吉。'益者,正月之卦也,天气下施,万物皆益,言王者之法天地,施政教,而天下被阳德,蒙教化,如美宝,莫能违害,永贞其道,咸受吉化,德施四海,能继天道也。'王用享于帝'者,言祭天也,三王之郊,一用夏正,天道三微而成一著,三著而成一体。方此之时,天地交,万物通,故泰、益之卦,皆夏之正也。此四时之正,不易之道也。故三王之郊,一用夏正,所以顺四时、法天地之通道也。"

尚秉和:震为帝,王谓五。震为祭祀,故曰享。王用享于帝,吉者,言五应二,则二吉也。

按:下卦震为"王",九五爻为"帝"。六二爻向宗庙献祭,得到九五君王的赏识,所以系辞为"王用享于帝"。

六二爻居中正之位,所以系辞为"吉"。

《象》曰:"或益之",自外来也。

虞翻:乾上称外,来益三也。

来知德:言不知所从来也。与上九"自外来"同。二则吉来,上则凶来。

尚秉和:外谓九五,恐人疑为初。

按:"自外来也"是对"或益之"的解释。

六二爻所得之益来自在外的九五爻,而不是在内的初九爻,所以系辞为"自外来也"。

六三:益之,用凶事,无咎。

虞翻:坤为事,"三多凶",上来益三得正,故"益用凶事,无咎"。

来知德:凶者,险阻盘错也,如使大将出师及使至海外之国,岂不是凶?三之爻位本凶,《说文》云:"凶,象地穿,交陷其中。"中爻坤地震极,未有不陷者,凶之象也。无咎者,凶事乃上之所益,三不得与焉,所以无咎也。

张惠言:"凶事",丧事也。坤为死,三阳伏坤中,上来益之,但象"凶事"而已。

尚秉和:三居坤中,坤为凶、为事。益之,用凶事,言上来益三,为五所阻,大畜初九所谓有厉也,故曰凶事。二三四阴爻皆承五,夬九五云中行无咎,泰二云得尚于中行,中行谓五。

按:六三爻与上九爻阴阳相应,上九爻有助益六三爻之势,所以系辞为"益之"。

六三爻若与上九爻上下移位,上下都变为坎,坎为凶,所以系辞为"用凶事"。

六三爻阴居阳位不正,与九五爻互卦为艮,艮为止,六三爻恪守此位,不妄动,所以系辞为"无咎"。

有孚,中行告公用圭。

虞翻:公谓三伏阳也。三动体坎,故"有孚"。震为中行、为告,位在中,故曰"中行"。三,公位,乾为圭,乾之三,故“告公用圭”。圭,桓圭也。

来知德:有孚者,诚信也。中行者,中道可行之事也。凶事乃太过之事,故以中言之。告公者,告于四也。故六四曰“中行,告公从”。圭乃通信之物,祭祀朝聘用之,所以达诚信也。六爻中虚,有孚之象。巽综兑,兑为口,告之象也。故夬外卦兑,亦曰“告自邑”;泰卦中爻兑,亦曰“自邑告命”。震为玉,圭之象也。用圭乃有孚之象,又占中之象也。“有孚”以下,乃圣人教占者开凶事之路也。

六三阴柔,不中不正,又居益下之极,当益下之时,故有受上之益,而用行凶事之象。占者得此,可以无咎。若以阴柔不堪此凶事,必当有孚诚信,以中道可行之事告于公,如用圭通诚信焉,庶乎凶事或可免也。故又有中行,告公用圭之象,教占者必如此。

张惠言:上来益三,而云“三伏阳”者,明上当下初,益三非正也。震为“行”为“告”。“中”字误衍耳。“中行”谓初。初体复初九,复六四“中行独复”,注云“‘中’谓初,震为‘行’”,正此也。必云位在中者,中为内,初在内乃得称“中行”。明非初,虽震,不得为“中行”也。“公”谓三伏阳。“圭”谓上。初欲上来益己而反泰,故先欲三上复正,上来益三,初为之也。初以上益三,伏阳出则上益初,是初以上之“圭”告于三之伏阳,此所以“有孚”。公执“桓圭”。

尚秉和:有孚,中行者,言三与二四同孚于五也。震为言,故为告;为玉,故为圭。坤为众,故曰公。公,共也。三震为诸侯。告公用圭者，言约同诸侯执圭，共往朝五也。圭者天子所锡予，今朝天子，故执以为信。旧解以凶事为凶丧，或为凶荒，则告之天子，告之友邦，而受其赙禭；告必将仪，或执璧，或用圭。如臧文仲以纪献玉告籴于齐。岂知告公用圭，即申有孚中行之义，与上之凶事无涉。是皆以他经例《易》，不知《易》文上下句不必相属也。

按：六三爻与九五爻互卦为艮，艮为硕果，所以系辞为“有孚”。

九五爻为“公”，下卦震为“告”、为“圭”，六三爻手持玉版进入朝廷向九五爻述职，所以系辞为“中行告公用圭”。

《象》曰：益用凶事，固有之矣。

虞翻：三上失正当变，是“固有之”。

来知德：固有之者，本有之也。言三之爻位多凶，则凶事乃三之本有也。孔子“三多凶”之句，本原于周公之爻辞。六十四卦惟谦卦三爻有“吉”字，余皆无，故“三多凶”。

张惠言：谓三中有伏阳，故初“告公”也。

尚秉和：言阴遇阴，阳遇阳，近而不相得，故凶，乃易理当然之事，故曰固有。

按：“固有之矣”是对“益用凶事”的解释。

六三爻居坤卦中央，坤为“凶”，此为不正之位，但六三爻固守此位，顺承九五，得到九五爻的信任，所以系辞为“固有之矣”。

六四:中行告公从,

虞翻:中行谓震位在中,震为行、为从,故曰“中行”。公谓三,三上失位,四利三之正,已得以为实,故曰“告公从”矣。

来知德:中行告公者,即三爻以中道可行之事而告于四也。从者,巽性顺,从之象也。

张惠言:谓初也。嫌与三异义,故更说之也。“告公”者,初也。“从”者,四也。四与初正应。

尚秉和:中行谓五。震为告,坤为臣、为众。从,谓顺五。告公从者,言下三阴宜共同承五也。

按:六四爻与初九爻阴阳相交,下卦震为“中行”、为“告”,所以系辞为“中行告公从”。

利用为依迁国。

虞翻:坤为邦。迁,徙也。三动坤从,故“利用为依迁国”也。

来知德:为字去声。凡迁国安民,必为其依而后迁。依者,依其形胜也。依形胜,即所以依民也。如汉高祖之徙长安,以其地阻,三面可守,独以一面东制诸侯,依其险而迁者也。国有所依,则不费其兵,不费其财,而民有所依矣。宋太阻亦欲徙长安,因晋王固谏,乃叹曰:“不出百年,天下民力殚矣。”以四面受敌,无所依也。故周公不曰“利用迁国”,而曰“为依迁国”。中爻坤,国之象也。损益相综,损卦艮之一阳下而迁为益之初,兑三之阴上而迁为益之四，迁之象也。九五坐于上，而三阴两列，中空如天府，前后一阳为之藩屏，有所凭依，一统之象也，故利用为依迁国。盖迁国安民，乃益下中行之大事，则非凶事矣，故三告而四从也。

四阴得正，有益下之志，而又有益下之权者也，三乃受四之益者，若以中道可行之事告于四，而四从之，上下协谋，则利用为依迁国，而凡事之可迁移者亦无不利也。故其象如此，占可知矣。

张惠言："从"皆当为"徙"。四，诸侯。惠征士说以《春秋左传》曰"周之东迁，晋郑是依"。

尚秉和：坤为国，震动，故曰迁国。艮止，故曰依。《左传》隐六年：我周之东迁，晋郑焉依。《说文》：依，倚也。利用为依迁国者，言坤国播迁，至五艮而止，依以建国也。阴从阳，故利，巽为利也。

按：六四爻与六二爻互卦为坤，坤为"国"，下卦震为动，取象为"迁国"。上卦巽为"利"，六四爻与初九爻上下易位，所以系辞为"利用为依迁国"。

《象》曰："告公从"，以益志也。

虞翻：坎为志，三之上，有两坎象，故"以益志也"。

来知德：八卦正位巽在四，四以益下为志，故告公从。

尚秉和：坤为志。公从九五，阳益阴，故曰益志。自坤志象失传，遂令某爻变成坎，以求志象矣。

按："以益志也"是对"告公从"的解释。

上卦巽伏为志，六四爻得到初九爻的助益，所以系辞为“以益志也”。

九五：有孚惠心，勿问元吉。

虞翻：谓三上也。震为问，三上易位，三五体坎，已成既济，坎为心，故“有孚惠心，勿问，元吉”。故《象》：“勿问之矣。”

来知德：惠者，即益下之惠也。心者，益下之心也。二三皆受上之益者也，则益之权在四矣。三比四，有孚于四，以中行告四，四从之。五比四，有孚于四，四不必告五，五亦不必问四矣。下于上曰“告”，上于下曰“问”。盖正位在四，知其必能惠下也，所以勿问也，故《小象》曰“勿问之矣”。巽为命，综兑为口，中爻坤错乾为言，皆告问之象也。故三爻、四爻、五爻曰“告”曰“问”，五爻变成艮矣，艮止，勿问之象也。元吉，即有孚惠德也。

张惠言：“已”“以”通。当益之时，故曰“惠心”。

尚秉和：《尔雅·释言》：惠，顺也。坤为顺，为心。有孚惠心，言五孚于下坤而顺我也。震为问。五震覆，故曰勿问。五位尊，故曰元吉。勿问元吉者，言五乘重阴而大吉也。

按：九五爻与初九爻互卦为离，离为心，艮为“有孚”，所以系辞为“有孚惠心”。

艮为“勿问”，九五爻居中正之位，大得天下，所以系辞为“勿问元吉”。

有孚，惠我德。

虞翻：坤为我，乾为德，三之上体坎为孚，故"惠我德"。《象》曰"大得志"。

来知德：德者，益下之政也。言四之惠者，皆五之德也。九五阳德中正，为益下之主，当益之时，以益下之惠心，有孚于四，不必问而知其元吉矣。何也？盖五孚于四，五之心知四必能惠我之德也，故有勿问之象，而占者元吉。

尚秉和：乾为德。我者，五自谓也。有孚，惠我德，言下三阴皆承顺我而有孚也。

按：艮为"有孚"、为"我"、为"德"，九五爻德孚天下，天下皆得其恩泽，所以系辞为"有孚，惠我德"。

《象》曰："有孚惠心"，勿问之矣；

来知德：四之《小象》曰"告公从"，五曰"勿问之矣"，见告、问二字为重，上下相联属也。

按："勿问之矣"是对"有孚惠心"的解释。

九五爻与六三爻互卦为艮，艮为"勿问"，所以系辞为"勿问之矣"。

"惠我德"，大得志也。

来知德：四曰"以益志也"，五曰"大得志也"，见四以益下为志，而此则大得益下之志也。看六爻要留心《小象》。

张惠言：上益三，成坎为"志"，五得之。

尚秉和：坤为志，阳为大。阳五下乘重阴，故曰大得志。《管子·度地》：天下之人皆归其德而惠其义。注：惠，顺也。正说此也。

按:“大得志也”是对“惠我德”的解释。

艮为“志”,九五爻君临天下,万民顺从,所以系辞为“大得志也”。

上九:莫益之,或击之,

虞翻:莫,无也。自非上无益初者,唯上当无应,故“莫益之”矣。谓上不益初,则以剥灭乾。艮为手,故“或击之”。

来知德:莫益者,莫能益也。此爻与恒卦九三同,亦“不恒其德”者也,所以下句言“勿恒”。盖巽为进退不果,勿恒之象也,所以莫益也。又变坎为盗,中爻艮为手,大象离为戈兵,坎错离亦为戈兵,盗贼手持戈兵,击之象也。此与蒙卦上九“击”字相同,通是有此象。前儒不识象,止以理度之,就说求益不已,放于利而行多怨,不夺不餍,往往似此,失《易》之旨,殊不知益卦不比损卦,“损刚益柔有时”,非恒常之道也。

张惠言:上下初,则五亦随之而泰成,故自非上莫益初。三上失位,失位则不应。上当无应之时,体否上穷灾,民莫之与,岂能益人,故莫益初矣。言上当益三正位。倾否之时,初阳不能独立,上不益初,则还成坤剥耳。

尚秉和:上与五为敌,故曰莫益。言益三也。上应在三,然上若益三,则为五所忌,而或系之。五艮体,艮为手,为击也。

按:上九爻居天极之位,不能再增益,所以系辞为“莫益之”。

上九爻与六三爻阴阳相应,遇到九五爻的阻隔,所以系辞为“或击之”。

立心勿恒,凶。

虞翻:上体巽为进退,故“勿恒”。动成坎心,以阴乘阳,故“立心勿恒,凶”矣。

来知德:若益而不已,则“日进无疆,其益无方”,所以立心当恒。若不恒,不能益而不已,则凶矣。上九以阳刚居益之极,极则变而不益矣,故有莫益或击之象。所以然者,以其立心不恒也。若益民之心恒久不变,则民说无疆矣,安有击之之凶哉?惟其立心不恒,所以占者凶。

张惠言:谓既益三后,若不益初,虽立坎心,犹为巽体,“勿恒”也。盖倾否非能既济之时,若以为济,犹弗泰矣。

尚秉和:坤为心。上应在坤,下虚,处巽上风陨,进退不果,故曰立心勿恒,凶。恒九三云:不恒其德。益上九与恒九三同为巽上,故亦曰勿恒。缘巽下桡,故义同也。

按:上卦巽为进退,上九爻是上是下,摇摆不定,所以系辞为“立心勿恒”。

上九爻阳居阴位,亢龙有悔,所以系辞为“凶”。

《象》曰:“莫益之”,偏辞也;

虞翻:遍,周匝也。三体刚,凶,故至上应乃益之矣。

来知德:辞者,爻辞也,偏对正言,言非爻辞之正意也。

正意在下句,言且莫言莫能益也,此非到底之辞,犹有击之之者,此是正辞也。

张惠言:江承之云:"'刚'当为'剥',传写之误。""之"谓初也。三体剥凶,故上无应不能益初。"遍"者谓上三正则六爻遍正,遍乃益初也。

尚秉和:恐其被击,戒以莫益,故曰偏辞。《左传》襄三年:君子谓祁奚举其偏而不党。注:偏,属也,犹私也。

按:"偏辞也"是对"莫益之"的解释。

上九已达天极之位,不可再增益,极高则偏离大道,所以系辞为"偏辞也"。

"或击之",自外来也。

虞翻:外谓上,上来之三,故曰"自外来也"。

来知德:自外来,与六二同,但分吉凶耳。

张惠言:不来则"或击",故"自外来也"。

尚秉和:外谓五,五为上敌。《下系》云:凡《易》之情,近而不相得则凶,或害之。故上欲应三,五或击之。五在外,言击之者仍在外也。同人九三曰:敌刚。中孚六三云:得敌。《子夏传》:三与四为敌。是阳遇阳,阴遇阴,愈近而愈不相得。旧解自虞翻以来,皆不知此为《周易》根本定例,故说或击之,皆不知击上九者为何爻,而无不误矣。

按否泰者,天道之自然,为运会所必有,故以次于上经十卦之后。损益者,人事之进退,为人为之所关,故以次于下经第十卦之后。十者数之终,终则变,变则否泰迭更,损益互见，此其义也。又损者泰之终，否之始；益者否之终，泰之始。以见否泰虽属天道，而由否而泰，由泰而否，损之益之，推挽之权则在人为，有定而无定也。此上下经天人之分，动静之别，非参育之圣人，固不能知其故也。故于上经之否泰自为一卷，下经之损益自为一卷，以见此四卦为全经之枢纽，与他卦绝不同也。

按："自外来也"是对"或击之"的解释。

九五爻在外卦，上九爻被击，来自于九五爻，所以系辞为"自外来也"。

四三　夬卦

䷪兑上乾下

夬：

来知德：夬者，决也，阳决阴也。三月之卦也。其卦乾下兑上，以二体论，水在天上，势必及下，决之象也。以爻论，五阳长盛，一阴将消，亦决之象也。《序卦》："益而不已必决，故受之以夬。"所以次益。

张惠言：息大壮。五阳去一阴，决之而已，故名曰"夬"。夬者，决也。与剥旁通，剥息于夬，夬消于剥也。夬，三月卦也。爻成既济，卦已取二动复利终乾者，上终有凶，既济不定也。

尚秉和：王育云：夬，即古文玦字，按《礼·内则》：右佩玦。《释文》:本又作决。《诗·小雅》决拾既佽是也。而夬为决,故夬与玦同。玦,《说文》:玉佩也。《广韵》:佩似环而有缺。夬乾为玉,为圜,兑上缺,俨然玦形也。而决者,绝也。《左传》:晋献公赐太子申生玦,以示决绝。卦以五阳决一阴,故谓之夬也。《归藏》以夬为规。规,圜也。夬重乾,乾圜,故为规。玦亦圜,然上缺。是《周易》取象,与《归藏》同而更切也。

按:"夬"是卦名,卦象由上兑下乾构成。《周易·序卦传》言:"益而不已必决,故受之以夬。夬者,决也。"夬卦下卦乾,上卦兑,五阳逼退一阴,所以卦象被命名为"夬"。

夬卦与剥卦旁通。十二消息卦为三月。

扬于王庭,孚,号有厉。

虞翻:阳决阴,息卦也。刚决柔,与剥旁通。乾为扬、为王,剥艮为庭,故"扬于王庭"矣。阳在二五称孚,孚,谓五也。二失位,动体巽,巽为号,离为光,不变则危,故"孚号有厉,其危乃光也"。

来知德:"扬于王庭,孚,号有厉",皆指上六小人。扬者,得志放肆之意。于王庭,在君侧也。五为君王之象也。兑错艮,为门阙,庭之象也。故节卦中爻艮,亦曰"庭"。六与三为正应,故曰孚。兑为口舌,号之象也,故上六阴消曰无号。六号呼其三,与之孚契,三在众君子之中,不敢与之相交,则三亦危矣,故有厉也。此见小人难决也。盖容悦小人,在君之侧,听信不疑,孚者且危厉,则不孚者可知矣,此所以难决也。

张惠言:决,开也。乾九五。以乾居艮,故为“王庭”。扬,举也。小人而举在王庭,乘君子之上,其重难决。《彖》曰:“柔乘五刚也。”阳在二五皆坎体,故称“孚”。五不变,故谓五。释《彖传》。厉,危也。决上者五,而二辅之。五“苋陆”于上,二“惕号”于下,故卦主二五之“孚号”也。决小人危事,故“孚号”恐其“有厉”。

尚秉和:乾为王,伏艮为庭,一阴履五阳之上,故曰扬于王庭。兑口为号。厉,危。孚号有厉者,言阴虽孚于阳,为阳所说,然穷处于上,须危厉自警也。

按:上卦兑与艮旁通,艮为“王庭”,上六居王庭之上,所以系辞为“扬于王庭”。

上六爻与九三爻阴阳相应,所以系辞为“孚”。

上卦兑为“号”、为毁折,所以系辞为“号有厉”。

告自邑,不利即戎。

虞翻:阳息动复,刚长成夬,震为告,坤为自邑;夬从复升,坤逆在上,民众消灭;二变时,离为戎,故“不利即戎,所尚乃穷也”。

来知德:告自邑者,告同类之阳也,如言告于本家之人也。乾错坤,邑之象也。坤为众,又众人之象也。乾为言,告之象也。不即戎,不尚武勇也。

张惠言:卦有“戎”象,故戒之。二“孚号”体离,似尚“即戎”,故戒以所尚在兵,乃困穷也。复云“用行师,终以大败”,亦同义。言君子之去小人,当以阳德渐散,其民众则去之,决不当尚兵戎与之争也。

尚秉和:兑口,故曰告。兑为斧钺,故曰戎。《说文》:戎,兵也。《礼·月令》:以习王戎。注:弓殳矛戈戟。伏艮为邑。告自邑,不利即戎者,言一阴危处于上,告诫国人不可妄动也。皆指上六言也。

按:上卦兑为“告”,兑与艮旁通,艮为“邑”,所以系辞为“告自邑”。

兑为毁折、为兵器,所以系辞为“不利即戎”。

利有攸往。

虞翻:阳息阴消,君子道长,故“利有攸往,刚长乃终”。

来知德:言虽告于众人,亦不合力,以尚武勇也。方利有攸往,而小人可决矣。此正所谓“决而和”也。非旧注正名其罪,相与合力也,若如此,乃是即戎矣。

张惠言:终成乾。

尚秉和:利有攸往,谓五。夬本阳息卦,五息而往则阴尽。夬者,决也;决者,绝也,阳决阴也。

按:九五阳气上升,逼退上六阴气,所以系辞为“利有攸往”

《彖》曰:夬,决也,刚决柔也。健而说,决而和。

虞翻:乾决坤也。健,乾;说,兑也。以乾阳获阴之和,故“决而和”也。

来知德:释卦名、卦辞。惟健则不怯,以容其恶;惟说则不猛，以激其变。健而说者，德也。决而和者，事也。

尚秉和：下健上说，说故和。

按："决也，刚决柔也。健而说，决而和"是对卦名"夬"字的解释。

五阳决一阴，所以系辞为"夬，决也，刚决柔也"。

下卦乾为"健"，上卦兑为悦，阳逼阴退，所以系辞为"健而说，决而和"。

"扬于王庭"，柔乘五刚也。

来知德：一阴加于五阳之上，则君亦在下矣，又与君同体，又容悦，岂不肆于王庭？

按："柔乘五刚也"是对"扬于王庭"的解释。

上六爻阴乘五阳之上，所以系辞为"柔乘五刚也"。

"孚，号有厉"，其危乃光也。

来知德：三虽危，能舍正应而从君子，所以危而有光。

张惠言：谓二变，离为"光"。

尚秉和：其危乃光者，危谓阴退，阴退则阳长，阳长，故光。

按："其危乃光也"是对"孚，号有厉"的解释。

上六爻下降到九三的位置，危险解除，上卦兑变为乾，乾为日、为光，所以系辞为"其危乃光也"。

"告自邑，不利即戎"，所尚乃穷也。

来知德：君侧之小人，岂可尚武勇？尚武勇，世道乱矣，故尚则必穷。

张惠言:尚兵以决小人,乃以穷困。

尚秉和:所尚乃穷,申不利即戎之故也。

按:“所尚乃穷也”是对“告自邑,不利即戎”的解释。

上六爻居高位,穷途末路,所以系辞为“所尚乃穷也”。

“利有攸往”,刚长乃终也。

虞翻:乾体大成,以决小人,终乾之刚,故乃以终也。

来知德:刚长,阴自消矣。

尚秉和:阳长乃终,终谓阴尽也。

按:“刚长乃终也”是对“利有攸往”的解释。

五阳逼退一阴,所以系辞为“刚长乃终也”。

《象》曰:泽上于天,夬;

张惠言:泽气上天,阴也,阳决之,则降为雨,陆绩曰“水气上天,决降为雨”是也。

按:“泽上于天,夬”是从天文学的角度解释卦象。

上卦兑为泽,下卦乾为天,天气上升,逼迫泽气下降,所以系辞为“泽上于天,夬”。

君子以施禄及下,居德则忌。

虞翻:君子谓乾,乾为施禄,下为剥坤,坤为众臣,以乾应坤,故“施禄及下”。乾为德,艮为居,故“居德则忌”。阳极阴生,谓阳忌阴。

来知德:此象诸家泥滞程朱“溃决”二字,所以皆说不通,殊不知孔子此二句乃生于“泽”字,非生于“夬”字也。盖夬乃三月之卦,正天子春来布德行惠之时,乃恩泽之泽,非水泽之泽也。天者,君也。禄者,泽之物也。德者,泽之善也。居者,施之反也。纣鹿台之财,居德也。周有大赉,施禄也。下句乃足上句之意,言泽在于君,当施其泽,不可居其泽也,居泽则乃人君之所深忌者。

张惠言:“施禄及下”,“告自邑”也。“居德”,谓乾已成,宜戒“余殃”矣。

尚秉和:禄谓恩泽。泽在天上无用,故君子思以下施。乾为富,故为德。德、得同。《荀子·礼论篇》:贵始得之本也。注:得,当为德。居,积也。下乾,二至四、三至五皆乾,乾多,故曰居德。居德则忌者,言蓄积太多,多藏厚亡,为人所忌也。象辞每相反以取义,此亦其一也。

按:“君子以施禄及下,居德则忌”是从卦象引申出来的人文思想。

能够效法夬卦的人被称为“君子”。下卦乾为天,上卦兑为“禄”,阳气上升,阴气下降,天泽化为雨露润泽大地,所以系辞为“君子以施禄及下”。

泽在天上为“居德”,上卦兑为毁折,恩泽不能惠及天下,就会招致祸患,所以系辞为“居德则忌”。

初九:壮于前趾,往不胜,为咎。

虞翻:夬变大壮,大壮震为趾,位在前,故“壮于前”。刚以应刚,不能克之,往如失位,故“往不胜,为咎”。

来知德:震为足,本卦大象震,又变巽错震,又居下,故以足趾言之。壮者,大壮也。四阳为壮,五阳为夬。前者,初居下而欲急进于四阳大壮之位，近九五以决上六，故不曰“趾”而曰“前趾”也。往者，往决上六也。既曰前，又曰往，则初九急进而决之之情见矣。凡所谓咎者，皆以其背于理而为咎病也。若君子之决小人，非背于理也，但不量力，不能胜小人，反为小人所伤，则为咎也，故曰“不胜为咎”。

初九当夬之时，是亦君子欲决小人者也。但在下位卑，又无应与，恃刚而往，故有此象，其不胜小人可必矣，故占者以不胜为咎。

张惠言：壮，伤也，谓四。大壮初九“壮于趾”，注谓“四震为足”。此云“前”亦四也。易位以外为“前”。四失位，“闻言不信”，兑为毁折，故伤。决阴之时，阳贵相应，又重正位，初变往四，乌能胜阴矣。

尚秉和：初震爻，震足，故曰趾；震动，故曰前趾。壮，伤也。阳遇阳得敌，故伤于前趾，故往不胜而有咎矣。趾，荀作止。晁氏云：止，古文。按《说文》有止无趾，止即足之象形字，加足者非也。

按：初九爻居下为“趾”。下卦乾为刚，所以系辞为“壮于前趾”。

初九爻若急躁冒进，与九四爻硬碰硬，有毁折的危险，所以系辞为“往不胜，为咎”。

《象》曰：不胜而往，咎也。

虞翻：往失位应阳，故“咎”矣。

来知德：言往之前，已知其不胜小人矣，不虑胜而决，所以咎也。

尚秉和:前有重阳,所遇皆敌,不胜必矣。明知不胜而往,宜其有咎。

按:"咎也"是对"不胜而往"的解释。

初九爻阳居阳位为正,妄动,所以为"咎也"。

九二:惕号,莫夜有戎,勿恤。

虞翻:惕,惧也。二失位,故"惕"。变成巽,故"号"。剥坤为"莫夜"。二动成离,离为戎,变而得正,故"有戎"。四变成坎,坎为忧,坎又得正,故"勿恤"。谓成既济定也。

来知德:惕恤,皆忧惧也。刚居柔地,内而忧惧之象也。又变离错坎为加忧,亦忧惧之象也。号,呼众人也。乾为言,外而呼,号之象也。二为地位,离日在地下,莫夜之象也。又离为戈兵,坎为盗,又为夜,又本卦大象震,莫夜盗贼,戈兵震动,莫夜有戎之象也。本卦五阳一连,重刚有戎象,所以卦爻爻辞皆言戎,非真有戎也。决小人之时,喻言小人不测之祸也。狄仁杰拳拳以复庐陵王为忧者,惕也;密结五王者,号也;卒能反周为唐,是亦有戎勿恤矣。

九二当夬之时,以刚居柔,又得中道,故能忧惕号呼,以自戒备,思虑周而党与众,是以莫夜有戎,变出于不测,亦可以无患矣。故教占者以此。

张惠言:谓有守备。二有离象"戎",勿即容。"有"者,言勿用也。有坎象,戒勿恤。

尚秉和:乾为惕为言,故曰惕号,言有所警戒也。二应在五,五兑,兑为昧谷,故为莫为夜。兑为兵戎,故曰莫夜有戎。言有寇警也。然五不应二,故虽莫夜有戎,无忧也。乾为惕,故为忧。旧解因不知勿恤之故何在,故用象皆误。岂知随《象》云:君子以向晦入宴息。向晦即谓兑。然则兑为莫夜,《易》有明象。而兑五不应二,故虽有虚惊,实不足忧恐也。

按:下卦乾为“惕”、为“号”,所以系辞为“惕号”。

上卦兑为月、为刀兵,下卦乾为日,日落月升,恐有强盗来袭,所以系辞为“莫夜有戎”。

九二爻居中位,与九五爻不相应,危险在外,所以系辞为“勿恤”。

《象》曰:“有戎勿恤”,得中道也。

虞翻:动得正应五,故“得中道”。

来知德:得中道者,居二之中也。得中则不恃其刚,而能惕号,不忘备戒,所以有戎勿恤。

尚秉和:乾为道,二中位。

按:“得中道也”是对“有戎勿恤”的解释。

下卦乾为道,九二爻居中,所以系辞为“得中道也”。

九三:壮于頄,有凶。

来知德:頄音逵,面颧也。乾为首,頄之象也。

张惠言:三在大壮,“小人用壮”,谓上也。“君子用罔”,谓三也。頄,翟玄云“面也”。谓上处乾首之前,称“頄”。虞义亦当。然上阴乘阳,三应于上,为上所伤,故

“壮于頄,有凶”。

尚秉和:頄,面颧也,三居下卦之上,故曰頄。而四五皆阳,故伤及于頄,伤頄,故凶。

按:下卦乾为首、为刚,所以系辞为“壮于頄”。

九三爻居不中之位,阳气盈满有悔,所以系辞为“有凶”。

君子夬夬,独行,遇雨若濡。

来知德:夬夬者,以心言也,言去小人之心,决而又决也。独行者,阳性上行,五阳独此爻与上六为正应,独行之象也。上六阴爻,又兑为雨泽,雨之象也。濡者,湿濡也,言九三合上六之小人,而若为所污也。

张惠言:大壮,体乾三“君子”,此亦当然。“夬夬”者,言三志在决上也。大壮震为行,三不应上,故“独行”。四变泽为坎,故“遇雨”。

尚秉和:乾为君子,承乘皆阳遇敌,故夬夬独行。而应在上,上兑为雨,故曰遇雨,曰若濡。濡,沾湿也。

按:下卦乾为君子,九三爻居上下乾卦之间,五阳爻独九三爻与上六爻阴阳相应,所以系辞为“君子夬夬,独行”。

上卦兑为泽、为“雨”、为“濡”,九三爻升至上六爻的位置,所以系辞为“遇雨若濡”。

有愠,无咎。

来知德:愠者,见恨于同类之君子,而嗔其与小人合也。前儒不知此爻乃圣人为占者设戒,又不知“夬夬”乃君子之心,故以爻辞为差错。王允之于董卓,温峤之于王敦,此爻近之。

当夬之时,以刚居刚,又与上六为正应,圣人恐其不能决而和也,故为占者设其戒,曰决去小人,若壮见于面目,则事未成而几先露,反噬之凶不免矣。惟其决小人之心,夬而又夬,而面目则不夬夬,而与之相合,如独行遇雨,有所湿濡,虽迹有可疑,不免为君子所愠,然从容以观其变,委曲以成其谋,终必能决小人也。占者能如是,可以免凶而无咎矣。

张惠言:“遇雨”,故“濡”。坎为心,不应上,故“有愠”。得正决阴,故“无咎”。

尚秉和:乾为衣,衣濡,故愠。然究为正应,亦无咎也。

按:九三爻上升至上六爻,有口舌之忧,所以系辞为“有愠”。

九三爻居正位,所以系辞为“无咎”。

《象》曰:“君子夬夬”,终无咎也。

来知德:心夬夬而面目相合,是决而和矣,所以终无咎。

张惠言:决阴何咎?

尚秉和:夬夬,独行状,三于四、五虽遇敌,于上独有应,故曰终无咎。终谓上。

按:“终无咎也”是对“君子夬夬”的解释。

九三爻终当升至上六爻的位置,所以系辞为“终无咎也”。

九四：臀无肤，其行次且。

虞翻：二四已变，坎为臀，剥艮为肤，毁灭不见，故"臀无肤"。大壮震为行，坎为破、为曳，故"其行趑趄"也。

来知德：人身出腹中之物，皆在于臀。臀字从殿，殿者，后也。凡《易》中言"臀"者，皆坎也，坎为沟渎，臀之象也。故姤九三变坎，曰"臀"；困下卦坎，初六曰"臀"。此爻变坎亦曰"臀"。乾一兑二为"肤"，详见噬嗑。此爻变坎，则不成一二矣，故无肤也。兑为毁折，亦无肤之象也。次且，即"趦趄"二字，行不进也。惟其臀无肤，所以行不进也。

张惠言："次且"，马云"却行不前也"。

尚秉和：伏艮为肤，为尾，故为臀。臀，尾闾也。艮伏，故曰无肤。乾为行，承乘皆阳，失位，故其行次且。次且，马云：却行不前也。

按：上卦兑与艮卦旁通，艮为身、为肤，九四爻在身后为臀，兑毁肤灭，所以系辞为"臀无肤"。

"臀无肤"，九四爻上下无应，行动困难，所以系辞为"其行次且"。

牵羊悔亡，闻言不信。

虞翻：兑为羊，二变巽为绳，剥艮手持绳，故"牵羊"。谓四之正，得位承五，故"悔亡"。震为言，坎为耳，震坎象不正，故"闻言不信"也。

来知德：兑为羊，羊之象也。牵羊者，牵连三阳而同进也。兑综巽为绳，牵连之象也。观大壮六五，乾阳在下曰“丧羊”，则此牵羊，可知其牵三阳矣。乾为言，下三阳之言也，乃前“告自邑”之言也。变坎为耳痛，闻言不信之象也，所以困卦亦有“有言不信”之句。盖变坎则情险性健，乃傲物也，故闻言不信。

九四以阳居阴，不中不正，有臀无肤，行不进而不能决小人之象。然当决之时，不容不决也，故教占者能牵连下三阳以同进，用人成事，则可以亡其不进之悔。但不中不正之人，不乐闻君子之言，度其虽言之，亦不信也。占者如是，其有悔也必矣。

张惠言：五阳同心以决小人，四位诸侯，不可刚进，当应初顺二。“行次且”，应初也。“牵羊”，顺二也。如此，则“悔亡”。三四体壮趾，虑其不信初二，故以“闻言不信”戒之。

尚秉和：兑为羊。《玉篇》：牵，速也。姤九三云：行未牵也。亦以牵为速。次且行缓，速则无悔。牵羊悔亡者，言四宜随五，速进决阴，阴决则当位居五，故曰悔亡。旧说皆不知悔亡之故何在，则以牵字失诂也。兑为耳，故曰闻。乾为言、为信，兑口亦为言。闻言不信者，兑言向外，与乾言相背，故不信也。兑耳象，鼎《传》云：巽而耳目聪明。目谓上离，耳谓互兑也。

按：上卦兑为“羊”，兑与艮旁通，艮为手、为持，羊被拴住，所以系辞为“牵羊悔亡”。

先天八卦坎居兑位，坎为耳，坎变为兑，耳朵受伤，上卦兑为口舌,兑口向外,所以系辞为“闻言不信”。

《象》曰:“其行次且”,位不当也;

来知德:位不当者,不中正也。

张惠言:失位宜正,故行宜“次且”

按:“位不当也”是对“其行次且”的解释。

九四爻阳居阴位不正,所以系辞为“位不当也”。

“闻言不信”,聪不明也。

虞翻:坎耳离目,折入于兑,故“聪不明”矣。

来知德:聪者,听也。听之不能明其理也。此原不信之由,位不当以位言,听不明以变坎言。

张惠言:谓四不变则体兑。

尚秉和:兑为耳,为黯昧,故曰不明。不明犹不审,俗所谓不清。虞氏以离目当之,非。

按:“聪不明也”是对“闻言不信”的解释。

先天八卦坎变为后天八卦兑,坎为耳,兑为毁折,耳朵受伤,听觉不灵敏,所以系辞为“聪不明也”。

九五:苋陆夬夬,中行无咎。

虞翻:苋,说也。苋,读“夫子苋尔而笑”之“苋”。睦,和睦也。震为笑言,五得正位,兑为说,故“苋陆夬夬”。大壮震为行,五在上中,动而得正,故“中行无咎”。旧读言“苋陆”,字之误也。马君、荀氏皆从俗言“苋陆”,非也。

来知德:苋者,苋菜也。诸菜秋冬皆可种,独苋三月种之。夬三月之卦,故取象于苋,亦如瓜五月生,故姤取瓜象。陆者，地也，地之高平曰陆。苋乃柔物，上六之象也。陆地所以生苋者。六乃阴土，陆之象也。苋陆夬夬者，即俗言斩草除根之意。言欲决去其苋，并其所种之地亦决之。上夬者，夬苋也；下夬者，夬陆也。亦如“王臣蹇蹇”，上蹇，王之蹇也；下蹇，臣之蹇也。决而又决，则根本枝叶皆以决去，无复潜滋暗长矣。中行者，五本居中得正，为近上六，阴阳相比，则心事不光明，能夬夬，则复其中行之旧矣。九三夬夬以心言，以应爻而言也；九五以事言，以亲比而言也。盖三居下位，五则擅夬决生杀之权，故与三不同。

九五当夬之时，为夬之主，本居中得正，可以决小人者也，但与六相近，不免溺于其私，外虽欲决，而一时溺爱之心复萌，则决之不勇矣，故必如决苋，并其地而决之，则可以去其邪心，不为中德之累而无咎矣。故其象占如此。

张惠言：今《论语》作“莞”也。字当作“苋”，今作艸下见，传写误耳。“陆”读当为“睦”。自大壮动也。然则虞本当为“苋睦”。

尚秉和：孟喜云：苋陆，兽名。夬有兑，兑为羊也。《说文》亦云苋，山羊细角。诸家说此二字，人人异辞，独孟氏于象密合。凡五皆谓中行。又夬夬于羊行貌独切。郑、虞等训苋陆为草属，草焉有夬夬之象哉？

按：“苋陆”是一种草本植物，上卦兑为苋陆，兑为毁折，九五爻居上下乾卦之首，所以系辞为“苋陆夬夬”，意思是说九五爻当升至上六位置。

乾为天道，九五上升，禀道而行，所以系辞为“中行无咎”。

《象》曰：“中行无咎”，中未光也。

虞翻：在坎阴中，故“未光”也。

来知德：中未光者，恐中德近阴，未光明也，故当夬而又夬。

尚秉和：兑黯昧，故未光。

按：“中未光也”是对“中行无咎”的解释。

九五爻居中正之位，上卦兑为暗昧，所以系辞为“中未光也”。

上六：无号，终有凶。

虞翻：应在于三，三动时体巽，巽为号令，四已变坎，之应历险，巽象不见，故“无号”。位极乘阳，故“终有凶矣”。

来知德：上六当权之时，号呼其正应之三，今三正应夬夬，则正应不可号矣。当权之时，扬于王庭，亦可以号呼而哀求于五，今五相亲比，亦夬夬，则五不可号矣，故曰“无号，终有凶”，即《小象》“终不可长”，占者之凶可知矣。

张惠言：“三动”，三当为“二”。言三不应之。

尚秉和：一阴在上，为阳所推，不能久也。兑为口，故曰号。无号，终有凶者，言不必号咷，必消灭也。

按：上卦兑为口、为毁折，嘴巴受伤，所以系辞为“无号”。

上六爻阴乘阳，居天极之位，穷途末路，所以系辞为

"终有凶"。

《象》曰:无号之凶,终不可长也。

虞翻:阴道消灭,故"不可长也"。

来知德:言一阴在上,不可长久,终为五阳所决去也。

尚秉和:不可长,言不能长久。

按:"终不可长也"是对"无号之凶"的解释。

上六爻为一卦之终,五阳当决一阴,所以系辞为"终不可长也"。

四四 姤卦

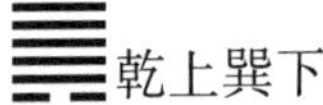乾上巽下

姤:

来知德:姤,遇也。五月之卦也。一阴生于下,阴与阳遇,以其本非所望,而卒然值之,如不期而遇者,故为姤也。《序卦》:"夬,决也,决必有所遇,故受之以姤。"所以次夬。

张惠言:消卦之始,坤决入乾,豫复索坤,历豫、小畜、萃、大畜、睽、蹇而乾坤合于大过、颐、蒙、革受之巽阴始生。《文言》注所谓"以乾通坤,极姤生巽,为'余殃'也"。姤,遇也。阳称"复",阴称"遇"者,不正阴之生,以遇刚为名也。与复旁通。复姤阴阳之初,互相伏。姤,五月卦也。卦变小畜,消道也。爻变终于需,阳消不定既济也。二不

变，所以防遁。此古文，以《序卦》《杂卦》注知当作此。

尚秉和：《归藏》曰夜，古娶必以夜，故曰昏。姤阴遇阳，即女遇男，亦婚姤也。是夜与姤义同也。

按："姤"是卦名，卦象由上乾下巽构成。《周易·序卦传》言："决必有所遇，故受之以姤。姤者，遇也。"姤卦一阴生五阳之下，阴遇阳，所以卦象被命名为"姤"。

姤卦与复卦旁通。十二消息卦为五月。

女壮，勿用取女。

虞翻：消卦也，与复旁通。巽，长女；女壮，伤也。阴伤阳，柔消刚，故"女壮"也。阴息剥阳，以柔变刚，故"勿用娶女，不可与长"也。

来知德：一阴而遇五阳，有女壮之象，故戒占者"勿用取女"，以其女德不贞，决不能长久，从一而终也。幽王之得褒姒，高宗之立武昭仪，养鸷弃鹤，皆出于一时一念之差，而岂知后有莫大之祸哉？故一阴生于五阳之下，阴至微矣，而圣人即曰"女壮，勿用取"者，防其渐也。

张惠言：复初龙蛇俱蛰，姤初"命诰四方"，阴阳相伏。不言伤阳，讳之。积姤成剥。巽为"长"，初当变之四。

尚秉和：女谓阴。虞翻云：壮，伤也。阴伤阳，柔消刚，故曰女壮。勿用取女，戒词也。

按：阴为"女"，一阴生于五阳之下，有履霜坚冰之患，所以系辞为"女壮"。

阴生阳消，所以系辞为"勿用取女"。

《彖》曰：姤，遇也，柔遇刚也。

按："遇也，柔遇刚也"是对"姤"字的解释。

一阴生于五阳之下，阴阳相遇，所以系辞为"遇也"。

阴为"柔"，阳为"刚"，所以系辞为"柔遇刚也"。

"勿用娶女"，不可与长也。

来知德：释卦名、卦辞而极赞之。取妻非一朝一夕之事，故曰"夫妇之道不可以不久也"。"不可与长"者，言女壮则女德不贞，不能从一而长久也。

张惠言：巽为"长"，谓五使初上四。

按："不可与长也"是对"勿用取女"的解释。

巽为"长"，阴生则阳消，所以系辞为"不可与长也"。

天地相遇，品物咸章也。刚遇中正，天下大行也。

来知德：上五阳，天也；下一阴，地也。品物咸亨者，万物相见乎离，亨嘉之会也。天地相遇，止可言"资始"、"资生"，而曰"咸章"者，品物在五月皆章美也。刚指九二。刚遇中正者，九二之阳德遇乎九五之中正也。遇乎中正，则明良会而庶事康，其道可大行于天下矣。姤本不善，圣人义理无穷，故又以其中之善者言之。言一阴而遇五阳，勿用取女，固不善矣，然天之遇地，君之遇臣，又有极善者存乎其中焉。以一遇之间而有善不善，可见世之或治或乱，事之或成或败，人之或穷或通。百凡天下国家之事，皆不可以智力求之，惟其遇而已矣。

张惠言：谓坤出于巽而遇乾。乾坤相见乎离，乾为物，故“品物咸章”。姤在初,以柔遇刚;五使初上四,以刚遇柔;五中正,故“刚遇中正”。阳得阴助,阴阳交亨,故“天下大行”。

尚秉和:消息卦乾盈于巳,盈则必亏,故至午而一阴生于下,阴遇阳,故曰天地相遇。时当五月,万物洁齐,而巽为草木,为高,为长,故曰品物咸章。荀爽以南方夏位说品物咸章,于象亦切也。五刚既中且正,教化天下,命令大行,如风之溥遍。

按:阳为天,阴为地,一阴生于五阳之下,所以系辞为“天地相遇”。

下卦巽为木,天地相遇,万物化生,所以系辞为“品物咸章”。

上卦九五爻居中正之位,下卦巽为天命,普天之下,无非天命之流行,所以系辞为“刚遇中正,天下大行也”。

姤之时义大矣哉!

来知德:时当相遇,莫之为而为,莫之致而至,遇之时义,不其大矣哉!

张惠言:复姤震巽,总在于初,阴阳争,死生分,故“大”也。

尚秉和:姤,五月卦,故曰时。天地相遇,岁功方成,故曰时义大也。郑玄谓姤一女当五男,非礼之正,故谓之姤。女壮以淫,故不可取。而朱子喜用其说,便谓女德不贞,于易理太不类也。

按：天地相遇，阴阳相交，天命得以流行，所以系辞为“姤之时义大矣哉”。

《象》曰：天下有风，姤；

来知德：风行天下，物无不遇，姤之象也。

张惠言：风，天气也，而出于土，天地相遇也。风周天下，故“施命诰四方”矣。

按：“天下有风，姤”是从天文学的角度解释卦象。

上卦乾为天，下卦巽为风，天地相遇，风行天下，所以系辞为“天下有风，姤”。

后以施命诰四方。

虞翻：后，继体之君。姤阴在下，故称“后”。与泰称“后”同义也。乾为施，巽为命、为诰。复震，二月，东方；姤，五月，南方；巽，八月，西方；复，十一月，北方，皆总在初，故“以诰四方”也。孔子行夏之时，经用周家之月，夫子传《彖》《象》以下，皆用夏家月，是故复为十一月，姤为五月矣。

来知德：施命者，施命令于天下也。兴利除害，皆其命令之事也。诰者，告也，晓谕警戒之意。君门深于九重，堂陛远于万里，岂能与民相遇？惟施命诰四方，则与民相遇，亦犹天之风与物相遇也。乾为君，后之象。又为言，诰之象。又错坤，方之象。巽乃命之象。

张惠言：乾消，故为“继体”。姤阴在下，故称“后”，阴生，五不纯乎阳。泰女主，故称“后”，此阴生，故“同义”。

如临“八月有凶”为遁。

尚秉和:复,冬至;姤,夏至。《易林》复之履云:先王日至,不利出城。又晋之解云:二至之戒,家无凶祸。故复《象》云:先王以至日闭关,商旅不行,后不省方。至日,王弼、孔颖达皆谓二至。又《汉书·薛宣传》:至日休吏,由来已久。注:至日,夏至、冬至也。盖古时视二至最重,自周讫南宋,可考见者,至日皆停止工作。乾为后,巽为命,伏坤为四方。后以施命诰四方者,言君以夏至之日施命令止四方行旅也。《后汉·鲁恭传》说此,最合古义。详《焦氏易诂》中。

按:“后以施命诰四方”是从卦象引申出来的人文思想。

上卦乾为天子、为“后”,下卦巽为“施命”、为“诰”,天子颁布命令,昭告四方,所以系辞为“后以施命诰四方”。

初六:系于金柅,贞吉。

虞翻:柅谓二也。巽为绳,故“系柅”。乾为金,巽木入金,柅之象也。初四失正,易位乃吉,故“贞吉”矣。

来知德:柅者,收丝之具也。金者,籰上孔用金也,今人多以铜钱为之。巽为木,柅之象也;又为绳,系之象也。变乾,金之象也。贞吉者,言系于金柅,前无所往,则得其正而吉也。

张惠言:二乾金,故知谓二。初也。柅,《说文》作“檷”,云络丝趺也。谓初当系二。系二,则四“陨”而初

“贞”。

尚秉和:巽为绳,故曰系。巽木乾金,故曰金柅。马融云:柅在车下,所以止轮。《释文》:《广雅》云止也,《说文》作檷,云络丝趺。按今本《说文》趺讹为檷。云从木爾声,读若柅。王陶庐云:古从爾从柅之字,同音通用。《毛诗》:饮饯于祢。《韩诗》作坭。《书》:典祀勿丰于昵。《释文》引马云考也,谓祢庙也。然则柅、檷古通用。后儒必谓檷是者,非也。况马君训作止车木,可证古文原作柅。若为檷,马君能有异说哉?按络丝者,络丝之器,王肃所谓柅织绩之器,妇人用者是也。趺者横木,安络器下,以防欹侧。在下似足,故谓之趺。唐阴宏道云:络器,关西谓之络垜,梁益谓之丝登,其下柎即柅也。按阴氏所谓柎,即《说文》之趺,故《玉篇》即作络丝柎。陈寿棋云:柎、趺同字,络缚也,与系同义。系于金柅者,言以丝缚于金柅之上,止而勿动,以喻阴不宜动而消阳,故下云往见凶,是其义也。贞吉者,卜问吉。

按:“金柅”是一种金属类的车刹。下卦巽为绳、初六爻上承乾卦,乾为“金柅”,所以系辞为“系于金柅”。

初六爻居位不变,顺承九二爻,所以系辞为“贞吉”。

有攸往,见凶。

虞翻:以阴消阳,往谓成坤。遁子弑父,否臣弑君,夬时三动,离为见,故“有攸往,见凶”矣。

来知德:若无所系,有所攸往,往而相遇,相比之二,正应之四，则立见其凶也。

张惠言：消至二，遁。至三，否。姤初由夬三也。夬决于上，游魂于四，归魂于三，故本而言之。此言三动，即下云“动而体坎”一也。在姤为三，在夬为四，故下云“三，夬之四”。姤之消息，起于小畜，小畜由豫、复初。复初本乾上，降三，夬三即乾三，复初之四实夬三之坤四，以豫、小畜在四，故云“三，夬之四”。卦九三爻辞正与夬四同。坤之游魂，亦丽乾魂也。游魂在需也，假夬四为象。

尚秉和：往见凶者，进则凶也。

按：初六爻与九四爻阴阳相应，初六爻若妄动，则有履霜坚冰之患，所以系辞为“有攸往，见凶”。

羸豕孚蹢躅。

虞翻：三夬之四，在夬动而体坎，坎为豕、为孚，巽绳操之，故称“羸”也。巽为舞、为进退，操而舞，故“羸豕孚蹢躅”。以喻姤女望于五阳，如“豕蹢躅”也。

来知德：羸豕者，小豕也。孚者，诚也。蹢躅者，跳踯缠绵也。言小豕相遇乎豕，即孚契蹢躅不肯前进。此立见其凶，可丑之象也。凡阴爻居下卦者，不可皆以为小人害君子，如姤有相遇之义，观有观示之义。此卦因以为小人害君子，所以将九五极好之爻通说坏了。

初六一阴始生，当遇之时，阴不当往遇乎阳，故教占者有系于金柅之象。能如此，则正而吉矣。若有所往，立见其凶，故又有羸豕蹢躅之象，其戒深矣。

张惠言:宋衷云:“羸,大索,所以系豕者也。”此云“巽绳操之”,则义与之同。“羸”,当读为“缧”,古字通。操之者二也。蹢躅,不静也。

尚秉和:巽为羸、为豕,巽进退,故蹢躅。羸,《释文》:陆读为累,郑力追反。是仍读为虆,与大壮同。虆,缠绕也。羸、虆、累音同通用。巽为绳,故为羸。巽伏,故亦为豕。蹢躅,动也。羸豕孚蹢躅者,言豕虽拘羸,然蹢躅前进,信其必然,不可忽也。喻阴虽微,后必长也。巽豕象失传,详《焦氏易诂·易象补遗》。

按:“羸豕”是指小猪。“蹢躅”是磐桓不前的意思。巽为“羸豕”,初六爻顺承九二爻为“孚”,巽为进退,所以系辞为“羸豕孚蹢躅”。

《象》曰:“系于金柅”,柔道牵也。

虞翻:阴道柔,巽为绳,牵于二也。

来知德:牵者,牵连也。阴柔牵乎阳,所以戒其往。

尚秉和:《玉篇》:牵,速也。下九三,《象》释其行次且,曰行未牵也。是《象传》亦训牵为速。柔道牵者,言柔之为道,消阳甚速,故以金柅止之。诸家皆谓柔牵于二,失经旨。经旨恐阴进危阳,故止其动。《象》释为柔道牵,申系于金柅之故也。牵速之象取风疾,兼取巽绳。

按:“柔道牵也”是对“系于金柅”的解释。

巽为绳、为“柔道”,初六爻在下不动,所以系辞为“柔道牵也”。

九二:包有鱼,无咎,不利宾。

虞翻:巽为白茅,在中称包,《诗》云:“白茅包之。”鱼谓初阴,巽为鱼。二虽失位,阴阳相承,故“包有鱼,无咎”。宾谓四,乾尊称宾,二据四应,故“不利宾”。或以包为庖厨也。

来知德:包者,包裹也。详见蒙卦九二。鱼阴物,又美,初之象也。剥变巽曰“贯鱼”,井曰“射鲋”,姤曰“包鱼”,皆以巽为少女,取象于阴物之美也。言二包裹缠绵乎初,犹包鱼也。无咎者,本卦主于相遇,故无咎也。不利宾者,理不当奉及于宾也。盖五月包裹之鱼必馁而臭矣,所以不利于宾也。巽为臭鱼,臭不及宾之象也。五阳缠绵一阴,故于四爻、五爻皆取包裹之象。无咎以卦名取义,不及宾以鱼取义。若以正意论,初与四为正应,二既先包乎初,则二为主而四为宾矣,所以不利宾。而四包无鱼,但《易》以象为主,故只就鱼上说。

九二与初本非正应,彼此皆欲相遇,乃不正之遇也,故有五月包鱼之象。占者得此,仅得无咎,然不正之遇已不可达及于宾矣,故不利宾。

张惠言:二在中。二非阳,不能包初,故不以失位为咎。四应初不正,故二包之,不使及宾,以及宾为不利也。

尚秉和:苞,今本作包。《书·禹贡》:草木渐包。《释文》:或作苞。是包、苞古通。故虞氏作苞,见《释文》。虞云:巽为白茅。《诗》:白茅苞之。巽为鱼,二据阴居中,故曰苞有鱼。巽为宾客。不利宾者,宾指上四阳,言初为二所据,四阳不能及初也。《子夏传》作庖,而荀爽则作胞。胞、庖通,是皆以庖厨为义。然卦无是象,故虞氏合也。

按:下卦巽为"鱼",九二爻上乘初六爻,所以系辞为"包有鱼"。

九二居中位,所以系辞为"无咎"。

下卦巽为"利",九二爻与初六爻相亲,九四爻在外,不得与初六爻相遇,所以系辞为"不利宾"。

《象》曰:"包有鱼",义不及宾也。

来知德:五月包鱼,岂可及宾?以义揆之,不可及宾也。

张惠言:四不当包初,"义者利之和也"。

尚秉和:二近,宾远,故义不及。

按:"义不及宾也"是对"包有鱼"的解释。

九二爻与初六爻相亲,九四爻不得与初六爻相遇,所以系辞为"义不及宾也"。

九三:臀无肤,其行次且,

虞翻:夬时动之坎为臀,艮为肤,二折艮体,故"臀无肤"。复震为"行",其象不正,故"其行趑趄"。

来知德:夬之九四与姤相综,倒转即姤之九三,所以爻辞同。

张惠言:三自夬动之豫为坎。豫艮也。豫下坤为复,息小畜。"不正"者,不能反复道,姤生其下。

尚秉和:三居下卦之末,故亦曰臀。初阴爻,下烂,故曰无肤。乾为行,三得敌,故次且不前。

按:下卦巽为命,初六爻在末尾,取象为"臀",巽反卦为兑,兑与艮旁通,艮为"肤",兑为毁折,所以系辞为"臀无肤"。

下卦巽风进退不定,所以系辞为"其行次且"。

厉,无大咎。

虞翻:三得正位,虽则危厉,故"无大咎"矣。

来知德:九三当遇之时,过刚不中,隔二,未牵连乎初,相遇之难,故有此象。然不相遇,则亦无咎矣。故占者虽危厉,而无大咎也。

尚秉和:然三当位,故虽危厉而无大咎也。旧解皆不知次且之故何在,而以复震为行为说,失之远矣。

按:下卦巽为"厉",九三爻居正位,所以系辞为"厉,无大咎"。

《象》曰:"其行次且",行未牵也。

虞翻:在夬失位,故牵羊。在姤得正,故"未牵也"。

来知德:本卦主于相遇,三其行未得与初牵连,所以次且。

张惠言:不为阴所牵。

尚秉和:行未牵,即行未速。次且者,却行未前,故曰未速。

按:"行未牵也"是对"其行次且"的解释。

九三爻与九五爻互卦为乾,乾为"行",九三爻未受到初六爻的牵制,秉行正道,所以系辞为“行未牵也”。

九四:包无鱼,起凶。

来知德:初六不中不正,卦辞以女壮勿取戒之矣。若屯卦六二与初相比,不从乎初,“十年乃字”,盖六二柔顺中正故也。今不中正,所以舍正应而从二。既从乎二,则民心已离矣。九四才虽刚而位则柔,据正应之理,起而与二相争,亦犹三国之争荆州,干戈无宁日也,岂不凶?故不曰凶而曰“起凶”,如言起衅也。

九四不中不正,当遇之时,与初为正应,初为二所包,故有包无鱼之象。九四不平,与二争之,岂不起其凶哉?故其象占如此。

张惠言:二“包有鱼”,故四无也。上曰“起”,下曰“陨”。四当“陨自天”,故“起”则“凶”。

尚秉和:四应初,疑于有鱼。岂知初已为二所据,实无鱼也。无鱼则勿动,动应初则为二三所害,故凶。起,作也。

按:下卦巽为“鱼”,鱼为九二爻所包,九四爻不得与初六爻相遇,所以系辞为“包无鱼”。

九四爻若妄动,则有凶,所以系辞为“起凶”。

《象》曰:无鱼之凶,远民也。

来知德:阴为民,民之象也,故观卦下阴爻曰“观民”。远民者,二近民而四远民也。

张惠言:初坤为“民”,不陨乃远。

尚秉和:阴为民。言四距初远,故无鱼也。

按:"远民也"是对"无鱼之凶"的解释。

初六爻为"民",九四爻在上为"远",不能与初六爻相遇,所以系辞为"远民也"。

九五:以杞包瓜,含章,

虞翻:杞,杞柳,木名也。巽为杞、为包,乾圆称瓜,故"以杞包瓜"矣。"含章"谓五也,五欲使初四易位,以阴含阳,己得乘之,故曰"含章"。初之四体兑口,故称"含"也。

来知德:杞,枸杞也。杞与瓜皆五月所有之物。乾为果,瓜之象也。因前爻有包鱼之包,故此爻亦以包言之。含章者,含藏其章美也。此爻变离,有文明章美之意。又居中有包含之意,故曰含章。含即杞之包,章即瓜之美,以杞包瓜,即含章之象也。

张惠言:苞,蔓也。谓四变五乾体,巽瓜蔓于杞。

尚秉和:下巽为杞,上乾为圜,为瓜。《孟子·告子》曰:以人性为仁义,犹以杞柳为桮棬。《说文》:桮,䀀也;棬,屈木盂也。以杞苞瓜者,言以杞柳之器盛瓜也。乾为大明,故曰章。瓜为杞所苞,故曰含章。五承乘皆阳,行窒,故含章自守。

按:下卦巽为"杞",上卦乾为"瓜",巽木上承乾瓜,所以系辞为"以杞包瓜"。

上卦乾为"章",九五爻居乾卦中央,所以系辞为"含章"。

有陨自天。

虞翻:陨,落也。乾为天,谓四陨之初,初上承五,故“有陨自天”矣。

来知德:陨者,从高而下也。有陨自天者,言人君之命令自天而降下也。巽为命,乾为天,故命令自天而降。孔子“后以施命诰四方”一句,本自周公“有陨自天”来,故《小象》曰“志不违命”。且此爻变成鼎,又正位凝命之君,三个“命”字可证。

九五当遇之时,有中正之德,深居九重,本不与民相遇,故有以杞包瓜,含藏章美之象。然含藏中正之章美,不求与民相遇,及施命诰四方,如自天而降,亦犹天下之风无物不相遇也。其相遇之大,为何如哉?占者有是德,方应是占也。

尚秉和:五天位,巽为陨。有陨自天者,言不久明消至二,五与为应,有陨落之险也。知其险而预为之备,则得矣。此圣人防微虑远之意也。自荀、虞以来,皆不知《左传》有风陨象,因之清儒亦皆不知,于是虞氏令四陨初之说沿袭至今,而经义全晦。(复六五曰敦复无悔,待阳息至二,五有应而吉。此则阳消至二,五应之而凶。)

按:下卦巽为陨落,上卦乾为天,初六爻与九四爻阴阳相应,所以系辞为“有陨自天”。

《象》曰:九五含章,中正也;

来知德:有中正之德,所以含其中正之章美,不发露也。

张惠言:《象》曰“刚遇中正”,谓此也。

按:“中正也”是对“九五含章”的解释。

九五爻居中正之位,所以系辞为“中正也”。

“有陨自天”,志不舍命也。

虞翻:巽为命也。欲初之四承己,故“不舍命”矣。

来知德:志者,心志也。舍,违也。命者,命令也。虽不发露章美,然心志不违,施命诰四方,所以有陨自天。

张惠言:上变坎为“志”。“舍”犹守也。与临二“未顺命”同义。

尚秉和:巽为命。舍命,谓任命也。志不舍命者,言知其后有陨落之险,不任命而预防之也。

按:“志不舍命也”是对“有陨自天”的解释。

上卦乾为“志”,下卦巽为“命”,九五爻居中正之位,号令天下,所以系辞为“志不舍命也”。

上九:姤其角,

虞翻:乾为首,位在首上,故称角。

来知德:与“晋其角”同。当遇之时,高亢遇刚,不遇于初,故有姤其角之象。

尚秉和:乾为首。上九居乾之上,角之象也,故曰姤其角。

按:上卦乾为首,上九爻高高在上,所以系辞为“姤其角”。

吝,无咎。

虞翻:动而得正,故“无咎”。

来知德:吝之道也,然不近阴私,亦无咎矣,故其占如此。

尚秉和:然亦无大咎也。

按:上九爻阳居阴位不正,上卦乾为天,上九爻在天位,所以系辞为“吝,无咎”。

《象》曰:“姤其角”,上穷吝也。

来知德:居上卦之极,故穷。惟穷,所以吝。

尚秉和:处亢龙之位,故穷吝。

按:“上穷吝也”是对“姤其角”的解释。

上九爻居亢龙有悔之位,所以系辞为“上穷吝也”。

四五 萃卦

䷬兑上坤下

萃:

来知德:萃者,聚也。水润泽其地,万物群聚而生,萃之象也。又上悦而下顺,九五刚中,而二以柔中应之,萃之由也。《序卦》:“姤者,遇也。物相遇而后聚,故受之以萃。”所以次姤。

张惠言:消息卦,通大畜。复初之四为豫,而息小畜。豫四息五,阳得其朋,阴得其主,聚而归之,故名曰“萃”。萃,坤德也。萃五之复二成临,则息大畜。在萃无取通大畜，故不言也。候在八月。消息之次，萃次豫，蹇三萃四也。卦取三四正，初不变，之蹇也。爻成既济，乾德也。

尚秉和：萃，聚也。坤为万物，聚于泽中，故曰萃。

按："萃"是卦名，卦象由上泽下坤构成。《周易·序卦传》言："物相遇而后聚，故受之以萃。萃者，聚也。"萃卦下卦坤为地、为万物，上卦兑为泽，万物汇聚于湖泊之中，所以卦象被命名为"萃"。

萃卦与大畜卦旁通。

亨，王假有庙。

虞翻：观上之四也。观乾为王。假，至也。艮为庙，体观享祀，故亨。上之四，故"假有庙，致孝享"矣。

来知德：卦大象坎，坎为宫，中爻巽、艮，巽木在艮阙之上，皆庙之象也。坎为隐伏，鬼神之象也。

张惠言：二阳之例。不云豫来者，以乾照坤，非阳生之次。谓五。上自观来又体观。

尚秉和：王谓五，艮为庙。假，格，通至也。巽为入。王假有庙，言王以至诚，格于宗庙而有事也。

按：九五爻为"王"，九五爻与六三爻互卦为巽，巽为入，九四爻与六二爻互卦为艮，艮为"庙"，君王入宗庙祭拜，六二爻与九五爻阴阳相应，心意相通，所以系辞为"亨，王假有庙"。

利见大人，亨，利贞。

虞翻：大人谓五。三四失位，利之正，变成离，离为见，故“利见大人,亨,利贞”,聚以正也。

来知德:九五中正,大人之象也。上“亨”字,占得此卦者亨也。下“亨”字,见大人之亨也。

张惠言:“利见”由于“利贞”故,变《彖传》文。

尚秉和:九五得位,故曰利见大人。二五应予,故曰亨,利贞。

按:六二爻与九四爻互卦为艮,艮为“见”,六二爻与九五爻阴阳相应,所以系辞为“利见大人,亨”。

六二爻与九五爻皆居中正之位,所以系辞为“利贞”。

用大牲,吉。利有攸往。

虞翻:坤为牛,故曰“大牲”。四之三,折坤得正,故“用大牲,吉”。三往之四,故“利有攸往,顺天命也”。

来知德:大象坎为豕,外卦兑为羊,内卦坤为牛,大牲之象也。言当此萃时,可以格鬼神,可以见大人,必亨,但利于正耳。凡物当丰厚,不宜俭啬;凡事宜攸往,不宜退止。此教占者处萃之时当如此也。

张惠言:三四易位由三往。

尚秉和:兑为羊,巽为豕,坤为牛,皆大牲,有事于宗庙,用之而吉也。利有攸往,谓二应五。五,天位,故《传》曰顺天命。

按:下卦坤为牛,上卦兑为羊,六三爻与九五爻互卦为巽,巽为豕,猪牛羊三牲合称“大牲”,三牲用于宗庙祭祀,所以系辞为“用大牲,吉”。

六二与九五爻阴阳相应，所以系辞为“利有攸往”。

《彖》曰：萃，聚也。顺以说，刚中而应，故“聚”也。

来知德：以卦德、卦体释卦名，又释卦辞而极赞之。内顺乎外，外悦乎内，五以刚中而下交，二以柔中而上应，内外君臣皆相聚会，所以名萃。

张惠言：顺，坤。说，兑。五刚中，二应之。

按：“聚也。顺以说，刚中而应，故‘聚’也”是对卦名“萃”字的解释。

萃的意思是“聚”。下卦坤为顺，上卦兑为悦，大地上的万物敬顺上天，上天欢悦，九五爻与六二爻阴阳相应，所以系辞为“顺以说，刚中而应，故‘聚’也”。

“王假有庙”，致孝享也。

虞翻：享，享祀也。五至初有观象，谓享坤牛，故“致孝享”矣。

来知德：尽志以致其孝，尽物以致其享。

按：“致孝享也”是对“王假有庙”的解释。

九五爻进入宗庙祭祀，得到先祖护佑，所以系辞为“致孝享也”。

“利见大人，亨”，聚以正也。

虞翻：坤为聚，坤三之四，故“聚以正”也。

来知德：聚以正者，如萧何、张良诸臣一时聚会，以从高祖，聚也；除暴秦，正也；能成一统之功，亨也。

按：“聚以正也”是对“利见大人，亨”的解释。

下卦坤为“聚”，六二爻居中正之位，所以系辞为“聚以正也”。

“用大牲，吉，利有攸往”，顺天命也。

虞翻：坤为顺，巽为命，三往之四，故“顺天命也”。

来知德：天命者，天理之自然也。以人事言，即当其可之时也。言时当丰而丰，时当往而往者，乃所以顺其天理之自然也。

尚秉和：天位，巽为命，坤顺。顺天命，谓二顺五也。

按：“顺天命也”是对“用大牲，吉，利有攸往”的解释。

下卦坤为“顺”，六三爻与九五爻互卦为巽，巽为“天命”，大地所生之物敬顺上天，所以系辞为“顺天命也”。

观其所聚，而天地万物之情可见矣。

虞翻：三四易位成离坎，坎月离日，日以见天，月以见地，故“天地之情可见矣”。与大壮、咸、恒同义也。

来知德：情者，所以发出之情也。阳倡阴和，乾始坤生，天地此聚也；形交气感，声应气求，万物亦此聚也。天地万物之情，聚而已矣。

张惠言：不言“万物”，或脱字。

尚秉和：艮为“观”，坤为“万物”。天地万物，阴阳而已，有阴阳即有情感，可见而知也。

按：六二爻与九四爻互卦为艮，艮为“观”，下卦坤为“聚”，所以系辞为“观其所聚”。

上卦兑为悦，六二爻与九五爻阴阳相通，天地相交而喜悦,所以系辞为“而天地万物之情可见矣”。

《象》曰:泽上于地,萃;

来知德:泽字义多,有水泽,有雨泽,有恩泽,有润泽。泽在天上,有恩泽之意,所以施禄及下,居德则忌。此则有水泽、润泽之意,所以生万物而萃也。

张惠言:聚水于泽,以备旱潦。

按:“泽上于地,萃”是从地理学的角度解释卦象。

上卦兑为泽,下卦坤为地,泽水润泽大地,万物汇聚而生,所以系辞为“泽上于地,萃”。

君子以除戎器,戒不虞。

虞翻:君子谓五。除,修;戎,兵也。《诗》曰:“修尔车马,弓矢戎兵。”阳在三四为修,坤为器;三四之正,离为戎兵、甲胄、飞矢,坎为弓弧,巽为绳,艮为石,谓敹甲胄,锻厉矛矢,故“除戎器”也。坎为寇,坤为乱,故“戒不虞”也。

来知德:除者,去旧取新之意,谓整理其蔽坏也。戒者,备也;虞者,度也,言变出不测而不可虞度也。众萃必有争夺之事,故君子除戎器者,非耀武也,所以戒不虞也。圣人之心,义理无穷。姤卦文王卦辞本不善,圣人则发出“姤之时义大”一段;本卦文王卦辞极善,圣人又发出此一段。盖本卦错大畜有离、震二象,戈兵震动,故言“戎器”“不虞”。又大象坎错离,中爻艮综震,亦有此象。

张惠言:乾三四“进德修业”。

尚秉和:戎,兵也。《月令》:以习五戎。注:五戎,弓殳戈矛戟也。兑为斧钺,艮为刀兵。除,治也。君子观于萃象,因以治戎器而戒不虞。坤为乱,艮为止。止乱,故曰戒不虞,言防意外也。

按:“君子以除戎器,戒不虞”是从卦象引申出来的人文思想。

能够效法萃卦的人被称为“君子”。上卦兑为“戎器”,九四爻与六二爻互卦为艮,艮为“修”,所以系辞为“除戎器”。

下卦坤为乱,艮为止,所以系辞为“戒不虞”。

初六:有孚不终,乃乱乃萃。

虞翻:孚,谓五也。初四易位,五坎中,故“有孚”。失正当变,坤为“终”,故“不终”。萃,聚也。坤为乱、为聚,故“乃乱乃萃”。失位不变,则相聚为乱,故《象》曰“其志乱”也。

来知德:孚者,与四正应,相孚信也。有孚不终者,阴柔之人不能固守,所以孚不长久也。欲萃之急,不择正应,而与同类群小相萃也。中爻巽为进退,有孚不终之象也。坤为迷,乱之象也。坤为众,萃之象也。

张惠言:言五利初易四也。初四易,爻之正也。初四易位,则二、三与四为坤,以三往易四,坤体不见,故“不终”。谓初不能与四易。

尚秉和:四有应,故曰有孚。乃初为二三所阻格,难于应四,故曰不终。乃乱乃萃,坤为乱,为聚,言乱萃于下也。

按:初六爻与九四爻阴阳相交,初六爻当升至九四爻的位置,所以系辞为“有孚不终”。

下卦坤为“乱”、为“萃”,所以系辞为“乃乱乃萃”,意思是说祸乱丛生。

若号,一握为笑。

虞翻:巽为号。艮为手,初称一,故“一握”。初动成震,震为笑。

来知德:号者,呼也。握者,持也。言呼九四近前,而以手握持之也。若者,如也,言当如此象也。言有孚之心,能若孚于前,而以手握之不释,则有孚之心至矣。虽为众人所笑,勿恤此笑,方得无咎也。兑为口舌,号之象也。坤错乾,乾居一,一之象也。中爻艮手,握持之象也。兑为悦,笑之象也。

张惠言:谓四也。四与三易位,初不能上四,四已之正,号呼于初,初乃变震应之。四之三,下成艮。犹言艮初。初自动,不与四易。四虽之三,三本坤。初以艮变,而体则震,故曰“一握为笑”。

尚秉和:四巽为号,艮手为握。若号者,言四召初与相上下也。四下来初,则初四相握手,下卦成震,震为笑,故曰一握为笑也。

按:六三爻与九五爻互卦为巽,巽为“号”,所以系辞为“若号”。

九四爻与六二爻互卦为艮,艮为“握”,初六爻与九四爻上下易位,下卦坤变为震,震为“笑”,所以系辞为“一握为笑”。

勿恤，往无咎。

虞翻：四动成坎，坎为恤，故“若号，一握为笑，勿恤”。初之四得正，故“往无咎”矣。

来知德：大象坎为加忧，恤之象也。今此爻变不成坎，不忧矣，勿恤之象也。初六阴柔，与九四为正应，当萃之时，比于同类之阴，有有孚不终，乃乱乃萃之象。故教占者有孚坚固，如将九四呼于前，而以手握之，以阴握阳，虽不免为人所笑，然必勿恤此笑，方得往而与九四为聚也，故无咎。

张惠言：之应非易位。四易三位，嫌无应有咎。

尚秉和：坤为忧，有应，故勿忧。初之四得正，故往无咎。

按：下卦坤为“忧”，初六爻与九四爻阴阳相应，前往相交，所以系辞为“勿恤，往无咎”。

《象》曰：“乃乱乃萃”，其志乱也。

虞翻：坎为志，初不之四，“其志乱也”。

来知德：质本阴柔，急于欲萃，方寸已乱矣，所以不暇择其正应而萃也。

张惠言：此与爻注悖。“初之四”，当脱“不”字。

尚秉和：坤为志、为乱。

按：“其志乱也”是对“乃乱乃萃”的解释。

下卦坤为“志”、为“乱”，所以系辞为“其志乱也”。

六二：引吉，无咎。

虞翻：应巽为绳，艮为手，故“引吉”。得正应五，故“无咎”。利引四之初，使避己，己得之五也。

来知德：引，开弓也，与“君子引而不发”之“引”同。本卦大象坎，又此爻变坎，坎为弓，引之象也。凡人开弓射物，必专心于物，当物之中，不偏于左，不偏于右，方得中箭，盖中德不变之象也。二虽中正，居群小之中，少偏私则非中矣，故言引则吉无咎也。中爻艮手，故初曰一握，握者，手持之也；二曰引，引者，手开之也，皆手之象也。吉者，得萃于九五也。无咎者，二与九五皆同德，又正应也。

张惠言：九四“大吉”，六二“引吉”，“吉”谓四，二欲引之之初也。四待三易位，义不之初，四不避二，嫌二不得之五有咎，故明“无咎”。

尚秉和：引，进也。《礼·檀弓》：兄弟之子犹子也，盖引而进之也。引吉，无咎者，言进应五则吉而无咎也。

按：六二爻与九四爻互卦为艮，艮为手，六三爻与九五爻互卦为巽，巽为绳，牵引上升，所以系辞为“引吉”。

六二爻与九五爻阴阳相应，所以系辞为“无咎”。

孚乃利用禴。

虞翻：孚谓五。禴，夏祭也。体观象，故“利用禴”。四之三，故“用大牲”。离为夏，故“禴祭”，《诗》曰“禴祠烝尝”，是其义。

来知德：孚者，孚于五也。利用禴者，言薄祭亦可以交神，又与五相聚，吉而无咎之象也。坎为隐伏，有人鬼之象。此爻变坎成困,故困之二爻亦“利享祀”,既济坎亦言“禴”,涣亦言“有庙”也。此爻变中爻成离,禴,夏祭,故与既济皆言“禴”。

六二中正正应九五之中正,盖同德相应者也。二中德不变,故有引之之象。占者得此,不惟吉,而且无咎矣。然能引,则能孚信于五,而与五相聚矣,故有利用禴之象。其占中之象又如此。

张惠言:明卦义在此爻。今《诗》“祭”为“祠”也。二不能引四,五使四之三,二得应五也。

尚秉和:禴,薄祭也。二孚五,五兑为享,而坤为吝啬,故曰孚乃利用禴。禴,夏祭,互巽为夏也。

按:“禴”是指夏祭,祭品单薄。六二爻与九五爻阴阳相应,得到九五爻的信任为“孚”。六二爻与九四爻互卦为艮,艮为宗庙,六三爻与九五爻互卦为巽,巽为茅草,用茅草祭祀先祖,所以取象为“孚乃利用禴”。

《象》曰:“引吉,无咎”,中未变也。

虞翻:二得正,故不变也。

来知德:二本有中德,惟能如引,诚信而中,则中德未变矣,所以吉而无咎。

张惠言:二中不变,故五“用禴”而得应。

尚秉和:进应五,仍中位,故曰中未变。

按:“中未变也”是对“引吉,无咎”的解释。六二爻居中正之位,艮为止,所以系辞为“中未变也”。

六三：萃如，嗟如，无攸利。

虞翻：坤为萃，故“萃如”。巽为号，故“嗟如”。失正，故“无攸利”。

来知德：此爻变艮成咸，咸三爻亦“往吝”，但咸以君子而随小人，可羞之事。此则以小人而聚小人，所以仅小吝也。大象坎为加忧，兑为口，嗟叹之象也。六三阴柔，不中不正。当萃之时，欲萃者其本志也，故有萃之象，但上无应与，不得相聚，故有嗟如，无攸利之象。

尚秉和：三无应失位，而巽为嗟，故曰嗟如。巽为利，失位无应，故无所利。

按：下卦坤为“聚”，所以系辞为“萃如”。

六三爻与九五爻互卦为巽，巽为“号”，所以系辞为“嗟如”。

巽为“利”，坤为“无”，所以系辞为“无攸利”。

往无咎，小吝。

虞翻：动得位，故“往无咎，小吝”。谓往之四。

来知德：然三之于上，虽彼此阴爻，无相偶之情，能往而从之，我性顺而彼性悦，心能相聚，可以无咎。但不能萃刚明之人，而萃阴柔群小，亦有小吝矣，故其占如此。

张惠言：六字为句。三之四非正，故“无咎”而“小吝”。

尚秉和：三前遇重阳，故往无咎；然上无应，故往又小吝也。

按：六三爻与九五爻互卦为巽，巽为入，六三爻阴顺阳,欲上进,所以系辞为"往无咎"。

六三爻阴居阳位不正,阴为"小",所以系辞为"小吝"。

《象》曰:"往无咎",上巽也。

虞翻:动之四,故"上巽"。

来知德:巽者,三之中爻本巽也。兑综巽,亦巽也。上往,以巽而从之,我顺而彼悦,可以相聚者也,故无咎。

尚秉和:巽,顺也。上巽,言上顺四五。四五阳,故无咎。虞氏谓动之四,故上巽,误之远矣。

按:"上巽也"是对"往无咎"的解释。

六三爻与九五爻互卦为巽,六三爻顺承九四、九五爻,所以系辞为"上巽也"。

九四:大吉,无咎。

虞翻:动而得正,承五应初,故"大吉"而"无咎"矣。

来知德:大吉,无咎,与随卦九四"随有获"同。就时位上说,不就理上说,正所谓处不以其道,得之富贵者也。近悦体之君,临归顺之民,岂不大吉?人谁咎病?六爻初乱萃,二引萃,三嗟如,五有悔,六涕洟,惟四不中不正,而自然相聚,聚之不劳心力,故大吉。时位自然,非四勉强求之,故无咎。

九四不中不正,居多惧之地,本不吉,有咎者也。然近九五之君,有相聚之权,率三阴顺而聚于五,上悦下顺,则不劳心力,而自能相聚矣。若不论其九四之德,惟以其萃论之,盖大吉无咎者也,故有此象。占者得此,亦当如是也。

张惠言:失位,咎也。动得正,故“无咎”。四正则五体皆正,故吉大矣。

尚秉和:下乘三阴,故大吉。失位,故无咎。无咎者,仅免于咎也。

按:九四爻与初六爻阴阳相应,坐拥天下,所以系辞为“大吉”。

九四爻与六二爻互卦为艮,艮为止,九四爻居不正之位,知止知足,所以系辞为“无咎”。

《象》曰:“大吉,无咎”,位不当也。

虞翻:以阳居阴,故“位不当”。

来知德:位不当者,不中不正也。既不中正,则大吉者亦不吉,无咎者亦有咎矣。周公就时位能萃之象上说,孔子就理上说。

尚秉和:《系辞》云:无咎者,善补过者也。故无咎非全美之辞。

按:“位不当也”是对“大吉,无咎”的解释。

九四爻阳居阴位,所以系辞为“位不当也”。

九五:萃有位,无咎,匪孚。

虞翻:得位居中,故“有位,无咎,匪孚”,谓四也。

来知德:匪者,不也。匪孚者,不信于人也。九四比群阴在下以分其萃,大吉无咎,所以匪孚也。

张惠言:五虽正位,复元在四未正,故“咎”。五得位,能使“永贞”,故“无咎”。四当正,坎为“孚”。三与四易,初正应四。

按:九五爻与六二爻阴阳相应,所以系辞为“萃有位”。

九五爻居中正之位,所以系辞为“无咎”。

九五爻与九四爻比邻不亲,所以系辞为“匪孚”。

元永贞,悔亡。

虞翻:四变之正,则五体皆正,故“元永贞”,与比《彖》同义。四动之初,故“悔亡”。

来知德:元者,元善也,即阳刚中正之德也。永贞者,长永贞固也。悔者,五与上六相近,同居悦体,阴阳比暱,恐其虽萃天下之位,而其德未甚光明,所以悔也。

九五当天下之尊,为萃之主,臣民皆萃,可以无咎矣。然四分其萃,未免匪孚,上溺阴私,未免有悔,故必反己自修,俾元善中正之德,长永贞固,斯悔亡而人孚矣。戒占者必如此。

张惠言:元,始也。爻正四始之。四本豫四、复初、乾元也。之应也。

尚秉和:得位居中,故有位无咎。五孚于二,乃为四所阻,难于应二,故曰匪孚。然乾元永贞于五,居高临下,亦无悔也。

按:九五爻居中正之位,大得天下,所以系辞为“元永贞,悔亡”。

《象》曰:“萃有位”,志未光也。

虞翻:阳在坎中,故“志未光”。与屯五同义。

来知德:此爻与夬“中未光”相同。盖阴阳相悦,此未光也。又变震为情动性顺,此未光也。变震成豫,又和乐矣,此未光也。阳与阴相聚会之时,又悦又动,又顺又和乐,安能保其志之光明哉?故曰“志未光”。若依本爻,阳刚中正,有何疚病?

尚秉和:兑为黯昧,艮为光明。艮伏,故志未光。巽为志。

按:“志未光也”是对“萃有位”的解释。

九五爻与六三爻互卦为巽,巽为“志”,上卦兑为暗昧,所以系辞为“志未光也”。

上六:赍资涕洟,无咎。

虞翻:赍,持。资,赙也。货财丧称赙。自目曰涕,自鼻称洟。坤为财,巽为进,故“赍资”也。三之四,体离坎,艮为鼻,涕泪流鼻目,故“涕洟”。得位应三,故“无咎”。上体大过死象,故有“赍资涕洟”之哀。

来知德:赍者,持也,遗也,有所持而遗之之义。中爻艮为手,持遗之象也。咨者,咨嗟也。自鼻出曰涕,自目出曰洟。兑为口,咨之象也。又为泽,涕洟之象也。

上六处萃之终,求萃而不可得,惟持遗咨嗟涕洟,哀求于五而已,故有此象。然忧思之过,危者必平,所以“无咎”。六爻皆无咎者,水润泽其地,万物群聚而生,乃“天地为物不贰,生物不测”之理也,所以六爻皆无咎。

张惠言:以货财哀丧。上应在三,死大过中,故“赍资”

哀之。四易三位,大过象毁,故"涕洟"而"无咎"。

尚秉和:兑为口,故赍咨。《释文》:赍咨,嗟叹之辞,郑同。马云:悲声怨声。兑为泽,故涕洟。《玉篇》:目汁出曰涕。《说文》:洟,鼻液也。上乘阳,三无应,故悲哀若是。然当位,亦无大咎也。虞翻作赍资,云赍持资赙也,即持赙助丧也,非。

按:上卦兑与艮旁通,艮为手持,兑为"资"、为"涕洟",手里拿着财物服丧而哀嚎,所以系辞为"赍资涕洟"。

《象》曰:"赍资涕洟",未安上也。

虞翻:乘刚远应,故"未安上也"。

来知德:未安于上,所以哀求其五。

尚秉和:言不安于穷吝。

按:"未安上也"是对"赍资涕洟"的解释。

上六爻阴乘阳,其道穷也,所以系辞为"未安上也"。

四六 升卦

䷭坤上巽下

升:

来知德:升者,进而上也。为卦巽下坤上,木生地中,长而益高,升之象也。又综萃,萃下卦之坤上升而为升之上卦,亦升之象也。《序卦》:"萃者,聚也。聚而上者谓之升,故受之以升。"所以次萃。

张惠言:临息卦,阳临阴,二当升五,故名曰"升"。乾之用始于此,故"元亨"。候在十二月。变之蹇,升之初未定既济也。

尚秉和:阳遇阴则通,故名曰升。《归藏》曰称。《牧誓》:称而戈。注:称,举也。又誉人曰称扬。升者升而上,举者亦扬之使上。故《归藏》曰称,《周易》曰升,其义并同。

按:"升"是卦名,卦象由上坤下巽构成。《周易·序卦传》言:"聚而上者谓之升,故受之以升。"升卦下卦巽为木,上卦坤为地,木从地下长出,所以卦象被命名为"升"。

升卦与无妄卦旁通。

元亨。

虞翻:临初之三,又有临象,刚中而应,故"元亨"也。

来知德:言占得此卦者大亨,用见大人,不可忧惧,从南方行则吉,所以元亨也。

张惠言:二阳例。乾元正,故曰"元"。与临同义,二刚中,四阴应之。

尚秉和:阳上升,故元亨。元谓乾元也。

按:下卦巽为木,九三爻与六五爻互卦为震,震为春、为出,春天草木从地下长出,所以系辞为"元亨"。

用见大人,勿恤。

虞翻:谓二当之五,为大人,离为见,坎为恤,二之五得正,故"用见大人,勿恤,有庆也"。

来知德:不曰"利见"而曰"用见"者,九二虽大人,乃臣位,六五之君欲用九二,则见之也。六四“王用亨于岐山”,即此“用”字也。勿恤者,本卦大象坎,有忧恤之象,故教之以勿恤。

尚秉和:大人谓二,二为三所阻格,故不曰利见大人,而曰用见。言二宜升五也。坤为忧、为恤,二升五,大人得位,故曰勿恤。

按:九二爻为“大人”,九二爻与六三爻互卦为兑,兑为“见”,上卦坤为“用”,九二爻与六五爻阴阳相应,所以系辞为“用见大人”。

上卦坤为“忧”,九二爻当升至六五位,所以系辞为“勿恤”。

南征,吉。

虞翻:离,南方卦,二之五成离,故“南征,吉,志行也”。

来知德:南征,吉者,文王《圆图》巽东南之卦,过离而至坤,是巽升于坤,故南征,吉。若东行则至震,非升矣。

尚秉和:震为南、为征。三临群阴,故南征,吉。《左传》成十六年:晋筮遇复,曰南国蹙。以震为南。明夷九三曰南狩,亦以震为南。自震南象失传,清儒皆用虞氏法,以二升五互离为南。

按:九二爻升至六五位,变为离卦,离位南方,九五居中正之位,所以系辞为“南征,吉”。

《彖》曰:柔以时升。

虞翻:柔谓五坤也。升谓二坤。邑无君,二当升五虚,震兑为春秋；二升，坎离为冬夏；四时象正，故“柔以时升”也。

来知德：以卦综释卦名，以卦德、卦体释卦辞。柔者，坤土也。本卦综萃，二卦同体，文王综为一卦，故《杂卦》曰：“萃聚而升不来也。”柔以时升者，萃下卦之坤升而为升之上卦也。柔本不能升，故以时升，所以名升。

张惠言：卦以升二为义。使二升者五，故曰五为二阶。

按：“柔以时升”是对卦名“升”字的解释。下卦巽为阴木、为“柔”，九三爻与六五爻互卦为震，震为春、为升，春天草木从地下长出来，所以系辞为“柔以时升”。

巽而顺，刚中而应，是以“大亨”。

来知德：内巽外顺，则心不躁妄，行不悖理。又我有刚中之德，而六五以顺应之，岂不能升？所以元亨。

张惠言：巽以顺坤。“刚中”谓二，四阴应之。

按：“巽而顺，刚中而应”是对“元亨”的解释。

下卦巽为草木，上卦坤为顺，九二爻与六五爻阴阳相应，大地上的草木顺应天时，应运而生，所以系辞为“巽而顺，刚中而应”。

“用见大人，勿恤”，有庆也。

来知德：有庆者，庆幸其道之得行；勿恤者此也。

张惠言：阳为“庆”，坤有阳，故“庆”。

按：“有庆也”是对“用见大人，勿恤”的解释。

九二爻升至六五爻，阴得阳，所以系辞为“有庆也”。

“南征，吉”，志行也。

虞翻：二之五，坎为志，震为行。

来知德：志行者，心期其道之必行，吉者此也。有庆、志行者，即元亨也。

尚秉和：二升五，故有庆。坤为志，三临重坤，故曰志行。

按：“志行也”是对“南征，吉”的解释。

九三爻与六五爻互卦为震，震为“志行”，所以系辞为“志行也”。

《象》曰：地中生木，升；

张惠言：木之升，阳也，地阴养之，“柔以时升”也。“地中生木”，以微至著，“积小以成高大”。

按：“地中生木，升”是从地理学的角度解释卦象。

上卦坤为地，下卦巽为木，地下长出树木来，所以系辞为“地中生木，升”。

君子以顺德，积小以高大。

虞翻：君子谓三。小谓阳息复时，复小为德之本；至二成临，临者，大也；临初之三，巽为高；二之五，艮为顺，坤为积，故“顺德，积小成高大”。

来知德：本卦以坤土生木而得名，故曰“君子以顺德”。坤顺之德，即“敬以直内，义以方外”也。积者，日积月累，如地中生木，不觉其高大也。巽为高，高之象也。

张惠言：临初至三则主三，二为君，不称“君子”。

尚秉和:巽为高、为长,故为高大。坤为小、为积,积小以高大者,言以坤阴柔顺之德,积累以成其高大也。象卦形也。

按:“君子以顺德,积小以高大”是从卦象引申出来的人文思想。

能够效法升卦的人被称为“君子”。下卦巽为“顺”,上卦坤为“德”,所以系辞为“君子以顺德”。

上卦坤为“积”,下卦巽为“小”,上卦九三爻与六五爻互卦为为震,震为“高大”,所以系辞为“积小以高大”。

初六:允升,大吉。

来知德:允者,信也。本卦原是坤土上升,初与四皆坤土,故允升。初六柔顺居初,当升之时,与四相信而合志,占者如是,必能升矣,故大吉。

张惠言:“允升”之义,注阙未详。晋三“众允”,注云“允,信也。坤土为信”。此或亦当然。《说文》作“䡉”,云“进也”。升主九二上升,余爻无升义。初虽失位,之正成泰,进无所升,非卦义也。盖初居坤,与群阴共升二于五而承之,故“允升,大吉”。《象》曰:“上合志也。”

尚秉和:允者,进也。施氏作䡉。《说文》同,云:䡉,进也。晋六三云众䡉,即众进也。兹曰䡉升,仍前进而升也。进遇阳,故大吉。

按:下卦巽为顺,巽为高,初六爻随阳而升,所以系辞为“允升,大吉”。

《象》曰:“允升,大吉”,上合志也。

来知德:与四合志,故允升。大畜九三与上九皆阳爻,然本卦皆欲畜极而通,故《小象》曰“上合志也”。此卦初居内卦之初,四居外卦之下,因柔以时升,皆欲升者也,故《小象》亦曰“上合志也”。

张惠言:二升五,坎为“志”。

尚秉和:上谓二三。《九家》谓上交,非。巽伏,故为志。

按:“上合志也”是对“允升,大吉”的解释。

下卦巽为“志”,初六爻顺承九二、九三爻,得到信任而上升,所以系辞为“上合志也”。

九二:孚乃利用禴,无咎。

虞翻:禴,夏祭也。孚谓二,之五成坎为孚;离为夏,故“乃利用禴,无咎”矣。

来知德:九二以阳刚居中,六五以柔顺应之,盖孚信之至者矣,故有利用薄祭,亦可交神之象。占者如是,得遂其升而有喜矣,故无咎。升综萃,萃六二“引”者,阴柔也;此刚中,故止言“孚,乃利用禴”。

张惠言:卦有四时之象,二升五艮为宗庙,坎为思,春秋祭享以时思之也。坎水沃艮手,观之“盥”象也。二上折坤牛,萃用“大牲”象也,故“利用禴”矣。

尚秉和:二孚五。五坤为吝啬,故曰禴。禴,夏日薄祭也。兑为祭,巽为夏,故曰孚乃利用禴,无咎矣。

按:九二爻与六五爻阴阳相应为“孚”,下卦巽为茅,九三爻与六五爻互卦为震,震为器、为“禴”,所以系辞为“孚乃利用禴”。

九二爻居中位有应,所以系辞为“无咎”。

《象》曰:九二之孚,有喜也。

虞翻:升五得位,故“有喜”。

来知德:有喜者,喜得其升也。盖诚信之至,则君必信任之专,得以升矣。周公许之曰“无咎”。孔子曰:君臣相孚,岂止无咎,且有喜也。中爻兑,喜悦之象也。

张惠言:阳为“喜”。

尚秉和:升五,故有喜。

按:“有喜也”是对“九二之孚”的解释。

九二爻升至六五位,上卦坤变为坎,坎中有阳,所以系辞为“有喜也”。

九三:升虚邑。

来知德:阳实阴虚,上体坤,有国邑之象,详见谦卦。以三升四,以实升虚,故曰“升虚邑”。或曰四邑为丘,四丘为虚,非空虚也,乃丘虚也,亦通。

九三以阳刚之才,当升之时,而进临于坤,故有升虚邑之象。占者得此,其升而无疑也可知矣。

张惠言:荀氏云:“坤称邑。五虚无君,利二上居之。”虞义亦宜然。

尚秉和:马云:虚,丘也。按《左传》僖二十八年:晋侯登有莘之虚。《诗·卫风》:升彼虚矣。虚者,高丘。巽为高,故曰虚。坤为邑。升虚邑者,言升邑之高处也,正巽上象也。与同人九四之乘其墉取象正同。荀爽作空虚解。后来诸家,以虚为坤象,多宗荀说,非。

按:上卦坤为"虚邑",九三爻与六五爻互卦为震,震为"升",所以系辞为"升虚邑"。

《象》曰:"升虚邑",无所疑也。

虞翻:坎为疑,上得中,故"无所疑也"。

来知德:本卦六五之君阴柔,九二之臣阳刚,似君弱臣强,正人之所疑也,况当升之时,自臣位渐升于君位,使四乃阳刚,则逼其五矣,安得而不疑?今升虚邑,阴土与五同体,故无所疑。

尚秉和:坤为迷、为疑。阳遇阴,故无所疑。

按:"无所疑也"是对"升虚邑"的解释。

九三爻当升至六四位,上卦坤阴为"疑",所以系辞为"无所疑也"。

六四:王用亨于岐山。

来知德:坤错乾,乾为君,王之象也。王,指六五也。物两为岐,故曰岐路,两路也。坤土两拆,岐之象也。随卦兑为西,故曰西山。此两拆,故曰岐山。中爻震综艮,山之象也,则三四五皆山矣,皆因有此象,故以岐、西二字别之。前儒不知象,乃曰岐山在西,失象之旨矣。此言岐山,指四也。亨者,通也,与"公用亨于天子""王用亨于西山""亨"

字同。“王用亨于岐山”者,即“用见大人”也。言六五欲用乎九二,乃通于四而求之也。四爻皆言升,独二与五为正应,故曰“用禴”。四与五相比,故曰“用亨”。盖君位不可升也。

张惠言:“亨”亦“享”也。“王”谓二已正位五也。坤为“用”。二“用禴”,四“用亨”,其义同。“岐山”即西山。二升五,艮为山,体兑在西,兑象不见,故不言“西山”。体离为火,火性枝分为“岐”。

尚秉和:震为王,兑为亨。震为陵、为坂,而形上歧,故曰岐山。王用亨于岐山者,言望二升五,四得承阳,阴顺阳,犹臣事君;望二升五,犹望王至岐山,而有所亨献也。《象》曰顺事,顺承也。二若不升五,四如何得承阳哉?故望之也。此正文王服事殷之本旨。乃后儒谓文王作爻辞,不合自称为王;若为殷王,又无至岐山之理,以爻辞为周公作。此无论《易》辞皆由象生。故韩宣子不谓为《易》辞,而曰《易》象。即只以人事言,纣尚能囚文王,何不可到岐山?且文王于此事数言之,服事忠诚,溢于言表,又岂必实有其事?乃谓王为文王,无理甚矣!(李过《西溪易说》云:若以此王为文王,则王用三驱、王假有庙,亦文王耶?驳旧说至详尽。)

按:“王”是指九二爻。六四爻与与九二爻互卦为兑,兑为口、为“亨”,兑与艮旁通,艮为山,兑为西,取象为“岐山”;九三爻与六五爻互卦为震,震为“用”,所以系辞为“王用亨于岐山”。

吉，无咎。

来知德：二“用禴”而五“用亨”，上下相用，正所谓“刚中而应”也，何吉如之，故吉而无咎。六四以柔居柔，与五同体，盖顺事乎五之至者也，故六五欲用乎九二，乃通乎四以求之，故有王用亨于岐山之象，吉而无咎之道也。故其象占如此。

张惠言：四顺承五以下比三，故“吉，无咎”。

按：六四爻居正位，与九二爻互卦为兑，兑为悦，所以系辞为“吉，无咎”。

《象》曰：“王用亨于岐山”，顺事也。

来知德：四本顺体，又以柔居柔，得正，顺事乎五，故五欲用乎九二，乃通乎四以求之也。四若非正，则成容悦之小人，安能通乎其二？

张惠言：坤为“顺事”，谓承五。

尚秉和：坤为顺。言二升五，四得承阳，故曰顺事。

按：“顺事也”是对“王用亨于岐山”的解释。

九三爻与六五爻互卦为震，震动为事，上卦坤为“顺”，所以系辞为“顺事也”。

六五：贞吉，升阶。

虞翻：二之五，故“贞吉”。巽为高，坤为土，震升高，故“升阶”也。

来知德：“王用亨于岐山”，上孚乎下，贤君之事也。九二即觐君而升阶，下孚于上，良臣之事也。故先言“贞吉”之占，而后言“升阶”之象。阶者，阶梯也，如梯之等差也。

六五以柔居尊，下任刚中之贤，乃通于四以求之，贞而且吉者也。九二当升之时，因六五用六四之求，即觐君而升阶矣。上下相孚，故其占象如此。

张惠言：古者土阶。荀氏云：“阴正居中，为阳作‘阶’。”

尚秉和：贞吉，卜问吉也。坤为土，为重，故有阶级之象。升阶，言二升五也。五阳，故《象》曰大得志。

按：上卦坤为顺，六五爻居中而顺，所以系辞为“贞吉”。

六五爻与九三爻互卦为震，震为“升”，坤为“阶”，九三爻当升至六五爻的位置，所以系辞为“升阶”。

《象》曰：“贞吉，升阶”，大得志也。

来知德：大得志，即《彖辞》“有庆”“志行”也。

张惠言：五升二，二五皆体坎，故“大得志”。

尚秉和：坤为志，阳升五，故大得志。

按：“大得志也”是对“贞吉，升阶”的解释。

震为“志”，九三爻升至六五爻的位置，所以系辞为“大得志也”。

上六：冥升，利于不息之贞。

来知德：冥与“冥豫”之“冥”同，昏于升而不知止者也。坤为迷，冥之象也。不息之贞，天理也，惟天理可以常升而不已，若富贵利达，涉于人欲之私，而非天理者，则有消长矣。冥豫动体，故教之以豫。冥升顺体，故教之以贞。

上六居升之极，乃昏于升而不知止者也，有冥升之象，故圣人教占者曰：升而不已，惟利不息之贞，他非所利也。为占者开迁善之门如此。

张惠言：当升之时，阴性暗昧，故"冥升"。"贞"亦谓二五。惠征士云："二升五，'积小以成高大'，故曰'不息'。阳道不息，阴之所利，故曰'利于不息之贞'。"

尚秉和：坤为晦冥，为夜，故曰冥升。得阳应，故曰利于不息之贞。与利永贞同旨。盖上六为同性之四五所格，不能应三，故有此象。

按：上卦坤为"冥"，上六爻居天极之位，所以系辞为"冥升"。

上卦坤为死，上六爻与九三爻阴阳相应，阳升阴降，天地相交，生生不息，所以系辞为"利于不息之贞"。

《象》曰：冥升在上，消不富也。

来知德：消者，消其所升之业也。富者，富有也。凡升者，乃天理不息之贞，则成富有之业矣。若升其人欲之私，往而不返，溺而不止，则盈者必虚，泰者必否，见其日消而不见其长，消而不富矣，故曰"消不富"也。本卦下体巽，巽为富。此爻外卦，故曰"不富"。亦如无妄二爻未入巽之位，曰"未富"。

张惠言：阴消失实，故利阳息。

尚秉和:坤消,故不富。

按:"消不富也"是对"冥升在上"的解释。

上卦坤为"消",阴虚为"不富",所以系辞为"消不富也"。

四七　困卦

☱☵兑上坎下

困:

来知德:困者,穷困也。为卦水居泽中,枯涸无水,困之义也。又六爻皆为阴所掩,小人之揜君子,穷困之象也。《序卦》:"升而不已必困,故受之以困。"所以次升。

张惠言:否,消卦。二之上,阴乘阳,故名曰"困",而次否。候在九月。卦不变,困时宜静也。爻成既济,困而亨也。

按:"困"是卦名,卦象由上兑下坎构成。《周易·序卦传》言:"升而不已必困,故受之以困。"困卦上卦兑,下卦坎,阳陷阴中,所以卦象被命名为"困"。

困卦与贲卦旁通。

亨。

虞翻:否二之上,乾坤交,故通也。

来知德:此卦辞乃圣人教人处困之道也。言当困之时,占者处此,必能自亨其道,则得其正矣。

张惠言:不云否上之二者,由否上则之初反泰,不之二也。二阴上弇五阳,故为“困”矣。

尚秉和:二五刚得中,处险能说,故亨。

按:九二爻与九四爻互卦为离,离为光明,上卦兑为悦,脱离坎险,走向光明而喜悦,所以系辞为“亨”。

贞,大人吉,无咎。

虞翻:“贞,大人吉”,谓五也。在困无应,宜静,则“无咎”。故“贞,大人吉,无咎”。

来知德:他卦“亨贞”,言不贞则不亨,是亨由于贞也;此卦“亨贞”,言处困能亨,则得其贞,是贞由于亨也。然岂小人所能哉?必平素有学有守之大人,操持已定,而所遇不足以戕之,方得吉而无咎也。

张惠言:体乾五“大人”。五本正也,言“贞大人”者,否上若之初,则五随上反下,今上之二,嫌我宜下,故戒之也。

尚秉和:贞,占也,二五为大人,故贞,大人吉也。

按:九二爻居中位为大人,与九四爻互卦为离,离为光明,所以系辞为“贞,大人吉,无咎”。

有言不信。

虞翻:震为言,折入兑,故“有言不信,尚口乃穷”。

来知德:若不能实践躬行,自亨其道,惟欲以言求免其困,人必不信而益困矣。言处坎之险,不可尚兑之口也。二五刚中,大人之象。兑为口,有言之象。坎为耳痛,耳不能听,有言不信之象。

张惠言:上当返初成益体震。今二上折乾入兑。乾为"信",乾灭,故"不信"。兑为"口"。

尚秉和:兑口为言,三至上正反兑,所向不同,故有言不信。此其义始见于《左传》。《左传》昭五年,明夷之谦曰:于人为言,败言为谗。谓谦上震为人为言,下艮为反震,故曰败言。是以正反震为谗。《易林》承其义,于讼之困云:心与言反。正释此语也。坤之离云:齐鲁争言。离二至五正反兑,故曰争言。争言即不信。离二至五,与困三至上同。旧解皆误,详《焦氏易诂》。

按:上卦兑。后天八卦兑位与先天八卦坎位相通,坎为耳,兑为毁折、为言,坎变为兑,耳朵受伤,所以系辞为"闻言不信"。

《彖》曰:困,刚揜也。

来知德:以卦体释卦名,又以卦德、卦体释卦辞。坎刚为兑柔所揜,九二为二阴所揜,四五为上六所揜,此困之所由名也。兑之揜坎,上六之揜四五者,小人在上位也,如绛、灌之揜贾谊,公孙弘之揜董仲舒是也。二阴之揜九二者,前后左右皆小人也,如曹节、侯览辈之揜党锢诸贤,王安石、惠卿之揜元祐诸贤是也。

张惠言:否二之上,揜五之刚,故为"困"。

尚秉和:坎刚揜,三至上刚揜,阳陷阴中,故困。

按:"刚揜也"是对卦名"困"字的解释。

困卦三阳陷于阴中,所以系辞为"刚揜也"。

险以说,困而不失其所亨,其唯君子乎!

来知德:险以说,卦德也。困而不失其所亨者,人事也。处险而能说,则是在困穷艰险之中,而能乐天知命矣。所者,指此心也,此道也。言身虽困,此心不愧不怍,心则亨也。时虽困,此道不加不损,道则亨也。不于其身于其心,不于其时于其道,如羑里演《易》,陈蔡弦歌,颜子在陋巷不改其乐是也。君子即大人也。

张惠言:险,坎。说,兑。在险之中,能自正以说,不失所亨。所谓"乃徐有说",谓五也。

尚秉和:困而不失其所亨,唯君子能之。君子即大人,若小人即不堪矣。

按:"险以说,困而不失其所亨,其唯君子乎"是对"亨"字的解释。

下卦坎为"险",上卦兑为"悦",所以系辞为"险以说"。

九二爻为君子,穷困之时,君子处之以道,乐天知命,所以系辞为"困而不失其所亨,其唯君子乎"。

"贞,大人吉",以刚中也。

来知德:"贞,大人吉"者,"贞"字在文王卦辞连"亨"字读,《彖辞》连"大人"者,孔子恐人认"贞"字为戒辞也。刚中者,二五也。刚中则知明守固,居易俟命,所以贞,大人吉也。贞大人者,贞正大人也。

张惠言:谓五。

按:"以刚中也"是对"贞,大人吉"的解释。

穷困之时,九二爻居中位,所以系辞为"以刚中也"。

"有言不信",尚口乃穷也。

虞翻:兑为口,上变口灭,故"尚口乃穷"。

来知德:尚口乃穷者,言不得志之人,虽言亦不信也。盖以口为尚,则必不能求其心之无愧,居易以俟命矣,是不能亨而贞者也。故圣人设此,戒以尚口则自取困穷矣。尚口,如三上相书,凡受人之谤,不反己自修,与人辩谤之类。

张惠言:上无变象,盖"灭"下脱"乾"字。

尚秉和:兑为口,三至上正反兑,故曰尚口。尚口乃穷者,言徒尚口说,必有相反而不信者,故穷也。

按:"尚口乃穷也"是对"有言不信"的解释。

上卦兑为口舌,处困之时,沉迷于花言巧语,只能是死路一条,所以系辞为"尚口乃穷也"。

《象》曰:泽无水,困;

来知德:泽所以潴水。泽无水,是水下漏而上枯矣,困之象也。

张惠言:水在泽下,故"无水"。

尚秉和:水在泽下,则泽竭矣,故曰无水。

按:"泽无水,困"是从地理学的角度解释卦象。

上卦兑为泽,下卦坎为水,水在泽下,所以系辞为"泽无水,困"。

君子以致命遂志。

虞翻:君子谓三,伏阳也。否坤为致,巽为命,坎为志,三入阴中,故"致命遂志"也。

来知德:致者,送诣也。命存乎天,志存乎我,致命遂志者,不有其命,送命于天,惟遂我之志,成就一个是也。患难之来,论是非不论利害,论轻重不论死生,杀身成仁,舍生取义,幸而此身存,则名固在;不幸而此身死,则名亦不朽,岂不身困而志亨乎?身存者,张良之椎、苏武之节是也。身死者,比干、文天祥、陆秀夫、张世杰是也。

张惠言:泰成于三,故否消之时,取三伏阳。三出则大过死,故不出也。此与解相足。

尚秉和:巽为命,而兑为反巽,为毁折,故曰致命。坎为志。二入于渊不出,故曰遂志。学《易》之君子以之。

按:"君子以致命遂志"是从卦象引申出来的人文思想。

能够效法困卦的人被称为"君子"。六三爻与九五爻互卦为巽,巽为"命",下卦坎为"志",穷且志坚,不坠青云之志,所以系辞为"君子以致命遂志"。

初六:臀困于株木,

来知德:凡言困者,皆柔揜刚,小人困君子也。臀,坎象,详见夬卦。人之体,行则趾在下,坐则臀在下,故初言"臀"。株者,根株也,乃木根也。《诗》"朝食于株",诸葛亮《表》"成都有桑八百株",王荆公诗"日月无根株",皆言根也。中爻巽木在坎之上,初又居坎之下,木根之象也。

张惠言:初在坎穴,为"臀"。株木,枯木。谓三坎为"木",兑金毁折,故为"株木"。

尚秉和:初在下,故曰臀,与夬九四同。株木谓坎,言初欲应四,坎陷为阻,故困于株木。株,干也。《韩非子》:守株待兔。而坎为栋,故为株木。

按:初六爻在下位,取象为"臀"。坎为"株木",所以系辞为"臀困于株木"。

入于幽谷,三岁不觌。

来知德:坎为隐伏,幽谷之象也。水在上,幽谷在下,则谷之中皆木根矣,言入于幽谷之中,而臀坐于木根之上也。此倒言也。因有臀字,文势必将"困于株木"之句居于"臀"下,故倒言也。若曰"臀入于幽谷",则不通矣。觌,见也。坎错离为目,又居三,三岁不觌之象也。不觌者,不觌二与四也。

初六以阴柔之才居坎陷之下,当困之时,远而与四为应,近而与二为比,亦欲揜刚而困君子矣,然才柔居下,故有坐木根、入幽谷,终不得见二四之象。欲困君子,而反自困,即象而占可知矣。

张惠言:惠征士云:"初动体兑,坎水半见于口,故为谷,坎为入。"觌,相见也。初应在四,四体离为"觌"。自初至四,三爻为"三岁"。

尚秉和:坎为幽,坎陷为谷。初在下,故入于幽谷。离伏,故不觌。三岁,言其久。盖初失位,处坎下,故其象如此。茹敦和以坎为三岁,王昭素谓初至三三爻为三岁。以坎上六证之,茹说是也。

按:下卦坎为"幽谷",初六爻在谷底,所以系辞为"入于幽谷"。

坎卦与离卦旁通,先天八卦离数为三,离为明,所以系辞为"三岁不觌"。

《象》曰:"入于幽谷",幽不明也。

来知德:此言不觌之故,幽对明言,二与四合成离,有明象。初居离明之下,则在离明之外而幽矣,所以二与四得见乎幽谷,而入幽不明者,不得见乎二四也。

张惠言:坤幽在上。

尚秉和:离伏坎夜,故幽不明。

按:"幽不明也"是对"入于幽谷"的解释。

下卦坎为幽冥,所以系辞为"幽不明也"。

九二:困于酒食,朱绂方来,利用享祀。

来知德:困于酒食者,言酒食之艰难穷困也,如孔子之疏食饮水,颜子之箪食瓢饮,《儒行》之"并日而食"是也。酒食且困,大于酒食者可知矣。《程传》是。凡《易》言"酒"者皆坎也,言"食"者皆兑也,故需中爻兑言"酒食",未济与坎皆言"酒"也。朱绂者,组绶用朱也。方来者,其德升闻而为君举用之也。利用亨祀者,亨者,通也。诚应之意乃象也,亦如"利用禴"之意。言当通之以祭祀之至诚也。坎隐伏，有人鬼象，故言祀。

张惠言：二困于三，兑西流坎为“酒”。四变，体颐为“食”。绂，韠也。《乾凿度》曰：“天子、三公、九卿朱绂，诸侯赤绂。”“朱绂”谓五，乾为“朱”，坤为“绂”。自外曰“来”。五来应二，二当之正。初四已之正，体损。二变应五，则三伏阳出，成既济，“二簋用享”也。坤为“用”。

尚秉和：坎为酒食，需九五需于酒食是也。二居坎中，故困于酒食。巽为绳，为绂，坎为赤。巽在二前，故曰朱绂方来。言将膺锡命也。《博雅》：绂，绶也。朱绂，贵人所服，以祭宗庙者，故用以享祀则利也。

按：下卦坎为“酒食”，九二爻阳陷阴中，所以系辞为“困于酒食”。

六三爻与九五爻互卦为巽，巽为“绶”，六三爻在离卦中央，离为“朱”，所以系辞为“朱绂方来”。

坎为“酒食”，用酒食祭祀，所以系辞为“利用享祀”。

征凶，无咎。

来知德：征凶者，当困之时，往必凶也。凶字，即《大象》“致命”之意。正所谓“困而亨”也，所以无咎。中爻离，朱之象。又巽绳，绂之象。坎乃北方之卦，朱乃南方之物，离在二之前，故曰“方来”。此即孔明之事。困酒食者，卧南阳也。朱绂方来者，刘备三顾也。利用享祀者，应刘备之聘也。征凶者，死而后已也。无咎者，君臣之义无咎也。

九二以刚中之德,当困之时,甘贫以守中德,而为人君之所举用,故有困于酒食,朱绂方来之象。故教占者至诚以应之,虽凶而无咎也。

张惠言:征,行也。动入坤,坤为“凶”。得位,故“无咎”。

尚秉和:然五不应,故征凶,得中亦无咎。

按:九二爻上无所应,所以系辞为“征凶”。

九二爻居中位,与九四爻互卦为离,离为光明,所以系辞为“无咎”。

《象》曰:“困于酒食”,中有庆也。

来知德:言有此刚中之德,则自亨其道矣,所以有此朱绂方来之福庆。

张惠言:“中”谓五。二变应五,故“中有庆”。

尚秉和:居阴中,故有庆。

按:“中有庆也”是对“困于酒食”的解释。

九二爻居中位,与九四爻互卦为离,离为光明。九二爻居中不移,能够脱离坎险,所以系辞为“中有庆也”。

六三:困于石,据于蒺藜。

虞翻:二变正时,三在艮山下,故“困于石”。蒺藜,木名。坎为蒺藜。二变艮手,据坎,故“据蒺藜者”也。

来知德:兑错艮,艮为石,石之为物,坚而不纳,其质无情。石在前,困于石之象也。据者,依也。坎为蒺藜,蒺藜乃有刺之物,不可依据。蒺藜在后,据于蒺藜之象也。

张惠言:"石",谓四。"蒺藜",谓二。《象》曰"乘刚"。注以"变"言者,阴乘阳不得云"据"。知二已变,虽变,犹是刚体,故《象》曰"乘刚"。一曰"初已正为刚"。

尚秉和:巽为石,坎为蒺藜。三前临巽,故困于石。下据坎,故据于蒺藜。石坚刚不可入,蒺藜刺人不可践也。巽,石象,宋邵雍用之,后儒怪骇。岂知《焦氏易林》同人之小畜云:戴石上山,步跌不前。小畜上巽为石,下乾为山、为首。石在首上,故曰戴石。余证尚多,详《焦氏易诂》卷一。

按:六三爻与九五爻互卦为巽,巽为"石",所以系辞为"困于石"。

下卦坎为"蒺藜",所以系辞为"据于蒺藜"。

入于其宫,不见其妻,凶。

虞翻:巽为入。二动艮为宫,兑为妻,谓上无应也。三在阴下,离象毁坏,隐在坤中,死期将至,故"不见其妻,凶"也。

来知德:坎为宫,宫之象也。中爻巽为入,入其宫之象也。此爻一变,中爻成乾不成离,目不见之象也。坎为中男,兑为少女,则兑乃坎之妻也。兑之中宫,坎之中宫,皆阳爻,非阴爻,入其宫,不见其妻之象也。此爻一个"入"字、"见"字不轻下,周公之爻辞极其精矣。旧注不知象,所以以石指四,蒺藜指二,宫指三,妻指六也。

六三阴柔,不中不正,当困之时,亦欲揜二之刚,而困君子矣,但居坎陷之极,所承所乘者皆阳刚,孤阴在于其中,前困者无情,后据者有刺,则一己之室家且不能保,将丧亡矣,况能困君子乎?故有此象,所以占者凶。

张惠言:谓三伏阳,在阴之下。三隐坤中,"致命遂志",又三体大过死。此与解"负且乘"异义,各以位言之。

尚秉和:巽为入,坎为宫,故入于其官。巽为齐,妻者齐也,故巽为妻。巽为伏,又上无应,故入宫而不见妻也。象而如是,凶可知也。

按:六三爻与九五互卦为巽,巽为"入",坎为"宫",所以系辞为"入于其宫"。

巽为"妻",六三爻为离卦中爻,离为明,坎为暗,所以系辞为"不见其妻"。

《象》曰:"据于蒺藜",乘刚也;

来知德:乘刚者,乘二之刚也。

张惠言:二虽变,三逆乘,犹为"乘刚"。

尚秉和:《释文》云:蒺藜,茨草。虞翻谓为木名,似非。《释草》:茨,蒺藜。注:布地蔓生,有子,三角刺人。《诗·鄘风》:墙有茨。《传》:茨,蒺藜。孔疏蒺有刺,不可践者是也。惟不可践,故以喻乘刚,若为木,则不合矣。《正义》作蔾,然《尔雅》及《毛诗传》皆作藜。藜、蔾通用。阮校必谓蔾是,似亦无确证。

按:"乘刚也"是对"据于蒺藜"的解释。

六三爻阴乘九二阳爻,所以系辞为"乘刚也"。

"入于其宫,不见其妻",不祥也。

来知德:不祥者,死期将至也。此爻变为大过,有棺椁象,所以死期将至,人岂有不见其妻之理?乃不祥之兆也。殷仲文从桓玄,照镜不见其面,数日祸至,此亦不祥之兆也。

张惠言:祥,善也。乾为"祥"。伏阳出,乃为乾也。

尚秉和:祥,善也。

按:"不祥也"是对"入于其宫,不见其妻"的解释。下卦坎为凶,所以系辞为"不祥也"。

九四:来徐徐,困于金车。

虞翻:来欲之初。徐徐,舒迟也。见险,故"来徐徐"。否乾为金,乾为舆,之应历险,故"困于金车"。

来知德:金车指九二。坎车象,乾金当中,金车之象也。自下而上曰往,自上而下曰来。来徐徐者,四来于初也。初觌乎四,四来乎初,阴阳正应故也。

张惠言:谓二也。谓坎。初云"三岁不觌",是初先正而待四,云"易位"略言之。

尚秉和:来应初,为二所阻,故曰徐徐。二坎为车,离色黄外坚,故曰金车。困于金车,申来徐徐之故也,仍阴于险,不得应初也。

按:九四爻与初六爻阴阳相应,九四爻与九二爻互卦为离,离为"金车",下卦坎为"困",九四爻被九二爻所阻,所以系辞为"来徐徐,困于金车"。

吝,有终。

虞翻:易位得正,故“吝,有终”矣。

来知德:九四与初为正应,不中不正,志在于初,故有徐徐而来于初之象,然为九二所隔,故又有困于金车之象。夫以阴困阳之时,不能自亨其道,犹志在于初,固为可羞,然阳有所与,终不能为阴所困也,故其占如此。

尚秉和:然与初为正应,初吝终合,故曰有终。

按:九四爻阳居阴位不正,终将下降到初六爻的位置,所以系辞为“吝,有终”。

《象》曰:“来徐徐”,志在下也。

来知德:志在下者,志在初也。

张惠言:“下”谓初,坎为志。

尚秉和:坎为志。志在下,言应初。

按:“志在下也”是对“来徐徐”的解释。

九四爻与初六爻阴阳相应,下卦坎为“志”,初六爻居下位,所以系辞为“志在下也”。

虽不当位,有与也。

来知德:有与者,四阳初阴,有应与也。且四近君,故阴不能困。井卦二五皆阳爻,故曰无与。

张惠言:以四尊位,降而来初,故“不当位”。“有与”谓有应。

按:九四爻阳居阴位,与初六爻阴阳相应,所以系辞为“虽不当位,有与也”。

九五：劓刖，困于赤绂，

虞翻：割鼻曰劓。断足曰刖。四动时，震为足，艮为鼻，离为兵，兑为刑，故“劓刖”也。赤绂谓二。否乾为朱，故“赤”。坤为绂，二未变应五，故“困于赤绂”也。

来知德：兑错艮，鼻象。变震，足象。截鼻曰劓，去足曰刖。上体兑为毁折，错艮为阍寺刑人，下体中爻离，为戈兵，又坎错离，亦为戈兵，上下体俱有刑伤，劓刖之象也。若以六爻卦画论之，九五为困之主，三阳居中，上下俱阴拆，亦劓刖之象也。赤绂者，臣之绂也。中爻离巽，与九二同。绂乃柔物，故亦此象之。三柔，困赤绂之象也。赤绂者，四与二也。四乃五之近臣，三比之；二乃五之远臣，三揜之，故曰“困于赤绂”。劓刖者，君受其困也。赤绂者，臣受其困也。

张惠言：劓刖，刑之小者也。于困之时，未得二应，止可行其小刑，《象》曰“志未得也”。朱、赤同耳，深浅差之。五深，故“朱”；二浅，故“赤”。

尚秉和：艮伏，鼻不见，故曰劓。兑折震，足象毁，故曰刖。坎为赤，巽为绂，故曰赤绂。乃二爻坎为不应，故困于赤绂。

按：上卦兑与艮旁通，艮为鼻，兑为毁折，割鼻为“劓”。九五爻与六三爻互卦为巽，巽与震旁通，震为足，巽灭足为“刖”。巽为“绂”，六三爻居离卦中央，离为“赤”，所以系辞为“困于赤绂”。

乃徐有说。

虞翻:兑为说,坤为徐,二动应已,故"乃徐有说"也。

来知德:兑为悦,悦之象也。乃徐有悦者,言迟久必有悦,不终于困也。

张惠言:二变坤之兑。

尚秉和:上遇阴利往,故有说。

按:九五爻与六三爻互卦为巽,巽为缓,上卦兑为悦,徐徐图之乃有悦,所以系辞为"乃徐有说"。

利用祭祀。

来知德:利用祭祀者,乃徐有悦之象也。盖祭尽其诚,则受其福矣。教九五中正之德,不可以声音笑貌为之也。

九五当柔揜刚之时,上下俱刑伤,故有劓刖之象。三柔比四而揜二,故不惟劓刖,又有困及于赤绂之象,则君臣皆受其困矣。然九五中正而悦体,既有能为之才,又有善为之术,岂终于其困哉?必徐有悦而不终于困也。盖能守此中正之德,如祭祀之诚信,斯有悦而受其福矣。故教占者占中之象又如此。

张惠言:与二同义。

尚秉和:兑为食,故利用祭祀。

按:上卦兑为口、为食,兑与艮旁通,艮为宗庙,所以系辞为"利用祭祀"。

《象》曰:"劓刖",志未得也;

来知德:为阴所掩,故志未得。

尚秉和:坎为志,二无应,故志未得。

按:"志未得也"是对"劓刖"的解释。

下卦坎为"志",九五爻与九二爻不相应,所以系辞为"志未得也"。

"乃徐有说",以中直也;

来知德:"以中直",与同人九五同,直即正也。

张惠言:乾为"直"。

按:"以中直也"是对"乃徐有说"的解释。

九五爻居中正之位,所以系辞为"以中直也"。

"利用祭祀",受福也。

来知德:受福者,中正之德,如祭祀之诚信,则受福而不受其困矣。

张惠言:二五乾德,故能相应。"王明并受其福"。

尚秉和:坎五曰受福,兹与之同。《传》所谓祭则受福也。

按:"受福也"是对"利用祭祀"的解释。

上卦兑为"受福",所以系辞为"受福也"。

上六:困于葛藟,于臲卼;

虞翻:巽为草莽,称葛藟,谓三也;兑为刑人,故"困于葛藟于臲卼"也。

来知德:艮为山,为径路,为果蓏。《周礼》"蔓生曰蓏",葛藟之类。高山蹊径,臲卼不安。兑错艮,有此象。又正应坎为陷,为丛棘,为蒺藜,亦皆葛藟之类之象。盖葛藟者,缠束之物。鮠甈者,危动之状。

张惠言:鮠甈,盖兀刑也。五之劓刖,正施于三,四动三在震,受离兵兑刑。

尚秉和:巽为葛藟。三至上正反巽,而三不应上,故困于葛藟。鮠甈,危险不安之貌。上乘刚,无应,故有是象。

按:九五爻与六三爻互卦为巽,巽为"葛藟",上六爻与六三爻不相应,所以系辞为"困于葛藟"。

上六爻阴乘阳,危惧不安,所以系辞为"于鮠甈"。

曰动悔,有悔,征吉。

虞翻:乘阳,故"动悔"。变而失正,故"有悔"。三已变正,已得应之,故"征吉"也。

来知德:曰者,自讼之辞也。兑为口,变乾为言,曰之象也。曰动悔者,自讼其动则有悔,亦将如之何哉?动悔之悔,上六之悔也。有悔之悔,心之悔悟也,圣人教占者之悔也,征者去而不困其君子也。与蒙卦"几不如舍""舍"字同。

上六阴柔,亦欲揜刚而困君子矣,然处困之极,反不能困,故欲动而揜乎刚,则缠束而不能行;欲静而不能揜乎刚,则又居人君之上。危惧而不自安,是以自讼,其动则有悔,故有此象。然处此之时,顾在人之悔悟何如耳。诚能发其悔悟之心,去其阴邪之疾,知刚之不可揜,弃而去之可也,故占者惟征则吉。

张惠言:"曰"者,三戒上之辞。二变,三在震,为言。

三不欲上动，故三之正而上得“征吉”。

尚秉和：兑为口。曰者，自警也。言处此𦤹𦤹之境，时时以动悔有悔自警。动悔者，言动而应三，三不应，故悔。有悔者，言下乘阳又有悔也。征吉谓三。言三往四，上得阳应而吉也。此二句向无的解，姑测其义如是。

按：上卦兑为言。上六爻阴乘阳，危惧不安，所以系辞为“曰动悔”。

上六爻与六三爻不相应，行而未成，所以系辞为“有悔”。

上卦兑与艮旁通，上六爻柔变刚，变卦为艮，艮为阳道，所以系辞为“征吉”。

《象》曰：“困于葛藟”，未当也。

虞翻：谓三未变，当位应上故也。

来知德：欲揜刚，故未当。

尚秉和：未当者，言上不宜乘阳也。

按：“未当也”是对“困于葛藟”的解释。

上六爻阴乘阳，所以系辞为“未当也”。

“动悔，有悔”，吉行也。

虞翻：行谓三，变乃得当位之应，故“吉行”者也。

来知德：有悔不揜刚，故从吉而行。

尚秉和：吉行者，三之四，上得阳应，故吉也。

按：“吉行也”是对“动悔，有悔”的解释。

上卦兑与艮旁通，艮为阴终阳始，所以系辞为“吉行也”。

四八　井卦

䷯坎上巽下

井：

来知德：井者，地中之泉也。为卦坎上巽下。巽者入也，水入于下而取于上，井之义也。巽为木，汲水者，以木承水而上，亦井之义也。《序卦》："困于上者必反于下，故受之以井。"所以次困。

张惠言：泰，息卦，在既济前。井，通也，辩也。泰以乾别坤而通阴，所以定既济，故名曰"井"而象井。所以象井者，泉自下出，阳通而上也。候在五月。定既济，在初二正，功成在上，故上"大成"而"元吉"。

按："井"是卦名，卦象由上坎下巽构成。《周易·序卦传》言："困乎上者必反于下，故受之以井。"井卦下卦巽为木、为桶，上卦坎为水，木桶沉入水下以汲水，所以卦象被命名为"井"。

井卦与噬嗑卦旁通。

改邑不改井，无丧无得，往来井井。

虞翻：泰初之五也。坤为邑，乾初之五折坤，故"改邑"。初为旧井，四应甃之，故"不改井"。"无丧"，泰初之五，坤象毁坏，故"无丧"。五来之初，失位无应，故"无得"。坎为通，故"往来井井"。往谓之五，来谓之初也。

来知德：井综困，二卦同体，文王综为一卦，故《杂卦》曰："井通而困相遇也。"改邑不改井者，巽为市邑，在困卦为兑，在井为巽，则改为邑矣，若井，则无丧无得。在井卦，坎往于上，在困卦，坎来于下，刚居于中，往来不改，故曰"往来井井"。

张惠言：乾坤往来。"井，居其所而迁。"乾上助阴，不失旧体，故四"甃"之而初正，是"改邑不改井"。坤为"丧"。初变正乃有得。

尚秉和：水在泽下，泽竭，故困；水在泽中，汲之不穷，故兑为井。《易林》复之旅云：井沸釜鸣。以旅互兑为井。郑玄以巽木为桔槔，汲水以取井象，格槔焉有在井下者乎？

兑为井，坤为邑。泰初往坤中，故"改邑"。二至四仍兑，与泰体同，故"不改井"。不改，故无丧得。初至四正反兑，故曰"往来井井"。《易林》益之萃云：往来井井。即以萃三至上正反兑，为往来井井。

按：后天八卦坎与先天八卦坤同位，坤为"邑"，坤变为坎，取象为"改邑"。九二爻与六四爻互卦为兑，兑为"井"，所以系辞为"改邑不改井"。

上卦坎中满，上下通，所以系辞为"无丧无得"。

初六爻与六四爻为正反兑，兑为井，上下井道通，所以系辞为"往来井井"。

汔至亦未繘井，羸其瓶，凶。

虞翻：巽绳为繘。汔，几也，谓二也。几至初改，"未繘井”,未有功也。羸,钩罗也。艮为手,巽为繘,离为瓶,手繘折其中,故“羸其瓶”。体兑毁缺,瓶缺漏,故凶矣。

来知德:《易经》与各经不同,玄妙处正在于此。汔,涸也,巽下有阴坼,涸之象也。繘者,井索也。巽为绳,繘之象也。羸者,弱也,与“羸其角”同。汲水之人,弱不胜其瓶,将瓶坠落于井也。中爻离,瓶之象也。在离曰缶,在井曰瓶、曰瓮,皆取中空之意。

言井乃泉脉,不可改变,其德本无得丧,而往来用之者不穷,济人利物之功大矣。若或井中原涸无水,以至或有水而人不汲,又或不惟不得水,或汲之而羸其瓶,则无以成济人利物之功,故占者凶。

张惠言:郭璞《方言注》云:“繘,汲水索也。”言“汔至亦未繘”谓二,非二为几。谓五。初上“改邑”,二几至泉。“井”字衍。二变为艮手持繘,未变,故“未繘”。二不变,折艮为兑。言二当正。

尚秉和:荀云:汔,竟也。汔至者,言绠系至井底而尽也。繘,绠也。亦未繘者,言巽绳在下,尚未繘瓶使上也。其以汔为几,谓瓶几至井口而覆者,非也。经明曰未繘,若至井口,则已繘矣。中爻离为瓶,正当毁折之地,而巽为绳,故曰羸。羸、累通。井羸其瓶者,言瓶为井甓所拘羸钩挂也。瓶既为井所挂碍,非覆即破,故凶。扬子云《酒箴》云:子犹瓶矣,居井之湄。不得左右,牵于缠徽。一旦叀碍,为甓所轠。注:叀,县也。甓,井以砖为甃也。轠,击也。言瓶县为井砖所挂碍而瓶受击也。是扬子读井羸其瓶,井不属上读。后荀爽袭子云,亦以井属下读。其以繘井为句者,则下文之羸其瓶,莫详其故矣。非也。羸,《易林》家人之颐云:长股羸户。长股即蟏蛸。羸户者,言以丝缠绕于户上也。是以羸为藟。故荀训为拘羸,虞释为钩羸。他若陆绩、蜀才作累,王肃作缧,其字虽异,其音皆同,其义如一。

按:“汔”是接近的意思。下卦巽为“繘”、为木桶,九二爻与六三爻互卦为兑,兑为井,用绳子将木桶沉入井底汲水,木桶没有升出井口,所以系辞为“汔至亦未繘井”。

九三爻与九五爻互卦为瓶,六四爻与九二爻互卦为兑,兑为毁折,汲水的瓶子损坏,所以系辞为“羸其瓶”。

上卦坎为凶,所以系辞为“凶”。

《彖》曰:巽乎水而上水,井。

来知德:以卦德、卦综释卦名、卦辞。凡井中汲水,井上用一辘轳,以井索加于其上,用桶下汲,方能取上,是以桶入乎其水方能上也,故曰“巽乎水而上水”。巽字有木字、入字二意,《文选》“殚极之绠断干”,绠即辘轳之索也。

张惠言:巽,入也。为井者构木于泉,是巽水也。

尚秉和:坎在上,故曰上水。巽,入也。巽乎水而上水,言以瓶入水,汲水使上也。

按:“巽乎水而上水”是对卦名“井”字的解释。

下卦巽为绳、为木桶,上卦坎为水,系着绳子的木桶沉入水底是为了汲水,所以系辞为“巽乎水而上水,井”。

井养而不穷也。

虞翻:兑口饮水,坎为通,“往来井井”,故“养不穷也”。

来知德:养而不穷者,民非水火不生活也。

尚秉和:水所以养人,取之不竭,故养而不穷。

按:“井养而不穷也”是对“改邑不改井,无丧无得,往来井井”的解释。

初六爻与六四爻为“往来井井”,上卦坎为水,井水不停地从泉眼涌出,所以系辞为“井养而不穷也”。

“改邑不改井”,乃以刚中也;

来知德:改邑不改井者,以刚居中,在困卦居二之中,在井卦居五之中,往来皆井,不可改变也。

张惠言:居尊位,故能不失初阳。

尚秉和:二五皆刚,故不改。

按:“乃以刚中也”是对“改邑不改井”的解释。

九二爻与九五爻居中位,所以系辞为“乃以刚中也”。

“汔至亦未繘井”,未有功也;

虞翻:谓二未变应五,故“未有功也”。

来知德:未有功者,井以得水为功,井中水涸,以至汲水之索未入于井,皆无功也。

张惠言:谓二亦不变。凡功谓五。

尚秉和:未繘,故无功。

按:“未有功也”是对“汔至亦未繘井”的解释。

下卦巽木入井底，九二爻与九五爻不相应，所以系辞为“未有功也”。

“羸其瓶”，是以凶也。

来知德：若羸其瓶，是不惟不得其水，并汲水之具亦丧亡矣，岂不凶？青苗之法，安石之意将以济人利物，而不知不宜于民，反以致祸，正羸其瓶之凶也。

尚秉和：井拘累其瓶，使水覆，故凶。汔至亦未繘，荀注云：汔，竟也。繘所以出水通井，今居初未得应五，故未繘也。不与井连文。井羸其瓶，荀注云：井谓二，瓶谓初。初欲应五，为二所拘羸。以井属下读，与扬子同，故从之。

按：“是以凶也”是对“羸其瓶”的解释。

上卦坎为“凶”，所以系辞为“是以凶也”。

《象》曰：木上有水，井；

来知德：木上有水者，木承水而上也。

张惠言：构木为井，泉乃上出以养民。

按：“木上有水，井”是从地理学的角度解释卦象。

下卦巽为“木”，上卦坎为“水”，用绳子系着木桶汲水，所以系辞为“木上有水，井”。

君子以劳民劝相。

虞翻：君子谓泰乾也。坤为民，初上成坎为劝，故“劳民劝相”。相，助也，谓以阳助坤矣。

来知德：劳者，即劳之也；劝者，即来之也；相者，即匡直辅翼也。劳民劝相者，言劳之不已，从而劝之；劝之不已,又从而相之也。人有五性之德,即地脉井泉流行不息者也。逸居而无教,则近于禽兽,不能成井养不穷之功矣。君子劳民劝相,则民德可新,父子有亲,君臣有义,夫妇有别,长幼有序,朋友有信,往来用之,井井不穷矣。是劳民劝相者,君子之井也。

张惠言:坎为"劳"。

尚秉和:坎为众,为民,为劳卦,故曰劳民。《释诂》:相,导也。兑为言,故曰劝相。言以言语劝导,使有所勉也。

按:"君子以劳民劝相"是从卦象引申出来的人文思想。

能够效法井卦的人被称为"君子"。上卦坎为"劳民",下卦巽为顺从,九二爻与六四爻互卦为兑,兑为言、为悦,君子告诫百姓勤劳养家,劳而不倦,所以系辞为"君子以劳民劝相"。

初六:井泥不食,旧井无禽。

虞翻:食,用也。初下称泥,巽为木果,无噬嗑食象,下而多泥,故"不食"也。

来知德:阴浊在下,泥之象也。凡言食者,皆兑口也。今巽口在下,不食之象也。又巽为臭,不可食之象也。坎有小过象。凡《易》言禽者,皆坎也,故师六五曰"田有禽",以本卦坎又变坎也;比卦九五"失前禽",以坎变坤也。恒大象坎,此卦坎居上卦,但二卦下卦皆巽,巽深入,禽高飞之物，安得深入于井中？故恒、井二卦皆曰“无禽”。井以得水，齐井之口，易汲为善，故初则“不食”，二则“漏”，三则“求王明”，四则“修井”，惟五、六则水齐井口，易于汲取，故五、六独善。

初六阴浊在下，乃井之深而不可浚渫者也，则泥而不食，成旧废之井，无井滂汲水之余沥，而禽亦莫之顾而饮矣，故有此象，占者不利于用可知矣。

张惠言：坎之下。惠征士云：“古者井树木果，故《孟子》‘井上有李’，禽来食之。”说是也。“不食”本以井养为义，因辞言“禽”，故注“巽为木果”。初二正体，离为飞鸟，是“禽”也。五体噬嗑，故食。凡未成，故“不食”。

尚秉和：初在井下，故曰泥。兑口为食，兑覆，故不食。井原以汲水，今无水而泥，其为旧井无疑也。禽，获也。无水，故无所得。其以禽鸟为诂者非。又按，旧井者，废井也。兑为井，兑覆为巽，故井废。

按：下卦巽为“井泥”，兑口向下，所以系辞为“井泥不食”。

巽为木桶，木桶沉入井底，一无所获，所以系辞为“旧井无禽”。

《象》曰：“井泥不食”，下也；

虞翻：乾为旧，位在阴下。

来知德：阴浊在下。

按：“下也”是对“井泥不食”的解释。

初六爻位居井底，所以系辞为“下也”。

“旧井无禽”，时舍也。

虞翻：乾为旧，位在阴下，故“旧井无禽，时舍也”。谓时舍于初，非其位也。与乾二同义。

来知德：为时所弃舍。

张惠言：“时舍”，故不食，非初之咎。

尚秉和：舍，弃也。

按：“时舍也”是对“旧井无禽”的解释。

上卦坎为冬，下卦巽为叶落，冬天落叶，在地下腐烂，所以系辞为“时舍也”。

九二：井谷射鲋，瓮敝漏。

虞翻：巽为谷，为鲋。鲋，小鲜也。离为瓮，瓮瓶毁缺，“羸其瓶，凶”，故“瓮敝漏”也。

来知德：上阳爻，下阴爻，两开，谷之象也。又变艮，山下有井，必因谷所生，亦谷之象也。坎为弓在上，射之象也。巽为鱼，鲋之象也。鲋，小鱼。《庄子》：“周视辙中有鲋鱼焉，曰：我东海之波臣也。”又《尔雅》：“鳜，小鱼也。”注云：“似鲋子而黑，俗呼为鱼婢，江东呼为妾鱼。”曰臣、曰婢、曰妾，皆小之意。前儒以为虾蟆，又以为蜗牛，皆非也。巽综兑为毁折，敝之象也。下阴爻有坼，漏之象也。坎水在上，巽主入，水入于下，亦漏之象也。

九二阳刚居中，才德足以济利，但上无应与，不能汲引，而乃牵溺于初，与卑贱之人相与，则不能成井养不穷之功矣，故以井言。有旁水下注，仅射其鲋之象；以汲水言，有破瓮漏水之象，占者不能成功可知矣。

张惠言：“鲋”谓初。初二不言变者，初待四而“修”，二待五而“冽”也。

尚秉和：二为兑体之下，故曰井谷。巽为鱼，故曰鲋。《子夏传》：虾蟆也。伏震为射。虾蟆穴居水际，故曰井谷射鲋。伏震为瓮，巽下缺，瓮无当，故敝漏。夫井内之穴，非矢所能加；瓮漏则水泄，而失其用。以二前遇阳，应亦阳，故动静皆不适也。

按：九二爻与六四爻互卦为兑，兑为井，下卦巽为小鱼，井底有小鱼冒出，所以系辞为“井谷射鲋”。

兑为毁折，九三爻与九五爻互卦为离，离为“瓮”，瓮受损，有漏水之象，所以系辞为“瓮敝漏”。

《象》曰：“井谷射鲋”，无与也。

来知德：无与者，无应与也，所以比初射鲋。

张惠言：五不应之。

尚秉和：言五无应与。

按：“无与也”是对“井谷射鲋”的解释。

九二爻与九五爻不相应，所以系辞为“无与也”。

九三：井渫不食，为我心恻，可用汲。

来知德：渫者，治井而清洁也。中爻三变成震，不成兑口，不食之象也。为我心恻者，我者三自谓也，言可汲而不汲，人为我恻之也。坎为加忧，恻之象也。

张惠言:渫,荀氏云:"去秽浊,清洁之意也。"三当位,故"井渫"。未正初二,无噬嗑象,故"不食"。二变坎为"心",二折坎心,故"为我心恻"。二变艮手持繘为"汲"。

尚秉和:三应在上。上居坎水上,故曰井渫。《汉书·王莽传》:愦眊不渫。注:渫,彻也,通也。扬子《方言》:渫,歇也。兹曰井渫,谓井水浑浊沉歇而清彻也。初为泥则上为渫,正上居坎水上之象也。夫水洁宜食矣,乃竟不食者,以五亦阳为阻,三不得应上也。兑为食,为使也。坎为心,为忧。为我心恻者,言三被阻,不能汲上,使我心忧也。然三与上究为正应,上水既渫而清,三尽可汲,五岂能终阻之?

按:九二爻与六四爻互卦为井,九三爻与九五爻互卦为离,离为光明,水井已清洁,所以取象为"井渫"。离为瓶,六三爻为兑口,兑口被封闭,所以系辞为"井渫不食"。

九三爻与上六爻阴阳相应,上卦坎为心忧,为九三爻不能上升而忧,所以系辞为"为我心恻"。

九三爻与九五爻互卦为离,离为"瓮",瓮可取水,所以系辞为"可用汲"。

王明,并受其福。

来知德:王明者,指五也。中爻三与五成离,王明之象也。可用汲,王明者,可求用汲于王明也。汲字虽汲水,其实汲引之汲。并者,三之井可食,福也;食三之井者,亦福也。九二比于初之阴爻,不能成功,故教九三求九五之阳明。

九三以阳居阳，与上六为正应，上六阴柔，不能汲引，则不为时用而成济人利物之功矣，故有井渫不食，人恻之象。所以然者，以正应阴柔，又无位故也。可用汲者，其惟舍正应而求五之王明乎？若得阳明之君以汲引之，则能成井养之功，而并受其福矣。故教占者必如此。

张惠言："王"谓五。体离为"明"。三利二正，既济定，已为五汲。

尚秉和：王谓五。五坎为隐伏，故不明。然王终有明时，王明则三上汲引，养而不穷，天下普受其福矣。凡爻有正应者，初虽有阻，终必相合。同人九五曰：先号咷而后笑，大师克相遇。言五克去三四之阻，终能遇二也。渐九五曰：终莫之胜吉，得所愿也。言五终能胜三，与二相合也。兹害三者五，五君位尊，三不敢言克言胜，只冀王明而已，王明则三上终相遇也。文王服事忠诚，情见乎辞。因五为阻，故呼王明。旧解不知不食之故，在五敌为阻；又不知王明，并受其福，即言三上终能应与，特以五而变其辞耳，故无一得解者。

按："王"指九五爻，九五爻居中正之位，与九三爻互卦为离，离为明，所以系辞为"王明"。

九三爻在兑口下，所以系辞为"并受其福"。

《象》曰："井渫不食"，行恻也；

来知德：行恻者，行道之人亦恻也。三变中爻成震足，行之象也。

张惠言:行道之人为之"恻",明非三求用,三体噬嗑,震为行。

按:"行恻也"是对"井渫不食"的解释。

上卦坎为"行人"、为"恻",所以系辞为"行恻也"。

求王明,受福也。

来知德:求王明者,五非正应,故以"求"字言之。孔子以周公爻辞忽然说起"王明",恐人不知指五,所以加一"求"字也。不求正应而求王明,此《易》之所以时也。比卦六四舍正应而比五,皆此意。管仲舍子纠而事桓公,韩信舍项羽而事高祖,马援舍隗嚣而事光武,皆舍正应而求王明者也。

张惠言:二变艮为"求"。

尚秉和:不食之故,其咎在五,故曰求王明。

按:上卦坎为暗,与离旁通,离为明,六四爻为兑口,顺承九五爻,所以系辞为"求王明"。

离为光明,所以系辞为"受福也"。

六四:井甃,无咎。

来知德:甃者,砌其井也。阴列两旁,甃之象也。初为泥,三之渫,渫其泥也。二射鲋,四之甃,甃其谷也。既渫且甃,井日新矣。寒泉之来,井食岂有穷乎?

六四阴柔得正,近九五之君,盖修治其井,以潴畜九五之寒泉者也,故有井甃之象。占者能修治臣下之职,则可以因君而成井养之功，斯无咎矣。

张惠言：初"旧井"，四应初，"甃"之，则初正。

尚秉和：以瓦甓砌井曰甃。兑为井。六四居兑上，则井将修成，故无咎。

按：六四爻与九二爻互卦为兑，兑为井，上卦坎为劳，有修井之象，所以系辞为"井甃"。

六四爻居正位，顺承九五爻，所以系辞为"无咎"。

《象》曰："井甃，无咎"，修井也。

虞翻：修，治也。以瓦甓垒井称甃。坤为土，初之五成离，离火烧土为瓦，治象，故曰"井甃，无咎，修井也"。

来知德：修井畜泉，能尽其职矣，安得有咎？

尚秉和：甃，修也。

按："修井也"是对"井甃，无咎"的解释。

上卦坎为劳、为"修"，六四爻为井口，所以系辞为"修井也"。

九五：井洌寒泉，食。

虞翻：泉自下出称井。周七月，夏之五月，阴气在下，二已变坎。十一月为寒泉，初二已变，体噬嗑食。故"洌，寒泉食"矣。

来知德：洌，甘洁也。五变坤为甘，以阳居阳为洁。寒泉，泉之美者也。坎居北方，一阳生于水中，得水之正体，故甘洁而寒美也。食者，人食之也，即井养而不穷也。中爻兑口之上，食之象也。井以寒洌为贵，泉以得食为功。

以人事论,洌者天德之纯也,食者王道之溥也。黄帝、尧、舜、禹、稷、周、孔立养立教,万世利赖。井洌寒泉,食之者也。

九五以阳刚之德居中正之位,则井养之德已具,而井养之功已行矣,故有此象。占者有是德,方应是占也。

尚秉和:洌,甘也。坎为寒,为泉。泉既甘洌,故可食。

按:上卦坎为冬、为寒泉,九五爻与九三爻互卦为瓶,瓶中有甘甜之水,可以饮用,所以系辞为"井洌寒泉,食"。

《象》曰:寒泉之食,中正也。

来知德:寒泉之食,王道也。中正者,天德也。

尚秉和:五虽无应,然位正中,故可食。

按:"中正也"是对"寒泉之食"的解释。

九五爻居中正之位,所以系辞为"中正也"。

上六:井收,勿幕,有孚,元吉。

虞翻:幕,盖也。收,谓以辘轳收繘也。坎为车,应巽绳为繘,故"井收勿幕"。"有孚"谓五坎,坎为孚,故"元吉"也。

来知德:收者,成也,物成于秋,故曰秋收。井收者,井已成矣,即《小象》"大成"之"成"也。周公曰"收",孔子曰"成",一意也。幕者,盖井之具也。坎口在上,勿幕之象也,言不盖其井也。有孚者,信也,齐口之水,无丧无得,用之不竭,如人之诚信也。元吉者,勿幕有孚,则泽及于人矣。

上六居井之极，井已成矣。九五寒泉为人所食，上六乃不掩其口，其水又孚信不竭，则泽及于人，成井养不穷之功矣，故有勿幕有孚之象，占者之元吉可知矣。

张惠言：辘轳，车类。古者井不汲，则幕之。成既济，乾元定。

尚秉和：收，成也。幕，盖也，覆也。坎为隐伏，故为盖覆。六居坎上，故勿幕。言井既成，以出水为功，不宜盖覆也。三得阳应，故有孚而吉。

按：上卦坎为终，所以系辞为"井收"。

上六爻为井口敞开，所以系辞为"勿幕"。

上卦坎为"有孚"，上六爻与九三爻阴阳相应，所以系辞为"有孚，元吉"。

《象》曰：元吉在上，大成也。

虞翻：谓初二已变，成既济定，故"大成也"。

来知德：大成者，井养之功大成也。盖有寒泉之可食，使掩其口，人不得而食之，或不孚信，有时而竭，则泽不及人，安得为大成？今勿幕有孚，则泽及人而井养之功成矣。元吉以泽之所及言，大成以功之所就言。

尚秉和：成即收也。

按：上六爻得到九五爻的信任，与九三爻阴阳相应，所以系辞为"元吉在上"。

上卦坎为终，所以系辞为"大成也"。

四九　革卦

䷰兑上离下

革：

来知德：革者，变革也。泽在上，火在下，火燃则水涸，水决则火灭，又中、少二女不相得，故其卦为变革也。《序卦》："井道不可不革，故受之以革。"所以次井。

张惠言：消息卦。蒙二以刚接柔，革五以乾通坤，以坤革乾，姤生其下，乾道更革，故名曰"革"。候在三月。坤凝乾元，坤道即乾道，故"元亨利贞"。成既济，与乾同义。

按："革"是卦名，卦象由上兑下离构成。《周易·序卦传》言："井道不可不革，故受之以革。"革卦下卦离为火，上卦泽为水，火烧水灭，水旺火灭，所以卦象被命名为"革"。

革卦与蒙卦旁通。

巳日乃孚，元亨利贞，悔亡。

虞翻：遁上之初，与蒙旁通。"悔亡"，谓四也。四失正，动得位，故"悔亡"。离为日，"孚"谓坎，四动体离，五在坎中，故"巳日乃孚"。以成既济，"乾道变化，各正性命，保合大和，乃利贞"，故"元亨利贞，悔亡"矣。与乾《彖》同义也。

来知德：己者，信也。五性仁义礼智信，惟信属土，故以己言之。不言戊而言己者，离、兑皆阴卦，故以阴土言。

且文王《圆图》离、兑中间乃坤土，故言己也。凡离火烧兑金，断裂者惟土可接续，故《月令》于金、火之间置一中央土，十干丙、丁、戊、己，而后庚、辛，言离火烧金，必有土，方可孚契之意。日者，离为日也。己日乃孚者，信我后革也。言当人心信我之时，相孚契矣，然后可革也，不轻于革之意。“元亨利贞，悔亡”者，言除弊去害，扫而更之，大亨之道也。然必利于正，亨以正，则革之，当其可而悔亡矣。盖不信而革，必生其悔，惟亨而正，则人心信我矣，所以己日乃孚而后革也。

张惠言：二阴例。当遁初之上，云“上之初”者，非遁也。蒙，艮三之二，实颐初之二，卦由大过初之二，当云兑三之二。大过、兑皆大壮生卦。阴生卦，不可取大壮，故取遁之上。蒙九二接巽，坤变革四乾。下注云“《传》以比桀纣”是也。惠征士云：“离象就己，故云己日。”

尚秉和：离为日，贞己，故曰己日。己日谓二，二离主爻，承阳应五，故曰己日乃孚。王弼等谓即日不孚，已日乃孚，训已为过往，不辞甚矣。顾炎武《日知录》谓朱子发读为戊己之己，当从之。按虞氏注云：离为日，孚谓坎，四动体离，故己日乃孚，是虞氏亦以离为己日，读为戊己之己明甚，而非始于朱子发。元亨利贞，即春夏秋冬，《彖传》所谓四时也。四时更代，乃革之最大者。卦巽居春夏之交，离为夏，兑为秋，乾为冬，故曰元亨利贞，纯取革义。辞虽与乾《彖》同，义则殊也。

按:“巳”是指地支巳,“巳日乃孚”是说这一天阳气达到盈满的状态。下卦离为“巳日”,九三爻与九五爻互卦为乾,乾为“孚”,所以系辞为“巳日乃孚”。

乾为元亨利贞,所以系辞为“元亨利贞”。

下卦离与坎旁通,坎象不见,上卦兑为悦,所以系辞为“悔亡”。

《象》曰:革,水火相息;二女同居,其志不相得,曰“革”。

虞翻:息,长也。离为火,兑为水。《系》曰:“润之以风雨。”风,巽;雨,兑也。四革之正,坎见,故独于此称“水”也。二女离兑,体同人象。蒙艮为居,故“二女同居”。四变体两坎象,二女有志,离火志上,兑水志下,故“其志不相得”,坎为志也。

来知德:以卦象释卦名,以卦德释卦辞而极赞之。火燃则水干,水决则火灭,有相灭息之势。少女志在艮,中女志在坎,有不相得之情。水火以灭息为革,二女以不能同居各出嫁为革,故曰革。

张惠言:乾坤相为消息。言兑当言“雨”。二女同自蒙来。

尚秉和:息,长也。言更代用事也。但兑离皆阴卦,《易》之道阴遇阳,阳遇阴,方志得,若阴遇阴,阳遇阳,则为敌矣。中孚六三曰得敌,艮《象》曰“敌应”,是也。故其志不相得。巽为志,二至上正反巽,故不相得。

按:“革,水火相息”是从地理学的角度解释卦名“革”字的意思。上卦泽为水,下卦离为火,水火相克,所以系辞为“革,水火相息”。

“二女同居,其志不相得”是从人文学的角度解释卦名“革”字的意思。下卦离为中女,上卦兑为少女,离女属火,志在上行,泽女属水,志在下行,所以系辞为“二女同居,其志不相得”。

“巳日乃孚”,革而信之;

来知德:革而信之者,言革而人相信也。东征西怨,南征北怨,革而信之之事也。

尚秉和:己,中央土。仁义礼智信,信亦隶中央,故曰己日乃孚。革而信之,信故无悔。

按:“革而信之”是对“巳日乃孚”的解释。

六二爻与九五爻阴阳相应,互卦为姤,一阴滋生,天道变革,乾为“信”,所以系辞为“革而信之”。

文明以说,大亨以正;

虞翻:文明谓离。说,兑也。大亨谓乾。

来知德:离之德明,兑之德悦,明则识事理而所革不苟,悦则顺时势而所革不骤。大亨者,除弊兴利,一事之大亨也;伐暴救民,举世之大亨也。以正者,揆之天理而顺,即之人心而安也。

按:“文明以说,大亨以正”是对“元亨利贞”的解释。

下卦离为文明,上卦兑为悦,六二爻与九五爻居中正之位，所以系辞为“文明以说，大亨以正”。

革而当，其悔乃亡。

虞翻：四动成既济定，故“大亨以正，革而当位，故悔乃亡”也。

来知德：又亨又正，则革之攸当，所以悔亡，正所谓革而信之也。

按：“革而当，其悔乃亡”是对“悔亡”的解释。

下卦离为夏至，一阴滋生，上卦兑为秋，由夏转秋，天道变革，顺天而行，所以系辞为“革而当，其悔乃亡”。

天地革而四时成，

虞翻：谓五位成，乾为天，蒙坤为地，震春兑秋，四之正，坎冬离夏，则四时具，坤革而成乾，故“天地革而四时成”也。

来知德：阳极则阴生而革乎阳，阴极则阳生而革乎阴，故阴往阳来而为春夏，阳往阴来而为秋冬，四时成矣。

张惠言：消息则乾革成坤。四革命是也。坤之凝元则乾革坤，“天地革而四时成”皆阳也。

尚秉和：四时相代实相革，期无或爽，信也。

按：九五爻与六二爻阴阳相应，上下相通，下卦离为夏，与坎旁通，坎为冬，上卦兑为秋，与震相对，震为春，春夏秋冬四时齐备，所以系辞为“天地革而四时成”。

汤武革命，顺乎天而应乎人。

虞翻：汤武谓乾，乾为圣人。天谓五，人谓三；四动，顺五应三，故“顺天应人”，巽为命也。

来知德：命者，王者易姓受命也。王者之兴，受命于天，故曰革命。天命当诛，顺天也；人心共忿，应人也。

张惠言：五，天位。三，人位。四顺五，上应三。

尚秉和：汤武革命，天人皆应，亦信也。

按：“汤武革命，顺乎天而应乎人”是从卦象引申出来的人文思想。

历史上商汤灭夏桀，周武王灭殷纣，被称为“汤武革命”。下卦离火为革命，六二爻与九五爻阴阳相应，天人相通，所以系辞为“顺乎天而应乎人”。

革之时大矣哉！

来知德：天道改变，世道迁移，此革之大者。然要之，同一时也，时不可革，天地、圣人不可先时；时所当革，天地、圣人不能后时，革之时不其大哉？故曰“礼，时为大，顺次之，体次之，宜次之，称次之”。尧授舜，舜授禹，汤放桀，武王伐纣，时也。

尚秉和：不信则不能革，故时之所关甚大，此其义也。

按：下卦离为夏，上卦兑为秋，天道变革，人间易容，所以系辞为“革之时大矣哉”。

象曰：泽中有火，革；

来知德：水中有火，水若盛则息火，火或盛则息水，此相革之象也。

张惠言：火，阳。泽，阴。“泽中有火”，水成火藏，坤凝乾象也。

按:“泽中有水,革”是从地理学的角度解释卦象。

上卦兑为泽,下卦离为火,火燃水变,所以系辞为“泽中有火,革”。

君子以治历明时。

虞翻:君子,遁乾也。历象,谓日月星辰也。离为明,坎为月,离为日,蒙艮为星,四动成坎离,日月得正,“天地革,四时成”,故“君子以治历明时”也。

来知德:历者,经历也,次也,数也,行也,过也,盖日月五纬之躔次也。又作“曆”。时者,四时也。治历以明其时。昼夜者,一日之革也。晦朔者,一月之革也。分至者,一年之革也。元会运世者,万古之革也。

尚秉和:历者,日月星辰之所历,识其处以定四时。《书》所谓敬授民时,《大戴记》之《夏小正》,《小戴记》之《月令》,皆历也。卦上兑为月,下离为日,乾为寒,离为暑,兑雨巽风皆备,故君子法之,以治历明时。

按:“君子以治历明时”是从卦象引申出来的人文思想。

能够效法革卦的人被称为“君子”。下卦离为日、为夏,上卦兑为月、为秋,日月运行,一寒一暑,春夏秋冬,四时代序,所以系辞为“君子以治历明时”。

初九:巩用黄牛之革。

来知德:离为牛,牛之象也。中爻乾错坤,黄之象也。

巩者，固也，以皮束物也。束之以黄牛之革，则固之至矣。此爻变，即遁之艮止矣，艮止，故不革，所以爻辞同。本卦以离火革兑金，下三爻主革者也，故二三爻言“革”；上三爻受革者也，故四言“改”，五、六言“变”。

初九当革之时，以阳刚之才可以革矣，然居初位卑，无可革之权，上无应与，无共革之人，其不可有为也必矣，但阳性上行，火性上炎，恐其不能固守其不革之志，故圣人教占者曰：革道非轻，不可妄动，必固之以黄牛之革而后可。所以其象如此。

张惠言：惠征士云：“巩，固也。蒙坤为黄牛，艮皮为革。得位无应，未可以动，故‘巩用黄牛之革’。”

尚秉和：离外刚，故曰巩。巩，固也。离为牛。《左传》曰纯离为牛，离六二云黄离，故曰黄牛。乃虞翻则谓离无牛象，干宝谓离爻本坤，故曰黄牛，皆非也。离外坚为甲，故为革。革，皮去毛者也。固莫固于牛革。言初当勿用之时，不可妄动，宜固守也。牛革所以喻其固也。

按：下卦离为“黄牛”、为“革”，初九爻上无感应，潜龙勿用，所以系辞为“巩用黄牛之革”。

《象》曰：“巩用黄牛”，不可以有为也。

虞翻：得位无应，动而必凶，故“不可以有为也”。

来知德：无位无应之故。

尚秉和：初潜龙勿用，故不可以有为。又上无应，即不信也。不信即不可革。

按:“不可以有为也”是对“巩用黄牛”的解释。

初九爻上无感应,潜龙勿用,所以系辞为“不可以有为也”。

六二:巳日乃革之,征吉,无咎。

来知德:离为日,日之象也。阴土,己之象也。此爻变夬,情悦性健,故易于革。六二以文明之才而柔顺中正,又上应九五之君,故人皆尊而信之,正所谓“己日乃孚,革而信之”者也,故有此象。占者以此而往,则人皆乐于耳目之新,有更化善治之吉,而无轻变妄动之咎矣,故占者吉而无咎。

张惠言:二应于五,为四所隔,故“己日乃革之”。二为离,水火相息也。之应,故“征吉”。体蒙震为征,正位,故“无咎”。

尚秉和:二离主爻,离贞己,故曰己日。二有应,故曰己日乃革。二遇阳,故征吉而无咎也。按二为日中,王弼以过往诂己日,故决知其非是。

按:下卦离为“巳日”,六二爻一阴滋生,所以系辞为“巳日乃革之”。

六二爻与九五爻阴阳相应,居中正之位,顺天而行,所以系辞为“征吉,无咎”。

《象》曰:“巳日革之”,行有嘉也。

虞翻:嘉谓五,乾为嘉。四动承五,故“行有嘉”矣。

来知德:应九五,故有嘉,即“征吉”二字也。

尚秉和:乾为嘉。行有嘉,谓二征则遇阳,遇阳,故吉。

按:“行有嘉也”是对“巳日革之”的解释。

六二爻上承乾卦,与九五爻阴阳相应,乾为“行”、为“嘉”,六二爻顺天而行,得天护佑,所以系辞为“行有嘉也”。

九三:征凶,贞厉。

来知德:九三以刚居刚,又居离之极,盖革之躁动而不能详审者也,占者以是而往,凶可知矣。故虽事在所当革,亦有危厉。

张惠言:亦体蒙震为征。三应于上,四未变,逆乘,故“征凶”。得位,故“贞”。革命之际,当危也。

尚秉和:三临重阳,阳遇阳则窒,故征凶,卜问厉也。

按:九三爻与九五爻互卦为乾,乾为行,上卦兑为毁折,九三爻动则有凶,所以系辞为“征凶”。

九三爻居巽卦中央,巽为疾,所以系辞为“贞厉”。

革言三就,有孚。

来知德:革言者,革之议论也。正应兑为口,言之象也。中爻乾为言,亦言之象也。就者,成也。三就者,商度其革之利害可否,至再至三而革之议论定也。离居三,三就之象也。故同人曰“三岁不兴”,未济曰“三年有赏于大国”,既济曰“三年克之”,明夷曰“三日不食”,皆以离居其三也。若坎之“三岁不得”,困之“三岁不觌”,解之“田获三品”,皆离之错也。渐之“三岁不孕”,巽之“田获三品”,皆以中爻合离也;丰之“三岁不觌”,以上六变而为离也。

周公爻辞其精至此。然当革之时,不容不革,故必详审其利害可否,至于三就,则人信而相孚,可以革矣,故教占者必如此。

张惠言:蒙震为言。“有孚”谓五。三至五,三爻,四变,五三皆坎,故“革言三就,有孚”。就,成也。

尚秉和:然三应在上,上兑为言,而兑为毁折,故曰革言。就,即也,遇也。革言三就,有孚者,言三虽得敌,不能应上;若上六即三,则甚顺利而有孚也。兑为言,乾亦为言,言多,故曰三就。又三在三爻,损六三云三人行,需上六云三人来,皆以在三爻,取数于三。三就者,三遇也,谓革言来之多也。有孚者,上孚于三也。易理失传,旧解于征凶之故,莫有明者。岂知征凶、贞厉,谓阳遇阳;下二句谓上应三,义不相属也。

按:下卦离为“革”、为“三”,上卦兑为“言”,九三爻与上六爻阴阳相应,所以系辞为“革言三就”。

九三爻与九五爻互卦为乾,乾卦阳气充盈,所以系辞为“有孚”。

《象》曰:“革言三就”,又何之矣。

虞翻:四动成既济定,故“又何之矣”。

来知德:言议革之言,至于三就,则利害详悉,可否分明,又复何之?

张惠言:革道大成,无取之应。

尚秉和:之,往也。又何之者,言上六即三,不必他往也。盖革言日至则孚者众而事已审，革之而已，勿再犹豫不定也。

按："又何之矣"是对"革言三就"的解释。

九三爻当升至上六的位置，不必再犹豫，所以系辞为"又何之矣"。

九四：悔亡，有孚改命，吉。

虞翻："革而当，其悔乃亡。"孚谓五也，巽为命，四动五坎改巽，故"改命吉"。四乾为君，进退无恒，在离焚弃，体大过死，《传》以比桀纣。"汤武革命，顺天应人"，故"改命吉"也。

来知德：改命者，到此已革矣。离交于兑，改夏之命令于秋矣，所以不言革而言改命，如汤改夏之命而为商，武改商之命而为周是也。九四之位，则改命之大臣，如伊尹、太公是也。有孚者，上而孚于五，下而孚于民也。

九四卦已过中，已改其命矣，改命所系非轻，恐有所悔，然时当改命，不容不改者也，有何悔焉？是以悔亡。惟于未改之先，所改之志孚于上下，则自获其吉矣。故教占者必如此。

张惠言：离四亦乾四。《象》注云："'天'谓五，'人'谓三。"

尚秉和：四失位宜有悔，无应予则无孚，然九四居乾之中，乾为信，故无悔而有孚。巽为命，四至上巽覆，是改命也。《易林》大畜之夬云：太子扶苏，出于远郊；佞幸成邪，改命生忧。即以夬上兑为改命,本此也。改命则革也。盖初以时未至而固守,二孚于天时,三孚于人事,至四遂实行改革矣。乾四云或跃在渊,与此理同也。自覆象失传,旧解皆以四变阴成既济为改命。既济者终止,何吉之有哉? 非也。

按:九四爻阳居阴位不正,居乾卦中央,阳气充盈,所以系辞为"悔亡"。

九四爻居乾卦中央,乾为"有孚",与六二爻互卦为巽,巽为"命",九四爻顺天而动,所以系辞为"有孚改命"。

上卦兑为悦,所以系辞为"吉"。

《象》曰:改命之吉,信志也。

虞翻:四动成坎,故"信志也"。

来知德:志者,九四之志也。信志者,信九四所改之志也。上而信于君,下而信于民,必如是信,我方可改命也。信乃诚信,即爻辞"孚"字。

尚秉和:巽为志。改命则实行革命,故曰伸志,言得行其志也。志行,故吉。

按:"信志也"是对"改命之吉"的解释。

九四爻与六二爻互卦为巽,巽为"志",乾为"信",九四爻改命的志向得到实现,所以系辞为"信志也"。

九五:大人虎变,未占有孚。

虞翻:乾为大人,谓五也。蒙坤为虎变。《传》论汤武以坤臣为君。占,视也。离为"占",四未之正,五未在坎,故"未占有孚"也。

来知德:阳刚之才,中正之德,居尊位而为革之主,得称大人。兑错艮,艮为虎,虎之象也。兑为正西,乃仲秋。鸟兽毛毨,变之象也。乾之五则曰龙,革之五则曰虎。若以理论,揖逊者见其德,故称龙;征诛者见其威,故称虎。三四之有孚者,乃水火相交之际,教占者之有孚也。五之有孚,即汤武未革命之先,四海徯后之思,未占而知其有孚矣。

九五以阳刚中正之才德,当兑金肃杀之秋,而为顺天应人之举,九四为改命之佐,已改其命矣,是以大人者登九五之位,而宇宙为之一新,故有大人虎变之象。此则不待占决而自孚信者也。占者有是德,方应是占矣。

张惠言:由坤变,故曰"虎变"。革,乾革成坤,阳无消道,故以汤武坤臣象之。阳在五具坎体,四虽未变,五已"有孚"。

尚秉和:乾为大人、为虎。大人虎变者,喻大人履九五之尊,威德诞敷,崇高巍焕,改易旧观,故曰虎变。下有应,故未占而有孚也。乾虎象失传,后惟茹敦和、俞樾知之。虞翻以坤为虎,宋衷以兑为虎,皆非。

按:九五爻居中正之位为"大人",乾为"虎",上卦兑为"变",所以系辞为"大人虎变"。

下卦离与坎旁通,坎为"占",九五爻居中正之位与六二爻阴阳相应,上下相通,所以系辞为"未占有孚"。

《象》曰:"大人虎变",其文炳也。

虞翻:乾为大明,四动成离,故"其文炳也"。

来知德:文炳以人事论,“改正朔,易服色,殊徽号,变牺牲,制礼作乐,炳乎其有文章”是也。

张惠言:离为“文”。

尚秉和:五应二,二离为文,故其文炳。

按:“其文炳也”是对“大人虎变”的解释。

九五爻与六二爻阴阳相应,下卦离为文明,所以系辞为“其文炳也”。

上六:君子豹变,

虞翻:蒙艮为君子、为豹,从乾而更,故“君子豹变”也。

来知德:杨子曰:“狸变则豹,豹变则虎。”故上六即以豹言之。革命之时,如鼓刀之叟佐周受命,此豹变者也。又如萧何诸臣,或为吏胥,或贩缯屠狗,后皆开国承家,列爵分土,亦豹变者也,即班孟坚所谓“云起龙骧,化为侯王”是矣。盖九五既虎变而为天子,则上六即豹变而为公侯。

张惠言:上由艮变。

尚秉和:伏艮为君子、为豹。君子豹变者,谓革命后佐命之勋,皆得封拜而有茅土,尊显富贵。易世成名,故曰豹变。

按:上卦兑与艮旁通,艮为“君子”、为“豹”,艮变为兑,所以系辞为“君子豹变”。

小人革面。

虞翻:阴称小人也,面谓四,革为离,以顺承五,故“小人革面”。

来知德:若下句“小人”,则百姓矣。革面者,言旧日面从于君者亦革也。如民之从桀者,不过面从而心实不从也,及汤师之兴,则东征西怨,南征北怨,面从之伪皆革,而心真实以向汤矣。如民之从纣者,不过面从而心实不从也,及化行南国,《泰誓》《牧誓》则面从之伪皆革,而心真实以向文武矣。盖以力服人者,面从者也;以德服人者,中心悦而诚服也,心从者也。

张惠言:四变,阴“小人”。在乾首中,故“面”。

尚秉和:阴称小人。艮为面,艮伏,故革面。小人革面者,谓革命之后,除旧布新,小民皆改易其视向也。面,向也,《史记·项羽本纪》马童面之是也。

按:艮为“小人”、为“面”,艮变为兑,兑为悦,所以系辞为“小人革面”。

征凶,居贞吉。

虞翻:乘阳失正,故“征凶”。得位,故“居贞吉”,蒙艮为居也。

来知德:征凶者,“圣人作而万物睹”,别有所往,则为梗化之民而凶矣。居者,征之反也。君子豹变者,变其旧日之冠裳也。小人革面者,革其旧日之诈伪也。上六当世道革成之后,而天命维新矣,公侯则开国承家,百姓则心悦诚服,有君子豹变、小人革面之象,故戒占者不守其改革之命而别有所往则凶,能守其改革之命则正而吉也。

尚秉和:上六当位,不宜动,宜静,故征凶,居吉。艮,面象,《易林》遁之蒙云:云过吾面。以蒙坎为云,艮为面。

虞氏谓面指四,非。

按:上六爻与九三爻阴阳相交,所以系辞为“征凶”。

上六爻居正位,不与九三爻相交,所以系辞为“居贞吉”。

《象》曰:“君子豹变”,其文蔚也;

虞翻:蔚,蔇也。兑小,故“其文蔚也”。

来知德:其文蔚者,冠裳一变,人物一新也。顺以从君也者,兑为悦,悦则顺,即中心悦而诚服也。蔚本益母草,其花对节相开,亦如公侯相对而并列,故以蔚言之。豹次于虎,兽不同也。炳从虎,蔚从草,文之大小显著不同也。

张惠言:《说文》曰:“蔇,草多貌。”蔚、蔇,皆繁缛之貌也。

尚秉和:下应三,离为文。

按:“其文蔚也”是对“君子豹变”的解释。

上卦兑为光,所以系辞为“其文蔚也”。

“小人革面”,顺以从君也。

虞翻:乾,君,谓五也。四变顺五,故“顺以从君也”。

来知德:顺以从君者,兑为悦,悦则顺,即中心悦而诚服也。

尚秉和:面,向也,故曰顺以从君。言下顺乾也。

按:“顺以从君也”是对“小人革面”的解释。

上卦兑反卦为巽,巽为“顺”,上六爻顺从九五爻,所以系辞为“顺以从君也”。

五〇　鼎卦

䷱离上巽下

鼎：

来知德：鼎者，烹饪之器，其卦巽下离上，下阴为足，二三四阳为腹，五阴为耳，上阳为铉，鼎之象也。又以巽木入离火而致烹饪，鼎之用也。《序卦》："革物者莫若鼎，故受之以鼎。"所以次革。

张惠言：消息卦。通屯，以离五应坎五，复生其下。《杂卦》曰"鼎，取新也"，言故乾去而新震来，犹和水火以新物，故取象而名"鼎"。内卦候在五月，外卦六月。卦"元吉亨"，唯取坎离交五生复之义也。《象》取初四变大畜，三动未济，言阴凝阳未出震也。爻兼取诸爻动，唯上不变，则成家人。然五注云："三贯鼎两耳，乾为金。"则三盖复出，变上成既济也。

按："鼎"是卦名，卦象由上离下巽构成。《周易·序卦传》言："革物者莫若鼎，故受之以鼎。"鼎卦下卦巽为木，上卦离为火，燃木生火，是烹饪之象，所以卦象被命名为"鼎"。

鼎卦与屯卦旁通。

元吉，亨。

虞翻：大壮上之初，与屯旁通。天地交，柔进上行，得中应乾五刚，故“元吉，亨”也。

来知德：《彖辞》明。观孔子《彖辞》“是以元亨”，则“吉”字当从《本义》作衍文。

张惠言：据大壮应初之上，云“上之初”，非大壮也。屯自坎二之初，则鼎离二之初，阳生不取阴卦，故从大壮而变其例。乾坤出离坎。《彖》注谓“柔”谓五，“进”谓巽，“行”谓震。盖以屯二居五为“进”，以巽通震也。五，乾元正。

尚秉和：“元”谓五。得位有应，故“吉亨”。

按：鼎卦下卦巽为木，上卦离为火，木生火，九二爻与六五爻阴阳相通，所以系辞为“元吉，亨”。

《彖》曰：鼎，象也。

虞翻：六十四卦皆“观象系辞”，而独于鼎言象，何也？“象事知器”，故独言“象也”。

来知德：象者，六爻有鼎之象也。

张惠言：谓观文王之辞以释卦名。《系》注云：“坤为‘器’，乾五之坤为‘象’，故‘象事知器’。”谓坤凝乾元，莫盛于鼎，故于鼎之“取新”言象。

尚秉和：端木国瑚曰：鼎之象不在鼎，而在伏象屯。屯下震为足，互坤为腹，上坎为耳，为铉，凡鼎之象无一不备。后人不知《易》于正伏象不分，谓下阴为足，中三阳为腹，五阴为耳。《易》焉有巽足、乾腹、离耳之象哉？按端木氏说是也。二千年误解，得是而正，其功甚伟。

按：“鼎，象也”是说明鼎卦的命名来源于象形。

以木巽火，亨饪也。

来知德：巽者，入也，以木入于火也。亨，煮也。饪，熟食也。亨饪有调和之意，故《论语》曰失饪不食。象者，鼎之体；亨饪者，鼎之用，所以名鼎。

张惠言：屯、鼎通震，木巽于下，火炎于上二烁水，亨饪之象。

尚秉和：鼎之用在亨饪。以木巽火，鼎之用也。

按：鼎卦下卦巽为木，上卦离为火，燃木生火，烧火煮饭，所以系辞为"以木巽火，亨饪也"。

圣人亨以享上帝，而大亨以养圣贤。

虞翻：圣人谓乾。初四易位，体大畜，震为帝，在乾天上，故曰"上帝"。体颐象，三动噬嗑食，故"以享上帝"也。大享谓"天地养万物"，"圣人养贤以及万民"。贤之能者，称圣人矣。

来知德：圣人者，君也。圣贤者，臣也。古人有圣德者，皆可称圣，如《汤诰》称伊尹为"元圣"是也。亨饪之事不过祭祀、宾客而已。祭祀之大者无出于上帝，宾客之重者无过于圣贤。享上帝贵质，故止曰亨；享圣贤贵丰，故曰大亨。所以享帝用特牲，而享圣贤有饔牲牢礼也。

张惠言：此引颐《象》，非取颐象也。颐象"雉膏不食"，可以享帝，不可以养圣贤，谓颐以下养上，上九为"贤"，鼎以九三变未济，应上体噬嗑食，上体大有，上九为"圣贤"，三乾阳为"大"，故"大亨以养圣贤"。下云"巽而耳目聪明”，申成此义。

尚秉和：乾为圣人。

按：“圣人亨以享上帝，而大亨以养圣贤”是从“以木巽火，亨饪也”引申出来的人文思想。

能够效法天地的人被称为“圣人”。木生火，是天地之间的烹饪之象，木生火的烹饪目的是为了向造物主献祭，所以系辞为“圣人亨以享上帝”。

“而大亨以养圣贤”是由“圣人亨以享上帝”引申出来的人间法则。既然天地之间万物的生灭都是对“上帝”的献祭，有了这个献祭，才有天地之间万物的生生不息，因此，人间社会，圣人治国理政必须效法天地，“大亨以养圣贤”，这是国泰民安的根本保证。

《礼记·郊特性》有言：“万物本乎天，人本乎祖，此所以配上帝也。”汉语思想中的“上帝”首先是指天地，此为万物之本；其次是指先祖，此为生命之源。人君治国一是要敬天顺地，祭祖报恩；二是要养贤任能，“得天下英才而用之”。这就是“圣人亨以享上帝，而大亨以养圣贤”的根本大义。

巽而耳目聪明，

虞翻：谓三也。三在巽上，动成坎离，有两坎两离象，乃称“聪明”。“日月相推而明生焉”，故“巽而耳目聪明”。“眇能视，不足以有明”，“闻言不信，聪不明”，皆有一离一坎象故也。

来知德:巽而耳目聪明者,内而此心巽顺,外而耳目聪明也。离为目,五为鼎耳,故曰耳目。皆有离明之德,故曰聪明。

尚秉和:离为目,兑为耳。六五为离兑主爻,故曰耳目聪明。虞翻谓三动成坎离,以坎为耳,后儒多从之。岂知三当位,焉能之不正?任意如此,何象不可得!按《易林》观之中孚云:鼎炀其耳 。以中孚下兑为耳。比之丰云:李耳汇鹊。亦以丰互兑为耳。盖坎之为耳以其陷,兑亦坑坎也,故亦为耳。三爻鼎耳革,五爻鼎黄耳,象甚明也。

按:下卦巽为风、为"耳"、为"聪",上卦离为"目"、为"明",所以系辞为"巽而耳目聪明"。

柔进而上行,得中而应乎刚,是以"元亨"。

虞翻:柔谓五,得上中,应乾五刚;巽为进,震为行,非谓应二刚,与睽五同义也。

来知德:柔进而上行者,鼎综革,二卦同体,文王综为一卦,故《杂卦》曰"革去故也,鼎取新也",言革下卦之离进而为鼎之上卦也。进而上行,居五之中,应乎二之刚也。若以人事论,内巽外聪,有其德;进而上行,有其位;应乎刚,有其辅,是以元亨。

张惠言:不正,故曰"上中"。屯五。通屯之象。睽五应蹇五。

按:"柔进而上行,得中而应乎刚"是对"元亨"的解释。六五爻居中位在上,与九二爻阴阳相应,所以系辞为

"柔进而上行,得中而应乎刚"。

《象》曰:木上有火,鼎;

张惠言:木之传火,转续相生,犹乾生震继于离也。

按:"木上有火,鼎"是从地理学的角度解释卦象。

下卦巽为木,上卦离为火,燃木生火,所以系辞为"木上有火,鼎"。

君子以正位凝命。

虞翻:君子谓三也。鼎五爻失正,独三得位,故"以正位凝成也"。体姤,谓"阴始凝",初巽为命,故"君子以正位凝命"也。

来知德:正对偏倚言,凝对散漫言。正位者,端庄安正之谓,即斋明盛服,非礼不动也。凝者,成也,坚也。命者,天之命也。凝命者,天命凝成坚固,国家安于盘石,所谓"协乎上下,以承天休"也。鼎譬之位,命譬之实,鼎之器正,然后可凝其所受之实;君之位正,然后可凝其所受之命。鼎综革,故革亦言命。孔子因大禹铸九鼎象物,成王定鼎于郏鄏,卜世三十,卜年七百,所以说到"正位凝命"上去。周烈王二十三年,九鼎震,此不能正位凝命之兆也。其后秦遂灭周,取九鼎,则鼎所系匪轻矣,故以鼎为宗庙之宝器。及天宝五年,宰臣李适之常列鼎俎,具膳羞,中夜鼎跃相斗不解,鼎耳及足皆折,岂以明皇不能正位凝命而有幸蜀之祸与?

张惠言:乾未出,震赖坤凝之,三变"养贤"以成复震,是谓“凝命”。

尚秉和:鼎偏倚则势危,故贵正。不正则餗覆。鼎敛实于内,故贵凝。不凝则实漫矣。故君子取之,以正位凝命。

按:“君子以正位凝命”是从卦象引申出来的人文思想。

能够效法鼎卦的人被称为“君子”。上卦离为日、为上,下卦巽为万物、为命,万物顺天而行,万物生长靠太阳,所以系辞为“君子以正位凝命”。

初六:鼎颠趾,利出否,

虞翻:趾,足也。应在四,大壮震为足,折入大过,大过,颠也,故“鼎颠趾”也。初阴在下,故否。利出之四,故曰“利出”。

来知德:巽错震,震为足,趾之象也。巽为长女,位卑居下,妾之象也。震为长子,子之象也。鼎为宝器,主器者莫若长子,则子之意亦由鼎而来也。颠趾者,颠倒其趾也。凡洗鼎而出水,必颠倒其鼎,以鼎足反加于上,故曰颠趾。否者,鼎中之污秽也。利出否者,顺利其出否也。故孔子曰:“鼎取新也。”

张惠言:初从大壮上来。否,闭也。

尚秉和:震为趾,震伏巽陨,故曰颠趾。巽为臭腐,故曰否。否,恶也,污也。初在下卑污之地,出之四,则各当位而利矣。

按:初六爻为“趾”,下卦巽为进退,摇摆不定,所以系辞为“鼎颠趾”。

下卦巽为利、为臭腐,初六爻与九四爻阴阳相应,“鼎颠趾”,有利于倾倒出鼎中的臭腐之物,所以系辞为“利出否”。

得妾以其子,无咎。

虞翻:兑为妾,四变得正成震,震为长子,继世守宗庙而为祭主,故“得妾以其子,无咎”矣。

来知德:得者,获也。得妾者,买妾而获之也。以者,因也,因其子而买妾也。言洗鼎之时,趾乃在下之物,不当加于其上,今颠于上,若悖上下之序矣。然颠趾者,不得已也,以其顺利于出否也。亦犹一夫一妇,人道之常,既有妻,岂可得妾?今得其妾,若失尊卑之分矣,然得妾者不得已也,以其欲生子,而不得不买妾也。得妾以其子,又颠趾出否之象也。

初六居下,尚未烹饪,正洗鼎之时,颠趾以出否,故有得妾以其子之象。占者得此,凡事迹虽若悖其上下尊卑之序,于义则无咎也。

张惠言:“亨以享上帝”,取此象。故注及“继世守宗庙,为祭主”,其实此非出震爻,故上仍取未济。

尚秉和:四兑为妾,四来初是得妾也。初之四体震,震为子,是得妾兼得子也,故利出也。

按:初六爻与九四爻阴阳相交,上下易位,变为大畜卦:䷱→䷙,大畜卦六四爻与九二爻互卦为兑,兑为“妾”,

上卦艮为“子”,所以系辞为“得妾以其子”。

九四爻阳变阴,正位,所以系辞为“无咎”。

《象》曰:“鼎颠趾”,未悖也。

来知德:未悖者,未悖于理也。言以颠趾于鼎之上,虽若颠倒其上下之序,然洗鼎当如此,未为悖理也。

张惠言:未至悖乱。

尚秉和:悖,逆也。初阴顺阳,故曰未悖。

按:“未悖也”是对“鼎颠趾”的解释。

大畜卦上卦艮为阴终阳始,阴顺阳,所以系辞为“未悖也”。

“利出否”,以从贵也。

虞翻:出初之四,承乾五,故“以从贵也”。

来知德:贵对贱言。鼎中之否,则贱物也。以从贵者,欲将珍羞贵重之物,相从以实于鼎中,不得不出其否贱以濯洁也。

尚秉和:初承阳应四,故曰从贵。

按:“以从贵也”是对“利出否”的解释。

初六爻与九四爻相交,阴为“贱”,阳为“贵”,所以系辞为“以从贵也”。

九二:鼎有实,

虞翻:二为实,故“鼎有实”也。

来知德:鼎有实者,既洗鼎矣,乃实物于其中也。阳实阴虚,故言实。

张惠言:阳,实也。

尚秉和:乾为实。

按:九二爻与九四爻互卦为乾,乾为“实”,所以系辞为“鼎有实”。

我仇有疾,不我能即,吉。

虞翻:坤为我,谓四也。二据四妇,故相与为仇。谓三变时,四体坎,坎为疾,故“我仇有疾”。四之二历险,二动得正,故“不我能即,吉”。

来知德:仇者,匹也,对也,指初也。疾者,阴柔之疾也。即者,就也。言初虽有疾,九二则刚中自守,不能使我与之即就也。此九二之能事,非戒辞也。

九二以刚居中,能守其刚中之实德,虽比于初,而不轻于所与,有鼎有美实,“我仇有疾,不我能即”,而浼我实德之象。占者如此,则刚中之德不亏,吉可知矣。

张惠言:四当变坤爻。初为“四妇”。谓二不变,则与四争,初变正得吉。

尚秉和:仇,匹也,指五。五乘阳势逆,不能即二,故曰有疾。豫六五乘刚曰贞疾,兹与之同。我谓二。二为三四所隔,既不能即五;五因乘刚有疾,亦不能即二。然我与我仇,究为正应。始虽阻,终必合也,故结之曰吉。《象》曰终无尤,即谓二五终合也。

按:“仇”是匹对的意思。九二爻与六五爻阴阳相应,九二爻为“我”,六五爻为“仇”,六五爻与九三爻互卦为兑,兑为"疾",所以系辞为"我仇有疾"。

六五爻"有疾",不能当即与九二爻相交,所以系辞为"不我能即"。

九二爻居中位,所以系辞为"吉"。

《象》曰:"鼎有实",慎所之也。

虞翻:二变之正,艮为顺。

来知德:慎所之者,慎所往也。此一句亦言九二之能事,非戒辞也,言九二有阳刚之实德,自能慎于所往,择善而交,不失身于阴党也。

尚秉和:之,往也。二前临重阳,行不利,故慎所之。

按:"慎所之也"是对"鼎有实"的解释。

九二爻与九四爻互卦为乾,乾为"慎",九二爻居中不动,所以系辞为"慎所之也"。

"我仇有疾",终无尤也。

虞翻:"不我能即,吉",故"终无尤也"。

来知德:终无尤者,言我仇虽有疾,然慎于所往,不我能即,而不失身于彼,有何过尤哉?

尚秉和:二五终合,故终无尤。按此爻旧解,鲜有当者。一仇字失诂,虞翻谓二据四妇,四为仇;朱子以仇为初。阳遇阳为敌之义,自汉失传,故慎所之三字,皆莫知所谓。清儒以汉为步趋,汉儒误,遂无不误矣。

按:"终无尤也"是对"我仇有疾"的解释。

九二爻与六五爻终将阴阳相交,上下易位,变为遁卦:

䷱→䷠，下卦巽变为艮，艮为“终”，上卦离变为乾，乾为“无忧”，所以系辞为“终无尤也”。

九三：鼎耳革，其行塞，雉膏不食。

虞翻：动成两坎，坎为耳，而革在乾，故“鼎耳革”。初四变时，震为行，鼎以耳行，伏坎，震折而入乾，故“其行塞”。离为雉，坎为膏，初四已变，三动体颐，颐中无物，离象不见，故“雉膏不食”。

来知德：三变为离为坎，坎为耳，耳之象也。革者，变也，坎为耳痛，耳革之象也。三未变，错震足为行，三变则成坎陷，不能行矣，行塞之象也。其行塞者，不能行也。离为雉，雉之象也。坎为膏，膏之象也。中爻兑，三变则不成兑口，不食之象也。

张惠言：三不变而初四变，伏坎为震所折而入乾。三正位不宜变，而卦取“大亨以养圣贤”，三宜动而应上，故言三之不可不变如此。言三与初四俱变，又为“不食”之象，故上取三独变。

尚秉和：三至五兑为耳，巽陨落，故曰耳革。行，道也。《易林》复之中孚云：鼎炀其耳，热不可举；大路壅塞，旅人心苦。以行为道路。盖三承乘皆阳，阳遇阳，故其行塞。上离为雉，兑为膏。雉膏在上，乃上不应三，故雉膏不食。

按：九三爻与六五爻互卦为兑，兑位先天为坎，坎为“耳”，坎变为兑，兑为毁折，所以系辞为“鼎耳革”。

九三爻在乾卦中央，动弹不了，所以系辞为“其行塞”。

上卦离为“雉”，与坎卦旁通，坎为“膏”，九三爻与九六爻同性相斥，兑为口，所以系辞为“雉膏不食”。

方雨，亏悔，终吉。

虞翻：谓四已变，三动成坤，坤为方，坎为雨，故曰“方雨”。三动亏乾而失位，悔也。终复之正，故“方雨，亏悔，终吉”也。

来知德：三变则内坎水，外亦坎水，方雨之象也。鼎之所赖以举行者，耳也，三居木之极，上应火之极，木火既极，则鼎中腾沸，并耳亦炽热革变，而不可举移矣，故其行塞也。雨者，水也。亏者，损也。悔者，鼎不可举移，而雉膏之美味不得其食，不免至于悔也。方雨，亏悔者，言耳革不食，惟救之以水耳。方雨则能亏损其腾沸炽热之势，而悔者不至于悔矣。终吉者，鼎可移，美味可食也。

九三以阳刚居鼎腹之中，本有美实之德，但应与木火之极，烹饪太过，故有耳革、行塞、雉膏不食之象。然阳刚得正，故又有方雨亏悔之象。占者如是，始虽若不利，终则吉也。

张惠言：坎者四不动而三独变。三动而“养圣贤”，然后复正而定既济，所谓权也。

尚秉和：兑为雨，为昧，故曰亏悔。亏悔，不明也。吴先生云：悔，晦也。按《易林》复之鼎云：阴雾作匿，不见白日。不见白日，亏也。《子虚赋》：日月蔽亏；江淹诗：金峰各亏日，是也。阴雾作匿，晦也。吴读与《易林》同也。终吉者，初之四则三临重阴，阳得阴则通，故吉。

按：上卦离为日，与坎卦旁通，坎为“雨”，雨水到来尚需时日，所以系辞为“方雨”。

九三爻与六五爻互卦为兑，兑为暗昧、为毁折，所以系辞为“亏悔”。

兑与艮旁通，艮为“终”，九三爻居正位，耐心等待，所以系辞为“终吉”。

《象》曰：“鼎耳革”，失其义也。

虞翻：鼎以耳行，耳革行塞，故“失其义也”。

来知德：义者，宜也。鼎烹饪之木火不可过，不可不及，方得烹饪之宜。今木火太过，则失烹饪之宜矣，所以耳革也。

尚秉和：义，宜也。鼎之用全在耳，今耳革失其用，故曰失义。

按：“失其义也”是对“鼎耳革”的解释。

坎变为兑，坎耳毁折，无所用，所以系辞为“失其义也”。

九四：鼎折足，覆公餗，

虞翻：谓四变时震为足，足折入兑，故“鼎折足”。鼎足折，则公餗覆，言不胜任。

来知德：四变，中爻为震，足之象也。中爻兑为毁折，折之象也。鼎实近鼎耳，实已满矣，今震动，覆之象也。餗者，美糁也。八珍之膳，鼎之实也。鼎以享帝养贤，非自私也，故曰“公餗”。

张惠言:此注见《释文》。言四不变之咎如此。

尚秉和:震为足,三至五兑,兑二折震,震象毁,故曰鼎折足。巽为餗,马云键也,郑云菜也。乃三至五巽覆,四为诸侯,三公之位,故曰覆公餗。巽餗之象,按《易林》未济之无妄云:求糜耕田。以无妄互巽为糜。而马氏训餗为键,与《易林》同,键即糜也。郑氏训为菜。按《韩奕》之诗曰:其蔌维何,维笋及蒲。疏引《易》曰鼎折足,覆公蔌。是餗与蔌通用。而郑训与《诗》合。盖皆巽象。

按:九四爻与初六爻阴阳相应,下卦巽为陨落,所以系辞为"鼎折足"。

九四爻与九二爻互卦为乾,乾为"公",巽为"餗","鼎折足",所以鼎中食物倾覆,所以系辞为"覆公餗"。

其形渥,凶。

虞翻:兑为形。渥,大形也。象入大过死,凶,故"鼎足折,覆公餗,其刑渥,凶"。

来知德:渥者,沾濡也,言覆其鼎,而鼎之上皆沾濡其美糁也。以人事论,项羽之入咸阳,安禄山之陷长安,宗庙烧焚,宝器披离,不复见昔日彼都人士之盛,其形渥之象也。不可依晁氏"其刑剧,凶"者,败国杀身也。若不以象论,以二体论,离、巽二卦成鼎,下体巽有足而无耳,故曰"耳革";上体离有耳而无足,故曰"折足"。

九四,居大臣之位,任天下之重者也,但我本不中不正,而又下应初六之阴柔,则委任亦非其人,不能胜大臣之任矣,卒至倾覆国家,故有此象。占者得此,败国杀身,凶可知矣。

尚秉和:刑剭,王弼作形渥,古音同通用。《管子·心术下》云:意然后刑,刑然后思。注:意感其事,然后呈形。是刑、形古通用。兹从各家。京云刑在頄为渥。《汉书·叙传》:底剭鼎臣。师古注:剭,厚刑。又《周礼·秋官·司烜氏》:邦若屋诛。郑注云:屋当读为其刑剭之剭。剭诛,谓不于市也。盖四不当位,故象凶如是。可从《九家》云:三公调阴阳,犹鼎之调五味。足折餗覆,犹三公不胜其任,而覆天子之美,故受此重辜也。王弼以形渥为沾濡,程子谓为汗赧。岂知《下系》云:德薄而位尊,鲜不及矣。谓及于刑辟也,即读为刑剭也。王、程所释,皆望文生义,非也。

按:九四爻居兑卦中央,兑为泽、为沾濡,所以系辞为“其形渥”。

九四爻阳居阴位不正,所以系辞为“凶”。

《象》曰:“覆公餗”,信如何也?

来知德:信者,信任也。言以餗委托信任于人,今将餗覆之,则所信任之人为如何也。

张惠言:三已变,四在坎为“信”,故曰“信如何”,言非信。

尚秉和:乾为信。信如何者,言行为如此,信仰失也。

按:“信如何也”是对“覆公餗”的解释。

九四爻与九二爻互卦为乾,乾为“信”,九四爻力不胜任，所以系辞为“信如何也”。

六五：鼎黄耳金铉，利贞。

虞翻：离为黄，三变坎为耳，故“鼎黄耳”。铉谓三，贯鼎两耳，乾为金，故“金铉”。动而得正，故“利贞”。

来知德：五为鼎耳。黄，中色。五居中，黄耳之象也。此爻变乾金，金铉之象也。以此爻未变而言，则曰黄；以此爻既变而言，则曰金。在鼎之上，受铉以举鼎者，耳也。在鼎之外，贯耳以举鼎者，铉也。盖铉为鼎之系，系于其耳，二物不相离，故并言之。

六五有虚中之德，上比上九，下应九二，皆其刚明，故有黄耳、金铉之象。鼎既黄耳、金铉，则中之为实者必美味矣。而占者则利于贞固也。因阴柔，故戒以此。

张惠言：此则三复正，成既济也。

尚秉和：兑为耳，离黄中，故曰黄耳。乾为金，故曰金铉。铉与扃同。《士冠礼》：设扃鼏。郑注：扃，今文为铉。《释文》：扃，鼎扛也。孔疏所谓贯鼎耳而扛之是也。伏坎象也。六五得中，下有应，故利贞。利贞，言二五应也。

按：上卦离与坎卦旁通，为“黄耳”、为“金铉”，所以系辞为“鼎黄耳金铉”。

六五爻居中位，与九二爻阴阳相应，下卦巽为“利”，所以系辞为“利贞”。

《象》曰：“鼎黄耳”，中以为实也。

来知德：黄，中色。言中，乃其实德也，故云“黄耳”。

张惠言:“实”谓乾五刚。

尚秉和:乾为实。九二云鼎有实,五得中应二,故中以为实。实指二,黄中色,故曰中以为实。

按:“中以为实也”是对“鼎黄耳”的解释。

九二爻居中,互卦为乾,乾为“实”,六五爻与九二爻阴阳相应,所以系辞为“中以为实也”。

上九:鼎玉铉。

虞翻:铉谓三,乾为玉铉。

来知德:上九居鼎之极,铉在鼎上,铉之象也。此爻变震,震为玉,玉铉之象也。玉岂可为铉?有此象也,亦如金车之意。鼎之为器,承鼎在足,实鼎在腹,行鼎在耳,举鼎在铉,鼎至于铉,厥功成矣。

张惠言:五正位,象乾之刚,故“金铉”。上圣贤,象乾之纯,故“玉铉”。复初成震,即此爻矣。

尚秉和:乾为玉,上九阳为直,故象玉铉。

按:上卦离与坎旁通,坎为“耳”,上九爻为“玉”,穿耳而过,所以系辞为“鼎玉铉”。

大吉,无不利。

虞翻:体大有上九“自天祐之”,位贵据五,三动承上,故“大吉,无不利”。谓三亏悔,应上成未济。虽不当位,六位相应,故“刚柔节”。《象》曰“巽耳目聪明”,为此九三发也。

来知德:功成可以养人,亦犹井之“元吉,大成”也,故

“大吉,无不利”。上九以阳居阴,刚而能柔,故有温润玉铉之象。占者得此,凡事大吉,而又行无不利也。占者有玉铉之德,斯应是占矣。

张惠言:此或失之。金玉铉皆当谓三,自未济复出,三出则诸爻皆正,故五“利贞”,上“大吉,无不利”。“刚柔节”谓既济定,未济不得“大吉”。

尚秉和:又上九以铉举鼎,动作自如,无有滞碍,故大吉,无不利,与大畜上九义同。《象》释曰刚柔节,以五阴为承也。

按:上九爻与九二爻互卦为大有,大有卦上九爻辞“自天祐之,吉无不利”,所以系辞为“大吉,无不利”。

《象》曰:玉铉在上,刚柔节也。

来知德:刚柔节者,言以阳居阴,刚而能节之以柔,亦如玉之温润矣,所以为玉铉也。

张惠言:谓三变承上,未济刚柔应。五利贞,既济刚柔应。

尚秉和:上阳得五阴为承,故曰“刚柔节”。诸家多以三变应上成未济,为“刚柔节”。岂知六爻独三当位,胡可使其失正?且变而成未济,六爻皆不安,胡能大吉?此自虞翻卦变伎俩,以济其穷者。可复申述之乎?

按:“刚柔节也”是对“鼎玉铉”的解释。

上九爻为“刚”,六五爻为“柔”,所以系辞为“刚柔节也”。

五一　震卦

䷲震上震下

震：

来知德：震者，动也，一阳始生于二阴之下，震而动也。其象为雷，其属为长子。《序卦》："主器者莫若长子，故受之以震。"所以次鼎。

张惠言：乾二五之坤。震，动也。一阳动于二阴之下，于息卦在临，次解。阴解散，阳震动，则成泰也。方伯之卦，初九春分，上六芒种。卦取四变成复。《彖》五出成随，四变承五为屯，言震德可以正也。爻变成既济，震巽特变，不取之巽者，阴阳之义。

尚秉和：震，振也，动也。一阳伏二阴之下，阳必上升，故振动而为雷，为起。《归藏》作釐。李过曰：釐者，理也。黄宗炎曰：谓雷釐地而出以作声。愚按，震为笑乐、为喜，而釐与僖通，《史记》以鲁僖公为釐公，是其证。《说文》：僖，乐也。与喜同。又震为生、为福，而釐亦为福。《前汉·文帝纪》：祠官祝釐。如淳曰福也。是釐与震义多同，故《归藏》作釐，《周易》作震。

按："震"是卦名，卦象由上震下震构成。《周易·序卦传》言："主器者莫若长子，故受之以震。震者，动也。"震卦上下卦皆为震卦，一阳动于二阴之下，雷出地下，所以卦象被命名为“震”。

震卦与巽卦旁通。

亨。

虞翻:临二之四,天地交,故通。

张惠言:六子皆以乾二五相索,其在六十四卦又从爻变消息。乾二五之坤。

尚秉和:阳得出,故亨。

按:震卦一阳动于二阴之下,阴阳相交,地气畅通,所以系辞为“亨”。

震来虩虩,

虞翻:虩虩谓四也,来应初,初命四变而来应己。四失位多惧,故“虩虩”。之内曰来也。

来知德:虩虩,恐惧也。虩本壁虎之名,以其善于捕蝇,故曰蝇虎。因捕蝇常周环于壁间,不自安宁而惊顾,此用“虩”字之意。震、艮二卦同体,文王综为一卦,所以《杂卦》曰“震,起也。艮,止也”。因综艮,艮为“虎”,故取虎象,非无因而言虎也。

张惠言:虩虩,恐惧貌。

尚秉和:虩虩,恐惧貌。阳来居初,故曰震来。雷之发也,万物震恐,故震来虩虩。

按:“虩虩”是恐惧的样子。震卦阳气从地下发动,雷鸣地动,所以系辞为“震来虩虩”。

笑言哑哑。

虞翻:哑哑,笑且言,谓初也。得正有则,故"笑言哑哑,后有则也"。

来知德:哑哑,笑声。震之大象兑,又中爻错兑,皆有喜悦言语之象,故曰"笑言"。

张惠言:坎为"则",谓四变来应。

尚秉和:阳遇阴则通,故笑言哑哑。哑哑,笑貌。

按:"哑哑"是指发出的笑声。震卦阴阳相交,震动为笑言,所以系辞为"笑言哑哑"。

震惊百里,不丧匕鬯。

虞翻:谓阳。从临二,阴为百二十,举其大数,故当震百里也。坎为棘匕,上震为鬯,坤为丧,二上之坤,成震体坎,得其匕鬯,故"不丧匕鬯"也。

来知德:匕,匙也,以棘为之,长三尺,未祭祀之先,烹牢于镬,实诸鼎而加幕焉。将荐,乃举幕以匕出之,升于俎上,鬯以秬黍酒,和郁金以灌地,降神者也。人君于祭之礼,亲匕牲荐鬯而已,其余不亲为也。震来虩虩者,震也。笑言哑哑者,震而亨也。此一句言常理也。震惊百里,不丧匕鬯,处大变而不失其常,此专以雷与长子言之,所以实上二句意也。一阳在坤土之中,君主百里之象。中爻艮手执之,不丧之象。中爻坎,酒之象。

言震自有亨道,何也?盖《易》之为理,"危者使平,易者使倾",人能于平时安不忘危,此心常如祸患之来,虩虩然恐惧,而无慢易之心,则日用之间举动自有法则,而一笑一言皆哑哑而自如矣,虽或有非常之变,出于倏忽之顷,犹雷之震惊百里,然此心有主,意气安闲,雷之威震虽大而远,而主祭者自不丧匕鬯也。此可见震自有亨道也。不丧匕鬯,乃象也,非真有是事也。言能恐惧则致福,而不失其所主之重矣。

张惠言:从临二息时,有五阴,阴爻二十四,五爻,故百二十。以阳震阴,坤方为"里"。震为禾稼,坎水和之,为鬯酒,故上震为"鬯"。

尚秉和:震为百,艮为里,坎为棘匕、为鬯,鬯,秬酒也。震为黍,坎为酒,故曰鬯。震惊百里,不丧匕鬯者,言震雷虽威及百里,而不惊惧也。匕所以载牲,鬯所以降神,皆祭祀之用,故《传》曰可以守宗庙为祭主也。

按:"匕"是指祭祀用的勺子,"鬯"是指祭祀用的香酒。下卦震为动、为"百里",所以系辞为"震惊百里"。

震为"匕",六三爻与六五爻互卦为坎,坎为酒,六二爻与九四爻互卦为艮,艮为持,"震惊百里",主祭者手中的匕鬯没有泼洒,所以系辞为"不丧匕鬯"。

《彖》曰:"震,亨,震来虩虩",恐致福也。

虞翻:惧变承五应初,故"恐致福也"。

来知德:《易举正》:"出可以守"句上有"不丧匕鬯"四字。程子亦云:"今从之。"恐者,恐惧也。致福者,生全出于忧患,自足以致福也。

张惠言:谓四。

尚秉和:震为福 ,故曰恐致福。

按:“恐致福也”是对“震,亨,震来虩虩”的解释。

震为“恐”、为“福”,所以系辞为“恐致福也”。

“笑言哑哑”,后有则也。

虞翻:则,法也。坎为则也。

来知德:后者,恐惧之后也,非震惊之后也。则者,法则也,不违礼,不越分,即此身日用之常度也。人能恐惧,则操心危而虑患深,自不违礼越分,失日用之常度矣,即俗言“惧法”。朝朝乐也,所以安乐自如,笑言哑哑也。

张惠言:坎“则”谓四。“后”谓初。四应初,故“初笑言”。

尚秉和:则,法也。互坎为法则。震为后。后有则者,言阳复于下为阴主也。

按:“后有则也”是对“笑言哑哑”的解释。

震为“后”,六三爻与六五爻互卦为坎,坎为“则”,所以系辞为“后有则也”。

“震惊百里”,惊远而惧迩也。

虞翻:远谓四,近谓初,震为百,谓四出惊远,初应惧近也。

来知德:惊者,卒然遇之而动乎外。惧者,惕然畏之而变其中。惊者不止于惧,惧者不止于惊。远者外卦,迩者内卦,内外皆震,远迩惊惧之象也。

张惠言:远近以地言。卦辞注“从临二阴为百二十”,

此又云“震为百”，似衍。

按：“惊远而惧迩也”是对“震惊百里”的解释。

上卦震为“惊远”，下卦震为“惧迩”，所以系辞为“惊远而惧迩也”。

出，可以守宗庙社稷，以为祭主也。

虞翻：谓五出之正，震为守，艮为宗庙社稷，长子主祭器，故“以为祭主也”。

来知德：出者，长子已继世而出也。可以者，许之之辞也。言祸患之来，出于仓卒之间，如雷之震，远迩惊惧，当此之时，乃能处之从容，应之暇豫。不丧匕鬯，则是不惧由于能惧，虽甚有可惊惧者，亦不能动吾之念也，岂不可以负荷天下之重器乎？故以守宗庙，能为宗庙之祭主；以守社稷，能为社稷之祭主矣。

张惠言：“为”当作“谓”字误。

尚秉和：震为出、为祭、为主。艮为守、为社稷、为庙。震为长子。惊远惧迩，能匕鬯不失，故可为祭主，而长守宗庙社稷也。

按：上卦震为“出”，下卦震为“守”，六二爻与九四爻互卦为艮，艮为“宗庙”、为“社稷”，震为长子，可堪大任，所以系辞为“出，可以守宗庙社稷，以为祭主也”。

《象》曰：洊雷，震；

来知德：洊者，再也。上震下震，故曰洊。

张惠言：洊，重也。雷，天之阳气，动出地下，惊震四方。

尚秉和:洊,再也。上下震,故曰洊雷。

按:“洊雷,震”是从天文学的角度解释卦象。

上下卦皆为震,震为雷,两雷重叠,所以系辞为“洊雷,震”。

君子以恐惧修省。

虞翻:君子谓临二。二出之坤四,体以修身,坤为身;二之四,以阳照坤,故“以恐惧修省”。老子曰:“修之身,德乃真也。”

来知德:修理其身,使事事合天理;省察其过,使事事遏人欲。惟此心恐惧,所以修省者也。恐惧者作于其心,修省者见于行事。

张惠言:复震。

尚秉和:困震而恐,因恐而修省。

按:“君子以恐惧修省”是从卦象引申出来的人文思想。

能够效法震卦的人被称为“君子”。下卦震为“恐惧”,六二爻与九四爻互卦为艮,艮为“修身”,所以系辞为“君子以恐惧修省”。

初九:震来虩虩,后笑言哑哑,吉。

虞翻:虩虩谓四也。初位在下,故“后笑言哑哑”。得位,故“吉”也。

来知德:将卦辞加一“后”字,辞益明白矣。初九、九四,阳也,乃震之所以为震者,震动之震也。二、三、五、上,阴也,乃为阳所震者,震惧之震也。初乃成卦之主,处震之初,故其占如此。

张惠言:爻例上为前,下为后,故下震为"后"。

尚秉和:阳在下,故曰后。言初虽虩虩恐惧,后则乐也,阳遇重阴故也。

按:初九一阳动于二阴之下,所以系辞为"震来虩虩"。

阴阳相交,震为"后"、为"笑言",所以系辞为"后笑言哑哑"。

初九爻居正位,所以系辞为"吉"。

《象》曰:"震来虩虩",恐致福也。

虞翻:阳称福。

尚秉和:恐则修省,修省则致福。

按:"恐致福也"是对"震来虩虩"的解释。

下卦一阳初动为"恐",一阳复生为"福",所以系辞为"恐致福也"。

"笑言哑哑",后有则也。

虞翻:得正,故"有则也"。

张惠言:初得正,故四变应之。

按:"后有则也"是对"笑言哑哑"的解释。

下卦震为"后",六三爻与六五爻互卦为坎,坎为"则",所以系辞为"后有则也"。

六二:震来厉,亿丧贝,跻于九陵,

虞翻:厉,危也。乘刚,故厉。亿,惜辞也。坤为丧。

三动离为蠃蚌,故称贝。在艮山下,故称陵。震为足,足乘初九,故"跻于九陵"。

来知德:震来厉者,乘初九之刚,震动之时,故震之来者猛厉也。亿者,大也。亿丧贝,大丧其贝也。十万曰亿,岂不为大?六五《小象》曰"大无丧",可知矣。贝者,海中之介虫也。二变则中爻离,为蟹为蚌,贝之象也。震为足,跻之象也。中爻艮为山,陵之象也。陵乘九刚,九陵之象也。跻者,升也。

张惠言:二自四来,故曰"来"。亿噫同,本亦有作"噫"者。二当为离,故惜其丧贝。

尚秉和:来者,复也。震来厉,言阳复初,二乘之,故危厉不安也。亿、噫通。《释文》云:本亦作噫。虞翻云:惜辞也。艮为贝,震者艮之覆,故丧贝。古以贝为货币,因厉丧贝。震为言,故曰惜辞。郑作十万解,似不如虞义也。二至四艮,艮为陵,艮阳在上,阳老,故曰九陵。震为跻。跻,升也。而坎为盗,在艮陵上。言有人持贝,跻九陵以去也。

按:六二爻阴乘阳,所以系辞为"震来厉"。

六二爻与九四爻互卦为艮,艮为"贝",六三爻与六五爻互卦为坎,坎为"丧",六二爻阴乘阳,震动而有丧失宝物的危险,所以系辞为"亿丧贝"。"亿"是大的意思。

艮为"九陵",下卦震为登,所以系辞为"跻于九陵"。

勿逐,七日得。

虞翻:震为逐,谓四已体复象,故"丧贝,勿逐"。三动时，离为日，震数七，故“七日得”者也。

来知德：又艮居七，七之象也。离为日，日之象也。若以理数论，阴阳各极于六，七则变而反其初矣，故《易》中皆言“七日得”。言震来猛厉，大丧此货贝，六二乃不顾其贝，飘然而去，避于九陵，无心以逐之，不期七日，自获此贝也。其始也堕甑弗顾，其终也去珠复还。太王之避狄，亦此意也。

六二当震动之时，乘初九之刚，故有此丧贝之象。然居中得正，此无妄之灾耳，故又有得贝之象。占者得此，凡事若以柔顺中正自守，始虽不免丧失，终则不求而自获也。

张惠言：当云“四已变”，脱“变”字也。震得庚七。

尚秉和：然不必逐也。震为逐，数七，故曰七日。震为复。勿逐，七日得者，言所丧之贝，不必追逐，至七日自然来复也。旧解皆以离为贝。《易林》剥之蒙云：赍贝赎狸。蒙上艮为赍、为贝。又谦之蛊、讼之大畜皆曰丧贝，亦皆以上艮为贝。盖艮坚在外，与离同也。

按：下卦震为“逐”，六二爻与九四爻互卦为艮，艮为止，所以系辞为“勿逐”。

艮为“得”，先天八卦艮数七，六三爻与六五爻互卦为坎，坎与离旁通，离为“日”，所以系辞为“七日得”。

《象》曰：“震来厉”，乘刚也。

来知德：当震动之时，乘九之刚，所以猛厉不可御。

尚秉和：乘刚，故危。

按:“乘刚也”是对“震来厉”的解释。

六二爻阴乘阳,所以系辞为“乘刚也”。

六三:震苏苏,震行无眚。

虞翻:死而复生称苏。三死坤中,动出得正,震为生,故“苏苏”。坎为眚,三出得正,坎象不见,故“无眚”。《春秋传》曰:“晋获秦谍,六日而苏也。”

来知德:苏,即穌死而复生也,《书》曰“后来其苏”是也,言后来我复生也。阴为阳所震动,三去初虽远,而比四则近,故下初之震动将尽,而上四之震动复生,上苏下苏,故曰“苏苏”。中爻坎,坎多眚,三变阴为阳,阳得其正矣。位当矣,且不成坎体,故无眚。行者,改徙之意,即阴变阳也。震性奋发有为,故教之以迁善改过也。唐肃宗遭禄山之变,犹私与张良娣局戏不已,可谓不知震行无眚者矣。

六三不中不正,居二震之间,下震将尽,而上震继之,故有苏苏之象。所以然者,以震本能行而不行耳。若能奋发有为,恐惧修省,去其不中不正以就其中正,则自笑言哑哑而无眚矣。故教占者如此。

尚秉和:苏苏,郑云不安也。坎为疾病,故为眚。盖三不当位,故不安;然得阳为承,亦无眚也。

按:震为“苏”,六三爻居上下震之间,所以系辞为“震苏苏”。

六三爻与六五爻互卦为坎,坎为“眚”,震为“行”,动则无咎,所以系辞为“震行无眚”。

《象》曰："震苏苏"，位不当也。

来知德：不中不正，故不當。

张惠言：阳在坤中，故死也。

尚秉和：虞以苏为死而复生。由《象传》观之，郑释为当。

按："位不当也"是对"震苏苏"的解释。

六三爻阴居阳位不正，所以系辞为"位不当也"。

九四：震遂泥。

虞翻：坤土得雨为泥，位在坎中，故"遂泥"也。

来知德：遂者，无反之意。泥者，沉溺于险陷而不能奋发也。上下坤土得坎水，泥之象也。坎有泥象，故需卦、井卦皆言"泥"。睽卦错坎，则曰"负涂"。晋元帝困于五胡而大业未复，宋高宗不能恢复中原，皆其泥者也。

九四以刚居柔，不中不正，陷于二阴之间，处震惧则莫能守，欲震动则莫能奋，是既无能为之才，而又溺于宴安之私者也，故遂泥焉而不复反，即象而占可知矣。

张惠言：四不言变者，四当之五。上云"震不于其躬，于其邻"，谓"四之五"也。四之五，又在坎，故"遂泥"矣。

尚秉和：遂，隧之省文，隧即坠也。《论语》：文武之道，未坠于地。《石经》作隧。又《列子》：矢隧地而尘不扬。皆以隧为坠。遂，古文隧之省。《荀子·理论篇》：入焉而隧。杨倞注云：隧，古坠字。故荀爽作隧。四坎为泥，陷四阴中，故隧泥。震为行。隧泥则行难矣。

按:“遂”是坠入的意思。上卦为震,九四爻阳陷阴中,坎为“泥”,所以系辞为“震遂泥”。

《象》曰:“震遂泥”,未光也。

虞翻:在坎阴中,与屯五同义,故“未光也”。

来知德:未光者,陷于二阴之间,所为者皆邪僻之私,无复有正大光明之事矣,所以遂泥也。与夬卦、萃卦“未光”皆同。

张惠言:四体屯五,又当之五,故与同义。

尚秉和:坎隐伏,故未光。

按:“未光也”是对“震遂泥”的解释。

坎为隐伏,所以系辞为“未光也”。

六五:震往来,厉。

虞翻:往谓乘阳,来谓应阴;失位乘刚,故“往来厉”也。

来知德:初始震为往,四洊震为来,五乃君位,为震之主,故往来皆厉也。

张惠言:“往”谓在外。

尚秉和:往得敌,来乘阳,故往来皆危厉也。自阳遇阳、阴遇阴为敌之理失传,于是虞翻不知往厉之故在阴遇阴,只以乘刚为说。乘刚则来厉,于往无涉也。

按:上卦为震,六五爻欲往上行,阴遇阴不通,欲往下与六二爻无应,六五爻阴居阳位不正,所以系辞为“震往来,厉”。

亿无丧,有事。

虞翻:坤为丧也。事谓祭祀之事。出而体随,"王享于西山",则"可以守宗庙社稷为祭主",故"无丧有事"也。

来知德:亿无丧者,大无丧也。天命未去,人心未离,国势未至瓦解也。有事者,犹可补偏救弊,以有为也。六五处震,亦犹二之乘刚,所以爻辞同"亿"字、"丧"字。

六五以柔弱之才居人君之位,当国家震动之时,故有往来危厉之象,然以其得中,才虽不足以济变,而中德犹可以自守,故大无丧而犹能有事也。占者不失其中,则虽危无丧矣。

张惠言:"亿"义同六二。"无丧有事"而惜之者,惜其不定既济也。故上取四五易位。

尚秉和:五得中位尊,匕鬯之事,故无丧也。

按:六五爻与六三爻互卦为坎,坎为"丧",上卦震为行,动则无咎,所以系辞为"亿无丧"。

上卦震为行事,所以系辞为"有事"。

《象》曰:"震往来,厉",危行也;

虞翻:乘刚山顶,故"危行也"。

来知德:危行者,往行危,来行危,一往一来皆危也。

尚秉和:行,道也。

按:"危行也"是对"震往来,厉"的解释。

六五爻阴乘九四之阳,九四爻为"九陵",所以系辞为"危行也"。

其事在中，大无丧也。

虞翻：动出得正，故“无丧”。

来知德：其事在中者，言所行虽危厉，而犹能以有事者，以其有中德也。有是中德而能有事，故大无丧。

张惠言：阳为“大”。

尚秉和：大无丧，即亿无丧。

按：六五爻居中位，上卦震为事，所以系辞为“其事在中”。

六五爻与六三爻互卦为坎，坎为“丧”，震为行，动则无咎，所以系辞为“大无丧也”。

上六：震索索，视矍矍，

虞翻：上谓四也。欲之三隔坎，故“震索索”。三已动，应在离，故“矍矍”者也。

来知德：此爻变离，离为目，视之象也。又离火遇震动，言之象也。故明夷之“主人有言”，中孚之“泣”“歌”，皆离火震动也。凡震遇坎水者，皆言“婚媾”。屯震、坎也，贲中爻震、坎也；睽上九变震，中爻坎也；此卦中爻坎也。索者，求取也。言如有所求取，不自安宁也。矍者，瞻视彷徨也。六三“苏苏”，上六“索索”“矍矍”，三内震之极，上外震之极，故皆重一字也。

张惠言：索索，马氏云“内不安貌”。矍矍，惊视貌。

尚秉和：索索，郑云犹缩缩，足不正也。三在震上，苏苏不安，上亦同也。矍矍，郑云：目不正也。《说文》：隹欲逸走也。徐曰:左右惊顾也。震,目无上眦,故因恐惧而视矍矍也。《易林》讼之豫云:眵鸡无距,与鹊格斗;翅折目盲,为鸠所伤。眵,《说文》:目伤眦也。豫上震,目无上目眦,故曰眵,曰盲。义即本此也。虞翻不知《易》用象之妙,以卦无视象,命三变成离取视象,《易》取象无此迂曲也。

按:"索索"是惊惧不安的意思。上六爻居震卦之极,所以系辞为"震索索"。

"矍矍"是警戒小心的意思。震卦先天位为离,离为鸟,震为木,鸟栖居树梢,四顾警惕,所以系辞为"视矍矍"。

征凶。

虞翻:上得位,震为征,故"征凶"。

来知德:上六以阴柔居震极,中心危惧,不能自安,故有索索、矍矍之象。以是而往,方寸乱矣,岂能济变?故占者征则凶也。

张惠言:言上之凶由四也。

尚秉和:三无应,故征凶。

按:上卦震为"征",上六爻居正位,动则有凶,所以系辞为"征凶"。

震不于其躬,于其邻,无咎。

虞翻:四变时,坤为躬,邻谓五也;四上之五,震东兑西,故称邻。之五得正,故"不于其躬,于其邻,无咎"。

来知德:震不于其躬,于其邻者,谋之之辞也。言祸患之来,尚未及于其身,方及其邻之时,即早见预待,天未阴雨而绸缪牖户也。孔斌曰:"燕雀处堂,子母相哺。灶突炎上,栋宇将焚。"言魏不知邻祸之将及也。此邻之义也。

张惠言:五出体随,故取兑象。

尚秉和:震不于其躬,于其邻,仍不利出邻,疾病忧患。噬嗑下震为邻,为出。出即与坎险遇,而有疾病忧患之苦,是明以震为邻也。邻仍谓三也。言三苏苏,即知其可惧而戒备也。知惧,故无咎。

按:上卦震反为艮,艮为"躬",震动不会影响自身,所以系辞为"震不于其躬"。

"邻"是指六五爻。九四爻会因震动受到影响,所以系辞为"于其邻"。

上六爻居正位,所以系辞为"无咎"。

婚媾有言。

虞翻:谓三已变,上应三,震为言,故"婚媾有言"。

来知德:婚媾者,亲近也,犹言夫妻也。亲近者,不免于有言,则疏远者可知矣。然所以致此者,以其不能图之于早耳,苟能于震未及其身之时,恐惧修省,则可以免索索、矍矍之咎。然以阴柔处震极,亦不免婚媾之有言,终不能笑言哑哑,安于无事之天矣。防之早者且有言,况不能防者乎?婚媾有言,又占中之象也。

尚秉和:卦二至上正反震,故有言。有言者争讼,与困之三至上正反兑有言不信同也。卦三男俱备,无一女象,故不能婚媾。如婚媾,则必争讼也。自覆象失传,此句旧解二千年无一当者。只《易林》中孚之谦云:伯氏争言。谦亦正覆震,与震二至上同。争言即有言。震为伯也。

按:上卦震为"言",上六爻与九四爻阴阳相交,有婚媾之象,所以系辞为"婚媾有言"。

《象》曰:"震索索",中未得也。

虞翻:四未之五,故"中未得也"。

来知德:中者,中心也。未得者,方寸乱而不能笑言哑哑也。

尚秉和:在震上,故曰中未得。

按:"中未得也"是对"震索索"的解释。

"中"指六五爻,六五爻与九四爻不得相交,所以系辞为"中未得也"。

虽凶无咎,畏邻戒也。

虞翻:谓五正位,已乘之逆,"畏邻戒也"。

来知德:畏邻戒者,畏祸已及于邻,而先自备戒也。畏邻戒,方得无咎。若不能备戒,岂得无咎哉?

尚秉和:因畏而戒,故无咎。

按:上六爻居正位,所以系辞为"虽凶无咎"。

震为警惕,上六爻与六五爻相临为敌,防患于未然,所以系辞为"畏邻戒也"。

五二 艮卦

䷳艮上艮下

艮：

来知德：艮者，止也。一阳止于二阴之上，阳自下升，极上而止，此止之义也。又其象为山，下坤土，乃山之质。一阳覆冒于其上，重浊者在下，轻清者在上，亦止之象也。《序卦》："震者，动也。物不可以终动，止之，故受之以艮。艮者，止也。"所以次震。

张惠言：乾二五之坤。艮，止也，阳穷止于阴上。于消卦在观，次晋。阳道当剥，进不可极，当止于上，故曰"艮"也。艮下伏兑。内卦候在九月，外卦十月。卦辞不变，"时止则止"也。《彖传》取五动成渐爻，初五正成家人，"时行则行"也。在消卦，不成既济。

尚秉和：《归藏》作狠。狠，《广韵》很之俗字。《说文》：很，不听从也。一曰行难也。艮，郑云：艮之言很也。是很、艮义同。艮，止也。震为行。震反，故止。《杂卦》：震，起也；艮，止也。即言正反之义也。旧说以"阳在上"为止，非其义也。

按："艮"是卦名，卦象由上下艮构成。《周易·序卦传》言："物不可以终动，止之，故受之以艮。艮者，止也。"艮卦由上下两个艮卦组成。上下各止其位，所以卦象被命名为“艮”。

艮卦与兑卦旁通。

艮其背,不获其身;

虞翻:观五之三也。艮为多节,故称“背”。观坤为“身”,观五之三,折坤为背,故“艮其背”。坤象不见,故“不获其身”。

来知德:此卦辞以卦综言,如井卦“改邑不改井”,蹇卦“利西南”之类。本卦综震,四为人之身,故周公爻辞以四为身。三画之卦,二为人位,故曰人。庭则前庭,五也。艮为门阙,故门之内,中间为庭。震,行也,向上而行,面向上,其背在下,故以阳之画初与四为背。艮,止也,向下而立,面向下,其背在上,故以阳之画三与上为背。

张惠言:二阳例。

尚秉和:艮为背、为身、为庭、为人。艮其背,静也。

按:下卦艮为“止”、为“背”、为“获”,九三爻与六五爻互卦为震,震为“身”,身向外出,所以系辞为“艮其背,不获其身”。

行其庭,不见其人,无咎。

虞翻:震为行人,艮为庭,坎为隐伏,故“行其庭,不见其人”。三得正,故“无咎”。

来知德:上二句以下卦言,下二句以上卦言。言止其背,则身在背后,不见其四之身;行其庭,则背在人前,不见其二之人,所以一止之间,既不见其己,又不见其人也。辞本玄妙,令人难晓。孔子知文王以卦综成卦辞,所以《彖辞》说一"行"字,一"动"字,重一"时"字。

尚秉和:三至五互震,故又曰行其庭。行其庭,动也。乃因无应与,静则不获身上手足之用,动则不见庭除应予之人。无动作,无交际,故亦无咎也。

按:九三爻与六五爻互卦为震,震为"行",上卦艮为"庭",所以系辞为"行其庭"。

九三爻阳陷阴中,坎为隐伏,所以系辞为"不见其人"。

九三爻居正位,所以系辞为"无咎"。

《彖》曰:艮,止也。时止则止,时行则行,动静不失其时,其道光明。

虞翻:位穷于上,故"止也"。时止,谓上阳穷止,故止。时行,谓三体处震为行也。动谓三,静谓上,艮止则止,震行则行,故不失时。五动成离,故"其道光明"。

来知德:以卦德、卦综、卦体释卦名、卦辞,言所谓艮者,以其止也。然天下之理无穷,而夫人之事万变,如惟其止而已,岂足以尽其事理哉?亦观其时何如耳。盖理当其可之谓时,时当乎艮之止则止,当乎震之行则行。行止之动静皆不失其时,则无失而非天理之公,其道如日月之光明矣,岂止无咎而已哉?

张惠言:五动"时行"也。

尚秉和:艮为时。下艮,故曰时止则止。三至五互震,故曰时行则行。止则静,行则动,动静随时,故其道光明。

艮为道路，阳在上，故光明。

按："止也。时止则止，时行则行，动静不失其时，其道光明"是对卦名"艮"字的解释。

艮为止，所以系辞为"艮，止也"。

下卦艮为"时止"，所以系辞为"时止则止"。

九三爻与六五爻互卦为震，震为"时行"，所以系辞为"时行则行"。

九三爻有止义、有动义，当止则止，当行则行，所以系辞为"动静不失其时，其道光明"。

"艮其止"，止其所也。上下敌应，不相与也。是以"不获其身，行其庭，不见其人，无咎"也。

虞翻：谓两象各止其所。"艮其背"，背也。两象相背，故"不相与也"。

来知德：然艮之所以名止者，亦非固执而不变迁也，乃止其所也。惟止其所当然之理，所以时止则止也。卦辞又曰"不获其身，不见其人"者，盖人相与乎我，则我即得见其人；我相与乎人，则人即能获其我。今初之于四，二之于五，三之于上，阴自为阴，阳自为阳，不相与应，是以人不获乎我之身，而我亦不见其人，仅得无咎而已。若时止时行，岂止无咎哉？八纯卦皆不相应与，独于艮言者，艮性止，止则固执不迁，所以不光明，而仅得无咎。文王卦辞专以象言，孔子《彖辞》专以理言。

张惠言：明"背"是三才，卦象非九三一爻。相违背也。

明《传》解“艮其背”。

尚秉和：六爻无应予，故曰敌应。阴阳相遇，为朋为类，若阳遇阳，阴遇阴，则皆为敌。同人九三云：敌刚。以比应皆阳，故曰敌刚。以阳遇阳为敌。中孚六三云：得敌。《子夏传》云四与三为敌，而不释其义。荀爽解之曰：三四俱阴，故称敌也。以阴遇阴为敌。此实《易》义之根本。明乎此，则屯二之十年乃字，比三之比之匪人，颐六二之失类，六五之不利涉，大壮初九之征凶，解九四之解而拇，夬初九之往不胜，九四之其行次且，鼎九二之慎所之，震六五之往厉，皆可观象而得其义，否则不知其所谓矣，此《易》义之所以终古长夜也。然观《子夏传》之解得敌，似此义韩婴已知之，荀爽能释之。然何以于上列各爻，任其失解？抑有解而采辑者不合其意而不录欤？

按：“止其所也”是对“艮其止”的解释。

下卦艮为“止所”，所以系辞为“止其所也”。

“上下敌应，不相与也”是对“不获其身，行其庭，不见其人，无咎”的解释。

上下卦六爻之间互不感应，不相交，所以系辞为“上下敌应，不相与也”。

《象》曰：兼山，艮；

来知德：兼山者，内一山，外一山，两重山也。

张惠言：止莫如山。

按：“兼山，艮”是从地理学的角度解释卦象。

上下卦皆为山,山体不动,所以系辞为“兼山,艮”。

君子以思不出其位。

虞翻:君子谓三也。三,君子位。震为出,坎为思,故“以思不出其位”也。

来知德:天下之理即位而存,父有父之位,子有子之位,君臣、夫妇亦然。富贵有富贵之位,贫贱有贫贱之位,患难夷狄亦然。有本然之位,即有当然之理。“思不出其位”者,正所以止乎其理也。出其位,则越其理者矣。

尚秉和:艮为位,艮止,故不出。坎为思,得中唯心亨,亦不出。学《易》之君子法之。

按:“君子以思不出其位”是从卦象引申出来的人文思想。能够效法艮卦的人被称为“君子”。下卦艮为“止”、为“位”,九三爻居坎卦中央,坎为“思”,九三爻与六五爻互卦为震,震为“出”,所以系辞为“君子以思不出其位”。

初六:艮其趾,无咎,利永贞。

虞翻:震为趾,故“艮其趾”矣。失位变得正,故“无咎,永贞”也。

来知德:艮综震,震为足,趾之象也。初在下,亦趾之象也。咸卦亦以人身以渐而上。

初六阴柔,无可为之才,能止者也。又居初卑下,不得不止者也。以是而止,故有艮趾之象。占者如是,则不轻举冒进,可以无咎而正矣。然又恐其正者不能永也,故又教占者以此。

张惠言:艮不取应震为"趾",似非。以咸例之,当云艮为指。坤为"永"。

尚秉和:爻例在下称趾。足止不动,故无咎。利永贞者,利于永远贞定也。盖初失位,无应遇敌,故贵于无为也。趾,荀作止,止,古文趾字。

按:初六爻为"趾",下卦为艮,所以系辞为"艮其趾"。

初六爻阴顺阳,所以系辞为"无咎,利永贞"。

《象》曰:"艮其趾",未失正也。

虞翻:动而得正,故"未失正也"。

来知德:理之所当止者曰正,即爻辞之贞也。爻辞曰"利永贞",《象辞》曰"未失正",见初之止,理所当止也。

尚秉和:利永贞,故不失正。

按:"未失正也"是对"艮其趾"的解释。

艮卦卦象阳上阴下,初六静伏在下,符合天地正位,所以系辞为"未失正也"。

六二:艮其腓,不拯其随,其心不快。

虞翻:巽长为股,艮小为腓。拯,取也。随谓下二阴,艮为止,震为动,故"不拯其随"。坎为心,故"其心不快"。

来知德:腓者,足肚也,亦初震足之象。拯者,救也。随者,从也。二比三,从三者也。不拯其随者,不求拯于所随之三也。凡阴柔资于阳刚者皆曰拯,涣卦初六"用拯马壮"是也。二中正,八卦正位艮在三,两爻俱善,但当艮止之时,二艮止,不求救于三,三艮止,不退听于二,所以二

“心不快”。中爻坎为加忧,为心病,不快之象也。

六二居中得正,比于其三,止于其腓矣。以阴柔之质求三阳刚以助之,可也。但艮性止,不求拯于随,则其中正之德无所施用矣,所以此心常不快也。故其占中之象如此。

张惠言:初及二。初二随三,不能自止,三为之“心”,故“不拯其随”,则“心不快”。并言初者,五正初乃正,故初言“永贞”。与萃四“元永贞”亦同义。

尚秉和:腓,胫肚也。义详咸卦。腓之用在行,艮其腓,是不行也。拯,京房作抍,举也。《释文》作承,曰:马云:举也。可证马氏、王氏本原作承。今作拯者,盖开成以后所定。然抍、承、拯音义并同。艮为手,故曰拯,艮止,故不拯。然阴以顺阳为天职,仍须随阳,故曰不拯其随。坎为心,为忧。既不可动,又须随阳,不能自主,故其心不快。

按:“腓”是指小腿肚。六二爻居中,艮为身,所以系辞为“艮其腓”,意思是小腿不能动。

六二爻上承九三爻,为“拯”、为“随”,九三爻与六五爻互卦为震,震为动,但六二爻不能随九三爻一起动,所以系辞为“不拯其随”。

六二爻与六四爻互卦为坎,坎为心忧,六二爻不能动弹,所以系辞为“其心不快”。

《象》曰:“不拯其随”,未退听也。

虞翻:坎为耳,故“未违听也”。

来知德:二下而三上,故曰“退”。周公“不快”,主坎之心病而言；孔子未听，主坎之耳痛而言。

张惠言：谓三坎。“趾”“腓”，听心者也。

尚秉和：坎为耳，故曰听。听，从也。腓之用在动而前进，不拯是不动不前，而退听也。然阳在上，义必随行，是又不能退听也。进退不克自主，故心不快也。

按：“未退听也”是对“不拯其随”的解释。

坎为耳、为“听”，六二爻阴顺九三之阳，所以系辞为“未退听也”。

九三：艮其限，裂其夤，厉薰心。

虞翻：限，腰带处也。坎为腰。五来之三，故“艮其限”。夤，脊肉。艮为背，坎为脊，艮为手，震起艮止，故“裂其夤”。坎为心。厉，危也。艮为阍。阍，守门人。坎盗动门，故“厉阍心”。古“阍”作“熏”字。马因言“熏灼其心”，未闻易道以坎水熏灼人也。荀氏以“熏”为“动”，读作“动”。皆非也。

来知德：限者，界限也。上身与下身相界限，即腰也。夤者，连也，腰之连属不绝者也。腰之在身，正屈伸之际，当动不当止，若艮其限，则上自上，下自下，不相连属矣。列者，列绝而上下不相连属，判然其两段也。薰与熏同，火烟上也。薰心者，心不安也。中爻坎为心病，所以六二“不快”。九三“薰心”，坎错离，火烟之象也。

止之为道，惟其理之所在而已。九三位在腓之上，当限之处，正变动屈伸之际，不当艮者也。不当艮而艮，则不得屈伸，而上下判隔，列绝其相连矣，故危厉而心常不安。占者之象如此。

张惠言：《汉书·百官公卿表》"光禄勋"，如淳注："胡公曰：勋之言阍也，光禄主公门。"是古阍、勋假借字，熏、勋又通也。

尚秉和：限，《说文》：阻也。《玉篇》：界也。即脊骨界左右也。故马、荀、郑、虞皆训为要。三居卦中，坎为要，故取象于限。坎为脊，为肉，故取象于夤。夤，马、虞皆以为夹脊肉。脊骨居中为限，脊肉左右分列。列、裂同。《墨子·明鬼下》云：生列兕虎。《荀子·哀公问》云：两骖列两服人厩。注皆作裂。脊肉裂分左右，脊界其中，故曰裂其夤。皆坎象也。艮为火，互坎为心，故厉熏心。自坎肉象失传，后儒皆不知噬嗑三四五三爻之肉象，及此夤象何属。自艮火象失传，虞翻以艮为阍，读熏为阍，谓古阍作熏字，并云马言熏灼其心，未闻《易》道以坎水熏灼人者。岂知艮为火，马氏所诂，正与《易》合。至荀氏以熏为勋，读作动；来知德又云以三十年之功，始悟熏字之由于伏离。由斯证一象之失传，可使名家易人人异词，真可叹也！艮火坎肉象，皆详《焦氏易诂》。（《易林》艮之无妄云：颠覆不制，痛熏我心。是焦亦作熏。）

按："限"是腰的意思。下卦艮为止，九三爻在坎卦中央，坎为"腰"，所以系辞为"艮其限"。

"夤"是指背脊肉。九三爻与六五爻互卦为震，震为动、为裂，坎为肉，震动撕裂了背脊肉，所以系辞为“裂其夤”。

九三爻居坎卦中央，坎卦与离卦旁通，离为火，坎为心，烈火薰心，所以系辞为“厉薰心”。

《象》曰：“艮其限”，危薰心也。

虞翻：坎为心，坎盗动门，故“危阍心也”。

来知德：不当止而止，则执一不能变通。外既龃龉，心必不安，所以危厉而薰心也。

张惠言：艮为“门”。

尚秉和：厉，危也，故曰危薰心。

按：“危薰心也”是对“艮其限”的解释。

坎为心，与离卦旁通，离为火，火燃薰心，极为危险，所以系辞为“危薰心也”。

六四：艮其身，无咎。

虞翻：身，腹也。观坤为身，故“艮其身”。得位承五，故“无咎”。或谓妊，身也。五动则四体离妇，离为大腹，孕之象也，故“艮其身”。得正承五，而受阳施，故“无咎”。《诗》曰“大任有身，生此文王”也。

来知德：艮其身者，安静韬晦，乡邻有斗而闭户，“括囊，无咎”之类是也。六四以阴居阴，纯乎阴者也，故有艮其身之象。既艮其身，则无所作为矣。占者如是，故无咎。

张惠言：受五乾施。

尚秉和：艮为身，见上《象》。虞以坤为身、为孕，非也。

初趾二腓，三要四身，按爻序自下而上，故《象》释为躬。得位，故无咎。

按：上卦艮为“身”，所以系辞为“艮其身”。

六四爻居正位，所以系辞为“无咎”。

《象》曰：“艮其身”，止诸躬也。

虞翻：艮为止，五动乘四，则任身，故“止诸躬也”。

来知德：躬即身也，不能治人，不能成物，惟止诸躬而已，故爻曰“艮其身”，《象》曰“止诸躬”。

尚秉和：艮为躬，躬即身也。三四居卦之中，故曰要，曰身，并无他义。虞氏谓五动乘四则妊身，以止诸躬为妊身。卦无离象，强命五爻变成离。惑乱后学，莫此为甚。

按：“止诸躬也”是对“艮其身”的解释。

六四居艮卦初爻，故有“止”象。上卦艮为“躬”、为“止”，六四爻静止不动，所以系辞为“止诸躬也”。

六五：艮其辅，言有序，悔亡。

虞翻：辅，面颊骨上颊车者也。三至上体颐象，艮为止，在坎车上，故“艮其辅”。谓辅车相依。震为言，五失位，悔也；动得正，故“言有孚，悔亡”也。

来知德：序者，伦序也。辅，见咸卦注。艮错兑，兑为口舌，辅之象也，言之象也。艮其辅者，言不妄发也。言有序者，发必当理也。悔者，易则诞，烦则支，肆则忤，悖则违，皆悔也。咸卦多象人面，艮卦多象人背者，以文王卦辞，“艮其背”故也。

六五当辅,出言之处,以阴居阳,未免有失言之悔,然以其得中,故又有艮其辅,言有序之象,而其占则悔亡也。

张惠言:车,牙车。阳在二五称“孚”。

尚秉和:辅,《说文》人颊车也。在颊之上,与牙车相对。《春秋》僖五年:辅车相依。注云:车,牙车。疏:牙车,牙下骨之名,在颊之下。盖凡物入口,皆赖牙车载之,故名曰车。人欲嚼物,或言语,则牙动而上与辅对,故曰辅车相依。辅在上不动,故艮为辅。颐即用以取象。三至五震,震为言。上卦震反,故曰艮其辅。序者,次也,言不紊也。三至五震,时而当言则言;四至上,震反,时而不当言则言止矣,故曰言有序。《诗·大雅》:序宾以贤。言宾之位次,与其贤相当,秩然不乱也。言行,君子之枢机。时言则言,时止则止,有序如是,故无悔也。虞氏易序作孚,言孚于上也。

按:“辅”是指面颊,上卦艮为止,面颊不动,所以系辞为“艮其辅”。

六五爻与九三爻互卦为震,震为“言”,所以系辞为“言有序”。六五爻居不正之位,当言则言,不当言则止,所以系辞为“悔亡”。

《象》曰:“艮其辅”,以中正也。

虞翻:五动之中,故“以正中也”。

来知德:“正”当作“止”,与“止诸躬”“止”字同。以中而止,所以悔亡。

张惠言:“中正”误为“正中”。

尚秉和:五中而不正,正字或疑衍。又或作正中。然未济九二《传》:中以行正也。大壮九二《传》:大者,正也。大谓九二。似亦不拘。

按:“以中正也”是对“艮其辅”的解释。

六五爻居中,顺承上九爻为正,所以系辞为“以中正也”。

上九:敦艮,吉。

虞翻:无应静止,下据二阴,故“敦艮,吉”也。

来知德:“敦”与“笃行”之“笃”字同意。时止则止,贞固不变也。山有敦厚之象,故“敦临”“敦复”,皆以土取象。

上九以阳刚居艮极,自始至终,一止于理而不变,敦厚于止者也,故有此象。占者如是,则其道光明,何吉如之?

张惠言:敦,厚也。阳据坤,故“厚”。

尚秉和:敦与顿通。顿,止也。《易》凡言敦,皆有止义,待义。义详敦临、敦复。敦艮者,顿止于上也。下履重阴,故吉。

按:上九在高山之巅,敦厚至极,所以系辞为“敦艮”。

艮为终,上九爻以善而终,所以系辞为“吉”。

《象》曰:敦艮之吉,以厚终也。

虞翻:坤为厚,阳上据坤,故“以厚终也”。

来知德:厚终者,敦笃于终而不变也。贲、大畜、蛊、颐、损、蒙六卦,上九皆吉者,皆有厚终之意。

尚秉和:艮为山,故曰厚。而艮为终,故曰以厚终。唯厚,故止也。

按:"以厚终也"是对"敦艮之吉"的解释。

高山连天接地,所以系辞为"以厚终也"。

五三 渐卦

䷴巽上艮下

渐:

来知德:渐者,渐进也。为卦艮下巽上,有不遽进之义,渐之义也。木在山上,以渐而高,渐之象也。《序卦》:"艮者,止也。物不可以终止,故受之以渐。"所以次艮。

张惠言:否消卦,次未济。"渐"者,进也。三进而承阳,有随阳之渐,其成则泰也,故名曰"渐"。候在正月。成既济,三权变受上。否时,非君子行权不济也。初变成家人,唯家人变受耳。

尚秉和:上下卦皆阴承阳,阴承阳即妇从夫,故曰渐。渐,进也,次也,言阴次于是,宜进而承阳也。

按:"渐"是卦名,卦象由上巽下艮构成。《周易·序卦传》言:"物不可以终止,故受之以渐。渐者,进也。"渐卦下卦艮为家室,上卦巽为长女,女孩已长大,等待出嫁,所以卦象被命名为"渐"。《杂卦》言:"渐,女归,待男行也。"

渐卦与归妹卦旁通。

女归吉，利贞。

虞翻：否三之四。女谓四。归，嫁也。坤三之四承五，进得位，往有功。反成归妹兑，“女归吉”。初上失位，故“利贞”，“可以正邦也”。

来知德：妇人谓嫁曰归。天下之事，惟女归为有渐。纳采、问名、纳吉、纳征、请期、亲迎，六礼备而后成婚，是以渐者莫如女归也。本卦不遽进，有女归之象。因主于进，故又戒以利贞。

张惠言：乾坤交。离为“女”。归，自外来也。四自下进，不可谓“归”，故以反成归妹为义。消息卦渐不通归妹，否泰卦乾坤交，故取义众也。《杂卦》曰：“渐，女归待男行也。”注云：“兑为‘女’，艮为‘男’，反成归妹，巽成兑，故女归待艮成震乃行，故‘待男行也’。”寻归妹之义，震兄嫁兑妹，以坎离为夫妇。此卦亦四离三坎为夫妇，九三爻“夫征”“妇孕”是也。三动则五体坎，故亦与四为夫妇，“妇三岁不孕”是也。四与五、三俱有夫妇之义，四爻注云“四已承五，又顾得三”是也。然则“女归”之义，仍在渐象，卦有归妹反象，故取“女归”。九三虽坎体，权变成震，九三变则四专承五，而上正，五坎为夫妇，所谓“终莫之胜”者，是亦震兄嫁妹，归妹之义也。若反成归妹，则“利贞”不可通也。当与复反震之象同例。初正，三权变成坤为“邦”，受上正既济。

尚秉和：巽为妇，艮止于下，有女归之象。二五应，故利贞而吉。

按:上卦巽为长女,下卦艮为家室,女孩长大之后,宜其室家,所以系辞为“女归吉”。六二爻与九五爻居中正之位,阴阳相应,所以系辞为“利贞”。

《彖》曰:渐,之进也。女归,吉也。

虞翻:三进四得位,阴阳体正,故吉也。

来知德:释卦名,又以卦综、卦德释卦辞。“之”字作“渐”字。女归吉者,言必如女归而后渐方善也。能如女归,则进必以礼,不苟于相从,得以遂其进之之志而吉矣。

张惠言:此即以阴阳体正,释“女归”,则坎离夫妇本卦象也。

按:“之进也”是对卦名“渐”字的解释。

上卦巽为风、为入,下卦艮为家室,六四爻与六二爻互卦为坎,坎为水,女孩出嫁,如春风化雨,滋润家室,所以系辞为“之进也”。

六二爻与九五爻阴阳相应,家室有女入驻,所以系辞为“女归,吉也”。

进得位,往有功也。

虞翻:功谓五,四进承五,故“往有功”。巽为进也。

来知德:进得位者,本卦综归妹二卦同体,文王综为一卦,故《杂卦》曰:“渐,女归待男行也。归妹,女之终也。”言归妹下卦之兑进而为渐上卦之巽,得九五之位也。

尚秉和:五得位,故有功。

按:六二爻居中正之位,所以系辞为"进得位"。

六二爻与九五爻阴阳相应,所以系辞为"往有功也"。

进以正,可以正邦也。其位,刚得中也。

虞翻:谓初已变为家人。四进已正而上不正,三动成坤为邦,上来反三,故"进以正,可以正邦。其位,刚得中",与家人道正同义。三在外体之中,故称"得中"。乾《文言》曰"中不在人",谓三也。此可谓"既济定"者也。

来知德:然不惟得位,又正之中也。正邦者,成刑于之化也,即"往有功"也。此以卦综言也。

张惠言:言在内也。乾三体复初乾元,故称"中"。此君子行权,得乾三之中,故称"中",非在内体即称"中"。家人三变,然后夫妇正。此亦三变,而女归故同。

尚秉和:艮为邦,故曰正邦。

按:下卦艮为"邦",六二爻居中正之位,顺承九三爻,所以系辞为"进以正,可以正邦也"。

九五爻居中正之位,所以系辞为"其位,刚得中也"。

止而巽,动不穷也。

虞翻:止,艮也。三变震为动,上之三据坤,动震成坎,坎为通,故"动不穷"。往来不穷谓之通。

来知德:进不穷者,盖进之之心愈急,则进之之机益阻。今卦德内而艮止,则未进之先,廉静无求,外而巽顺,则将进之间,相时而动,此所以进不穷也。有此卦综、卦德,吉而利贞者以此。

按：下卦艮为止，上卦为巽，进退有道，顺天而行，所以系辞为“止而巽”。

六二爻与六四爻互卦为坎，坎为水，水流不息，上卦巽为利，所以系辞为“动不穷也”。

《象》曰：山上有木，渐；

张惠言：木生渐进。

按：“山上有木，渐”是从地理学的角度解释卦象。

下卦艮为山，上卦巽为木，山上的树木渐渐长大成材，所以系辞为“山上有木，渐”。

君子以居贤德善俗。

虞翻：君子谓否乾，乾为贤德，坤阴小人，柔弱为俗。乾四之坤，艮为居，以阳善阴，故“以居贤德善俗”也。

来知德：习俗移人，贤者不免，故性相近而习相远也。君子法渐进之象，择居处于贤德善俗之地，则耳濡目染，以渐而自成其有道之士矣，即孟子“引而置之庄狱之间”之意。

张惠言：乾为“君子”，故取乾四之坤。

尚秉和：居，积也，居贤德，即积贤德也。坎为积，艮为贤，巽为风俗。有贤德，故以善俗。居贤德善俗，皆非猝然可能之事，皆渐义也。

按：“君子以居贤德善俗”是从卦象引申出来的人文思想。

能够效法渐卦的人被称为“君子”。下卦艮为“居”、为“贤德”，上卦巽为风俗，六二爻与六四爻互卦为坎，坎为水、为滋润，君子以贤德感人，移风易俗，所以系辞为“君子以居贤德善俗”。

初六：鸿渐于干。

虞翻：鸿，大雁也。离五，鸿。渐，进也。小水从山流下称干。艮为山、为小径，坎水流下山，故“鸿渐于干”也。

来知德：鸿，雁之大者。鸿本水鸟，中爻离坎，离为飞鸟，居水之上，鸿之象也。且其为物，木落南翔，冰泮北归，其至有时，其群有序，不失其时与序，于渐之义为切。昏礼用鸿，取不再偶，于女归之义为切，所以六爻皆取鸿象也。干，水旁也，江干也。中爻小水流于山，故有干象。

张惠言：鸿，飞不独行，有次列者也。五为“鸿”，与五爻俱渐也。

尚秉和：鸿，大雁也。艮为鸿。周公《时训》，以雁北乡当屯卦，是以坎为北，互艮为雁。故《易林》师之萃云：鸿雁哑哑，以水为家。以萃互艮为鸿也。需之遁云：去如飞鸿。亦以遁下艮为鸿。干，水涯也。二至四坎水，初在坎下，故曰鸿渐于干。

按：“干”是水边的意思。下卦艮为“鸿”，初六爻近水，所以系辞为“鸿渐于干”。

小子厉，有言，无咎。

虞翻：艮为小子，初失位，故“厉”。变得正，三动受上成震，震为言，故“小子厉，有言，无咎”也。

来知德：小子者，艮为少男，小子之象也。内卦错兑，外卦综兑,兑为口舌,有言之象也。厉者,危厉也,以在我而言也。"言"者,谤言也,以在人而言也。无咎者,在渐之时,非躐等以强进,于义则无咎。

初六阴柔,当渐之时,渐进于下,有鸿渐于干之象。然少年新进,上无应与,在我不免有小子之厉,在人不免有言语之伤,故其占如此,而其义则无咎也。

尚秉和:艮少,故为小子。有言者争讼。震为言,艮为反震,败言,故曰有言,《左传》云败言为谗是也。有言,故厉。然初为士,潜伏在下,亦无咎也。

按:下卦艮为"小子",初六爻居位不正,毗邻坎险,所以系辞为"小子厉"。

艮卦与震卦旁通,震为言,震反为艮,为言语所中伤,所以系辞为"有言"。

初六爻恪守艮止之道,所以系辞为"无咎"。

《象》曰:小子之厉,义无咎也。

虞翻:动而得正,故"义无咎也"。

来知德:小子之厉似有咎矣。然时当进之时,以渐而进,亦理之所宜。以义揆之,终无咎也。

尚秉和:初勿用,故义无咎。

按:"义无咎也"是对"小子之厉"的解释。

初六爻静止不动,阴承阳,所以系辞为"义无咎也"。

六二:鸿渐于磐。

虞翻:艮为山石。坎为聚,聚石称磐。

尚秉和:艮为夫,在上,故不复。《易林》复之剥云:夫亡从军,抱膝独宿。以剥艮为夫也。

按:艮为"夫",九三爻与九五爻互卦为离,离为戈兵,九三爻在坎卦中央,坎为死亡,所以系辞为"夫征不复"。

妇孕不育,凶。

虞翻:孕,妊娠也。育,生也。巽为妇,离为孕,三动成坤,离毁失位,故"妇孕不育,凶"。

来知德:妇孕者,此爻合坎,坎中满,孕之象也。孕不育者,孕而不敢使人知其育,如孕而不育也。盖四性主入,无应而奔于三,三阳性上行,又当进时,故有此丑也。若以变爻论,三变则阳死成坤,离绝夫位,故有夫征不复之象。既成坤,则并坎中之满通不见矣,故有妇孕不育之象。

张惠言:"妇"谓四离。

尚秉和:孕,妊娠也。育,生也。震为孕。《左传》昭元年武王邑姜,方震太叔是也。三震覆,故不育。郭璞《洞林》否之小过云:妇女胎反见华盖。否三互巽,故知为妇女。二四互艮,世变艮,艮为反震,是胎反也。胎亦孕也,义即本此也。

按:九三爻居坎卦中央,坎中满,孕育之象。坎与离旁通,离为"妇",坎为"妇孕",九三爻与九五爻互卦为离,离中虚,为"不育",所以系辞为"妇孕不育"。

九三爻在坎险之中,所以系辞为"凶"。

利御寇。

虞翻:御,当也。坤为用,巽为高,艮为山,离为戈兵甲胄,坎为寇,自上御下,三动坤顺,坎象不见,故"利用御寇,顺相保"。保,大也。

来知德:坎为盗,离为戈兵,故有寇象。变坤,故《小象》曰"顺相保"。九三过刚,当渐之时,故有自磐而进于陆之象。然上无应与,乃比于亲近之四,附丽其丑而失其道矣,非渐之贞者也。故在占者则有"夫征不复,妇孕不育"之象,凶可知矣。惟御寇之道在于人和,今变坎成坤,则同心协力,顺以相保,故利也。若以之渐进,是枉道从人,夫岂可?

张惠言:"坎"谓三阳。四当承五,坎寇之为夫妇。谓五也。《春秋传》所谓"保大定功"。

尚秉和:巽为寇,三下拥群阴,而艮为守御,为坚;寇在外,守御在内,使外寇不入,故利也。旧解皆以坎为寇,岂知坎之为寇,以其隐伏,巽亦为伏,故《易》亦以巽为寇。且以坎为寇,坎寇已在内矣,如何能御之?虞翻以坎为寇,谓自上御下。自上御下,其利在上,于三何与?一象失传,使经义颠倒错乱,至于如此,真可喟也。

按:下卦艮为"御",坎为"寇",拿起武器抵御外寇,所以系辞为"利御寇"。

《象》曰:"夫征不复",离群丑也。

虞翻:坤三爻为丑,物三称群也。

来知德:离,附着也。扬子云《解嘲》云“丁傅、董贤用事,诸附离之者起家至二千石”,《庄子》“附离不以胶漆”,皆此“离”也。群丑者,上下二阴也。

张惠言:谓三变成坤。

尚秉和:坤为众,为丑。丑,众也,《诗·小雅》执讯获丑是也。离,附离也。群丑,谓下二阴。言三阳系恋于下二阴,故不复也。诸家训离为去,与下顺相保之义不合,非也。

按:“离”是附丽、耽溺的意思。“离群丑也”是对“夫征不复”的解释。

九三爻阳陷阴中,所以系辞为“离群丑也”。

“妇孕不育”,失其道也。

虞翻:三动离毁,阳陨坤中,故“失其道也”。

来知德:失其道者,淫奔之事,失其夫妇之正道也。

张惠言:阳为“道”。四当顺五,而妇三“失其道”,宜“不育”矣。

尚秉和:艮为道,坎为失,故失道不育。

按:“失其道也”是对“妇孕不育”的解释。

九三爻阳陷阴中,所以系辞为“失其道也”。

利用御寇,顺相保也。

虞翻:三动坤顺,坎象不见,故以“顺相保也”。

来知德:顺相保者,御寇之道在于行险而顺,今变坎成坤,则行险而顺矣,所以能相保御也。雁群不乱,飞则列阵相保，三爻变坤，有雁阵象，故曰“顺相保”。

尚秉和：下二阴顺三阳，以为保守，故曰顺相保。

按：“顺相保也”是对“利用御寇”的解释。

下卦艮为安邦，九三爻率领民众抵御外寇，所以系辞为“顺相保也”。

六四：鸿渐于木。

虞翻：巽为木。

来知德：巽为木，木之象也。

张惠言：“木”谓五，“桷”谓三。

尚秉和：巽为鸿，《九家逸象》巽为鹳，鹳、鸿皆水鸟，故亦为鸿。周公《时训》以鸿雁来当巽卦，是以巽为鸿。故《易林》中孚之同人云：鸿飞遵陆。以同人互巽为鸿。又大畜之兑云：鸿盗我襦，逃于山隅。兑互巽为盗，为鸿。旧以离为鸿，非也。巽为木。

按：六四爻居离卦中央，离为“鸿”，上卦巽为“木”，所以系辞为“鸿渐于木”。

或得其桷，无咎。

虞翻：桷，椽也。方者谓之桷。巽为交，为长木，艮为小木，坎为脊，离为丽，小木丽长木，巽绳束之，象脊之形，椽桷象也，故“或得其桷”。得位顺五，故“无咎”。四已承五，又顾得三，故“或得其桷”也矣。

来知德：下三爻，一画横于上，桷之象也。桷者，椽也，所以乘瓦。巽为绳直，故有此象。又坎为宫，四居坎上，亦有桷象。凡木之枝柯未必横而宽平如桷。鸿趾连而且长，不能握枝，故不栖木，若木之枝如桷则横平，而栖之可以安矣。或得者，偶然之辞，未必可得，偶得之也。巽为不果，或得之象。无咎者，得渐进也。

六四以柔弱之资似不可以渐进矣。然巽顺得正，有“鸿渐于木，或得其桷”之象。占者如是，则无咎也。

张惠言：明四当顺五。四女得两顾者，坎离夫妇之义。三五本一坎也，“女归待男行”，三成震，四然后嫁，故取归妹也。

尚秉和：巽为木，为桷。《说文》：椽方曰桷。得桷，言安也。四当位承阳，故无咎。

按：“桷”是方形的椽子。上卦巽为“桷”，所以系辞为“或得其桷”。

六四爻居正位，阴顺阳，所以系辞为“无咎”。

《象》曰：“或得其桷”，顺以巽也。

虞翻：坤为顺，以巽顺五。

来知德：变乾错坤为顺，未变为巽，巽正位在四，故曰顺巽。

张惠言：志在顺五，不嫌顾三。

尚秉和：言顺承五、上二阳。

按：“顺以巽也”是对“或得其桷”的解释。

六四爻为巽卦初爻，阴顺九五阳爻，所以系辞为“顺以巽也”。

九五:鸿渐于陵。

虞翻:陵,丘。三动受上时,而四体半艮山,故称“陵”。

来知德:高阜曰陵。此爻变艮为山,陵之象也。

尚秉和:巽为高。五应在二,二艮体,五居艮上,故渐于陵。

按:九五爻与六二爻阴阳相应,九五爻在高山之上,所以系辞为“鸿渐于陵”。

妇三岁不孕,

虞翻:妇,谓四也。巽为妇,离为孕,坎为岁,三动离坏,故“妇三岁不孕”。

来知德:妇指二,中爻为离中虚,空腹不孕之象也。离居三,三岁之象也。三岁不孕者,言妇不遇乎夫,而三岁不孕也。二四为坎,坎中满,故曰孕。三五中虚,故曰不孕。爻辞取象,精之极矣。

张惠言:自三至上,三爻,故“三岁”。上三易位,则妇孕。

尚秉和:巽为妇,震为孕。震伏,下敝漏,故不孕。又五应在二,为三所阻,不能应二,故三岁不孕。坎为三岁,言其久。

按:上卦巽为“妇”,六四爻居离卦中央,离数三,离中虚,不孕之象,所以系辞为“妇三岁不孕”。

终莫之胜,吉。

虞翻:莫,无。胜,陵也。得正居中,故“莫之胜,吉”。

上终变之三,成既济定,坎为心,故《象》曰“得所愿也”。

来知德:凡正应为君子,相比为小人,二比三,三比四,四比五,皆阴阳相比,故此爻以“三岁不孕,终莫之胜,吉”言。终莫之胜者,相比之小人,终不得以间之,而五与二合也。

九五阳刚当尊,正应乎二,可以渐进相合,得遂所愿矣,但为中爻相比所隔,然终不能夺其正也。故其象如此,占者必有所迟阻而后吉也。

尚秉和:然五与二为正应,三岂能终阻之?故终胜三,得所愿而吉也。莫之胜,言三不能胜五也。

按:九五爻居中正之位,下卦艮为“终”,九三爻不能抵御九五爻与六二爻阴阳相交,所以系辞为“终莫之胜,吉”。

《象》曰:“终莫之胜,吉”,得所愿也。

虞翻:上之三,既济定,故“得所愿也”。

来知德:愿者,正应相合之愿也。

张惠言:坎心为“愿”。

尚秉和:五终能应二,故得所愿。旧解皆从虞氏,以成既济定为说,强命初上变,非。

按:“得所愿也”是对“终莫之胜,吉”的解释。

九五爻与六二爻阴阳相交,所以系辞为“得所愿也”。

上九:鸿渐于陆。

虞翻:陆,谓三也。三坎为平,变而成坤,故称陆也。

来知德:陆即三爻之陆。中爻水在山上,故自干而陆。此爻变坎,又水在山上,故又有鸿渐于陆之象。巽性入,又伏，本卦主于渐进，今进于上，则进之极，无地可进矣。巽性伏入，进退不果，故又退渐于陆也。盖三乃上之正应，虽非阴阳相合，然皆刚明君子，故知进而又知退焉。

尚秉和：在卦上，与三同，故仍渐于陆。

按：巽为高，上九爻在最高处，所以系辞为“鸿渐于陆”。

其羽可用为仪，吉。

虞翻：谓三变受，成既济，与家人《彖》同义。上之三得正，离为鸟，故“其羽可用为仪，吉”。三动失位，坤为乱，乾四止坤，《象》曰“不可乱”，《彖》曰“进以正邦”，为此爻发也。三已得位，又变受上，权也。孔子曰：“可与适道，未可与权。”宜无怪焉。

来知德：仪者，仪则也。知进知退，惟圣人能之。今上能退于三，即蛊之“志可则”，盖百世之师也，故“其羽可以为仪”。曰“羽”者，就其鸿而言之。曰“羽可仪”，犹言人之言行可法则也。升卦与渐卦同是上进之卦，观升卦上六曰“利不息之贞”，则此爻可知矣。胡安定公以“陆”作“逵”者，非也。盖《易》到六爻极处即反，“亢龙有悔”之类是也。

上九木在山上，渐长至高，可谓渐进之极矣，但巽性不果，进而复退于陆焉，此则知进知退，可以起顽立懦者也，故有“鸿渐于陆，其羽可用为仪”之象。占者有是德，即有是吉矣。

张惠言:变而受上,易位。乾四,三也。上来即三出,故曰“乾四”。“止”字当为“正”。《系》曰:“巽以行权。”渐、家人皆体巽。

尚秉和:巽为羽。仪,饰也。其羽可用为仪者,巽为高为白,言上居高明之地,羽毛鲜洁,故可用以为仪,贲一切也。巽羽之象,《易林》随之小畜云:奋翅鼓翼。以小畜上巽为翼。又颐之兑:六翮长翼。亦以兑互巽为翼。

按:巽为“鸿”、为“羽”,上九爻居高位,阴下阳上,天地定位,所以系辞为“其羽可用为仪,吉”。

《象》曰:“其羽可用为仪,吉”,不可乱也。

虞翻:坤为乱,上来正坤,六爻得位,成既济定,故“不可乱也”。

来知德:不可乱者,鸿飞于云汉之间,列阵有序,与凡鸟不同,所以可用为仪。若以人事论,不可乱者,富贵利达不足以乱其心也。若富贵利达乱其心,惟知其进,不知其退,惟知其高,不知其下,安得可用为仪?今知进又知退,知高又知下,所以可以为人之仪则。

尚秉和:仪型万方,秩然不紊,故不可乱。

按:“不可乱也”是对“其羽可用为仪,吉”的解释。鸿雁飞行,排列有序,天地定位,上下有仪,所以系辞为“不可乱也”。

五四　归妹卦

䷵震上兑下

归妹：

虞翻：归，嫁也。兑为"妹"，泰三之四，坎月离日，俱归妹象。"阴阳之义配日月"，则"天地交而万物通"，故以嫁娶也。

来知德：妇人谓嫁曰归，女之长者曰姊，少者曰"妹"，因兑为少女，故曰"妹"。为卦兑下震上，以少女从长男，其情又以悦而动，皆非正也，故曰"归妹"。《序卦》："渐者，进也。进必有所归，故受之以归妹。"渐有归义，所以次渐。渐曰女归，自彼归我也，娶妇之家也。此曰归妹，自我归彼也，嫁女之家也。

张惠言：泰息卦，次损。泰过将反，阴道始盛，故明阴阳始终之义，曰"归妹"也。内卦候在八月，外卦九月。卦辞不变，消道也。爻变有三义，承损则当为未济，故初变应四，时也。在五则正而为既济，阳道也。初先变为解，三四反初复正，仍为泰，然后二五正位，明保泰之道也。

自外曰"归"。震为兄，兑为"妹"。乾坤交，夫妇义。谓卦具三象，乾坤一也，坎离二也，震兄嫁妹三也。

尚秉和：兑为少女，故曰妹。震为归，妇人谓嫁曰归，故曰归妹。

按:“归妹”是卦名,卦象由上震下兑构成。《周易·序卦传》言:“进必有所归,故受之以归妹。”《杂卦》言:“归妹,女之终也。”《春秋公羊传》隐公二年:“其言归何?妇人谓嫁曰归。”归妹卦下卦兑为“妹”,上卦震为出嫁,女孩子长大要出嫁,所以卦象被命名为“归妹”。

归妹卦与渐卦旁通。

征凶,

虞翻:谓四也。震为“征”,三之四,不当位,故“征凶”也。

来知德:《彖辞》明。

尚秉和:震巽长女从长男为恒,则曰利有攸往,兹少女从长男,与恒同耳,乃《彖》义则与恒相反,曰征凶,无攸利,何也?曰:恒下巽,巽阴承阳,与上震无一爻不相应,故利有攸往;归妹则巽覆为兑,阴乘阳,初三皆失应,故征凶。

按:上卦震为“征”,九四爻阳陷阴中,坎为“凶”,所以系辞为“征凶”。

无攸利。

虞翻:谓三也。四之三,失正无应,以柔乘刚,故“无攸利”也。

来知德:《彖辞》明。

张惠言:天地交宜亨,否之始,故戒之。

尚秉和:巽为利,巽覆,故无攸利。又中四爻皆不当位,贞静自守,尚恐有咎,动则悔吝生矣,故征凶不利也。

《下系》云：其为道也屡迁，变动不居，周流六虚，上下无常，刚柔相易，不可为典要，唯变所适。正谓此。恒与归妹，上卦同也，下卦同为二阳一阴也，乃巽则如彼，巽覆则如此，唯变所适也。唯变所适，谓甲卦与乙卦一爻变动，则吉凶相反，非谓卦无是象，强命某爻变，以成其象。自汉以来，因误解变动不居，唯变所适二语，援为护符，滥用爻变，以济其穷。前有虞翻，后有焦循，其尤也。

按：六三爻、六五爻柔乘刚，所以系辞为“无攸利”。

《彖》曰：归妹，天地之大义也。

虞翻：乾天坤地。三之四，天地交。以离日坎月战阴阳，“阴阳之义配日月”，则万物兴，故“天地之大义”。乾主壬，坤主癸。日月会北；震为玄黄，天地之杂；震东兑西，离南坎北，六十四卦，此象最备四时正卦，故“天地之大义也”。

来知德：释卦名，复以卦德释之，又以卦体释卦辞。言所谓归妹者，本天地之大义也。盖物无独生、独成之理，故男有室，女有家，本天地之常经，是其大义也。

张惠言：日月会壬癸其象也。乾坤会而生震。

尚秉和：归妹而后有夫妇，天地者，夫妇之义。

按：“天地之大义也”是对卦名“归妹”的解释。

下卦兑为泽，上卦震为木、为万物，天地阴阳相交，然后有万物生，所以系辞为“天地之大义也”。

天地不交而万物不兴。

虞翻：乾三之坤四，震为“兴”，天地以离坎交阴阳，故

“天地不交,则万物不兴”矣。

来知德:何也? 盖男女不交,则万物不生,而人道灭息矣。

按:兑泽与震木不相交,就不会有万物的繁盛,所以系辞为“天地不交而万物不兴”。

归妹,人之终始也。

虞翻:人始生乾,而终于坤,故“人之终始”。《杂卦》曰:“归妹,女之终。”谓阴终坤癸,则乾始震庚也。

来知德:是归妹者,虽女道之终,而生育之事,于此造端,实人道之始,所以为天地之大义也。

张惠言:否泰小剥复,于此见之。

尚秉和:天地交而后有万物,故归妹为女之终,生人之始。

按:女孩出嫁谓之“终”,孕育生子谓之“始”,六三爻与六五爻互卦为坎,坎中满,为“妇孕”,上卦震为生长,所以系辞为“归妹,人之终始也”。

说以动,所归妹也。

虞翻:说,兑;动,震也。谓震嫁兑,所归必妹也。

来知德:然归妹虽天地之正理,但说而动,则女先乎男,所归在妹,乃妹之自为,非正理而实私情矣,所以名归妹。

按:下卦兑为悦,上卦震为动,女孩高高兴兴地出嫁,所以系辞为“说以动,所归妹也”。

“征凶”,位不当也。

来知德:位不当者,二、四阴位而居阳,三、五阳位而居阴,自二至五皆不当也。

尚秉和:中爻皆不当位,三五皆以柔乘刚,故“征凶,无攸利”也。

张惠言:谓四当反。

按:“位不当也”是对“征凶”的解释。

九四爻阳居阴位,陷入坎险之中,所以系辞为“位不当也”。

“无攸利”,柔乘刚也。

来知德:柔乘刚者,三乘二之刚,五乘四之刚也,有夫屈乎妇,妇制其夫之象。位不当,则紊男女内外之正;柔乘刚,则悖夫妇倡随之理,所以征凶,无攸利。

张惠言:谓三当进四。

按:“柔乘刚也”是对“无攸利”的解释。

六三爻、六五爻阴乘阳,违背阴顺阳,所以系辞为“柔乘刚也”。

《象》曰:泽上有雷,归妹;

张惠言:阳功即成,雷归于泽,退保蛰虫。雷出地奋,雷入成阴,故曰“归妹”。

按:“泽上有雷,归妹”是从天文学、地理学的角度解释卦象。

下卦兑为泽,上卦震为雷,天上打雷,地下有雨,万物由此而生，所以系辞为“泽上有雷，归妹”。

君子以永终知敝。

虞翻：君子，谓乾也。坤为永终、为敝，乾为知，三之四为永终，四之三兑为毁折，故“以永终知敝”。

来知德：永对暂言，终对始言。永终者，久后之意。兑为毁折，有敝象。中爻坎为通，离为明，有知象，故知其敝。天下之事凡以仁义道德相交洽者，则久久愈善，如刘孝标所谓“风雨急而不辍其音，霜雪零而不渝其色”，此永终无敝者也。故以势合者，势尽则情疏；以色合者，色衰则爱弛。垝垣复关之辈，虽言笑于其初，而桑落黄陨之嗟，终痛悼于其后。至于立身一败，万事瓦裂，其敝至此。雷震泽上，水气随之而升，女子从人之象也。故君子观其合之不正，而动于一时情欲之私，即知其终之有敝，而必至失身败德，相为睽乖矣。此所以欲善其终，必慎其始。

张惠言：泰尽将否，君子不失其时。

尚秉和：女归则永终。兑毁折，故以知敝为戒。

按：“君子以永终知敝”是从卦象引申出来的人文思想。

能够效法归妹卦的人被称为“君子”。下卦兑为“敝”，上卦震为“永终”，六三爻与六五爻互卦为坎，坎为“知”，所以系辞为“君子以永终知敝”。

下卦兑为少女，女大当嫁；坎中满，少女变成妇人为“敝”，已经怀孕之象；震为长子，妇人生子，人类的生命借此延续。因此，“君子以永终知敝”的意思是女孩子出嫁之后为人妻,怀孕生子,人类的生命由此而生生不息。

初九:归妹以娣,

虞翻:震为兄,故“嫁妹”,谓三也。初在三下,动而应四,故称“娣”。

来知德:《尔雅》:“长妇谓稚妇为娣,娣妇谓长妇为姒。”即今妯娌相呼也。又《曲礼》“世妇”“侄娣”,盖以妻之妹从妻来者为娣也。古者诸侯一娶九女,嫡夫人之左右媵皆以侄娣从。送女从嫁曰媵。以《尔雅》《曲礼》媵送考之,幼妇曰娣,盖从嫁以适人者也。兑为妾,娣之象。初在下,亦娣之象。

张惠言:震四嫁三妹。初亦震妹,在三下,故“娣”。

尚秉和:初在兑下,故曰娣。娣者,嫡之女弟也,《公羊传》:诸侯一聘九女,嫁者一娣一侄,媵者皆有侄娣。嫁者谓嫡,嫡及两媵、六侄娣共九女。

按:“娣”是指陪嫁的女子。下卦兑为“妾”,所以系辞为“归妹以娣”。

跛能履,征吉。

虞翻:履,礼也。初九应变成坎,坎为曳,故“跛而履”。应在震为征,初为娣,变为阴,故“征吉”也。

来知德:兑为毁折,有跛之象。震为足,足居初,中爻离为目,目与足皆毁折,所以初爻言足之跛,而二爻言目之眇也。若以变坎论,坎为曳,亦跛之象也。跛者,行之不以正,侧行者也。以嫡娣论,侧行正所尊正室也。若正行,则是专正室之事矣,故以跛象之。

初九居下,当归妹之时而无正应,不过娣妾之贱而已,故为娣象。然阳刚在女子为贤正之德,但为娣之贱,则闺阃之事不得以专成。今处悦居下,有顺从之义,故亦能维持调护承助其正室,但不能专成,亦犹跛者侧行而不能正行也。占者以是而往,虽其势分之贱,不能大成其内助之功,而为媵妾职分之当然则已尽之矣,吉之道也,故征吉。

张惠言:嘉事,礼之大。娣从媵,礼也。四未反,故初变应。二变初当为震,震为足,故"跛能履"。此言初当应四耳。四反正则初亦反正,故在二为震,在五为离,在上为乾也。

尚秉和:兑折震,故跛。然二升五则下成震,震为足,故曰跛能履,征吉也。《象》曰吉相承,即承二升五而吉也。

按:初九爻为足趾,下卦兑为毁折,上承震为履,所以系辞为"跛能履"。

九二爻与九四爻互卦为离,离为中女、为光明,初九爻陪嫁,前途光明,所以系辞为"征吉"。

《象》曰:"归妹以娣",以恒也;

虞翻:阳得位,故"以恒"。

来知德:恒,常也,天地之常道也。有嫡有妾者,人道之常。初在下位,无正应,分当宜于娣矣,是乃常道也,故曰"以恒也"。"恒"字义,又见九二《小象》。

张惠言:言初为三娣,正以得位,不取变也。

尚秉和:以恒,盖谓女嫁随侄娣,乃娶妇之常道。说者动以恒卦为解,非。

按:“以恒也”是对“归妹以娣”的解释。

初九爻居正位,随嫁而动,所以系辞为“以恒也”。

“跛能履”,吉相承也。

虞翻:恒动初承二,故“吉相承也”。

来知德:相承者,能承助乎正室也。以其有贤正之德,所以能相承,故曰“相承也”。“以恒”以分言,“相承”以德言。

张惠言:既得正,又动承二。二未变,初动承之,二变正,初亦正,故“相承”。

尚秉和:按初无应,二阳为阻,不能前进,有凶无吉。兹曰吉相承,谓二升五下卦成震,初临重阴,相随而吉。相承者,谓二升五吉,初承其后仍吉也。虞翻求其义而不得,强命初爻变阴承阳为说。夫初当位,胡能使变?经义之不明,此等曲说乱之也。以恒,盖谓女嫁随侄娣,乃娶妇之常道。说者动以恒卦为解,非。

按:“吉相承也”是对“跛能履”的解释。

初九爻居正位,下卦兑为悦,上卦震为出嫁,随震而动,所以系辞为“吉相承也”。

九二:眇能视,

虞翻:视,应五也。震上兑下,离目不正,故“眇而视”。

来知德:眇者,偏盲也,一目明,一目不明也。或目邪皆谓之眇。解见初九。兑综巽,巽为白眼,亦有眇象。中爻离,目视之象。

尚秉和:二三半离,故曰眇。《说文》:眇,一目小也。然能视者,以互离也。

按:九二爻与九四爻互卦为离,离为"视",下卦兑为毁折,眼睛歪斜,尚能视物,所以系辞为"眇能视"。

利幽人之贞。

虞翻:幽人谓二,初动,二在坎中,故称"幽人"。变得正,震喜兑说,故"利幽人之贞"。与履二同义也。

来知德:中爻离,目视之象。幽人之贞者,幽人遭时不偶,抱道自守者也。幽人无贤君,正犹九二无贤妇,众爻言归妹,而此爻不言者,居兑之中,乃妹之身,是正嫡而非娣也。"幽人"一句,详见前履卦。又占中之象也。

九二阳刚得中,优于初之居下矣;又有正应,优于初之无应矣,但所应者阴柔不正,是乃贤女而所配不良,不能大成内助之功,故有眇者能视而不能远视之象。然所配不良,岂可因不良而改其刚中之德哉?故占者利如幽人之贞可也。

张惠言:二当与五易位,卦主在四,四正然后初正,二乃得上之五,爻序如此。

尚秉和:二应在五,五震为人,兑为昧,故曰幽人。利幽人之贞,言利与五相上下,各当位也。

按:下卦兑为暗昧,六三爻阴乘阳,九二爻需恪守中道,所以系辞为"利幽人之贞"。

《象》曰:"利幽人之贞",未变常也。

虞翻:常,恒也。乘初未之五,故"未变常也"。

来知德:一与之齐,终身不改,此妇道之常也。今能守幽人之贞,则未变其常矣。故教占者,如幽人之贞,则利也。初爻、二爻《小象》,孔子皆以"恒""常"二字释之,何也?盖兑为常,则"恒""常"二字,乃兑之情性,故释之以此。

张惠言:谓得正。初变二乘坎,故"幽人"。之五正位,则为"常"。

尚秉和:未变常,言二五相应与乃常道也。

按:"未变常也"是对"利幽人之贞"的解释。

九二爻虽然暂居暗昧之地,但与九四爻互卦为离,离为光明;九二爻终将与六五爻阴阳相交,所以系辞为"未变常也"。

六三:归妹以须,反归以娣。

虞翻:须,需也。初至五体需象,故"归妹以须"。娣,谓初也。震为反,反马归也。三失位,四反得正,兑进在四,见初进之,初在兑后,故"反归以娣"。

来知德:须,贱妾之称。《天文志》须女四星,贱妾之称,故古人以婢仆为余须。反者,颠倒之意。震为反生,故曰反。

六三居下卦之上,本非贱者也,但不中不正,又为悦之主,善为容悦以事人,则成无德之须贱,而人莫之取矣,故为未得所适,反归乎娣之象。初位卑,归以娣宜矣。三居下卦之上,何自贱至此哉?德不称位而成须故也。不言吉凶者,容悦之人,前之吉凶未可知也。

张惠言：须，待也。卦象震兄嫁妹，则卦有妇而无夫。坎离不为夫妇者，失正故也。故须四反三，三进四，则二五易位，坎在兑三，离在震四，日东月西，夫妇道著，六五"月几望"是也。故二"归妹以须"。震为"马"。四反不可仍象震兄，故象"反马"。兑为"见"。四反初亦正，与兑四为应，故象四嫁而进其娣。《礼》"嫁女，同姓媵之"，故初变应震兄，及见于君，必夫人进之，故又正应兑四而在兑后也。

尚秉和：须，《说文》面毛也。归，嫁也。归妹为嫡，今以须之故，反嫁为娣也。伏艮为"须"。《易林》同人之否云：牵于虎须。否互艮为虎，为须。虞氏训须为需。需，待也，六三若有待义，与九四之有待义复矣。《易林》涣之归妹云：妹为貌憝，败君正色。《庄子·田子方》：老聃新沐，方将被发而干，憝然似非人。憝，言可怖也。是焦氏亦训须为面毛也，故曰貌憝。

按："须"是指地位卑贱的妾。下卦兑为妾，所以系辞为"归妹以须"。

兑反卦为巽，六三爻身贱而居高位不当，应该与初九爻换位，所以系辞为"反归以娣"。

《象》曰："归妹以须"，未当也。

虞翻：三未变之阳，故"位未当"。

来知德：未当者，爻位不中不正也。

张惠言：须四反正位。

尚秉和：未当，言不宜有是恶象也。困上六当位矣，

《象》曰未当也，义与此同。革《传》曰革而当，义皆同宜。后雅雨堂《集解》本见虞注作位未当，竟于《象传》添一位字。岂知正文若作位未当，《释文》早言之矣？今《释文》无有，可证虞本亦无位字。雅雨本皆从惠栋校，改字甚多。昔人谓惠氏乱经，兹更添字，宜罪之者多也。

按："未当也"是对"归妹以须"的解释。

六三爻阴乘阳，居位不正，所以系辞为"未当也"。

九四：归妹愆期，迟归有时。

虞翻：愆，过也。谓二变，三动之正，体大过象，坎月离日，为期三变，日月不见，故"愆期"。坎为曳，震为行，行曳，故迟也。归谓反三。震春兑秋，坎冬离夏，四时体正，故"归有时"也。

来知德：愆，过也，言过期也。女子过期不嫁人，故曰"愆期"，即《诗·摽梅》之意。因无正应，以阳应阳，则纯阳矣，故愆期。有时者，男女之婚姻自有其时也。盖天下无不嫁之女，愆期者数，有时者理。若以象论，中爻坎月离日，期之之象也。四一变则纯坤，而日月不见矣，故愆期。震春兑秋，坎冬离夏，四时之象。震东兑西，相隔甚远，所以愆期。四时循环，则有时矣。

九四以阳应阳，而无正应，盖女之愆期而未归者也。然天下岂有不归之女，特待时而归，归之迟耳，故有愆期，迟归有时之象。占者得此，凡事待时可也。

张惠言：谓三不待四则"愆期"，故三须四而"迟归"也。

在兑为嫁,在震为“反”。三四正位,二五升降,坎离时正。

尚秉和:震为时,坎陷,故愆期。愆,过也。愆期,故迟归待时,待升五也。又下无应,亦衍期之一因。卦四时俱备,故曰有时。升五则时至矣。

按:“愆期”是错过嫁人的日期的意思。上卦震为“时”,九四爻阳陷阴中,所以系辞为“归妹愆期”。

上卦震为春,待到春天到来,可以出嫁,所以系辞为“迟归有时”。

《象》曰:愆期之志,有待而行也。

虞翻:待男行矣。

来知德:行者,嫁也。天下之事自有其时,愆期之心亦有待其时而后嫁耳。爻辞曰“有时”,象辞曰“有待”,皆待时之意。

张惠言:三待坎阳也。

尚秉和:坎为志,震为行。有待而行者,待升五也。

按:九四爻阳陷阴中,坎为志,所以系辞为“愆期之志”。

坎为冬,震为春,冬去春来,所以系辞为“有待而行也”。

六五:帝乙归妹,

虞翻:三四已正,震为帝,坤为乙,故曰“帝乙”。泰乾为良、为君,乾在下为小君,则妹也。

来知德:帝乙,如箕子明夷、高宗伐鬼方之类。君者,妹也。此爻变兑,兑为少女,故以妹言之。诸侯之妻曰小君,其女称县君。宋之臣,其妻皆称“县君”是也。故不曰

“妹”而曰“君”焉。

张惠言:泰注云:“帝乙,纣父。”

尚秉和:震为帝,故曰帝乙。帝乙,汤也。《京房易》载其嫁妹之辞,是汤曾嫁妹,故曰帝乙归妹。

按:“帝乙”是指商代的国君成汤。商人信奉天命,以孩子出生日的天干来取名。取名为“乙”,是说“帝乙”出生的这天天干为乙日。震为出嫁,六五爻居天子位,国君帝乙的妹妹出嫁,所以系辞为“帝乙归妹”。

其君之袂,不如其娣之袂良。

虞翻:袂口,袂之饰也。兑为口,乾为衣,故称袂。谓三失位无应。娣袂谓二,得中应五,三动成乾为良,故“其君之袂,不如其娣之袂良”。故《象》曰“以贵行也”矣。

来知德:袂,衣袖也,所以为礼容者也。人之着衣,其礼容全在于袂,故以“袂”言之。良者,美好也。三爻为娣,乾为衣,三爻变乾,故其衣之袂良。五爻变兑成缺,故不如三之良。若以理论,三不中正,尚容饰,五柔中,不尚容饰,所以不若其娣之袂良也。

张惠言:谓三为震之妹,居乾位为“小君”。“袂”当为衣。二在兑亦三娣。此象参错。三四已正,“帝乙归妹”,妹归在四初正。乾衣兑口为“袂”。泰女主,五为“小君”,失位无实。“娣”谓二,在乾中,故“其君之袂,不如其娣之袂良”。谓二当升五“贵行”。

尚秉和:震为君,为袂。而震亦为口,袂袖口也。袂在五震，故曰君袂；在二兑，故曰娣袂，皆取象于口。乃五阴二阳，故君袂不如娣良。

按："袂"是指衣袖，衣袖是从属于上衣的。乾为"衣"，震为"袂"，六五爻为国君的妹妹，所以系辞为"其君之袂"。

六五爻阴居阳位不正，与九二爻阴阳相应，宜下降到九二爻的位置，这样就可以回归中正之位，所以系辞为"不如其娣之袂良"。商王成汤告诫要出嫁的妹妹言："无以天子之尊而乘诸侯，无以天子之富而骄诸侯。阴之从阳，女之顺夫，本天地之义也。往事尔夫，必以礼义。"①这句话可以发明"其君之袂，不如其娣之袂良"的意思。

月几望，吉。

虞翻：几，其也。坎月离日，兑西震东，日月象对，故曰"几望"。二之五，四复三，得正，故"吉"也。与小畜、中孚"月几望"同义也。

来知德：月几望者，坎月离日，震东兑西，日月东西相望也。五阴二阳，言月与日对，而应乎二之阳也。曰几者，言光未盈满，柔德居中而谦也。月几望而应乎阳，又下嫁占中之象也。

六五柔中居尊，盖有德而贵者也。下应九二，以帝有德之女下嫁于人，故有尚德而不尚饰，其服不盛之象。女

① 王应麟：《困学纪闻》（上），翁元圻等注、栾保群等校，上海：上海古籍出版社，2008年，第73页。

德之盛无以加此。因下嫁,故又有月几望而应乎阳之象。占者有是德,则有是吉矣。

张惠言:小畜注“几,近也”,义同。此以三四得正,三居兑,四居震,为“几望”,非以五坎、二离为“望”,故与小畜、中孚同义。既济定。小畜上正,离在兑三,通豫,坎在震二。中孚由讼四之初,坎在兑二,离在震三,皆非二五,故曰“几望”。

尚秉和:坎为月,为中。震东兑西,坎月离日,东西相望,正望日也。惟五居坎末,时已过中,故既望。既望,从孟、荀读,虞作几,京作近,晁说之云:古文近、既读同。孟云既望者,十六日也。五得中有应,故吉。震君、震袂、震口象皆失传,说详《焦氏易诂》。

按:六五爻与六三爻互卦为坎,坎为月,下卦兑为缺,月亮尚未盈满,所以系辞为“月几望”。

六五爻居中位,与九二爻阴阳相应,所以系辞为“吉”。

《象》曰:“帝乙归妹,不如其娣之袂良也”,其位在中,以贵行也。

虞翻:三四复正,乾为良。三四复,二之五,成既济,五贵,故“以贵行也”。

来知德:在中者,德也。以贵者,帝女之贵也。行者,嫁也。有是中德,有是尊贵,以之下嫁,又何必尚其饰哉?此所以君之袂不如娣之袂良也。

尚秉和:虽不正,而得中。中五位尊,故曰贵。

按:“其位在中,以贵行也”是对“帝乙归妹,不如其娣之袂良也”的解释。

六五爻居中位,以国君妹妹的身份下嫁九二君子,所以系辞为“其位在中,以贵行也。”

上六:女承筐无实,

虞翻:女谓应三兑也。自下受上称承。震为筐,以阴应阴,三四复位,坤为虚,故“无实”。《象》曰:“承虚筐也”。

来知德:兑为女,震为士,筐乃竹所成;震为竹,又仰盂,空虚无实之象也。又变离,亦中虚无实之象也。

尚秉和:下兑为女,震为筐。女在下,筐在上,故曰女承筐。乃上不应三,故无实。震为虚,亦无实也。

按:下卦兑为“女”,上六爻与六三爻无感应,上卦震为“筐”,筐中空虚,所以系辞为“女承筐无实”。

士刲羊无血,无攸利。

虞翻:刲,刺也。震为士,兑为羊,离为刀,故“士刲羊”。三四复位成泰,坎象不见,故“无血”。三柔乘刚,故“无攸利”也。

来知德:中爻坎为血卦,血之象也。兑为羊,羊之象也。震综艮,艮为手,承之象也。离为戈兵,刲之象也。羊在下,血在上,无血之象也。凡夫妇祭祀,承筐而采苹蘩者,女之事也;刲羊而实鼎俎者,男之事也。今上与三皆阴爻,不成夫妇,则不能供祭祀矣。无攸利者,人伦以废,后嗣以绝,有何攸利?刲者,屠也。

上六以阴柔居卦终而无应，居终则过时，无应则无配，盖归妹之不成者也，故有承筐无实、刲羊无血之象。占者得此，无攸利可知矣。

张惠言：“刲”即刺字。谓四反三，为上，应上也。坎为“血”。言三自以柔承坎刚，不能应上。

尚秉和：震为士，兑为羊，为斧，为毁折，故曰士刲羊。乃三不应上，故无血。坎为血，三体离，坎伏，故无血。此与夬九二，因爻无应，即就无应取义。旧解坐不知此，故说之永不能通。巽为利，巽伏，上下失应，故无攸利。震虚象失传，虞翻用卦变成坤，取虚象。岂知震为苍莨竹，为苇，皆取其中虚，况《象传》曰虚筐，亦以震为虚。

按：上卦震为“士”，下卦兑为“羊”，九四爻与九二爻互卦为离，离为戈兵，用兵器宰羊，所以系辞为“士刲羊”。

坎为“血”，离卦为显，坎卦为隐伏，坎血不见，所以系辞为“无血”。

上六爻居天极之位，上下无应，所以系辞为“无攸利”。

《象》曰：上六无实，承虚筐也。

虞翻：泰坤为虚，故“承虚筐也”。

来知德：上爻有底而中虚，故曰“承虚筐”。

张惠言：二之五，则筐实。

尚秉和：《象》明言震虚，故知虞氏非。

按：“承虚筐也”是对“上六无实”的解释。

震为“筐”，有底而无实，所以系辞为“承虚筐也”。

五五　丰卦

䷶震上离下

丰：

来知德：丰，盛大也。其卦离下震上，以明而动，盛大之由也。又雷电交作，有盛大之势，乃丰之象也，故曰“丰”。《序卦》：“得其所归者必大，故受之以丰。”所以次归妹。

张惠言：泰息卦，折噬嗑。乾坤合，则否反泰。丰，“王假之”，“与时消息”，群阴顺从，故“大”。《杂卦》曰“丰多故”，言亲五者多也。候在六月。成既济。泰道上取成家人者，未反泰也。卦五动而后四变，王“照天下也”。爻四变而后五动，“折狱致刑”也。

尚秉和：雷电皆至东，故丰。《说文》：丰，豆之丰满者也。

按：“丰”是卦名，卦象由上震下离构成。《周易·序卦传》言：“得其所归者必大，故受之以丰。丰者，大也。”丰卦下卦离为火，上卦震为木，木得火势，有盛大之意，所以卦象被命名为“丰”。

丰卦与涣卦旁通。

亨，王假之。

虞翻：此卦三阴三阳之例，当从泰二之四，而丰三从噬嗑上来之三，折四于坎狱中而成丰，故“君子以折狱致刑”。阴阳交，故“通”。噬嗑所谓“利用狱”者，此卦之谓也。乾为王。假,至也。谓四宜上至五,动之正成乾,故“王假之,尚大也”。

来知德:亨者,丰自有亨道也,非丰后方亨也。假,至也,必以王言者,盖王者车书一统,而后可以至此也。此卦离日在下,日已昃矣,所以周公爻辞言“见斗”“见沫”者,皆此意。

张惠言:消息卦变例。五阳自出,非四易位,下别云四变,则此上之五者,犹言上息五耳。“尚”“上”通。

尚秉和:四阳遇重阴,故亨。震为王。假,至也。王假之,言四宜上升至五也。

按:下卦离为日,上卦震为东,旭日东升,所以系辞为“亨”。

“假”是来临的意思。上卦震为“王”,《说卦传》言:“帝出乎震。”君王就像初生的太阳一样来临,所以系辞为“王假之”。

勿忧,宜日中。

虞翻:五动之正,则四变成离,离日中,当五,在坎中,坎为忧,故“勿忧,宜日中”。体两离象,“照天下”也。“日中则昃,月盈则蚀,天地盈虚,与时消息”。

来知德:“勿忧宜日中”一句读,言王者至此,勿忧宜日中,不宜如是之昃,昃则不能照天下也。孔子乃足之曰:“日至中,不免于昃,徒忧而已。”文王已有此意,但未发出,孔子乃足之。离日象,又王象,错坎,忧象。

张惠言:泰初,故明消息。

尚秉和:震为乐,故曰勿忧。离为日,中谓五。宜日中者,谓四升五,当位如日中也。

按:九四爻阳居阴位不正,但上卦震为阳气生发,震为乐,所以系辞为“勿忧”。

下卦离为“日中”,所以系辞为“宜日中”。

《彖》曰:丰,大也。明以动,故“丰”。

来知德:以卦德释卦名,又以卦象释卦辞而足其意。非明则动无所之,冥行者也。非动则明无所用,空明者也。惟明动相资,则王道由此恢廓,故名丰。

张惠言:阳动,故“大”。明,离。动,震。阳动,故“王假”,是以“大”也。

按:“丰,大也。明以动,故‘丰’”是对卦名“丰”字和卦辞“亨”字的解释。

“大也”是对“丰”字的解释。

下卦离为火,上卦震雷,火与雷均属阳,阳为“大”,所以系辞为“大也”。

下卦离为“明”,上卦震为“动”,太阳在东方这个位置升起,所以系辞为“明以动”,这就是“亨”的意思。

“王假之”,尚大也。

来知德:尚大者,所尚盛大也,非王者有心欲盛大也,其势自盛大也。抚盈盛之运,不期侈而自侈矣。

张惠言:尚,上也。大,阳也。五尊阳而上之。

尚秉和：尚，上也。“大”谓阳。“尚大”，谓四宜上升五。

按：“尚大也”是对“王假之”的解释。

太阳从初露熹微到冉冉升起，到日中丽日高照，这就是“尚大也”的意思。

“勿忧，宜日中”，宜照天下也。

虞翻：五动成乾，乾为天。四动成两离，“重明丽正”，故“宜照天下”，谓“化成天下”也。

来知德：宜照天下者，遍照天下也，日昃则不能遍照矣。

张惠言：既济也。

尚秉和：四升五则日中，光照天下。

按：“宜照天下也”是对“勿忧，宜日中”的解释。

下卦离为“日中”，太阳在夏至正午的时候光照天下，所以系辞为“宜照天下也”。

日中则昃，月盈则食，天地盈虚，与时消息，而况于人乎？况于鬼神乎？

虞翻：月之行，生震见兑，盈于乾甲，五动成乾，故“月盈”。四变体噬嗑食，故“则食”。此“丰其屋，蔀其家”也。五息成乾为盈，四消入坤为虚，故“天地盈虚”也。丰之既济，四时象具，乾为神人，坤为鬼，鬼神与人，亦随进消息。谓“人谋鬼谋，百姓与能”，“与时消息”。

来知德：日中固照天下，然岂长日中哉？盖日以中为盛,日中则必昃;月以盈为盛,月盈则必食,何也?天地造化之理,其盈虚每因时以消息。时乎息矣,必至于盈;时乎消矣,必至于虚。虚而息,息而盈,盈而消,消而虚,此必然之理数也。“天地盈虚,与时消息”,天地且不常盈不常虚,而况于人与鬼神乎?可见国家无常丰之理,不可忧其宜日中,不宜本卦之日昃也。鬼神,是天地之变化运动者,如风云雷雨,凡阳嘘阴吸之类皆是。

张惠言:四五正,重离为“日中”。上变,成家人。离为巽,巽日入,故则“昃”也。上所以取成家人。丰震春兑秋,既济坎冬离夏也。“人”谓三乾,由上之三为“神”。“鬼”谓上,坤变之巽,皆“与时消息”。

尚秉和:兑月离日。日中则昃,月盈则食,言丰之不足恃也。

按:下卦离为“日中”,九三爻与六五爻互卦为兑,兑为毁折,所以系辞为“日中则昃”。

兑为月,为毁折,所以系辞为“月盈则食”。

太阳在日中即正午的时候阳气最为充盈,之后开始由阳转阴。月亮在十五的时候,月相最为圆满,之后开始由圆变缺。天地之间,阳气盛满为“盈”,阴气弥漫为“虚”。春夏秋冬四季的推移,传递出来的不过是阴阳之气变化的消息,这就是“天地盈虚,与时消息”的意思。

“而况于人乎?况于鬼神乎”是推天文而及人事与鬼神。人秉天地阴阳之气而生,天道有盈虚,人事有代谢,从古至今，概莫例外。至于鬼神，亦难逃阴阳运行的法则。鬼为阴气凝聚，神为阳气生发。世间所谓“鬼神”，不过是阴阳之气的离散聚合而已。

《象》曰：雷电皆至，丰；

张惠言：雷电，阳威之大。

尚秉和：先天离东，后天震东，故曰皆至。

按：下卦离为“电”，上卦震为“雷”，雷电交加，阳气盛大，所以系辞为“雷电皆至，丰”。

君子以折狱致刑。

虞翻：君子谓三。噬嗑四失正，系在坎狱中，故上之三，折四入大过死象，故“以折狱致刑”。兑折为刑，贲三得正，故“无敢折狱”也。

来知德：始而问狱之时，法电之明，以折其狱，是非曲直，必得其情；终而定刑之时，法雷之威，以定其刑，轻重大小，必当其罪。

尚秉和：离明，故可折狱。震威，故宜致刑。

按：“君子以折狱致刑”是从卦象引申出来的人文思想。

下卦离与坎旁通，坎为牢狱，离为明，执法需正大光明，所以系辞为“折狱”；九三爻与六五爻互卦为兑，兑为“刑”，所以系辞为“致刑”。

初九：遇其配主，

虞翻：妃嫔，谓四也。四失位，在震为主；五动体姤遇，故“遇其配主”也。

来知德:遇字,详见噬嗑六三。配主者,初为明之初,四为动之初,故在初曰“配主”,在四曰“夷主”也。

张惠言:“配”当为“妃”。此言五变而四不变。

尚秉和:阴阳相配,配主谓二。二五为卦主,故五曰夷主。配,郑作妃,义同也。

按:六二爻与九四爻互卦为巽,巽为长女、为妇,取象为“配主”。初九爻与六二爻阴阳相交,所以系辞为“遇其配主”。

虽旬,无咎,往有尚。

虞翻:谓四失位,变成坤应初,坤数十。四上而之五成离,离为日。

来知德:因“宜日中”一句,故爻辞皆以“日”言。文王象丰以一日象之,故曰“勿忧,宜日中”。周公象丰以十日象之,故曰“虽旬,无咎”。十日为旬,言初之丰,以一月论已一旬也,言正丰之时也。当丰之初,明动相资,故有遇其配主之象。既遇其配,则足以济其丰矣。故虽丰已一旬,亦无灾咎,可嘉之道也,故占者往则有尚。

张惠言:谓五未动。卦先“王假”“遇其配主”,是四先动,以初为“夷主”,嫌不免咎,故曰“虽旬无咎”。

尚秉和:离为日,日之数十,十日为旬。初居日之末,故曰旬。至旬则癸日也,《后汉·邓禹传》:明日癸亥,匡等以六甲穷日,不出,是至旬当有咎,自古相传如是也。虽旬，无咎者，以初遇阴也。二阴，故往有尚。

按：十日为一旬。下卦离为日中、为一旬。初九爻阳居阳位为正，所以系辞为“虽旬，无咎”。

初九爻与六二爻阴阳相通，阳气上升，动则有利，所以系辞为“往有尚”。

《象》曰：“虽旬，无咎”，过旬灾也。

虞翻：体大过，故“过旬灾”。四上之五，坎为灾也。

来知德：“虽旬，无咎”，周公许之之辞。“过旬灾也”，孔子戒之之辞。过旬灾者，言盛极必衰也。

张惠言：四不应初，则“坎为灾”。

尚秉和：旬者盈数。过旬灾，仍月盈则食之意也。

按：“过旬灾也”是对“虽旬，无咎”的解释。

下卦离为日中，六二爻阴生阳中，阴为“灾”。日中则昃，月盈则亏，人道忌满，满则有损，所以系辞为“过旬灾也”。

六二：丰其蔀，日中见斗。

虞翻：日蔽云中称蔀。蔀，小，谓四也。二利四之五，故“丰其蔀”。噬嗑离为见，象在上为日中；艮为斗，斗，七星也；噬嗑艮为星、为止，坎为北中，巽为高舞。星止于中而舞者，北斗之象也。离上之三，隐坎云下，故“日中见斗”。

来知德：蔀蔀，草名，中爻巽，草之象也。故大过下巽曰白茅，泰卦下变巽曰拔茅，屯卦震错巽曰草昧，皆以巽为阴柔之木也。因王弼以蔀字为覆暧，后人编《玉篇》即改“蔀，覆也”。斗，量名。应爻震，有量之象，故取诸斗。南斗、北斗皆如量，所以名斗。《易》止有此象，无此事，亦无此理，如金车、玉铉之类是也。又如刲羊无血，天下岂有杀羊无血之理？所以《易》止有此象。本卦离日在下，雷在上，震为蕃草，蕃盛之象也。言草在上蕃盛，日在下，不见其日，而惟见其斗也。

张惠言：上爻注云“丰大蔀小”。在五则大为丰，在四则小为蔀。欲去四之蔽也。四噬嗑艮，离隐而艮爻见，故“见斗”谓四也。

尚秉和：二至五大坎，坎为隐伏，故中四爻象皆暗昧。蔀，虞翻云：日蔽云中称蔀。虞未申其义。然坎云在离日之上，正日蔽云中也。离为星，故曰斗。又震亦为斗。斗七星也，言离日有障蔽，日隐而星见也。

按：“蔀”是阳光被草木遮蔽的意思。六二爻与九四爻互卦为巽，巽为草木，巽木在离日之上，所以系辞为“丰其蔀”。

上卦震动为车，取象为北斗星。震斗在离日之上，所以系辞为“日中见斗”。

古天文学认为，北斗七星出现在夜晚，北斗的运行形成了一年四季。“日中见斗”是指大白天看见了北斗星。“丰其蔀，日中见斗”是说太阳的光芒被遮蔽，讲的是日食的天文现象。

往得疑疾，有孚发若，吉。

虞翻：四往之五，得正成坎，坎为疑疾，故"往得疑疾"也。坎为孚，四发之五成坎孚，动而得位，故"有孚发若，吉"也。

来知德：疑者，援其所不及，烦其所不知，必致猜疑也。疾者，持方柄以内圆凿，反见疾恶也。有孚者，诚信也。离中虚，有孚之象也。发者，感发开导之也。若，语助辞。吉者，至诚足以动人。彼之昏暗可开，而丰亨可保也。贞字、诚字，乃六十四卦之枢纽，圣人于事难行处，不教人以贞，则教人以有孚。

六二居丰之时，为离之主，至明者也，而上应六五之柔暗，故"有丰其蔀，不见其日，惟见其斗"之象。以是昏暗之主，往而从之，彼必见疑疾，有何益哉？惟在积诚信以感发之，则吉。占者当如是也。

张惠言：此似非。当谓五阳发成坎。若，顺也。谓二应五顺之。

尚秉和：二巽体，巽为疑为疾。巽初六《象》曰进退，志疑是也。五不应，故往得疑疾。然二承重阳，孚于三四。发若者，言其顺利也。阴孚阳，故吉。离星、巽疑象，详《焦氏易诂》。

按：六二爻与九四爻互卦为巽，巽为进退不果，取象为"疑"；巽卦阴生阳体之下，取象为"疾"。六二居中正之位，不可妄动，动则有咎，所以系辞为"往得疑疾"。

下卦离与坎卦旁通，坎中满为"有孚"。内心诚信，才会有外表的容光焕发，离为"发"，所以系辞为"有孚发若"。

六二爻居中正之位，所以系辞为"吉"。

《象》曰："有孚发若"，信以发志也。

虞翻：四发之五，坎为志也。

来知德：志者，君之心志也。信以发志者，尽一己之诚信，以感发其君之心志也。能发其君之志，则己之心与君之心相为流通矣。伊尹之于太甲，孔明之于后主，郭子仪之于肃宗、代宗，用此道也。

尚秉和：有孚，故信。巽为志。信以发志者，言阴孚于阳，得行其志也。

按："信以发志也"是对"有孚发若"的解释。

离卦与坎卦旁通，坎为"信"，离卦光明四射，引申为"发志"，所以系辞为"信以发志也"。

九三：丰其沛，日中见沫。

虞翻：日在云下称沛。沛，不明也。沫，小星也。噬嗑离为日，艮为沫，故"日中见沫"。上之三，日入坎云下，故"见沫"也。

来知德：沛，泽也，沛然下雨是也，乃雨貌。沫者，水源也，故曰涎沫、濡沫、跳沫、流沫，乃霡霂细雨不成水之意。此爻未变，中爻兑为泽，沛之象也。既变，中爻成坎水矣，沫之象也。二爻巽木，故以草象之。三爻泽水，故以沫象之。周公爻辞精极至此。王弼不知象，以蔀为覆暖，后儒从之,即以为障蔽。王弼以沛为旆,后儒亦以为旆,殊不知雷在上,中爻有泽有风,方是沛、沬之象,何曾有旆之象哉?相传之谬有自来矣。

张惠言:亦谓四也。三本离日,故“见”,艮为“沬”。二阴见之则为斗,皆谓四也。三利四之阴,故象与二同。

尚秉和:沛,大雨貌。《孟子》:沛然下雨。《易林》泰之丰云:龙蛇所聚,大水来处;滂滂沛沛,使我无赖。《九家》云:大暗谓之沛。沬,《子夏传》:星之小者。日中见沬者,言当日中而昏暗,见小星也。三兑体,兑为雨,故曰沛。兑为晦,故曰见沬。

按:“沛”有遮天蔽日的意思。九三爻与六五爻互卦为兑,兑为泽,取象为“沛”,兑在离上,所以系辞为“丰其沛”,意思是说太阳光被漫天乌云所遮蔽。

“沬”是小星。兑为泽,取象为“沬”,所以系辞为“日中见沬”,意思是说大白天看见了小星星。“日中见沬”意为日食现象很严重,超过了“日中见斗”。

折其右肱,无咎。

虞翻:兑为折、为右,噬嗑艮为肱,上来之三,折艮入兑,故“折其右肱”。之三得正,故“无咎”也。

来知德:肱者,手臂也。震综艮,中爻兑错艮,艮为手,肱之象也。又兑为毁折,折其肱之象也。曰右者,阳爻为右,阴爻为左,故师之“左次”,明夷之“左股”“左腹”,皆阴爻也。此阳爻,故以右言之。右肱至便于用,而人不可少者，折右肱，则三无所用矣。无咎者，德在我，其用与不用在人，以义揆之，无咎也。

九三处明之极，而应上六之柔暗，则明有所蔽，故有丰其沛，不见日而见沬之象。夫明既有所蔽，则以有用之才置之无用之地，故又有折其右肱之象。虽不见用，上六之咎也，于三何亦尤哉、故无咎。

尚秉和：艮为肱，三应在上，上艮覆，故折其右肱。兑为右，为折也。然三当位有应，故无咎。

按：九三爻与六五爻互卦为兑，后天八卦兑居右，位于西方，兑为毁折；兑与艮卦旁通，艮为手，所以系辞为“折其右肱”。

九三爻阳居阳位为正，与上六爻阴阳相应，所以系辞为“无咎”。

《象》曰：“丰其沛”，不可大事也；

虞翻：利四之阴，故“不可大事”。

来知德：不可大事，与遁卦九三同，皆言艮止也。盖建立大事，以保丰亨之人，必明与动相资。今三爻变，中爻成艮止，虽动而不明矣。动而又止，安能大事哉？其不可济丰也必矣。周公爻辞以本爻未变言，孔子象辞以本爻既变言。

尚秉和：三遇敌，不利往；所应为阴，阴小，故不可大事。

按：“不可大事也”是对“丰其沛”的解释。

《左传》成公十三年言：“国之大事，在祀与戎。”祭祀、战争,这是古代国家的头等大事。兑卦与艮卦旁通,艮为宗庙,兑为毁折,宗庙毁损,祭祀无法进行,所以系辞为“不可大事也”。

“折其右肱”,终不可用也。

虞翻:四死大过,故“终不可用”。

来知德:人之所赖以作事者在右肱也。今三为时所废,是有用之才而置无用之地,如人折右肱矣,所以终不可用。

尚秉和:三虽有应而折肱,故终不可用。虞氏以二至五大过死解,似非。

按:“终不可用也”是对“折其右肱”的解释。

艮为“终”,兑为毁折,失去左膀右臂,所以系辞为“终不可用也”。

九四:丰其蔀,日中见斗。

虞翻:蔀,蔽也。噬嗑离日之坎云中,故“丰其蔀”。《象》曰“位不当也”。噬嗑日在上为中,上之三为巽,巽为入,日入坎云下,幽伏不明,故“日中见斗”。《象》曰“幽不明”,是其义也。

来知德:夷者,等夷也,指初也,与四同德者也。二之丰蔀见斗者,应乎其昏暗也。四之丰蔀见斗者,比乎其昏暗也。若以象论,二居中爻巽木之下,四居中爻巽木之上,巽阴木,蔀之类也,所以爻辞同。

尚秉和:《易林》升之临云:据斗运枢。以震为斗。兹震在日上,以为障蔽,故仍曰丰其蔀,日中见斗。

按：九四爻和六二爻的天象一致，但所指意味不同。九四爻与六二爻互卦为巽，巽为草木，草木遮住了太阳，所以系辞为“丰其蔀”。

上卦震为动，取象为北斗星。九四爻与六二爻合成“日中见斗”的天象。

遇其夷主，吉。

虞翻：震为主。四行之正成明夷，则三体震为夷主，故“遇其夷主，吉”也。

来知德：吉者，明动相资，共济其丰之事也。当丰之时，比乎昏暗，故亦有丰蔀见斗之象。然四与初同德相应，共济其丰，又有遇其夷主之象，吉之道也，故其象占如此。

张惠言：四变然后五正。

尚秉和：主谓五。五柔爻，故曰夷主。《诗·周颂》：有夷之行。《毛传》：夷，易也。阳遇阴则通，故曰易，曰吉。

按：“夷”是平易的意思。上卦震为通途、为主，九四爻阳遇阴则通，所以系辞为“遇其夷主，吉”。

《象》曰：“丰其蔀”，位不当也；

张惠言：离日之坎云中。

按：“位不当也”是对“丰其蔀”的解释。

九四爻阳居阴位不正，所以系辞为“位不当也”。

“日中见斗”，幽不明也；

虞翻：离上变入坎云下，故“幽不明”。坎，幽也。

来知德：幽不明者，初二“日中见斗”，是明在下而幽在上，二之身犹明也。若四之身原是蔀位，则纯是幽而不明矣。

尚秉和：兑为昧，故幽不明。

按："幽不明也"是对"日中见斗"的解释。

兑为暗昧，所以系辞为"幽不明也"。

"遇其夷主，吉"，行也。

虞翻：动体明夷，震为行，故曰"吉行"。

来知德：行者，动也，震性动，动而应乎初也。

尚秉和：阳遇阴，故志行。郭京《举正》行上脱志字，宜从。

按："行也"是对"遇其夷主，吉"的解释。

震为"行"，所以系辞为"行也"。

六五：来章，有庆誉，吉。

虞翻：在内称来。章，显也。庆谓五。阳出称庆也。誉谓二，"二多誉"，五发得正，则来应二，故"来章，有庆誉，吉"也。

来知德：凡卦自下而上者谓之往，自上而下者谓之来。此来字非各卦之来，乃"召来"之"来"也。谓屈己下贤，以召来之也。章者，六二，离本章明而又居中得正。本卦"明以动，故丰"，非明则动无所之，非动则明无所用，二五居两卦之中，明动相资，又非丰蔀见斗之说矣。此《易》不可为典要也。庆者，福庆集于己也。誉者，声誉闻于人也。此爻变兑，兑为口，有誉象。吉者，可以保丰亨之治也。

六五为丰之主，六二为之正应，有章明之才者，若能求而致之，则明动相资，有庆誉而吉矣。占者能如是，斯应是占也。

张惠言：五阳在内。阳为“显”。

尚秉和：呼九四来五，当位居中，《象》所谓日中也，故曰章。五得位，故有庆誉，吉。或谓四往五不能曰来，岂知六五呼四，当然曰来？况睽上九云：往遇雨则吉。是上来内，《易》有时亦言往也。需上曰：有不速之客三人来。是三往上亦曰来也。蹇五：大蹇朋来。是阳往五亦曰来也。此曰来章，又何疑乎？

按：上卦震为春，春天万物复苏，大地有文采，六五爻居震卦中爻，所以系辞为“来章”。

六五爻与九四爻互卦为兑，兑为悦、为言，所以系辞为“有庆誉”。

六五爻居中，所以系辞为“吉”。

《象》曰：六五之吉，有庆也。

虞翻：动而成乾，乾为庆。

来知德：有庆方有誉，未有无福庆而有誉者，举庆则誉在其中矣。

尚秉和：庆，谓阳升五得位。

按：“有庆也”是对“六五之吉”的解释。

坤《文言》有言：“积善之家，必有余庆。”震卦一阳来复为“积善”、为“余庆”，所以系辞为“有庆也”。

上六:丰其屋,蔀其家,

虞翻:丰,大;蔀,小也。三至上,体大壮屋象,故"丰其屋"。谓四五已变,上动成家人,大屋见则家人坏,故"蔀其家"。与泰二同义。故《象》曰"天际祥",明以大壮为屋象故也。

来知德:此爻与明夷"初登于天,后入于地"相同。以屋言者,凡丰亨富贵,未有不润其屋者。丰其屋者,"初登于天"也。"蔀其家"以下,"后入于地"也。蔀其家者,草生于屋,非复前日之炫耀而丰矣。"丰其蔀",本周公爻辞,今将"丰""蔀"二字分开,则知上"丰"字乃丰之极,下"蔀"字乃丰之反矣。故《小象》上句以为"天际翔"也。

张惠言:泰二终变成坎,爻曰"包荒",荒,大川也,谓阳息二包坎体也。此上六终变当成家人,今体大壮,故"丰其屋,蔀其家"。与泰二同义。大壮乾为"天",震动为"祥"。

尚秉和:屋,家户。后儒不知其象,穿凿百出,愈说愈晦,此覆象失传之故也。按虞注云:从外窥三。又《九家》说重门击柝云:豫下艮从外示之,上震复为艮。丰上六从外示内,亦艮也。艮为屋,为家,为户,中爻大坎,故障蔽其家。

按:震反卦为艮,艮为屋,房屋建在天极之位,所以系辞为"丰其屋"。

震为木,大树把房屋遮蔽了,所以系辞为"蔀其家"。

窥其户,阒其无人,三岁不觌,凶。

虞翻:谓从外窥三应。阒,空也。四动时,坤为阖,户阒，故“窥其户”。坤为空虚，三隐伏坎中，故“阒其无人”。《象》曰“自藏也”。四五易位，噬嗑离目为窥。窥人者，言皆不见。坎为三岁，坤冥在上，离象不见，故“三岁不觌，凶”。

来知德：窥者，窥视也。离为目，窥之象也。阒者，寂静也。阒其无人者，户庭寂静而无人也。三岁不觌者，变离，离居三也。言窥其户，寂静无人，至于三年之久，犹未见其人也。凶者，杀身亡家也。泰之后而“城复于隍”，丰之后而阒寂其户，处承平，岂易哉？

上六以柔暗之质，居明动丰亨之极，承平既久，奢侈日盛，故有丰其屋之象。然势极则反者，理数也。故离之明极，必反其暗。草塞其家而有暗之象。震之动极，必反其静，有阒其无人，三年不觌之象。占者得此，凶可知矣。

张惠言：坎为伏。言三不应上。此有错误。四五易位，则无取噬嗑离也。当云四五易位，离目为“觌”，今无人，故“不见”。体否坤，故“冥”。谓五未变，离象不见也。四五已变，上体既济，而三不应，取成家人者，否未反泰，既济未定，“天地盈虚，与时消息”，故上权变也。

尚秉和：艮为观，下视，故曰窥其户。震为人，上应在三，三巽伏，故阒寂无人。阒，虞云空也，郑云无人貌。震为岁，数三，故曰三岁不觌而凶也。阒，孟喜作窒。窒，古与空通用。《列子·黄帝篇》：玉人潜行不空。《庄子·达生篇》引作窒。然则孟、虞之诂同也。

按:上六爻与九三爻阴阳相应。下卦离为目,九三爻窥视上六爻所居的高大房屋,所以系辞为"窥其户"。

上卦震体空虚,房间里人影全无,所以系辞为"阒其无人"。

先天八卦离数为三,上六爻所在的"丰其屋"三年见不到人影,所以系辞为"三岁不觌,凶"。

扬雄《解嘲》言:"炎炎者灭,隆隆者绝;观雷观火,为盈为实;天收其声,地藏其热。高明之家,鬼瞰其室。攫挐者亡,默默者存;位极者宗危,自守者身全。"可和此爻相参。

《象》曰:"丰其屋",天际翔也;

来知德:言丰极之时,其势位炙手可热,如翔翱于天际云霄之上,人可仰而不可即。上六天位,故曰天。

张惠言:际,降也,孟氏云:"天降下恶祥也。"

尚秉和:五天位,上在五外,故曰天际。《说文》:祥,福也,善也。徐铉曰:凡吉凶之先见其兆者,皆曰祥。故孟喜曰:天际祥,天降下恶祥也。

按:"天际翔也"是对"丰其屋"的解释。

离为鸟,震为飞翔,上六爻居天际之位,所以系辞为"天际翔也"。

"窥其户,阒其无人",自藏也。

虞翻:谓三隐伏坎中,故"自藏"者也。

来知德:及尔败坏之后,昔之光彩气焰,不期掩藏而自掩藏矣。权臣得罪披离之后,多有此气象。

尚秉和：自藏谓三，三宜应上，而巽为伏，故曰自藏。释无人之故也。祥，从郑本，《正义》作翔，翔、祥音同通用。

此卦旧解，因易理失传，不知二五为卦主，于是遇其配主，遇其夷主，皆以震为主，杈枒不合。因卦象失传，于是爻变卦变，杂然并用，以求其象。学者只涵泳白文，或尚能明其一二，若即旧解求之，则愈茫昧疑惑，真可慨也。

按："自藏也"是对"窥其户，阒其无人"的解释。

震反卦为艮，艮为"自"，艮象不见，所以系辞为"自藏也"。

五六　旅卦

䷷离上艮下

旅：

来知德：旅，羁旅也。为卦山内火外，内为主，外为客，山止而不动，犹舍馆也；火动而不止，犹行人也，故曰旅。《序卦》："丰，大也。穷大者必失其居，故受之以旅。"所以次丰。唐玄宗开元初，海内富安，行者虽万里，不持寸兵。及其天宝以后，自恃承平，以为天下无复可忧，遂深居禁中，以声色自娱，悉以政事委之李林甫。及禄山陷京师，乃幸蜀，遂有马嵬之惨。此穷极于大者必失其居之验也。旅非专指商贾，凡客于外者皆是。

张惠言：否消卦，变贲也。否象已就，乾寄坤家，有似羁旅,故名曰“旅”。内卦候在三月,外卦四月。卦正五,爻戒三,动五终变成遁,否之渐也。

尚秉和:旅之卦义,先儒皆以行旅为说。然卦名皆由卦象生,火山何以为旅?侯果、孔疏皆以火在山上,势难久留,故为旅。如所诂火在山上,不久即灭耳,安见其为行旅?按《易林》剥之旅云:居正不安,大盗为咎。大畜之旅云:安其室庐,傅母何优?是皆以居家为说,于行旅之义正相反。履之旅云:鸟子鹊雏,常与母俱;愿慕群旅,不离其巢。又晋之旅云:逐旅失群。是以旅为伴旅,卦二阴随二阳,一阴随一阳,阳前阴后,有若伴侣。疑焦氏所诂者,于卦象为切。又《释诂》:旅,众也。卦离火,艮亦为火,火多故众,伴旅亦众也。九三《象》云以旅与下,以众与下也。若作行旅,此句难通矣。又初爻:旅琐琐,斯其所。斯,离也。行旅往来,有不离其所者哉?于行旅之义尤不合。故疑焦义是也。

按:“旅”是卦名,卦象由上离下艮构成。《周易·序卦传》言:“穷大者必失其居,故受之以旅。”旅卦下卦艮为居,上卦离为鸟,鸟离巢飞行,居无定所,所以卦象被命名为“旅”。

旅卦与节卦旁通。

小亨,旅贞吉。

虞翻:贲初之四,否三之五,非乾坤往来也,与噬嗑之丰同义。小谓柔,得贵位而顺刚,丽乎大明,故“旅小亨,旅贞吉”。再言旅者,谓四凶恶,进退无恒,无所容处,故再言旅,恶而悯之。

来知德:小亨者,亨之小也。旅途亲寡,势涣情疏,纵有亨通之事,亦必微小,故其占为小亨。然其亨者,以其正也。道无往而不在,理无微而可忽,旅途之间,能守此正,则吉而亨矣。小亨者,占之亨也。旅贞吉者,圣人教占者处旅之道也。

张惠言:五。大明,乾也。五丽乾,故能正。取五通乾坤。“贞”亦五也。

尚秉和:六五得尊位,故小亨,贞吉。

按:这里的“小”是指六二爻与六五爻。六二爻在家居中正之位,阴顺阳,居家安静为“小亨”。

六五爻旅居在外,居中虚心,阴顺阳,前途光明,所以系辞为“旅贞吉”。

《彖》曰:旅小亨。柔得中乎外而顺乎刚,止而丽乎明,是以“小亨,旅贞吉”也。

来知德:以卦综、卦德释卦辞,而叹其大。本卦综丰,二卦同体,文王综为一卦,故《杂卦》曰“丰多故,亲寡旅也”。丰下卦之离进而为旅之上卦,所以柔得中乎外卦,而又亲比上下之刚也。明者,己之明也,非丽人之明也。“止而丽乎明”,与睽“说而丽乎明”同,只是内止外明也。羁旅之间,柔得中不取辱,顺乎刚不招祸,止而不妄动,明而识时宜,此四者,处旅之正道也。有此正道,是以占者小亨。

若占者能守此旅之正道,则吉而亨矣。

张惠言:谓五顺乾刚。止,艮。丽,离也。明,大明,谓乾,离丽乾五也。“亨”“贞”皆在五也。

尚秉和:六五上下皆阳,故曰顺乎刚。离六五云离王公,即顺乎刚也。

按:“柔得中乎外而顺乎刚,止而丽乎明”是对“小亨,旅贞吉”的解释。

六五爻居中在外卦,阴顺阳,所以系辞为“柔得中乎外而顺乎刚”。

下卦艮为止,上卦离为明,所以系辞为“止而丽乎明”。

旅之时义大矣哉!

虞翻:以离日丽天,“悬象著明,莫大日月”,故“义大”也。

来知德:“大”本赞辞,然乃叹辞也。言旅本小事,必柔中顺刚,止而丽明,方得小亨。则难处者旅之时,难尽者旅之义,人不可以其事小而忽之也。与豫、随、姤同。

张惠言:贲震春坎冬,旅兑秋离夏。

尚秉和:旅五月卦,当中夏,故曰时。

按:下卦艮为“时”、为止,上卦离为行,所以系辞为“旅之时义大矣哉”。

《象》曰:山上有火,旅;

张惠言:“山上有火”,阳寄于地,旅之象也。火焚杀万物,故明慎用刑之义。

按：下卦艮为山，上卦离为火，火性向上，所以系辞为“山上有火，旅”。

君子以明慎用刑而不留狱。

虞翻：君子谓三，离为明，艮为慎，兑为刑，坎为狱。贲初之四，狱象不见，故“以明慎用刑而不留狱”。与丰“折狱”同义者也。

来知德：明其刑，以罪之轻重言。慎其刑，以罪之出入言。不留者，既决断于明慎之后，当罪者即罪之，当宥者即宥之，不留滞淹禁也，非留于狱中也。因综丰雷火，故亦言用刑。明者火之象，慎者止之象，不留者旅之象。

张惠言：艮为贤人。

尚秉和：《大象》以相反见义，此亦其一也。离为明，君子不敢待其明，故用刑必慎。艮为慎，兑为刑也。艮为止，君子不敢怠于事，故不留狱。艮为拘系，为狱也。

按：“君子以明慎用刑而不留狱”是从卦象引申出来的人文思想。

上卦离为“明”，下卦艮为“慎”，九三与六五互卦为兑，兑为“刑”；下卦艮为“留狱”，上卦离为不留狱，所以系辞为“君子以明慎用刑而不留狱”，意思是说君子执法要正大光明，秉公执法，不可徇私枉法，制造冤假错案。

初六：旅琐琐，斯其所取灾。

虞翻：琐琐，最蔽之貌也。失位远应，之正介坎，坎为灾眚，艮手为取，谓三动应坎，坎为志，坤称穷，故曰“志穷灾也”。

来知德:琐者,细屑猥鄙貌。初变则两离矣,故琐而又琐。琐者,羁旅之间,计财利得失之毫末也。斯者,此也。取灾者,自取其灾咎也。斯其所以取灾者,因此琐琐自取灾咎,非由外来也。旅最下则琐琐取灾,旅最上则焚巢致凶,必如象之柔中顺刚,止而丽明,方得尽善。

初六阴柔在下,盖处旅而猥鄙细屑者也。占者如是,则召人之轻侮,而自取灾咎矣。故其象占如此。

张惠言:最蔽,盖猥杂也。艮为居,巽为伏,为草莽,伏居草下,故“最蔽”也。谓之正与四易位,则在坎,故初不之正。三动则四在坎体,艮手,初往应之,为“取灾”。《杂卦》曰“亲寡,旅也”,言不应。

尚秉和:琐琐,陆绩、郑玄皆训为小,马云:疲弊貌。按《尔雅·释诂》:琐琐,小也。注:舍人曰琐琐,计谋褊浅之貌。《诗·节南山》:琐琐姻娅。盖往来猥琐,劳弊不安也。斯,《释言》:离也。斯其所,言离其所,欲应四也。二得敌,故取灾。离为灾。盖初六不当位而得敌,在下宜静不宜动。故《易林》复之旅云:二人辇车,徙去其家;井沸釜鸣,不可以居。徙去其家,即离其所;井沸釜鸣,即取灾也。义详《焦氏易诂》。

按:“琐琐”,就是眼光短浅、固执偏狭的意思。下卦艮为视,初六爻居卑贱之位,所见琐细,所以系辞为“旅琐琐”。

“斯”是指初六爻。艮为“其所”、为“取”,初六爻眼光短浅，导致灾难，所以系辞为“斯其所取灾”。

《象》曰：“旅琐琐”，志穷灾也。

虞翻：失位远应，之正介坎，坎为灾眚，艮手为取，谓三动应坎，坎为志，坤称穷，故曰“志穷灾也”。

来知德：志穷者，心志穷促浅狭也。惟其志穷，所以琐琐取灾。

尚秉和：初不当位，二得敌，不能应四，故曰志穷。

按：“志穷灾也”是对“旅琐琐”的解释。

艮为“志穷”，初六爻居位不正，所以系辞为“志穷灾也”。

六二：旅即次，怀其资，得童仆贞。

来知德：即者，就也。次者，旅之舍也。艮为门，二居艮止之中，即次得安之象也。资者，财也，旅之用也。中爻巽，巽为近市利三倍，怀资之象也，故家人六四“富家大吉”。少曰童，长曰仆，旅之奔走服役者也。艮为少男，综震为长男，童仆之象也。贞者，良善不欺也，阴爻中虚，有孚贞信之象也。

六二当旅之时，有柔顺中正之德，故有即次怀资，童仆贞之象，盖旅之最吉者也。占者有是德，斯应是占矣。

张惠言：即，就。次，舍。资，财也。艮为舍。二正在艮中，故“即次”。五变，应阳有实，巽为藏，故“怀其资”。谓三也。谓五动二执三，“用黄牛之革”，“得童仆”之“贞”也。

尚秉和：艮为舍，次，舍也。即次，言就舍也。资，财也。巽为利,居中,故怀其资。艮为僮仆。二得位承阳,故得僮仆。贞下宜依《举正》增吉字。贞吉,与下贞厉为对文。

按:六二爻上承九三爻,下卦艮为旅舍,六二爻栖身旅舍,所以系辞为“旅即次”。

六二爻与九四爻互卦为巽,巽为“资”。旅途在外,怀揣钱物,所以系辞“怀其资”。

下卦艮为“童仆”,六二爻居中正之位,有忠心耿耿的童仆照料,所以系辞为“得童仆贞”。

《象》曰:“得童仆贞”,终无尤也。

虞翻:艮为僮仆,得正承三,故“得僮仆贞”,而“终无尤也”。

来知德:羁旅之中,得即次怀资,可谓吉矣。若使童仆狡猾,则所居终不能安,而资亦难保其不盗矣,此心安得不至怨尤?所以童仆贞,终无尤。

张惠言:三动坎为“尤”。二执三,故“终无尤”。

尚秉和:即次身安,怀资用足,得僮仆役使有人,故终无尤。艮为终。

按:“终无尤也”是对“得童仆贞”的解释。

下卦艮为“终”。九三与六五互卦为兑,兑为无忧。旅途在外,有良善的童仆伴随,所以系辞为“终无尤也”。

九三:旅焚其次,丧其童仆,贞厉。

虞翻:离为火,艮为僮仆,三动艮坏,故“焚其次”。坤为丧,三动艮灭入坤,故“丧其僮仆”。动而失正,故“贞厉”矣。

来知德:三近离火,焚次之象也。三变为坤,则非艮之男矣,丧童仆之象也。贞者,童仆之贞信者丧之也。“贞”字连“童仆”读。盖九三过刚不中,与六二柔顺中正全相反,“焚次”与“即次”反,“丧童仆贞”与“得童仆贞”反,“得”字对“丧”字看,故知“贞”字连“童仆”。

九三居下之上,过刚不中,居下之上,则自高不能下人,过刚,则众莫之与;不中,则所处失当,故有“焚次,丧童仆贞”之象,危厉之道也,故其象占如此。

张惠言:艮舍为“次”。三正位,泰将为否,故三欲动而应上。贞,正也。五动二执三在坎,故“危”。言三动而失正,宁正而危也。

尚秉和:艮为火,故焚其次。巽为陨落,故丧其童仆。贞,卜问也。虞翻以离火焚其次,并谓三动艮坏为焚。夫离火在外,上又不应三,焉能下焚?《易林》蹇之噬嗑云:火起上门,不为我残。噬嗑火在艮门上,故不焚下。旅火亦在上,其不能下焚同也。三当位,强命其变,以之不正,尤非。艮火象,详《焦氏易诂》。

按:下卦艮为旅舍,九三爻与六五爻互卦为兑,兑为毁折,上卦离为火,火烧旅舍,所以系辞为“旅焚其次”。

下卦艮为“童仆”,童仆葬身火海,所以系辞为“丧其僮仆”。

九三爻在上无感应，与离火毗邻，所以系辞为“贞厉”。

《象》曰：“旅焚其次”，亦以伤矣；

虞翻：三动体剥，故伤也。

来知德：焚次已伤困矣，况又丧童仆贞乎？

尚秉和：兑毁折，故曰伤。

按：“亦以伤矣”是对“旅焚其次”的解释。

九三爻与六五爻互卦为兑，兑为毁折，所以系辞为“亦以伤矣”。

以旅与下，其义丧也。

虞翻：三变成坤，坤为下、为丧，故“其义丧也”。

来知德：但以义揆之，以旅之时，而与下过刚，如此，宜乎丧童仆也，何足为三惜哉？“下”字即“童仆”。

尚秉和：以众与下，威权下移，宜其丧失。下谓初二。言三于初二相得，以势众付之也。

按：九三爻与初六、六二爻相亲，所以系辞为“以旅与下”。

下卦艮为“终”，所以系辞为“其义丧也”。

九四：旅于处，得其资斧，我心不快。

虞翻：巽为处，四焚弃，恶人失位远应，故“旅于处”，言无所从也。离为资斧，故“得其资斧”。三动，四坎为心，其位未至，故“我心不快”也。

来知德：处者，居也，息也。旅处，与“即次”不同。即次者，就其旅舍，已得安者也。旅处者，行而方处，暂栖息者也。艮土性止，离火性动，故次与处不同。资者，助也，即六二“怀资”之“资”，财货金银之类。斧则所以防身者也。得资足以自利，得斧足以自防，皆旅之不可无者。离为戈兵，斧之象也。中爻上兑金，下巽木，木贯乎金，亦斧之象也。旅于处，则有栖身之地，非三之焚次矣。得资斧则有御备之具，非三之丧童仆矣。离错坎为加忧，不快之象。此爻变，中爻成坎，亦不快之象。

九四以阳居阴，处上之下，乃巽顺以从人者也，故有“旅于处，得其资斧”之象。但下应阴柔，所托非人，故又有我心不快之象。占者亦如是也。

张惠言：“资”当为“齐”，陆德明云诸家皆作“齐”。言若寄处人家者然。“资”当为“齐”，齐斧所以断物。二执三，终不动。

尚秉和：资斧，从王弼。各家多作齐斧。资、齐音同通用。按《周书·谥法解》：资辅供就曰齐。言佐身之具，供张整齐也。而《春秋元命苞》云：斧之言辅也。是斧、辅音义皆同，故资斧即资辅。独阳不生，孤阴不成，故阴阳互相资助。四遇阴，故曰得其资斧。而兑为斧，亦为辅。张轨云：资斧盖黄钺斧。直以为兵器，非也。毛奇龄云：处，居也。旅于处，得其资斧者，言于所居之处，而得此资辅也。然而不快者，以尚未升五得位。又四为三所阻，不能应初，亦不快之一因也。巽为志，故为心。巽初《象》云：志疑也。即以巽为志。《杂卦》云：巽伏也。心志伏在内，故巽象之。旧解命四变成坎取心象，非。

按：九四爻与九三爻比邻，下卦艮为舍，九四爻暂时栖身于此，所以系辞为“旅其处”。

九四爻与六二爻互卦为巽，巽为“资”，九四爻居兑卦中央，兑为“斧”，所以系辞为“得其资斧”。

上卦离为心，九四爻所居非正，进退不安，所以系辞为“我心不快”。

《象》曰：“旅于处”，未得位也；

来知德：旅以得位而安，二之“即次”，艮土之止也；四之“于处”，离火之燥也。

张惠言：不能正。

尚秉和：凡九四比六五，例终升五。归妹九四曰：有待而行。待升五也。丰九四曰：遇其夷主吉行也。六五曰：来章。亦言四来五也。兹曰未得位，因未得五位，故处以俟也。下六五曰终以誉命，即谓四终升五也。

按：“未得位也”是对“旅于处”的解释。

九四爻阳居阴位不正，火性炎上，当往上升，所以系辞为“未得位也”。

“得其资斧”，心未快也。

来知德：资斧虽得，然处位不宁，应与非人，心焉得快？亦得暂息耳，未得位也。

张惠言：三不动。

按：“心未快也”是对“得其资斧”的解释。

巽为疾，九四爻居位摇摆不正，所以系辞为“心未快也”。

六五：射雉，一矢亡。

虞翻：三变坎为弓，离为矢，故“射雉”。五变乾体，矢动雉飞，雉象不见，故“一矢亡”矣。

来知德：离为雉，雉之象也。错坎，矢之象也。变乾，乾居一，一之象也。始而离则有雉、矢二象，及变乾，则不见雉与矢矣，故有雉飞矢亡之象。

张惠言：离为“雉”。

尚秉和：离为雉，兑毁折，故射雉。射必以矢，坎为矢，乃坎伏不见，故一矢亡。坎数一也。

按：上卦离为“雉”，旁通坎卦，坎为弓，拉弓射鸟，所以系辞为“射雉”。

坎为亡，一箭射中雉鸟，所以系辞为“一矢亡”。

终以誉命。

虞翻：誉谓二，巽为命，五终变成乾，则二来应己，故“终以誉命”。

来知德：誉者，兑也。兑悦体，又为口，以口悦人，誉之象也。凡《易》中言“誉”者皆兑，如蛊卦“用誉”，中爻兑也；蹇卦“来誉”，下体错兑也；丰卦“庆誉”，中爻兑也。命，命令也。以者，用也。言五用乎四与二也。本卦中爻乃兑与巽，兑为誉，巽为命，六五比四而顺刚，又应乎二之中正，四乃兑，二乃巽，所以终得声誉命令也。如玄宗幸蜀，及肃宗即位于外，德宗幸奉天，皆天子为旅也，可谓雉飞矢亡矣。后得郭子仪诸臣，恢复故物，终得其誉，又得命令于天下,如建中之诏是也。

六五当羁旅之时,以其阴柔,故有射雉,雉飞矢亡之象。然文明得中,能顺乎四而应乎二,故终以誉命也。占者凡事始凶终吉可知矣。

尚秉和:誉,令闻也,艮为誉。命,爵命也。巽为命。终以誉命者,言巽命在二,虽不应五,然四必得位升五。四升五,二应之,是誉命终及于五也。

按:离与坎旁通,坎为"终",离为"誉",所以系辞为"终与誉命",意思是说六五爻居光明之中位。

《象》曰:"终以誉命",上逮也。

虞翻:逮,及也。谓二上及也。

来知德:上者,五也。五居上体之中,故曰上,以四与二在下也。逮,及也,言顺四应二,赖及于四、二,所以得誉命也。

尚秉和:逮,及也。上逮,谓二终上应五也。

按:"上逮也"是对"终以誉命"的解释。

六五爻顺承上九爻,所以系辞为"上逮也"。

上九:鸟焚其巢,旅人先笑后号咷。

虞翻:离为鸟、为火,巽为木、为高。四失位,变震为筐,巢之象也。今巢象不见,故"鸟焚其巢"。震为笑,震在前,故"先笑"。应在巽,巽为号咷,巽象在后,故"后号咷"。

来知德:离,其于木也科上槁,巢之象也。离为鸟、为火,中爻巽为木、为风,鸟居风木之上而遇火,火燃风烈,焚巢之象也。旅人者,九三也,乃上九之正应也。三为人位,得称旅人。先笑者,上九未变,中爻兑悦,笑之象也。故与同行正应之旅人为之相笑。及焚其巢,上九一变,则悦体变为震动,成小过灾眚之凶矣,岂不号咷?故"先笑,后号咷"也。

张惠言:此即贲时也。贲震,故"在前"。旅巽。

尚秉和:离为鸟。中虚,故为巢。巽风扇火于下,故焚巢。上履阴,兑悦,故先笑。三巽体,巽为号,三不应上,故后号啕。

按:上卦离为"鸟"、为"火",九四爻与六二爻互卦为巽,巽为木、为"巢",风助火势,火烧鸟巢,所以系辞为"鸟焚其巢"。

九三爻为"旅人",九三爻与六五爻互卦为兑,兑为"笑";六二爻与九四爻互卦为巽,巽为"号咷",所以系辞为"旅人先笑后号咷"。

丧牛于易,凶。

虞翻:谓三动时坤为牛,五动成乾,乾为易。上失三,五动应二,故"丧牛于易"。失位无应,故"凶"也。五动成遁,六二"执之用黄牛之革",则旅家所丧牛也。

来知德:离为牛,牛之象也。与大壮"丧羊于易"同。易,即埸,田畔地也。震为大涂,有此象。

上九当羁旅穷极之时,居卦之上则自高,当离之极则躁妄,与柔中顺刚、止而丽明者相反,故以之即次,则无栖身之地,有鸟焚其巢,一时变笑为号咷之象。以之怀资,则无守卫之人,有丧牛于易之象。欲止无地,欲行无资,何凶如之?故占者凶。

尚秉和:《左传》昭五年:纯离为牛。兑毁折,故丧牛。艮为田,为易。易,田畔也。牛在艮外,故丧牛于田畔。焚巢丧牛,故凶。晁说之云:易,古文埸字,《诗·小雅》疆埸有瓜是也。

按:上卦离为“牛”,六五爻与九三爻互卦为兑,兑为毁折,“易”是指田畔。下卦艮为“田”,牛丧身于田畔,所以系辞为“丧牛于易”。

上九爻阳居阴位不正,所以系辞为“凶”。

《象》曰:以旅在上,其义焚也。

虞翻:离火焚巢,故“其义焚也”。

来知德:在上过于高亢,宜乎见恶于人。而焚巢既见恶于人,则人莫有指而闻之者,而牛不可获矣。

尚秉和:旅,众也。在上者众,不自敛抑,则高亢为祸,《左传》隐四年:兵犹火也,不戢将自焚。是其义也。

按:上九居天极之位,所以系辞为“以旅在上”。

上卦离为火,所以系辞为“其义焚也”。

“丧牛于易”,终莫之闻也。

虞翻:坎耳入兑,故“终莫之闻”。

来知德:错坎为耳痛,故莫之闻。

尚秉和:坎为耳,坎伏,故莫之闻。虞翻用爻变取震象，谓震为筐，故为巢，后儒多从之。按《易林》离之需云：高木腐巢。需坎为木，在上，故曰高木。互离为巢，在泽水中，故曰腐巢。讼之解云：南徙无庐，鸟破其巢。解上震，震为南，为徙；下坎为室，震在坎外，故曰南徙无庐。互离为鸟，为巢，而坎为破，故曰鸟破其巢。以离为巢，庶得真解。

按："终莫之闻也"是对"丧牛于易"的解释。

离卦与坎卦旁通，坎为耳，六五爻与九三爻互卦为兑，兑为毁折，坎耳受损，所以系辞为"终莫之闻也"。

五七　巽卦

䷸巽上巽下

巽：

来知德：巽，入也。二阴伏于四阳之下，能巽顺乎阳，故名为巽。其象为风，风亦取入义，亦巽之义也。《序卦》："旅而无所容，故受之以巽。"旅途亲寡，非巽顺何以取容？所以次旅。

张惠言：坤二五之乾，阳入伏阴下，故曰"巽"。巽，入也，伏也。于消卦在遁，次家人。阴阳一家，柔巽顺刚。巽旁通震。上动成初，"乾元用九，而天下治"，所以明消之有息也。内卦候在七月，外卦八月。卦辞唯取二正，以《彖传》言之，则明变震消息。爻唯于初五上言之者，初上进退，五卦主，主变也。震巽特变，由阳进退，取初二易位，三四不变，先成家人，巽以行权，著于此矣。

尚秉和：初四皆承阳，故曰巽。巽，顺也。

按："巽"是卦名，卦象由上巽下巽构成。《周易·序卦传》言："旅而无所容，故受之以巽。巽者，入也。"巽卦上下卦均为巽，一阴滋生于阳体之下，阴顺承阳，所以卦象被命名为"巽"。

巽卦与震卦旁通。

小亨。

虞翻：遁二之四，柔得位而顺五刚，故"小亨"也。

来知德：小亨者，以卦本属阴，又卑巽也。惟其如是，则才智不足以识远任重，仅可小亨。

张惠言：二阴例。

尚秉和：顺阳，故小亨。

按：阴为"小"。初六爻、六四爻阴顺阳，所以系辞为"小亨"。

利有攸往，利见大人。

虞翻：大人谓五，离目为见，二失位利正，往应五，故"利有攸往，利见大人"矣。

来知德：虽小亨，然利有所往。盖巽以从人，人无不悦，所以利有攸往。然使失其所从，未必利往。纵使利往，失其正矣，故利见大德之人。此则因其从阳，而教之以所从之人也。

张惠言：自内曰"往"。往历离，故曰"见"。此唯言二正。以《象》注言之,初二易位,之正也。彼已详,故此略耳。

尚秉和:往遇阳,故利。阳居二五得中,故利见大人。

按:下卦巽为"利",九三爻与九五爻互卦为离,离为"见",九五爻为大人,所以系辞为"利有攸往,利见大人"。

《象》曰:重巽以申命。

来知德:释卦义,又以卦体释卦辞。重巽者,上下皆巽也。申命者,丁宁重复也,非两番降命也。风之吹物,无处不入,无物不鼓动。诏令之入人,亦如风之动物也。陆贽从狩奉天,所下制书日以百计,虽勇夫悍卒无不感动流涕,则申命之系于人君亦大矣。

张惠言:巽为"命","重",故"申"。

尚秉和:巽为命令。《虞书》:申命羲叔。《传》:申,重也,重巽以申命者,谓王者一再宣布命令,以示郑重也。巽为风,行莫疾于风。命令一出,传达天下,有若于风,故巽为命也。

按:巽卦由上下两个巽构成,此为"重巽";巽为风,风为天之号令,所以系辞为"重巽以申命"。

刚巽乎中正而志行,柔皆顺乎刚,是以"小亨,利有攸往,利见大人"。

虞翻:刚中正,谓五也。二失位,动成坎,坎为志,终变成震,震为行也。

来知德:刚巽乎中正,指九五。巽乎中正者,居巽卦之中正也。志行者,能行其志也。盖刚居中正,则所行当其理,而无过中失正之弊。凡出身加民,皆建中表正,而志以行矣。此大人之象也。柔指初与四,刚指二三五六。惟柔能顺乎刚,是以小亨,利有攸往;惟刚巽乎中正,故利见大人。

张惠言:《杂卦》曰:“巽伏也。”五刚中正入伏震下,故“刚巽乎中正而志行”。顺五刚。

尚秉和:二五中正,下阴顺承,故志行。

按:“刚巽乎中正而志行,柔皆顺乎刚”是对“小亨,利有攸往,利见大人”的解释。

上卦九五爻居中正之位,上卦巽为“志行”,所以系辞为“刚巽乎中正而志行”。

初六爻、六四爻阴居下位,顺承阳刚,所以系辞为“柔皆顺乎刚”。

《象》曰:随风,巽;

来知德:前风去而后风随之,故曰随风。

张惠言:风者,天之号令。随,从也。风从地,所以散布阴气也。重,故“随”。

尚秉和:重巽,故曰随风。随,继也,从也。言后风之随前风也。

按:“随风,巽”是从天文学的角度解释卦象。

下卦巽为风,上卦巽为风,前后相随,所以系辞为“随风,巽”。

君子以申命行事。

虞翻:君子谓遁乾也。巽为命,重象,故“申命”。变至三,坤为事,震为行,故“行事”也。

来知德:申命者,随风之象也。申命者所以晓谕于行事之先,行事者所以践言于申命之后,其实一事也。商之《盘庚》、周之《洛诰》,谆谆于言语之间者,欲民晓知君上之心事,所以申命行事也。故建中之诏虽不及商周,而随时救弊亦未必无小补云。

张惠言:巽阴卦,故知遁乾。

尚秉和:令出惟行,万事以治,故君子以之。

按:“君子以申命行事”是从卦象引申出来的人文思想。

能够效法巽卦的人被称为“君子”。巽为号令,上下卦皆为巽,闻风而动,所以系辞为“君子以申命行事”。

初六:进退,利武人之贞。

虞翻:巽为进退,乾为武人,初失位,利之正为乾,故“利武人之贞”矣。

来知德:巽为进退,进退之象也。变乾纯刚,故曰武人。故履六三变乾亦曰“武人”,皆阴居阳位,变阳得称“武人”也。盖阴居阳位则不正,变乾则贞矣,故曰“利武人之贞”。曰“利武人之贞”,如云“利阳刚之正”也。

初六阴柔居下,又为巽之主,乃卑巽之过者也。是以持狐疑之心,凡事是非可否莫之适从,故有进退之象。若此者，以刚果之不足也。苟能如武人之贞，则有以矫其柔懦之偏，不至于过巽矣。故教占者如此。

张惠言：阳由震而入伏于巽为“退”，由巽而反于震为“进”，皆在于初。其在爻则二退，初进，亦是。

尚秉和：初临重阳得主，故宜于进。而四无应与，故进而又退，《象》释曰志疑，疑四无应也。震为武人。此巽卦也，何以利武人之占？因震巽相反复，巽究则为震。《易》贵将来，故武人利也。

按：下卦巽为“进退”，所以系辞为“进退”。

巽与震旁通，震为“武人”，巽为“利”，初六爻阴居阳位不正，变震为正，所以系辞为“利武人之贞”。

《象》曰：“进退”，志疑也。

来知德：进退者，以阴柔居巽下，是非可否莫之适从，志疑故也。惟疑则方寸已乱，不能决进退矣。

张惠言：坎为“疑”、为“志”。在上变坎，故“志疑也”。

尚秉和：巽不果，故志疑。

按：“志疑也”是对“进退”的解释。

巽为“志”，初六爻进退迟疑，所以系辞为“志疑也”。

“利武人之贞”，志治也。

虞翻：动而成乾，乾为大明，故“志治”。“乾元用九，天下治”，是其义也。

来知德：若柔而济之以刚，则心之所之者有定见，事之所行者有定守，可进则决于进，可退则决于退，不持疑于两可，不乱矣。

张惠言：震巽阴阳出入，故象乾坤。

尚秉和：返震，故志治。言得行其志，以治天下。

按："志治也"是对"利武人之贞"的解释。

下卦巽与震旁通，巽为志疑，震为志行，所以系辞为"志治也"。

九二：巽在床下，

来知德：一阴在下，二阳在上，床之象，故剥以床言。巽性伏，二无应于上，退而比初，心在于下，故曰"床下"。

张惠言：巽为木。遁乾人藉木，"床"也。"下"谓初。二失位，动而之初，故曰"巽在床下"。

尚秉和：巽为床，初顺二，故曰巽在床下。

按：巽为"床"。九二爻上无感应，与初六爻比邻，初六爻顺承九二爻，所以系辞为"巽在床下"。

用史巫纷若，吉，无咎。

来知德：中爻为兑，又巽综兑，兑为巫，史巫之象也。又为口舌、为毁、为附，纷若之象也。史掌卜筮，曰"史巫"者，善于卜吉凶之巫也，故曰"史巫"，非两人也。《周礼》："女巫有府一人，史四人，胥四人。"《离骚》云："巫咸将夕降兮，怀椒糈而要之。"注："巫咸，古之神巫，善于筮吉凶者。"纷者，缤纷杂乱貌。若，助语辞。巫者击鼓击缶，婆娑其舞，手舞足蹈，不安宁之事也。必曰巫者，男曰觋，女曰巫，巽为长女，故以巫言之。初乃阴爻，居于阳位；二乃阳爻,居于阴位,均之过于卑巽者也。初教之以武人之贞,教之以直前勇敢也;二教之以巫之纷若,教之以抖擞奋发也。初阴据阳位,故教以男子之武;二阳据阴位,故教以女人之纷。爻辞之精至此。

二以阳处阴,而居下无应,乃比乎初,故有巽在床下之象。然居下体,亦过于卑巽者,必不自安宁,如史巫之纷若。鼓舞动作,则有以矫其柔懦之偏,不惟得其吉,而在我亦无过咎矣。教占者当如是也。

张惠言:四注所谓"欲二之初"是也。兑为"巫",巽为命令,兑又为书契、史也。二入坤用之,故"用史巫"。荀氏云:"纷,变。若,顺也。"当变而顺五,则"吉无咎"。

尚秉和:初至四正覆兑,兑口多,故曰用史巫纷若。按《周礼·内史》云:凡命诸侯孤卿大夫,则策命之;凡四方之事书,内史读之。《仪礼》云:辞多则史。又《司巫》云:男巫女巫,凡邦之大灾,则歌哭而请。是史巫皆以口舌为用。而二居正反兑之间,故曰纷若。纷若,言不一也。二得中,故吉,无咎。此义先儒无知者,只茹敦和云:巽初之阴,伏于床下,慝也,于是乎用史巫以祛之;史巫云者,互兑也。象始大明。而茹氏仍不知初至三为覆兑,故纷若不得解。

按:下卦巽为"史",九二爻与六四爻互卦为兑,兑为"巫"、为言,九二阳居阴位,不正,上无感应,何去何从,"史言"、"巫言"纷至沓来,所以系辞为"用史巫纷若"。

九二爻居中不变,所以系辞为"吉,无咎"。

《象》曰:纷若之吉,得中也。

来知德:得中者,得中而不过于卑巽也。凡《小象》二五言“中”字,皆因中位,又兼人事。

张惠言:荀氏云:“谓二以处中和,故能变。”

尚秉和:二无应,失位,遇敌,然下孚于阴,得中,故吉。

按:“得中也”是对“纷若之吉”的解释。

史巫之言纷至沓来,九二爻居中,不偏不倚,得初六阴爻顺承,所以系辞为“得中也”。

九三:频巽,吝。

虞翻:频,頞也。谓二已变,三体坎艮,坎为忧,艮为鼻,故“频巽”。无应在险,故“吝”也。

来知德:频者,数也。三居两巽之间,一巽既尽,一巽复来,频巽之象。曰“频巽”,则频失可知矣。“频巽”与“频复”不同,频复者终于能复也,频巽者终于不巽也。

九三过刚不中,又居下体之上,本不能巽,但当巽之时,不容不巽矣,然屡巽屡失,吝之道也。故其象占如此。

张惠言:又不言初变者,巽变震自上来,非由二动之初。二、三、四但论位义。变成家人,故三取坎艮,明二非易初。

尚秉和:王弼云:频,频蹙不乐。按《玉篇》颦下云:《易》本作频。是频即古文颦字。三居巽上,虽当位而下桡,故频蹙不安而吝也。

按:九三居上下巽卦之间,所以系辞为“频巽”。

九三爻根基不稳,上无感应,所以系辞为“吝”。

《象》曰:频巽之吝,志穷也。

来知德:三本刚而位又刚,已不能巽矣,又乘刚,安能巽?曰“志穷”者,言心虽欲巽而不得巽也。

张惠言:在坎为“志”,不变为“穷”,上爻“贞凶”谓此也。

尚秉和:巽为心志。上无应,下乘阳,故曰志穷。

按:“志穷也”是对“频巽之吝”的解释。

下卦巽为“心志”,六四爻阴乘阳,九三爻的心志得不到抒发,所以系辞为“志穷也”。

六四:悔亡,田获三品。

虞翻:田谓二也。地中称田,失位无应,悔也。欲二之初,已得应之,故“悔亡”。二动得正,处中应五,五多功,故《象》曰“有功也”。二动艮为手,故称获。谓艮为狼,坎为豕。艮二之初,离为雉,故“获三品”矣。

来知德:中爻离为戈兵,巽错震,戈兵震动,田之象也。离居三,三品之象也。三品者,初巽为鸡,二兑为羊,三离为雉也。

六四当巽之时,阴柔无应,承乘皆刚,宜有悔矣,然以阴居阴,得巽之正,又居上体之下,盖居上而能下者也,故不惟悔亡,而且有田获三品之象。占者能如是,则所求必得而有功矣。

张惠言:二位“在田”。“失位”上脱“初”字。

尚秉和:当位承阳,故悔亡。伏震为田猎,兑羊、离牛、巽豕,故田获三品。离卦数三也。凡阴遇重阳多吉。

按:六四爻阴乘阳,居位为正,阴顺九五之阳,所以系辞为“悔亡”。

先天八卦离数为三,离卦与坎卦旁通,坎为弓矢,引申为“田猎”。离为雉,打猎获取三种猎物,所以系辞为“田获三品”。

《象》曰:“田获三品”,有功也。

来知德:八卦正位巽在四,所以获三品而有功。

张惠言:“功”谓五,谓二应五。

尚秉和:有所获,故有功。

按:“有功也”是对“田获三品”的解释。

坎为劳,离为“获”,劳而有得,所以系辞为“有功也”。

九五:贞吉,悔亡,无不利,无初有终。

虞翻:得位处中,故“贞吉,悔亡,无不利”也。震巽相薄,雷风无形,当变之震矣。“巽究为躁卦”,故“无初有终”也。

来知德:九五居尊,为巽之主,命令之所由出者也。以其刚健中正,故正而又吉。然巽顺之体,初时不免有悔,至此则悔亡而无不利矣。惟其悔亡而无不利,故无初有终也。

张惠言:明震位与之正皆中正之道。

尚秉和:九五得位,下孚于阴,故贞吉,悔亡。巽为利,故无不利。

按:九五爻下无感应,居中正之位,巽为利,所以系辞为“贞吉,悔亡,无不利”。

上卦巽为“初”,九五爻与九四爻互卦为离,巽初在离中,没有履霜之患,正大光明,所以系辞为“无初有终”。

先庚三日,后庚三日,吉。

虞翻:震,庚也。谓变初至二成离,至三成震,震主庚,离为日,震三爻在前,故“先庚三日”。谓益时也。动四至五成离,终上成震,震三爻在后,故“后庚三日”也。巽初失正,终变成震,得位,故“无初有终”,吉。“震究为蕃鲜白”,谓巽也。“巽究为躁卦”,躁卦,谓震也。与蛊“先甲三日,后甲三日”同义。五动成蛊,乾成于甲,震成于庚,“阴阳天地之始终”,故经举“甲”“庚”于蛊《彖》、巽五也。

来知德:先庚、后庚,详见蛊卦。五变则外卦为艮,成蛊矣。先庚丁,后庚癸,其说始于郑玄,不成其说。然命令之出所系匪轻,必原其所以始,虑其所以终。先庚三日,后庚三日,庶乎命令之出如风之吹物,无处不入,无物不鼓动矣。占者必如是而吉也。

张惠言:对后震为“前”。释“蕃鲜”为“白”。震在上躁动。此明五动成蛊,二卦同义,蛊非自巽也。巽者消卦,在否前,蛊者泰息卦,在反否前,故举始终也。

尚秉和:震巽相反复,无初者,言巽之初为震。震纳庚,一爻当一日,故曰先庚三日。今震究为巽,故无初。有终者,言巽之究仍为震。终即后也,故曰后庚三日。以其终为震,故曰有终。震阳复,故吉。先庚三日,言巽之先;后庚三日，言巽之究。与蛊之先甲三日，后甲三日义同。无初有终，与蛊之终则有始义亦同。

按：九五爻在兑卦之上，兑位西方，于天干为庚位。“先庚三日”是指丁日。天干丁位南方，卦象为离，九五居离卦上爻，先天八卦离数为三，所以系辞为“先庚三日”。意思是说君王治国理政当效法太阳，“光被四表，格于上下”，让天下百姓都能得到阳光普照。

“后庚三日”是指癸日。癸位北方，卦象为坎。离卦与坎卦旁通，所以系辞为“后庚三日”。《说卦》言坎卦为“万物之所归也”。君王若能像太阳一样将光芒与温暖辉映大地，那么天下民众就会扶老携幼，前来归附。

《象》曰：九五之吉，位正中也。

虞翻：居中得正，故吉矣。

来知德：刚健中正，未有不吉者。曰“悔亡”者，巽累之也。故孔子止言九五之吉。

尚秉和：九五既中且正，故吉。

按：“位正中也”是对“九五之吉”的解释。

九五爻居中正之位，所以系辞为“位正中也。”

上九：巽在床下，

虞翻：床下谓初也。穷上反下成震，故“巽在床下”。《象》曰：“上穷也。”明当变，穷上而复初也。

来知德：本卦巽木，综兑金，又中爻兑金，斧之象也。又中爻离为戈兵，亦斧之象也。阴乃巽之主，阴在下四爻，上亦欲比乎四，故与二之“巽在床下”同。九三、九五不言“床下”者，三过刚，五居中得正也。

张惠言：巽上复震，犹否上复泰。

尚秉和：巽，顺也。谓四。巽在床下，言顺我者在下。

按：上卦巽为“床”，六四爻在床下，与上九爻不相比邻，所以系辞为“巽在床下”。

丧其资斧，贞凶。

虞翻：变至三时，离毁入坤，坤为丧，离为斧，故“丧其资斧”。三变失位，故“贞凶”。

来知德：巽近市利三倍，本有其资，此爻变坎为盗，则丧其资矣。且中爻离兑，斧象，皆在下爻，不相管摄，是丧其斧矣。贞者，巽本美德也。

上九居巽之终，而阴居于下，当巽之时，故亦有巽在床下之象，但不中不正，穷之极矣，故又有丧其资斧之象。占者得此，虽正亦凶也。

张惠言：上应三，故取三变。坤为“凶”。三当权变，失位仍可“贞”。《象》曰：“正乎凶也。”

尚秉和：上九失其辅助，故曰丧其资斧。斧、辅通用。兑为斧，亦为辅。上卦兑覆，故曰丧。丧，失也。说详旅卦。

按：上卦巽为“资”，六四爻与九二爻互卦为兑，兑为“斧”，上九爻居亢龙之位，与六四爻不相应，所以系辞为“丧其资斧”。

上九阳居阴位不正，所以系辞为“贞凶”。

《象》曰："巽在床下"，上穷也；

虞翻：阳穷上反下，故曰"上穷也"。

来知德：上穷者，言上九之时势也，非释"巽在床下"也。巽在床下，乃本卦之事，当巽之时，不容不巽者也。

张惠言：穷巽上反震下。

尚秉和：九穷于上而下桡，故贞凶。

按："上穷也"是对"巽在床下"的解释。

乾《文言》有言："亢龙有悔，穷之灾也。"上九居"亢龙"之位，所以系辞为"上穷也"。

"丧其资斧"，正乎凶也。

虞翻：上应于三，三动失正，故曰"正乎凶也"。

来知德："正乎凶"即爻辞"贞凶"。

张惠言：上以凶而正，所谓权也。

尚秉和：《象》仍释贞为正，其义不协。

按："正乎凶也"是对"丧其资斧"的解释。

上九阳爻居天位为正，阳气在上，下无感应，阴阳之气不交则万物不生，所以系辞为"正乎凶也"。

五八　兑卦

兑上兑下

兑：

来知德：兑，悦也。一阴进于二阳之上，喜悦之见于外

也，故为“兑”。《序卦》：“巽者，入也。入而后悦之，故受之以兑。”所以次巽。

张惠言：坤二五之乾。兑，说也，见也。阳正而见阴，阴故说也。于息卦在大壮，次需。阳伤大壮，需养正五，刚中柔外，故说而可决阴也。兑下有伏艮。兑，方伯之卦也。初九秋分，上六大雪。息卦成既济。

按：“兑”是卦名，卦象由上兑下兑构成。《周易·序卦传》言：“入而后说之，故受之以兑。兑者，说也。”兑卦上下卦均为兑，阴上阳下，阴阳交而喜悦，所以卦象被命名为“兑”。

兑卦与艮卦旁通。

亨，利贞。

虞翻：大壮五之三也。刚中而柔外，二失正，动应五承三，故“亨，利贞”也。

来知德：亨者，因卦之所有而与之也。贞者，因卦之不足而戒之也。说则亨矣，但阴阳相说，易流于不正，故戒以利贞。

张惠言：四阳例，宜三之五，此亦变也。谓二五。谓三上。二承三则三正，可知二正则四亦正也。

尚秉和：兑，悦也。兑何以悦？以一阴见于二阳之上，阳得阴而悦也。刚中柔外，与泰义合，故亨。阴阳相遇，故利贞。

按：兑卦阴上阳下，外柔内刚，阴阳相交，所以系辞为“亨”。

阴阳相交,所以系辞为"利贞"。

《彖》曰:兑,说也。

虞翻:兑口,故"说也"。

来知德:释卦名,又以卦体释卦辞而极言之。"兑,说也"与"咸,感也"同。咸去其心,说去其言,故咸则无心之感,兑则无言之说也。

张惠言:说、悦同义。

按:"说也"是对卦名"兑"字的解释。

兑卦阴爻居上,像开口说话,所以系辞为"兑,说也"。

刚中而柔外,说以利贞。

虞翻:刚中谓二五,柔外谓三上也。二三四利之正,故"说以利贞"也。

来知德:刚中指二五,柔外指三上。阳刚居中,中心诚实之象。柔爻在外,接物和柔之象。外虽柔说,中实刚介,是之谓说而贞,故利贞。说本有亨而又利贞者,盖卦体刚中,则所存者诚,固无不亨;柔外恐说之不正,故必正而后利也。

尚秉和:阴阳相遇,故悦;悦,故利贞。所谓保合太和,各正性命也。

按:"刚中而柔外,说以利贞"是对卦辞"亨,利贞"的解释。

九二、九五爻阳刚居中,六三、上六爻阴柔居外,所以系辞为"刚中而柔外"。

阴上阳下，外柔内刚，阴阳相交，所以系辞为“说以利贞”。

是以顺乎天而应乎人。

虞翻：大壮乾为天，谓五也。人谓三矣。二变顺五承三，故“顺乎天”，“应乎人”。坤为顺也。

来知德：《易》有天道焉，顺天者上兑也；有人道焉，应人者下兑也。揆之天理而顺，故顺天；即之人心而安，故应人。天理、人心正而已矣。若说之不以正，则不能顺应矣。说得其正，是以顺天应人。

张惠言：三正则君子。

尚秉和：五天位，上顺之，故曰顺乎天，互巽为顺也。三人位，巽于二，故曰应乎人，互巽为应也。

按：九五爻为天位，六三爻为人位。六三爻与九五爻互卦为巽，巽为顺，人顺天，上卦为天悦，下卦为人悦，天悦，人亦悦，天悦是可以感应到人身上的，所以系辞为“是以顺乎天而应乎人”。

说以先民，民忘其劳；说以犯难，民忘其死。

虞翻：谓二四已变成屯，坎为劳，震喜兑说，坤为民，坎为心，民心喜说，有顺比象，故“忘其劳”也。体屯，故难也。三至上，体大过死，变成屯，“民说无疆”，故“民忘其死”。坎心为忘，或以坤为死也。

来知德：民忘其劳，如禹之随山浚川，周宣之城朔方是也；民忘其死，如汤之东征西怨，岳飞蔡州朱仙镇之战是也。以之先民，民忘其劳；以之犯难，民忘其死。

尚秉和：三至上大坎。坎为民、为劳、为险难、为棺椁，故为死。而三至上正反兑，坎民来往，皆在兑说之中，故役之而忘劳，犯难而不知死也。兑见在上，故曰先民。

按：上卦兑为悦，六三爻为人位，居离卦中央，离与坎旁通，坎为"劳"，下卦兑为"悦"。让百姓做自己喜欢做的事，百姓就不会感到劳累，所以系辞为"说以先民，民忘其劳"。

离为刀兵，坎为"死"。让百姓为自己的利益而战，百姓就不会惧怕死亡，所以系辞为"说以犯难，民忘其死"。

说之大，民劝矣哉。

虞翻：体比顺象，故劳而不怨。震为喜笑，故人劝也。

来知德：夫好逸恶死，人情之常。今忘劳忘死，非人情也，而忘之者以说，而不自知其劳且死也，曷为而说也？知圣人劳我以逸我，死我以生我也，是以说而自劝也。夫劝民与民自劝相去远矣，是以圣人大之曰"说之大，民劝矣哉"，此正之所以利也。

尚秉和：先民说，先使民悦也，故民劝。

按：先让百姓心气顺，他们就会心甘情愿地出生入死为国效劳，这就是"说之大，民劝矣哉"的大义所在。

《象》曰：丽泽，兑；

来知德：丽者，附丽也。两泽相丽，交相浸润，互有滋益。

张惠言:离为"丽"。兑阴丽阳,故"丽泽"。

尚秉和:《玉篇》:丽,偶也。《周礼·夏官·校人》:丽马一圉。注:丽,耦也。又《士冠礼》:主人酬宾,束帛,俪皮。注:俪皮,两鹿皮。古文俪作离。离《传》云:离,丽也。是丽与俪通,仍耦也。重兑,故曰丽泽,犹重巽曰随风。其以互离为义者,非也。

按:上下卦皆为兑,兑为泽,两泽相连,所以系辞为"丽泽,兑"。

君子以朋友讲习。

虞翻:君子,大壮乾也。阳息见兑,"学以聚之,问以辩之"。兑二阳同类为朋,伏艮为友,坎为习,震为讲,兑两口对,故"朋友讲习"也。

来知德:水就湿,各以类而相从,朋友之道不出乎此。习者,鸟数飞也。其字从羽。《月令》"鹰乃学习",借鸟以明学。盖习行所传之业。为之习熟不已也。讲者,资友讲之,以究其理。习者,我自习之,以践其事。朋友之间从容论说以讲之于先,我又切实体验以习之于后,则心与理相涵而所知者益精,身与事相安而所能者益固,欲罢不能而真说在我矣。

尚秉和:阴阳相遇相悦为朋友,兑口,故曰讲习。初至五正反兑相对,正朋友互相讲习之象,故君子法之。虞翻谓兑二阳同类为朋。夫阳遇阳,阴遇阴,则为害为敌,艮与中孚皆言之,岂得为朋友?又云伏艮为友。盖取义于损六三一人行则得其友。岂知艮之为友，以一阳上行，遇二阴为友，与兑之以一阴下降，遇二阳为朋友同，皆取义于阴阳相遇？朋友之诂既误，于是卦无艮兑而言朋者，必百计变动以求兑象，甚至用《参同契》纳甲之法，谓八日兑象月见丁，以解坤《彖》之得朋。凡《易》之言朋者，无不误矣。

按："君子以朋友讲习"是从卦象引申出来的人文思想。

能够效法兑卦的人被称为"君子"。兑为口、为讲习。六三爻居上下兑口之间，正是朋友相聚求学问道之象，所以系辞为"君子以朋友讲习"。

初九：和兑，吉。

虞翻：得位，四变应己，故"和兑，吉"矣。

来知德：和与《中庸》"发而皆中节谓之和""和"字同，谓其所悦者无乖戾之私，皆情性之正，道义之公也。吉者，无恶无射，家邦必达之意。盖悦能和，即顺天应人，岂不吉？

初九以阳爻居说体而处最下，又无应与之系，说得其正者也，故其象占如此。

尚秉和：与二并行，故曰和。当位，故吉。初与二本为敌，卦以兑说为义，和以处之，自然吉矣。

按：初九爻居正位，与九二爻相比，九二爻与九四爻互卦为离，离为日，初九爻顺天而行，则有喜悦，所以系辞为"和兑，吉"。

《象》曰:和兑之吉,行未疑也。

虞翻:四变应初,震为行,坎为疑,故"行未疑"。

来知德:本卦说体,不当阴阳相比。二比三,三比四,五比六,阴阳相比,则不能无疑,故夬卦上说体,《小象》曰"中未光也",萃卦曰"志未光也"。"未光"者,因可疑而未光也,故上六"引兑"亦曰"未光"。本卦独初爻无比,无比则无所疑矣,故曰"行未疑也"。行者与人和说也。变坎为狐疑,疑之象也。

张惠言:初行而后四之坎。

尚秉和:初得敌,故疑于二。和以处之,故行不疑。损三云:三则疑也。《易》于阳遇阳相疑相忌之故,言之至为明白矣,乃竟失传,何哉?

按:"行未疑也"是对"和兑之吉"的解释。

初九爻与九二爻相比,九二爻与九四爻互卦为离,离为日,与坎旁通,坎为疑。初九爻法天而行,所以系辞为"行未疑也"。

九二:孚兑,吉,悔亡。

虞翻:孚谓五也。四已变,五在坎中,称孚。二动得位,应之,故"孚兑,吉,悔亡"矣。

来知德:本卦无应与,专以阴阳相比言。刚中为孚,居阴为悔。盖来兑在前,私系相近,因居阴不正,所以不免悔也。

九二当兑之时,承比阴柔,说之当有悔矣,然刚中之德,孚信内充,虽比小人,自守不失正,所谓"和而不同"也。

占者能如是，以孚而说，则吉而悔亡矣。

张惠言：初令四变。五以二变。

尚秉和：孚于三，阳遇阴，故"吉"。得中，故"悔亡"。

按：九二爻有阳刚之德，内体充实，下卦兑为悦，所以系辞为"孚兑"。

九二爻与九四爻互卦为离，离为光明，所以系辞为"吉"。

九二爻居中不偏，所以系辞为"悔亡"。

《象》曰：孚兑之吉，信志也。

虞翻：二变应五，谓四已变，坎为志，故"信志也"。

来知德：心之所存为志，信志即"诚心"二字。二刚实居中，诚信出于刚中之志，岂又悦小人而自失？革九四辞同义异，革则人信，孚则己信。

尚秉和：阳遇阴，故志得伸。巽为志。三巽主爻，二遇之，故信志。

按："信志也"是对"孚兑之吉"的解释。

九二爻与九四爻互卦为离，离为心、为光明，志意得到抒发，所以系辞为"信志也"。

六三：来兑，凶。

虞翻：从大壮来，失位，故"来兑，凶"矣。

来知德：自内至外为往，自外至内为来。凶者，非惟不足以得人之与，且有以取人之恶，所以凶也，何也？盖初刚正，二刚中，乃君子也。说之不以道，岂能说哉？求亲而反疏矣。如弘霸尝玄忠之粪,彭孙濯李宪之足,丁谓拂莱公之须,皆为人所贱,而至今犹有遗羞焉,岂不凶?

三阴柔不中正,上无应与,近比于初与二之阳,乃来求而悦之,是自卑以求悦于人,不知有礼义者矣,故其占凶。

张惠言:不言正者,兑家阴悦阳,三无应,故不变。上变阳,与三易位,然后变也。三不变而上能变者,兑有伏艮,艮兑之卦,皆上为主也。

尚秉和:在内称来。来就二阳以为悦,行为不正则有之,无所谓凶。但三本多凶,又不当位,来而不正遂不宜矣。

按:六三爻在下卦称"来",下卦兑为悦,所以系辞为"来兑"。

六三爻阴居阳位不正,所以系辞为"凶"。

《象》曰:来兑之凶,位不当也。

来知德:阴柔不中正。

尚秉和:来而不当位,故凶。

按:"位不当也"是对"来兑之凶"的解释。

六三爻阴居阳位不正,所以系辞为"位不当也"。

九四:商兑未宁,介疾有喜。

虞翻:巽为近利市三倍,故称"商兑"。变之坎,水性流,震为行,谓二已变,体比象,故"未宁",与比"不宁方来"同义也。坎为疾,故"介疾"。得位承五,故"有喜"。

来知德:商者,商度也。中爻巽,巽为不果,商之象也。宁者,安宁也。两间谓之介,分限也。故人守节,亦谓之介。

四与三上下异体,犹疆介然,故以介言之。比乎五者,公也,理也,故不敢舍公而从私。比乎三者,私也,情也,故不能割情而就理。此其所以商度未宁也。商者四,介者九。

四承九五之中正,而下比六三之柔邪,故有商度未宁之象。然质本阳刚,若能介然守正,疾恶柔邪,而相悦乎同体之五,如此则有喜矣,故戒占者如此。

张惠言:比"不宁"亦取坎水性流。介,纤也。体艮为小。阳为"喜"。

尚秉和:四不当位,无应,前又遇阳,似不吉;然而有喜者,以下履阴也。小畜九五曰有孚,履九四曰志行,皆以下遇阴而吉。此与之同。商,量度也。商兑者,以初至五正反兑相对,而四若与下对语者,故曰商兑。讲习之象,亦以此也。三至五巽,进退不果,故未宁。互大坎为疾,乃四独履阴,志行,是疾去也。介,助也,《诗》以介眉寿是也。介疾有喜者,言助疾使愈,兑悦,故有喜也。

按:九四爻居上下兑之间,所以系辞为"商兑"。

六三爻与九五爻互卦为巽,巽为进退、为不果,所以系辞为"不宁"。

巽卦一阴浸入阳体,取象为"介疾";九四爻志在上行为悦,所以系辞为"介疾有喜"。

《象》曰:九四之喜,有庆也。

虞翻:阳为庆,谓五也。

来知德:与君相悦,则得行其阳刚之正道而有福庆矣。

尚秉和:九四独履阴。履阴,故有喜,故曰有庆。

按:"有庆也"是对"九四之喜"的解释。

九四爻阳乘阴,与六三爻比邻,本来有"介疾"之忧,但九四爻志在上行,上卦兑为悦,去疾得喜,所以系辞为"有庆也"。

九五:孚于剥,有厉。

虞翻:孚,谓五也。二四变,体剥象,故"孚于剥"。在坎未光,"有厉"也。

来知德:剥谓阴能剥阳,指上六也。剥即剥卦,消阳之名。兑之九五正当剥之六五,故言剥。以人事论,如明皇之李林甫、德宗之卢杞,皆以阴柔容悦剥乎阳者也。孚者,凭国家之承平,恃一己之聪明,以小人不足畏而孚信之,则内而蛊惑其心志,外而壅蔽其政令,国家日为之紊乱矣,所以有厉。因悦体人易孚之,所以设此有厉之戒。不然,九五中正,安得有厉?

九五阳刚中正,当悦之时,而居尊位,密近上六,上六阴柔,为悦之主,处悦之极,乃妄悦以剥阳者也。故戒占者若信上六,则有危矣。

张惠言:未成既济,三未为离。

尚秉和:阳遇阴则通,故二五皆孚于三上。然吉凶不同者,兑为秋,六三当正秋,万物成熟,故二孚之而吉。若上六则为季秋,其辰在戌,其卦为剥。《杂卦》云:剥,烂也。当此时,万物荒落,阳气为阴所剥将尽矣,九五若再享于是,必为所剥无疑也,故曰有厉。

按:上卦兑为秋,秋天草木摇落,九五爻居中正之位应对秋天的肃杀,所以系辞为“孚于剥”。

九五爻与六三爻互卦为巽,巽为陨落,九五爻居中正之位,居安思危,所以系辞为“有厉”。

《象》曰:“孚于剥”,位正当也。

来知德:与履九五同。

尚秉和:以人事言,上六处悦之极,是小人佞悻之尤。九五当人君之位,而昵近此等小人,其为祸有不可胜言者。《象》曰位正当,言正当人君之位,不可与上六近也。

按:“位正当也”是对“孚于剥”的解释。

九五爻居中正之位,所以系辞为“位正当也”。

上六:引兑。

虞翻:无应乘阳。动而之巽为绳。艮为手。应在三,三未之正,故“引兑”也。

来知德:引者,开弓也。心志专一之意,与萃“引吉”之“引”同。中爻离错坎,坎为弓,故用“引”字。萃六二变坎,故亦用“引”字。本卦二阴,三曰“来兑”,止来于下,其字犹缓,其为害浅。至上六则悦之极矣,故“引兑”,开弓发矢,其情甚急,其为害深,故九五有厉。

上六阴柔,居悦之极,为悦之主,专于悦五之阳者也,故有引兑之象。不言吉凶者,五已有危厉之戒矣。

张惠言:三不之正,上动与三易位乃各正。

尚秉和:引,开弓视的也。伏艮为手,故引兑。言上六来就五阳以为悦,犹射者之志于的也。

按:九五爻与六三爻互卦为巽,巽为绳、为引,上六爻阴乘阳,所以系辞为"引兑"。

《象》曰:上六引兑,未光也。

虞翻:二四已变而体屯,上、三未为离,故"未光也"。

来知德:未光者,私而不公也。盖悦至于极,则所悦者必暗昧之事,不光明矣,故萃卦上体乃悦,亦曰"未光"。

尚秉和:兑暗昧,故未光。

按:"未光也"是对"引兑"的解释。

兑为暗昧,上六爻居暗昧之位,所以系辞为"未光也"。

五九　涣卦

䷺巽上坎下

涣:

来知德:涣者,离散也,其卦坎下巽上,风行水上,有披离解散之意,故为涣。《序卦》:"兑者,悦也;悦而后散之,故受之以涣。"所以次兑。

张惠言:否消卦,次咸。阳始感通,阴初解散。"涣"者,离也。候在六月。卦辞二正成观,成观则有既济之道,故《象传》注云:"成既济也。"其实,消卦不成既济,故上爻取二正成观。

尚秉和:旧解皆以风行水上,涣散为说。然如涣王居、涣其躬等爻辞,散义皆不通。按《太玄》拟涣为文。司马光云:扬子盖读涣为焕。案,涣即有文义。《淮南子·说山训》:夫玉润泽而有光,涣乎其有似也。注:文采似君子也。《后汉书·延笃传》:涣烂其溢目。注:涣烂,文章貌。是涣本有文义,故《归藏》作奂。《礼·檀弓》:美哉奂焉。《释文》:奂,本亦作焕。是扬子之读,与古训合。卦坎为赤,震为玄黄,巽为白,而风行水上,文理烂然,故为文也。为文则于爻辞无扞格矣。

按:"涣"是卦名,卦象由上巽下坎构成。《周易·序卦传》言:"说而后散之,故受之以涣。涣者,离也。"涣卦下卦坎为水,上卦巽为风,风行水上,离散飘荡,所以卦象被命名为"涣"。

涣卦与丰卦旁通。

亨。

虞翻:否四之二,成坎巽,天地交,故"亨"也。

张惠言:以阳涣阴。

按:下卦坎为水,上卦巽为木,水能生木,所以系辞为"亨"。

王假有庙,利涉大川,利贞。

虞翻:乾为王。假,至也。否体观艮为宗庙,乾四之坤二,故"王假有庙,王乃在中也"。坎为"大川"。涣,舟楫象,故"涉大川"。乘木有功,二失正,变应五,故"利贞"也。

来知德:坎错离,离为日,王之象也。中爻艮,艮为门阙,又坎为宫,庙之象也。又坎为隐伏,人鬼之象也。木在水上,利涉大川之象也。王假有庙者,王至于庙以聚之也。此二句皆以象言,非真假庙、涉川也。假有庙者,至诚以感之,聚天下之心之象也。涉大川者,冒险以图之,济天下之艰之象也。如沛公约法三章,以聚天下之心,即假有庙之象也。沛公当天下土崩瓦解,正涣之时,使不约法三章,虽立千万庙以聚祖考之精神,亦何益哉?且当时太公留于项羽,况祖考乎?《易》盖有此象而无此事、无此理也。利贞者,戒之也。

张惠言:乾入艮中,"中"谓二。

尚秉和:震为王,艮为庙。假,至也,言王有事于宗庙。震为舟,在水上,故利涉。皆中爻象。

按:九二爻与六四爻互卦为震,震为"王";九五与六三互卦为艮,艮为"庙",君王到宗庙祭祀,所以系辞为"王假有庙"。

下卦坎为"大川",九二爻与六四爻互卦为震,震为木、为船,九二爻君王乘船渡过险滩,所以系辞为"利涉大川"。

九二爻居中位,九五爻居中正之位,所以系辞为"利贞"。

《彖》曰:"涣,亨",刚来而不穷,柔得位乎外而上同。

来知德:以卦综释卦辞。本卦综节,二卦同体,文王综为一卦,故《杂卦》曰:“涣,离也。节,止也。”刚来不穷者,言节上卦坎中之阳来居于涣之二也。言刚来,亦在下之中,不至于穷极也。柔得位乎外而上同者,节下卦兑三之柔,上行而为巽之四,与五同德,以辅佐乎五也。八卦正位,乾在五,巽在四,故曰“得位”,故曰“上同”。

张惠言:否四之二,坎为通,故“不穷”也。二之四顺五。

尚秉和:刚来居二,临一阴则陷,二阴则通,故曰不穷。四当位,上承一阳固吉,承二阳尤吉。上同者,与小畜六四、升初六之上合志同也,言孚于五上也。

按:“刚来而不穷,柔得位乎外而上同”是对“涣,亨”的解释。

九二爻阳居中位,川流不息,所以系辞为“刚来而不穷”。

六四爻阴居阴位,顺承九五、上九阳爻,所以系辞为“柔得位乎外而上同”。

“王假有庙”,王乃在中也。

来知德:王乃在中者,中爻艮为门阙,门阙之内即庙矣。今九五居上卦之中,是在门阙之内矣,故曰“王乃在中也”。

张惠言:二得中,在艮宗庙,故“假庙”。

按:“王乃在中也”是对“王假有庙”的解释。

九二爻与六四爻互卦为震,震为“王”,九二爻居中,所以系辞为“王乃在中也”。

“利涉大川”,乘木有功也。

虞翻:巽为木,坎为水,故“乘木有功也”。

来知德:乘木者,上卦巽木乘下坎水也。有功者,即“利涉”也。因有此卦综之德,故能王乃在中,至诚以感之,以聚天下之心;乘木有功,冒险以图之,以济天下之难。此涣之所以亨也。

张惠言:谓圣人作舟楫。

尚秉和:震为舟。古刳木为舟,五乘之,故曰乘木。乘木即乘舟。

按:“乘木有功也”是对“利涉大川”的解释。

九二爻与六四爻互卦为震,震为“木”,九五爻与六三爻互卦为艮,艮为“功”,九五爻在震木之上,所以系辞为“乘木有功也”。

《象》曰:风行水上,涣;

张惠言:风行水上,阴散而阳聚,故涣以立庙。

按:“风行水上,涣”是从天文学、地理学的角度解释卦象。

上卦巽为风,下卦坎为水,风吹水面,碧波荡漾,所以系辞为“风行水上,涣”。

先王以享于帝,立庙。

虞翻:否乾为先王。享,祭也。震为帝、为祭,艮为庙,四之二,杀坤大牲,故“以享帝立庙”。谓成既济,有噬嗑食象故也。

来知德：享帝立庙，在国家盛时说，非土崩瓦解之时也，与“王假有庙”不同。孔子在涣字上生出此意来，言王者享帝而与天神接，立庙而与祖考接，皆聚己之精神，以合天人之涣也。风在天上，天神之象。水在地下，人鬼之象。享帝则天人感通，立庙则幽明感通。

张惠言：祭则鬼享之，故以成既济为象也。“享于帝立庙”，谓立新庙也。“享于帝”者，告于南郊而谥之。涣，否泰之交，象嗣君正位继体也。

尚秉和：享帝则礼仪繁盛，立庙则楹桷巍焕，皆属于文，正释卦义也。

按：“先王以享于帝，立庙”是从卦象引申出来的人文思想。

下卦坎为“先王”，九二爻与六四爻互卦为震，震为祭器，九五爻与六三爻互卦为艮，艮为“庙”，所以系辞为“先王以享于帝，立庙”。

初六：用拯马壮，吉。

虞翻：坎为马，初失正，动体大壮，得位，故“拯马壮，吉”，悔亡之矣。

来知德：坎为亟心之马，马壮之象也。陈平交欢太尉而易吕为刘，仁杰潜授五龙而反周为唐，皆拯急难而得马壮者也。

初六当涣之初，未至披离之甚，犹易于拯者也，但初六阴柔,才不足以济之,幸九二刚中,有能济之具者,初能顺之,托之以济难,是犹拯急难而得马壮也,故有此象,占者如是则吉也。

张惠言:拯,《子夏传》作"抍",取也。初应在四,四坤为"用",四拯于初,初动马壮而吉。四字盖衍,或虞本有"悔亡"字。

尚秉和:震为马,初承之,故曰拯马。郑云:拯,承也。拯马即承阳,震健,故壮吉。此与明夷六二象同,故辞同。故《象传》皆以顺释之。拯,顺也。

按:"拯"是顺承的意思。九二爻与六四爻互卦为震,震为"马",初六爻顺承九二爻为吉,所以系辞为"用拯马壮,吉"。

《象》曰:初六之吉,顺也。

虞翻:承二,故顺也。

来知德:顺二也。

张惠言:二将变,初正承之,故"顺"。

尚秉和:言阴顺阳,以顺释拯义也。

按:"顺也"是对"初六之吉"的解释。

初六阴顺九二之阳,所以系辞为"顺也"。

九二:涣奔其机,悔亡。

虞翻:震为奔,坎为棘、为矫輮,震为足,輮棘有足,艮肱据之,凭机之象也。涣宗庙中,故设机。二失位,变得正,故"涣奔其机,悔亡"也。

来知德：奔者，疾走也。中爻震足，坎本亟心，奔之象也。又当世道涣散，中爻震动不已，皆有出奔之象。机，木也，出蜀中，似榆，可烧以粪稻田，《山海经》云大尧之上多松柏多机是也。中爻震木，应爻巽木，机之象也，指五也。

当涣之时，二居坎陷之中，本不可以济涣，而有悔也。然应九五中正之君，君臣同德，故出险以就五，有奔于其机之象。当天下涣散之时，汲汲出奔以就君，得遂其济涣之愿矣，有何悔焉？故占者悔亡。

张惠言：初已正，二变为震。棘，小枣。古者几，盖以棘木为之。"机"，古"几"字。二"王假有庙"，故"设机"。以阳之阴，假庙象灭，疑有悔，故明之。

尚秉和：焦循云：《汉·百官公卿表》"虎贲郎"注，贲读与奔同。据是，奔、贲古通，奔其机即贲其机。按机即几筵之几，庙中所用物。贲，文饰也。艮为几，震为玄黄，故贲其机。得中，遇阴，故悔亡。

按：九二爻与六四爻互卦为震，震为"奔"、为"机"，所以系辞为"涣奔其机"。

九二爻居中，可以脱离坎险，所以系辞为"悔亡"。

《象》曰："涣奔其机"，得愿也。

虞翻：动而得位，故"得愿也"。

来知德：得遂其济涣之愿。

尚秉和：阳遇重阴，志行，故曰得愿。旧解无有知其故者。

按："得愿也"是对"涣奔其机"的解释。

九二爻身陷坎中，冬去春来，迎来生机发动，所以系辞为“得愿也”。

六三：涣其躬，无悔。

来知德：六三居坎体之上，险将出矣，且诸爻独六三有应援，故无悔。涣其躬者，奋不顾身，求援于上也。

六三阴柔，本不可以济涣，然与上九为正应，乃亲自求援于上九，虽以阴求阳，宜若有悔，然志在济时，故无悔也。教占者必如此。

张惠言：二已变，坤为“躬”，坎为“悔”，不变，故“无悔”。

尚秉和：艮为躬。涣其躬，即行有文也。得阳应，故涣其躬，无悔。

按：六三爻与九五爻互卦为艮，艮为“躬”，六三爻志在应上，所以系辞为“涣其躬”。

六三爻与上九爻阴阳相应，所以系辞为“无悔”。

《象》曰：“涣其躬”，志在外也。

来知德：在外者，志在外，卦之上九也。

张惠言：“外”谓四。三变与四成坎，故“志在外”。

尚秉和：巽为志，应在上，故志在外。

按：“志在外也”是对“涣其躬”的解释。

下卦坎为“志”，六三爻与上九爻阴阳相应，所以系辞为“志在外也”。

六四：涣其群，元吉。

虞翻：谓二已变成坤，坤三爻称群，得位顺五，故“元吉”也。

来知德:涣其群者,涣其人也。当涣之时,土崩瓦解,人各植党,如六国之争衡,田横之海岛,隗嚣之天水,公孙述之于蜀,唐之藩镇,尾大不掉,皆所谓群也。政无多门,势无两大,胫大于股则难步,指大于臂则难把。故当涣其群也,六四能涣小人之私群,成天下之公道,所以元吉。柔得位乎外而上同,岂不元吉?

尚秉和:坎为众、为群;四体艮,艮为光明,在坎上,故涣其群。承阳,故元吉。

按:下卦坎为“众”、为“群”,上卦巽为风,风以散之,六四爻远离在下之群小,所以系辞为“涣其群”。

六四爻阴居阴位为正,顺承九五之君,所以系辞为“元吉”。

涣有丘,匪夷所思。

虞翻:位半艮山,故称丘。匪,非也。夷谓震,四应在初,三变坎为思,故“匪夷所思”也。

来知德:涣丘者,涣其土也。艮为土,丘之象也。颐上卦艮,故曰“丘颐”。此卦中爻艮,故亦以丘言之。涣其丘,如汉高祖封韩信为齐王,又为楚王,及陈豨反,以四千户封赵将是也。夷者,平常也,言非平常之人思虑所能及也。如高祖以四千户封赵将,左右谏曰:“封此何功?”高祖曰:“非汝所知?陈豨反,赵地皆豨有,吾羽檄天下,兵未有至者,今计独邯郸兵耳。吾何爱四千户?”盖左右谏者乃平常之人,匪夷所思于此见矣。

六四上承九五,当济涣之任者也。所居得正,而下无应与,则外无私交,故有涣其群之象。占者如是,则正大光明,无比党携贰之私,固大善而元吉矣。然所涣者,特其人耳,若并其土而涣之,则其元吉犹不殊于涣群,但涣其群者,人皆可能,而涣其丘者,必才智出众之人方可能之,殆非平常思虑之所能及也。故又教占者以此。

张惠言:三变,故涣四丘。震大涂,故"夷"。二已变,初为震。谓有"匪夷"之"思"。

尚秉和:艮为丘。丘陵所以设险,今去坎险而复遇山险,故曰匪夷所思。夷,平也,常也。言为恒常所不料也。

按:六四爻在艮山之中,所以系辞为"涣有丘"。

九二爻与六四爻互卦为震,震为通途,取象为"夷";下卦坎巽为坎"思",六四爻刚脱离坎险,又遇山丘阻挡,所以系辞为"匪夷所思"。

《象》曰:"涣其群,元吉",光大也。

虞翻:谓三已变成离,故四"光大也"。

来知德:凡树私党者,皆心之暗昧狭小者也,惟无一毫之私,则光明正大,自能涣其群矣,故曰"光大"也。

尚秉和:遇阳,故光大。按《象》曰光大,亦释涣为文。

按:"光大也"是对"涣其群,元吉"的解释。

六四爻顺承九五爻,九五爻为艮卦上爻,艮为"光大",所以系辞为"光大也"。

九五:涣汗其大号。

来知德:上卦风以散之,下卦坎水,汗之象也。巽综兑,兑为口,号之象也。五为君,又阳爻,大号之象也。散人之疾而使之愈者,汗也。解天下之难而使之安者,号令也。大号,如武王克商,《武成》诸篇及唐德宗罪己之诏皆是也。

张惠言:巽为号令,五乾称"大"。否坤为身,四之二成坎为水,水出于身,汗也。汗出而不反,以比号令。

尚秉和:吴先生曰:涣汗,连绵字。愚按《上林赋》:采色浩汗。注:玉石符采映耀也。涣汗盖与浩汗同,与涣烂亦同。巽为号令,涣汗其大号,即颁布光显其号令,如风之无不届也。

按:上卦巽为风、为号令,九五爻与六三爻互卦为艮,艮为止,下卦坎为"汗",风遇水则止,令行禁止,所以系辞为"涣汗其大号"。

涣王居,无咎。

来知德:王居者,帝都也,如赤眉入长安,正涣之时矣,光武乃封更始为淮阳王,而定都洛阳是也。又如徽、钦如金,正涣之时矣,建炎元年,皇后降书中外,乃曰:"历年二百,人不知兵;传世九君,世无失德。虽举族有北辕之衅,而敷天同左袒之心,乃眷贤王,越居旧服。"高宗乃即位于南京应天府,皆所谓涣王居也。益卦中爻为坤,"利用为依迁国",此爻一变,亦中爻成坤,故"涣王居"。坎错离,离为日,王之象。五乃君位,亦有王之象。孔子恐人不知"王居"二字,故《小象》曰"正位也"。曰"正位",义自显明。

九五阳刚中正,以居尊位,当涣之时,为臣民者涣其躬、涣其群,济涣之功成矣,乃诞告多方,迁居正位,故有"涣汗其大号,涣王居"之象。虽其始也,不免有土崩瓦解之虞,至此则恢复旧物,大一统宇矣。以义揆之,则无咎也,故其占为无咎。

张惠言:五为"王",艮为"居"。当涣之时,王居正位,二变应,故"无咎"。

尚秉和:艮为居,五君位,故曰王居。涣王居,言王居巍焕也,五履万民之上,故光大如此也。得中,故无咎。

按:九五爻与六三爻互卦为艮,艮为"王居",上卦巽为风,风以散之,所以系辞为"涣王居"。

九五爻居中正之位,艮为稳固,所以系辞为"无咎"。

《象》曰:"王居无咎",正位也。

虞翻:五为王,艮为居,正位居五,四阴顺命,故"王居无咎,正位也"。

来知德:光武诸将于中山上尊号,不听,耿纯进曰:"天下士大夫捐亲戚,弃土壤,从大王于矢石之间者,其计固望攀龙鳞、附凤翼,以成其志耳。今大王留时逆众,不正号位,恐士夫绝望计穷,有去归之思,无为久自苦也。"此即正位之意。盖京师,天下根本,当涣之时,王者必定其所居之地,以正其位。位既正,则人心无携贰,昔之涣者,今统于一矣。故"涣王居"者,乃所以正位也。

尚秉和:五位中正,故曰正位。五无应,然无咎者,以得中也。

按:"正位也"是对"王居无咎"的解释。

九五爻居中正之位,所以系辞为"正位也"。

上九:涣其血,去逖出,无咎。

虞翻:应在三,坎为血、为逖。逖,忧也。二变为观,坎象不见,故"其血去逖出,无咎"。

来知德:依《小象》"涣其血"作句。血者,伤害也。涣其血者,涣散其伤害也。逖者,远也。当涣之之时,干戈扰攘,生民涂炭,民之逃移而去乡土者多矣。去逖出者,言去远方者得出离其远方而还也。此爻变坎,下应坎,坎为血,血之象也;又为隐伏,远方窜伏之象也。

上九以阳刚当涣之极,方其始而涣散之时,其伤害、其远遁二者所不免也。今九五诞告多方,迁居正位,归于一统,非复前日之离散,则伤害者得涣散矣,远遁者得出离矣,故有涣血去逖出之象,而其占则无咎也。

张惠言:三不取变,与二为坎。上不正者,未能定既济也。故独取二正体观象。

尚秉和:血,古文恤字。逖与惕音同通用。小畜六四:血去惕出。与此同也。诂逖为远者非,应在三。坎为忧惕。王国维云:古易、狄同字。《山海·大荒东经》并《竹书》皆云:王亥托于有易。而《楚辞·天问》作有狄。又简狄,《古今表》作简逖。按《汉书·王商传》:卒无怵惖忧。

师古云：愁，古惕字。故虞翻注云：逖，忧也。与小畜六四诂惕为忧同。是虞即以逖、惕同字。上九应在三，三坎为忧惕，而上九高出卦上，去坎险既远，又不为互艮所止，与大畜上九义同。涣其，光明貌；涣其恤去惕出，言光明在上，忧患自免也。句法与《论语》涣乎其有文章同。

按：上九爻与六三爻阴阳相应，下卦坎为“血”，上卦巽为风，风以散之，所以系辞为“涣其血”。

“逖”为忧患，上九爻远离六三爻，脱离坎险，所以系辞为“去逖出，无咎”。

《象》曰：“涣其血”，远害也。

虞翻：乾为远，坤为害，体遁上，故“远害”也。

来知德：涣其血，去逖出，则危者已安，否者已泰，其涣之害远矣，故曰“远害”也。

尚秉和：坎为“害”，上去三远，故曰“远害”。

按：“远害也”是对“涣其血”的解释。

下卦坎险为害，上九爻居高山之巅，远远避开六三爻，所以系辞为“远害也”。

六〇　节卦

䷻坎上兑下

节：

来知德：节者，有限而止也。为卦下兑上坎，泽上有水,其容有限,若增之则溢矣,故为节。《序卦》:“涣者,离也,物不可以终离,故受之以节。”所以次涣。

张惠言:泰息卦,次归妹。阴道既盛,阳虽既济,犹不可贞,故节止不过,则四时成也。候在七月。爻变成屯。

尚秉和:坎居西方,兑又居西,合为一处,故曰节。节,信也。古剖竹为符,合以取信。故《说文》云:节,竹约也。《序卦》云:物不可以终离,故受之以节。节之用在合,故与离对文。又曰:节而信之。是《序卦》即以节为符信也。凡卦名皆从卦象生,震为竹,而二至五正反震,两竹相合,则信成矣。而坎为信也。

按:“节”是卦名,卦象由上坎下兑构成。《周易·序卦传》言:“物不可以终离,故受之以节。”《杂卦传》:“节,止也。”节卦下卦兑为泽,上卦坎为水,湖纳水,所以卦象被命名为“节”。

节卦与旅卦旁通。

亨。

虞翻:泰三之五,天地交也。五“当位以节,中正以通”,故“节亨”也。

张惠言:节,止也。五体艮,故止也。坎,通也。

按:下卦兑与震相对,上卦坎与离相对。兑为秋,震为春;坎为冬,离为夏。有秋冬阳气的收藏,才会有春夏阳气的生长,所以系辞为“亨”。

苦节,不可贞。

虞翻:谓上也。应在三,三变成离,“火炎上作苦”,位在火上,故“苦节”。虽得位乘阳,故“不可贞”也。

来知德:五行以甘为正味。稼穑作甘者,以中央土也。若火炎上则焦枯,所以作苦。不可贞者,不可因守以为常也。凡人用财修己,皆有中道,如天地之牛角茧栗,宾客之牛角尺,损则“用二簋”,萃则“用大牲”,此中道也。若晏子之豚肩不掩豆,梁武帝以麵为牺牲,则非经常而不可久矣。仕止久速,各有攸当,或远或近,或去或不去,归洁其身,如屈原、申屠狄之投河,陈仲子之三日不食,许行之并耕,泄柳之闭门,皆非经常而不可久者也。

张惠言:爻亦言“苦节”。三变既济,云“苦节”者,泰已过,不可恃,故上象在离上也。三不变,则上不苦,成屯则节之道。

尚秉和:苦节向无通诂,虞翻命三变成离,火炎上作苦,以说苦节,而后儒多从之。诚以诂苦为甚、为过,皆不安也。按《周礼·考工记》:辨其苦良。《史记·五帝纪》:舜陶于河滨,器皆不苦窳。皆以苦为恶。节所以取信,苦窳则以持久,不能符合,故曰苦节,不可贞。自先天象失传,节字失诂,于是苦节之义遂亦失矣。又坎为破,兑毁折。按卦象节易苦窳,戒之所以慎始也。

按:上卦坎为严冬。一阳陷二阴之中,生气全无,所以系辞为“苦节”。

上六爻虽居正位,但阴乘九五之阳,违逆天道,不可持续,所以系辞为“不可贞”。

《彖》曰："节亨"，刚柔分而刚得中。

来知德：以卦综释卦辞，又以卦德、卦体释亨之义而极言之。坎刚卦，兑柔卦，节涣相综，在涣则柔外而刚内，在节则刚外而柔内，则刚柔分也。刚得中者，二五也，二五皆刚居中也。言刚柔虽分内分外，而刚皆得中，此其所以亨也。

张惠言："刚柔分"，天地交也。谓泰三之五"刚得中"。

按："刚柔分而刚得中"是对"节亨"的解释。

阳为"刚"，阴为"柔"，秋冬时节，阴气上升，阳气退隐，九二爻、九五爻各居上下卦之中，所以系辞为"刚柔分而刚得中"。

"苦节，不可贞"，其道穷也。

虞翻：位极于上，乘阳，故"穷"也。

来知德：惟其中所以亨，若苦节，则不中矣。不中则天理不顺，人情不堪，难于其行，所以穷也。盖穷者亨之反，亨则不穷，穷则不亨。

张惠言：泰时已极，故"道穷"。

尚秉和：艮为道，艮止，故道穷。

按："其道穷也"是对"苦节，不可贞"的解释。

上六爻阴乘阳，居天极之位，坤卦上六《象传》言："龙战于野，其道穷也。"阴道已陷入穷途末路，所以系辞为"其道穷也"。

说以行险，

虞翻：兑说坎险，震为行，故"说以行险"也。

来知德:盖所谓节者,以其说而行险也。盖说则易流,遇险则止;说而不流,所以为节。

按:下卦兑为悦,九二爻与六四爻互卦为震,震为"行",上卦坎为险,所以系辞为"说以行险"。

当位以节,中正以通,

虞翻:中正谓五。坎为通也。

来知德:当位指九五。八卦正位坎在五,故以当位言之。中正者,五中正也。通者,推行不滞而通之天下也。坎为通,故以通言之。

按:九五爻阳居阳位,与六三爻互卦为艮,艮为"节",所以系辞为"当位以节"。

上卦坎为"通",九五爻居中正之位,所以系辞为"中正以通"。

天地节而四时成。

虞翻:泰乾天坤地,震春兑秋坎冬,三动离为夏,故"天地节而四时成"也。

来知德:且阳刚当九五之位,有行节之势,以是位而节之;九五具中正之全,有体节之德,以是德而通之,此所以为节之善,故占者亨。若以其极言之,阳极阴生,阴极阳生,柔节之以刚,刚节之以柔,皆有所制而不过,天地之节也。天地有节,则分至启闭,晦朔弦望,四时不差,而岁功成矣。

尚秉和:《荀子·性恶篇》:故善言古者必有节于今。

节,信也。四时往来,不差不忒,故曰天地节而四时成。艮为时,为成,震卦数四,故曰四时成。

按:下卦兑与震卦相对,上卦坎与离卦相对。兑为秋,震为春;坎为冬,离为夏。有秋冬的节制,才会有春夏的生长,所以系辞为“天地节而四时成”。

节以制度,不伤财,不害民。

虞翻:艮手称制,坤数十为度,坤又为害、为民、为财。二动体剥,剥为伤;三出复位,成既济定,坤剥不见,故“节以制度,不伤财,不害民”。

来知德:制者,法禁也,故天子之言曰制书。度者,则也,分寸尺丈引为五度,十分为寸,十寸为尺,十尺为丈,十丈为引,皆有所限制而不过。节以制度,是量入为出,如《周礼》九赋、九式有常数、常规是也。不伤者,财不至于匮乏。不害者,民不苦于诛求。桀过乎节,纣不及乎节,不伤不害,惟圣人能之。

张惠言:故三“嗟若,无咎”。

尚秉和:度,丈尺也。度有制则民有信,信则不伤财,不害民。

按:“节以制度,不伤财,不害民”是由“天地节而四时成”引申出来的治国理政的根本要义。

天地四时运行的规律:春生夏长秋收冬藏。若没有秋冬时节的节制、含藏,春夏生长的万物就会泛滥宇宙,无处充填。人间社会同样如此,若没有制度、规矩的约束,就会人欲泛滥,不可收拾。下卦兑为刑,上卦坎为法,所以系辞为"节以制度"。

一个好的制度,好的法规,必须以"不伤财,不害民"为标准。下卦兑为毁折,上卦坎为"财"、为"劳"、为"民",所以系辞为"不伤财,不害民"。

《象》曰:泽上有水,节;

张惠言:水在泽上,不节则溃。

按:"泽上有水,节"是从地理学的角度解释卦象。

下卦兑为泽,上卦坎为水,流淌的水被湖泽所吸纳,所以系辞为"泽上有水,节"。

君子以制数度,议德行。

虞翻:君子,泰乾也。艮止为制,坤为度,震为议、为行,乾为德,故"以制数度,议德行"。乾三之五,为"制数度"。坤五之乾,为"议德行"也。

来知德:古者之制器用、宫室、衣服,莫不有多寡之数、隆杀之度,使贱不逾贵,下不侵上,是之谓制数度,如繁缨一就、三就之类是也。得于中为德,发于外为行。议之者,商度其无过不及而求归于中,如直温宽栗之类是也。坎为矫輮,制之象。兑为口舌,议之象。制者,节民于中。议者,节身于中。

张惠言:手止称"制"。

尚秉和:数度皆所以取信于民。数纪于一,协于十,长于百,大于千,衍于万。有数而度量衡以起,度十分为寸,十寸为尺，十尺为丈。而度之生由于律。律，竹管也。累秬黍九十为九寸，以为黄钟之长，用以度长短。《虞书》云：同律度量衡。诚以日久度量衡或差，同之以律，则不失毫厘。律者，节也，人之德行，亦有定节，以取信于世，与数度同。故君子取以为法焉。

按："君子以制数度，议德行"是从卦象引申出来的人文思想。

能够效法节卦的人被称为"君子"。九五爻与六三爻互卦为艮，艮为"制"、为"数度"，所以系辞为"君子以制数度"。

下卦兑为"议"，九二爻与六四爻互卦为震，震为"德行"，所以系辞为"议德行"。

初九：不出户庭，无咎。

虞翻：泰坤为户，艮为庭，震为出，初得位应四，故"不出户庭，无咎"矣。

来知德：中爻艮为门，门在外，户在内，故二爻取门象，此爻取户象。前有阳爻蔽塞，闭户不出之象也。又应四，险难在前，亦不当出，亦不出之象也。此象所该者广，在为学为含章，在处事为括囊，在言语为简默，在用财为俭约，在立身为隐居，在战阵为坚壁。《系辞》止以言语一事言之。无咎者，不失身，不失时也。

初九阳刚得正，居节之初，知前爻蔽塞，又所应险难，不可以行，故有不出户庭之象。此则知节之时者也，故占者无咎。

张惠言:初不变为“不出户庭”。

尚秉和:初应在四,艮为户庭;而二阳为阻,故不宜出。不出则无咎。《象》曰知通塞,言二阻塞也。

按:六三爻与九五爻互卦为艮,艮为“户庭”,九二爻与六四爻互卦为震,震为“出”,初九爻阳居阳位为正,居正不动,所以系辞为“不出户庭”。

初九爻与六四爻阴阳相应,初九守正不动,避免陷入坎险,所以系辞为“无咎”。

《象》曰:“不出户庭”,知通塞也。

虞翻:坎为通,二变坤土壅初为塞。

来知德:道有行止,时有通塞,不出户庭者,知其时之塞而不通也。此“塞”字,乃孔子取内卦之象。

张惠言:“通塞”皆节泽之道。

尚秉和:初应在坎,坎为通;二遇敌,不能应四,故曰塞。知其塞,不出户庭以求通,故曰知通塞。吴先生曰:《易》以阳在前为塞,阴在前为通。初之不出,以九二在前,故曰知通塞。二则可出而不出,故有失时之凶也。

按:“知通塞也”是对“不出户庭”的解释。

初九爻与六四爻阴阳相应,上卦坎为“知”、为“通”;九二爻与初九爻同性相斥为“塞”,所以系辞为“知通塞也”。

九二:不出门庭,凶。

虞翻:变而之坤,艮为门庭,二失位不变,出门应五,则凶,故言“不出门庭,凶”矣。

来知德:圣贤之道,以中为贵,故“邦有道,其言足以兴;邦无道,其默足以容”。九二当禹稷之位,守颜子之节,初之无咎,二之凶,可知矣。

九二前无蔽塞,可以出门庭矣,但阳德不正,又无应与,故有不出门庭之象。此则惟知有节,而不知通其节,节之失时者也,故凶。

尚秉和:互艮为门庭。二比重阴,阳遇阴则通,通则利往。乃竟不出,是失时也,故凶。

按:六三爻与九五爻互卦为艮,艮为“门庭”,九二爻与六四爻互卦为震,震为“出”,九二居位不动,阳居阴位不正,所以系辞为“不出门庭,凶”。

《象》曰:“不出门庭,凶”,失时极也。

虞翻:极,中也。未变之正,故“失时极”也。

来知德:极,至也。言失时之至,惜之也。初与二,《小象》皆一意,惟观时之通塞而已。初,时之塞矣,故“不出户庭,无咎”。二,时之通矣,故“不出门庭,凶”。所以可仕则仕,可止则止。孔子为圣之时,而禹稷颜回同道者,皆一意也。

尚秉和:艮为时。极,中也。《说文》:极,栋也。栋居屋脊,当屋之中,故极为中。失时极,即失时之中也。

按:“极”是时中的意思。“失时极也”是对“不出户庭,凶”的解释。

震为春、为动,九二爻居位不动,错失春天的生发之机,所以系辞为“失时极也”。

六三:不节若,则嗟若,无咎。

虞翻:三,节家君子也。失位,故“节若”。嗟,哀号声。震为音声、为出,三动得正而体离坎,涕流出目,故“则嗟若”。得位乘二,故“无咎”也。

来知德:兑为口舌,又坎为加忧,又兑悦之极,则生悲叹,皆嗟叹之象也。用财恣情忘费,则不节矣;修身纵情肆欲,则不节矣。嗟者,财以费而伤,德以纵而败,岂不自嗟?若,助语辞。自作之孽,何所归咎?

六三当节之时,本不容不节者也,但阴柔不正,无能节之德,不节之后,自取穷困,惟嗟叹而已。此则不能节者也。占者至此,将何咎哉?故无所归咎。

张惠言:节六爻皆君子。当节之时,三不变则成屯,得节之道,故“节若”。若,辞也。二已变。

尚秉和:三失位无应,故曰不节。震为笑,震反为艮则嗟矣。离九三云:不鼓缶而歌,则大耋之嗟。与此象义并同也。王弼云:若,辞也,语助辞也。顺二,故无咎。

按:六三爻与九五爻互卦为艮,艮为“节”,下卦兑为悦、为毁折,六三爻居震卦中爻,震为动,六三爻若不知节制,则乐极生悲,所以系辞为“不节若,则嗟若”。

六三爻与九五爻互卦为艮,艮为止,六三爻及时节制,所以系辞为“无咎”。

《象》曰：不节之嗟，又谁咎也。

来知德：此与解卦小异，详见解卦。

张惠言：时使然，不得咎三。

尚秉和：言其咎在己。

按："又谁咎也"是对"不节之嗟"的解释，意思是说六三爻若不知节制，咎由自取。

六四：安节，亨。

虞翻：二已变，艮止坤安，得正承五，有应于初，故"安节，亨"。

来知德：安者，顺也。上承君之节，顺而奉行之也。九五为节之主，"当位以节，中正以通"，乃节之极美者。四最近君，先受其节，不节之节。以修身用财言者，举其大者而言耳。若臣安君之节，则非止二者。盖节者，中其节之义，在学为不陵节之节，在礼为节文之节，在财为撙节之节，在信为符节之节，在臣为名节之节，在君师为节制之节，故不止于修身用财。

六四柔顺得正，上承九五，乃顺其君而未行其节者也，故其象为安，其占为亨。

张惠言：不言三变者，三"节若"其常也。

尚秉和：得位有应，上承九五，艮止为安，故安节，亨。

按：六四爻居艮卦中爻，艮为"安"、为"节"，六四爻居正位，顺承九五阳爻，所以系辞为"安节，亨"。

《象》曰：安节之亨，承上道也。

来知德：承上道，即遵王之道。

张惠言："上"谓五。

尚秉和：言能承上不失其道。

按："承上道也"是对"安节之亨"的解释。

六四爻阴顺九五之阳，所以系辞为"承上道也"。

九五：甘节，吉，往有尚。

虞翻：得正居中，坎为美，故"甘节，吉"。往谓二，二失正，变往应五，故"往有尚"也。

来知德：甘者，乐易而无艰苦之谓。坎变坤，坤为土，其数五，其味甘，甘之象也。凡味之甘者，人皆嗜之。下卦乃悦体，又兑为口舌，甘节之象也。诸爻之节，节其在我者。九五之节，以节节人者也。临卦六三居悦体之极，则求悦乎人，故无攸利。节之九五居悦体之上，则人悦乎我，故往有尚。吉者，节之尽善尽美也。往有尚者，立法于今而可以垂范于后也。盖甘节者，中正也。往有尚者，通也。数度德行，皆有制议，而通之天下矣，正所谓"当位以节，中正以通"也。

九五为节之主，节之甘美者也，故占者不惟吉，而且往有尚。

尚秉和：《说文》：甘，美也；美，甘也。而坎为美脊，故坎有美象。甘节，即美节也。节而美善，方可用以取信。与下苦节为对文。五当位居中，下乘重阴，正位居体，故甘节，吉。爻在外为往。往得尊位，居之不疑，故曰往有尚。虞氏强命二变应五，以释往字，岂知爻在外即曰往，泰、否之大小往来可证也。

按：九五爻与六三爻互卦为艮，艮为“节”，九五爻居中正之位，知止知定，不失其节，所以系辞为“甘节，吉”。

上卦坎为流通，所以系辞为“往有尚”，意思是说知止而后能动，知节而后能通。

《象》曰：甘节之吉，居位中也。

虞翻：艮为居，五为中，故“居位中也”。

来知德：中可以兼正，故止言中。

尚秉和：艮为居，五中位。

按：“居位中也”是对“甘节之吉”的解释。

艮为“居”，九五爻居中正之位，所以系辞为“居位中也”。

上六：苦节，贞凶，悔亡。

虞翻：二三变，有两离，火炎上作苦，故“苦节”。乘阳，故“贞凶”。得位，故“悔亡”。

来知德：苦节，虽本文王卦辞，然坎错离，上正居炎上之地，炎上作苦，亦有苦象。贞凶者，虽无越理犯分之失，而终非天理人情之安也。盖以事言，无甘节之吉，故贞；以理言，无不节之嗟，故悔亡。《易》以祸福配道义，而道义重于祸福，故大过上六“过涉灭顶，无咎”。而此曰“悔亡”，见理之得失重于事之吉凶也。

上六居节之极，盖节之苦者也，故有卦辞“苦节”之象。

节既苦矣,故虽正,不免于凶,然礼奢宁俭而悔终得亡也。

尚秉和:甘为美,则苦为恶。坎为破,故曰苦节。节为信约,窳恶则不能符合,故贞凶。得位,故无悔。

按:上卦坎为冬,上六居天极之位,天寒地冻之象,所以系辞为“苦节”。

上六爻阴乘九五之阳,所以系辞为“贞凶”。

上六爻阴居阴位为正,所以系辞为“无咎”。

《象》曰:“苦节,贞凶”,其道穷也。

来知德:“道穷”,见《彖辞》。

张惠言:位极于上,乘阳,故“穷”。

尚秉和:在上无应,故穷。

按:“其道穷也”是对“苦节,贞凶”的解释。

上六爻阴乘阳,居天极之位,坤卦上六《象传》言:“龙战于野,其道穷也。”阴道穷途末路,阳道将生,所以系辞为“其道穷也”。

六一　中孚卦

䷼巽上兑下

中孚:

虞翻:讼四之初也。坎孚象在中,谓二也,故称“中孚”。此当从四阳二阴之例。遁阴未及三,而大壮阳已至四,故从讼来二。在讼时,体离为鹤,在坎阴中,故有“鸣鹤在阴"之义也。

来知德:孚,信也。为卦二阴在内,四阳在外,而二五之阳皆得其中,以一卦六爻言之为中虚,以二体之二五言之为中实,皆孚之象也。又下说以应上,上巽以顺下,亦有孚义,《序卦》:"节而信之,故受之以中孚。"所以次节。

张惠言:消息卦,在否,次益、恒。否自咸阳感阴,历涣、噬嗑、丰、益、恒,凡六卦。而乾坤合于中孚,反泰而息。大壮注云"大壮阳已至四"谓此也。中孚、小过与坎、离同义。孚,信也。中孚,离外而坎内,故二体坎为"孚",言阳信于阴,故否反泰也。候在十一月。爻成既济。

二本讼坎,今在二中,坎象半见。不取五而取二者,反泰内乾,故二为主。讼者,离游魂卦。明此与坎、离同义。此以爻辞证卦从讼来。

尚秉和:上卦节,节,信也。节何以为信?以中爻两震竹相合。中孚初至五象与节同,仍两竹相合,而在中四爻,故曰中孚。孚,信也。《归藏》曰大明。大明者,离日。晋,顺而丽乎大明是也。是以小过为坎,大明为离,取义与《周易》微异也。

按:"中孚"是卦名,卦象由上巽下泽构成。《周易·序卦传》言:"节而信之,故受之以中孚。"《杂卦》言:"中孚,信也。"中孚卦六三、六四阴爻为虚在内,九二、九五阳爻为实居中,中心虚空,自然有信有实,所以卦象被命名为"中孚"。

中孚卦与小过卦旁通。

豚鱼吉。

来知德:豚鱼生于大泽之中,将生风,则先出拜,乃信之自然,无所勉强者也,唐诗云“河豚吹浪夜还风”是也。信如豚鱼,则吉矣。本卦上风下泽,豚鱼生于泽,知风,故象之。鹤知秋,鸡知旦,三物皆信,故卦爻皆象之。

张惠言:李鼎祚云:“虞氏以三至上体遁,便以豚鱼为遁鱼也。”巽为“鱼”,体遁,故“遁鱼”。遁弑父,大壮阳来止之,兑为泽,“遁鱼”得泽,故“吉”也。

尚秉和:巽为豚、为鱼。鱼象人知之,豚即失传。岂知姤初云:羸豕孚蹢躅。即以巽为豕。《易林》大有之姤:牝豕无猳。旅之遁:彭生为豕。皆以巽为豕。盖坎为豕以其隐伏,巽为伏,故亦为豕。而中孚正覆巽,豚鱼合居于中,故吉。

按:上卦巽为“豚鱼”,下卦兑为泽,豚鱼得泽为吉,所以系辞为“豚鱼吉”。

利涉大川。

虞翻:坎为大川。谓二已化邦,三利出涉坎,得正体涣。涣,舟楫象。故“利涉大川,乘木舟虚也”。

张惠言:《彖》曰:“说而巽孚,乃化邦也。”谓二应五化成坤,即下云“利贞”也。《彖》于孚言之,谓二具孚德,以能化邦,故卦辞“利涉大川”据二已化邦也。复言“利贞”者,卦德未显,故又言之。谓二正三上也。李鼎祚谓“虞解豚鱼,不言化邦”,更生异说,不知《彖传》之次,化邦已在孚中,李以“化邦”解“豚鱼”,乃违《彖传》也。

尚秉和:坤为大川,震为舟,为虚,为木。五履重阴,乘震舟之上,故曰利涉大川。《传》释曰:乘木舟虚。按涣《传》云:乘木有功。乘木即乘舟。又益《传》云:木道乃行。木亦谓舟。据王应麟所辑郑注云:舟,谓集板,如今船。(原作自,阮校《诗·谷风正义》云:自,当为船。)空大木为之曰虚。即古又名曰虚,总名皆曰舟。据郑注,木舟虚三者平列为义,皆船也。

按:九二爻与六四爻互卦为震,震为舟,所以系辞为“利涉大川”。

利贞。

虞翻:谓二利之正而应五也。“中孚以利贞,乃应于天也”。

来知德:利贞者,利于正也。若盗贼相约,男女相私,岂不彼此有孚?然非天理之正矣,故利贞。

张惠言:“天”谓五乾。

尚秉和:利贞,《传》释为应乎天。五天位,三四皆阴爻,阳得阴则通,阴顺阳,故曰应乎天。

按:六三爻与上九爻阴阳相应,六四爻顺承九五爻,阴顺阳,地法天,所以系辞为“利贞”。

《彖》曰:中孚,柔在内而刚得中,说而巽。孚乃化邦也。

虞翻:二化应五成坤,坤为邦,故“化邦”也。

来知德:以卦体、卦德、卦象释卦名、卦辞。二柔在内而中虚,二刚居中而中实,虚则内欲不萌,实则外诱不入,此中孚之本体也。而又下说上顺,上下交孚,所以孚乃化邦也。若徙木立信,乃出于矫强矣,安能化邦?

张惠言:刚、柔皆谓二也。二变应五,故"柔在内"。王弼云"三四在内",四外体不得云"内"也。兑,说,谓二。巽孚,谓之五,故"乃化邦"矣。

尚秉和:中爻艮为邦,艮邦、震舟震象皆失传,详《焦氏易诂》。

按:"柔在内而刚得中,说而巽。孚乃化邦也"是对卦名"中孚"的解释。

六三爻、六四爻为"柔在内",九二爻、九五爻为"刚居中",所以系辞为"中孚,柔在内而刚得中"。

下卦兑为悦,上卦巽为风,闻风而悦,所以系辞为"说而巽"。

六三爻与九五爻互卦为艮,艮为"邦",九二爻与六四爻互卦为震,震为化,邦国有信,上下同心,所以系辞为"孚乃化邦也"。

"豚鱼吉",信及豚鱼也。

来知德:《易举正》止有"信及也"三字,无"豚鱼"二字。及者,至也。言信至于豚鱼,则信出自然矣。如此信,此所以吉也。

张惠言:"遁鱼"谓三四。三四体遁,弑君父,二救之,故“信”。

按：“信及豚鱼也”是对“豚鱼吉”的解释。

上卦巽为风、为“豚鱼”，豚鱼随风而至，所以系辞为“信及豚鱼也”。

“利涉大川”，乘木舟虚也。

来知德：乘木舟虚者，本卦外实中虚，有舟虚之象。至诚以涉险，如乘巽木之空，以行乎兑泽之上，又岂有沉溺之患？所以利涉大川。

张惠言：三出体涣，舟楫象，故“乘木舟虚”。

按：“乘木舟虚也”是对“利涉大川”的解释。

九二爻与六四爻互卦为震，震为“木舟”，九五爻乘二阴之上，中间两爻虚空，所以系辞为“乘木舟虚也”。

中孚以利贞，乃应乎天也。

虞翻：讼乾为天，二动应乾，故“乃应乎天也”。

来知德：应乎天者，信能正，则事事皆天理，所谓“诚者，天之道也”。贞应乎天，所以利贞。

按：这句话是对“利贞”二字的解释。

中孚卦六三爻与上九爻阴阳相应，六四爻顺承九五天位，所以系辞为“中孚利贞，乃应乎天也”。

《象》曰：泽上有风，中孚；

张惠言：风生乎泽，风行水上，以阳散阴，泽上有风，以阴应阳，中孚之义也。泽者恩泽，风者号令，“议狱缓死”之义。

按:“泽上有风,中孚”是从天文学、地理学的角度解释卦象。

下卦兑为“泽”,上卦巽为“风”,风行水上,水上生风,所以系辞为“泽上有风,中孚”。

君子以议狱缓死。

虞翻:君子谓乾也。讼坎为狱,震为议、为缓,坤为死,乾四之初,则二出坎狱,兑说震喜,坎狱不见,故“议狱缓死”也。

来知德:圣人之于卦,以八卦为之体,其所变六十四卦中,错之综之,上之下之,皆其卦也。如火雷噬嗑,文王之意以有火之明,有雷之威,方可用狱。孔子《大象》言用狱者五,皆取雷火之意。丰取其雷火也;旅与贲,艮综震,亦雷火也;解则上雷而中爻为火也,下体错离亦火也。此爻则《大象》为火,而中爻为雷也。盖孔子于《易》韦编三绝,胸中之义理无穷,所以无往而非其八卦。不然,风泽之与议狱缓死何相干涉哉?《易经》一错一综,《大象》中爻,观此五卦,自然默悟。兑为口舌,议之象。巽为不果,缓之象。

议狱缓死者,议狱罪当死矣,乃缓其死而欲求其生也。风入水受者,中孚之象也。议狱缓死,则至诚恻怛之意溢于用刑之间矣。

张惠言:讼乾即否乾也。

尚秉和:《玉篇》狱谓之牢,又谓圜土。中爻艮止为狱,两艮相合,则圜狱也。震为言,故议狱。兑为毁折,故曰死。议狱缓死,欲孚及罪人而向善也。

按:“君子以议狱缓死”是从卦象引申出来的人文思想。

能够效法中孚卦的人被称为“君子”。下卦兑为“议”,六三爻与九五爻互卦为艮,艮为“狱”,取象为“议狱”。上卦巽为不果,取象为“缓死”。合而言之,所以系辞为“君子以议狱缓死”。

初九:虞吉,有它不燕。

来知德:虞者,乐也,安也。燕者,喜也,安也。二字之义相近。有他者,其志不定而他求其所应也。本卦三四皆阴爻,六三则阴柔不正,六四则得八卦之正位者,因有此阴柔不正者,隔于其中,故周公方设此有他之戒。若论本爻应爻,则不容戒也。

初九阳刚得正,而上应六四,四盖柔上得正者也。当中孚之初,其志未变,故有与六四相信而安乐之象。占者如是则吉。若不信于六四,而别信于他,则是不能安乐其中孚矣,故戒占者如此。

张惠言:虞、燕皆安也。初得位,故“虞吉”。“有它”谓应四也。初正比二,二“化邦”,坤为安,四“遁鱼”上承五,不取相应,故戒以“有它”而不“燕”也。四“马匹亡”,《象》曰“绝类上”,谓初也。

尚秉和:《仪礼·士虞礼》注:释虞为安。初阳遇阳,不宜动,与节初同。节初九,不出户庭,无咎,即谓安吉也。

它谓四,四巽为陨落,有它谓不安于初,不顾二阻而它往应四,则不燕也。燕与宴通,亦安也。兑为燕,四巽兑覆,故曰不燕。《易林》小畜之兑、随之革皆曰燕雀衔茅,则皆以兑为燕,除《易林》外,他无用者,故《易林》为易象薮。

按:初九爻阳居阳位为正,下卦兑为悦,所以系辞为“虞吉”。

初九爻与六四爻阴阳相应,上卦巽为蛇、为“它”,下卦兑为“燕”。初九爻若不安于正位,与六四爻相交,就会丧失安乐之处,所以系辞为“有它,不燕”。

《象》曰:初九虞吉,志未变也。

来知德:方初中孚之志未变。

张惠言:讼二坎为志,二未变,故初“有它”。

尚秉和:巽为志。志未变,言安于初而不应四。

按:“志未变也”是对“初九虞吉”的解释。

上卦巽为“志”,初九安于正位,不与六四相交,所以系辞为“志未变也”。

九二:鸣鹤在阴,其子和之。

虞翻:震为鸣,讼离为鹤,坎为阴夜,鹤知夜半,故“鸣鹤在阴”。二动成坤,体益。五艮为子,震巽同声者相应,故“其子和之”。

来知德:大象离,雉象;变震,鹄象,皆飞鸟之象也。不言雉、鹄而言鹤者,鹤信故也。鹤八月霜降则鸣,兑乃正秋,故以鹤言之。中孚错小过之“遗音”,又兑为口舌,鸣之象也,故谦、豫二卦,《象》、小过皆言“鸣”。在阴者,鹤行依洲屿,不集林木,九居阴爻,在阴之象也。巽为长女,兑为少女,子母之象也。

张惠言:体坤为母。

尚秉和:震为鹤、为鸣、为子。阴,山阴。二至五正反震,下震鹤鸣于山阴,三至五震反,如声回答,若相和然,故曰其子和之。其子,谓覆震,非互震,判然二物也。《易林》大有之屯云:噂噂所言。噂噂,对语也。屯初至五亦正覆震相对,与中孚同。又同人之中孚云:衣裳颠倒。震为衣,三至五震覆,故曰颠倒。涣之中孚云:闻言不信。震言三至五震覆,故不信。不信取其相反,子和取其相对,仍同也。而二至五亦正反艮,艮纳丙为山阳,下二至四艮覆,则山阴矣。而二正当其处,故曰鸣鹤在阴。《易林》颐之中孚云:熊罴豺狼,在山阴阳。正覆艮,故既曰熊罴,又曰豺狼。上艮为山阳,下覆艮为山阴也,故曰在山阴阳。《易林》释此语,可谓明白矣。山阴之义,知者甚鲜。后独茹敦和以阴为山阴,而取义于兑。兑者艮之反,艮,山阳;兑,山阴。义不本《易林》,而取义与《易林》同,故夫有清一代之易家,主张自己,不随声附和者,莫茹氏若也。

按:下卦兑为言、为秋,九二爻与六四爻互卦为震,震为“鹤”,所以系辞为“鸣鹤在阴”。六三爻与九五爻互卦为艮,艮为“子”,秋天鹤鸣,其子闻声而应,所以系辞为“其子和之”。

我有好爵，吾与尔靡之。

虞翻：靡，共也。坤为身，故称“我”。吾谓五也。离为爵，爵，位也。坤为邦国，五在艮，阍寺庭阙之象，故称“好爵”。五利二变之正应，以故“吾与尔靡之”矣。

来知德：好爵者，懿德也。阳德居中，故曰好爵。子与尔，皆指五。因中孚感应极至而无以加，所以不论君臣，皆呼子、尔也。言懿德，人之所好，故好爵虽我之所有，而彼亦系恋之也。物之相爱者若如子母之同心，人之所慕者莫如好爵之可贵。鹤鸣子和者，天机之自动也。好爵尔靡者，天理之自孚也。靡与縻同，系恋也。巽为绳，系之象也。

九二以刚中居下，有中孚之实，而九五刚中居上，亦以中孚之实应之，故有此象。占者有是德，方有是感应也。

张惠言：讼离也。

尚秉和：爵，《说文》：饮器，酒尊也。震为尊，为爵，为嘉，故曰好爵。正覆震相对，故曰吾与尔靡之。孟喜云：靡，共也。贞我悔彼，尔谓五。言二五共此爵也。

按：九二爻与六四爻互卦为震，震为“好爵”，九二爻为“我”，九五爻为“尔”，上下共享好爵，所以系辞为“我有好爵，吾与尔靡之”。

《象》曰：“其子和之”，中心愿也。

虞翻：坎为心，动得正应五，故“中心愿也”。

来知德：诚意所愿，非九二求于九五也。

尚秉和:巽为心志。鸣和全在中四爻,故曰中心愿。

按:“中心愿也”是对“其子和之”的解释。

九二爻与九五爻上下心意相通,所以系辞为“中心愿也”。

六三:得敌,或鼓或罢,或泣或歌。

来知德:得敌者,得对敌也,指上九之应也。言六三不正,上九亦不正也,阴阳皆位不当,所以曰“得敌”。巽为进退、为不果,作止之象。又中爻震为鼓,鼓之象。艮为止,罢之之象。本卦大象离错坎,坎为加忧,泣之象。兑为口舌、为巫,歌之象。

六三阴柔不正,而上应九之不正,此为悦之极,彼为信之穷,皆相敌矣,是以或鼓或罢而作止不定,或泣或歌而哀乐无常,其象如此,占者不能孚信可知矣。

张惠言:三失位,不能自正,应在上“登天”,不下与三易位。“敌”谓三四也。上与四体震为“鼓”,艮止为“罢”,下乘二在讼,坎为“泣”,二变震为“歌”。《象》曰:“位不当也。”

尚秉和:《子夏传》:三与四为敌,故曰得敌。荀爽曰:三四俱阴,故称敌也。中四爻艮相反覆,震为鼓,艮止,故罢。罢、疲通音婆,下与歌叶。诸家或作罢音,非也。震为歌,震反则泣矣。与艮为山阳,艮反为山阴义同也。盖三不当位而遇敌,故不常如此也。得敌,与颐二之失类,艮之敌应,为《易》义之根本,所关甚大。乃得敌,韩子夏与荀知之,失类则无知者,致阴遇阴、阳遇阳之处皆失解,可喟也!

按:六三爻与六四爻比邻,同性相斥,所以系辞为“得敌”。

九二爻与六四爻互卦为震,震为“鼓”,六三爻与九五爻互卦为艮,艮为止,所以系辞为“或鼓或罢”。

兑为口、为毁折,震为“歌”,所以系辞为“或泣或歌”。

《象》曰:“或鼓或罢”,位不当也。

来知德:阴居阳位。

张惠言:三失位,不能正,待上易位。

尚秉和:义见前。

按:“位不当也”是对“或鼓或罢”的解释。

六三爻阴居阳位,所以系辞为“位不当也”。

六四:月几望,马匹亡,无咎。

虞翻:讼坎为月,离为日,兑西震东,月在兑二,离在震三,日月象对,故“月几望”。乾、坎两马匹,初四易位,震为奔走,体遁山中,乾坎不见,故“马匹亡”。初四易位,故“无咎”矣。

来知德:月几望者,月与日对而从乎阳也。本卦下体兑,中爻震,震东兑西,日月相对,故几望。曰几者,将望而犹未望也。因四阴爻近五阳爻,故有此日月之象。马匹亡者,震为马,马之象也。此爻变,中爻成离牛,不成震马矣,马匹亡之象也。匹者,配也,指初九也。曰亡者,不与之交而绝其类也。无咎者,心事光明也。

六四当中孚之时，近君之位，柔顺得正，而中孚之实德，惟精白以事君，不系恋其党与者也，故有“月几望，马匹亡”之象，占者能是则无咎矣。

张惠言：“坎”谓二，“离”谓四。讼四之初，二在兑，四则离位。匹，配也。在讼乾四与坎初为“匹”也。

尚秉和：兑为月。十五日，日月望，乾象月盈甲；十六日，平明，巽象月退辛。六四巽主，故曰既望。既，王弼作几，孟、荀皆作既。孟云十六日也。作既于巽象方切。震为马，四匹在初。马匹亡，言不应初而承上也。承阳，故无咎。

按：下卦兑为“月”，六三爻与九五爻互卦为艮，月相即将变圆，所以系辞为“月几望”。

六四爻居震卦之上，在艮山之中，震为马，马跑进深山，所以系辞为“马匹亡”。

六四爻阴居阴位为正，阴顺阳，所以系辞为“无咎”。

《象》曰：“马匹亡”，绝类上也。

虞翻：讼初之四，体与上绝，故“绝类上也”。

来知德：绝其类应，而上从五也。

张惠言：谓初也。“上”谓乾。

尚秉和：阴阳相遇方为类。旧解皆以阴遇阴为类，故全《易》类字皆失诂。绝者，决也。言四遇三敌，不能应初。类上，即承上也。

按：“绝类上也”是对“马匹亡”的解释。

六四爻因为六三爻的阻隔，与初九爻不能相应，转而向上顺承九五，所以系辞为“绝类上也”。

九五：有孚挛如，无咎。

虞翻：孚，信也，谓二在坎为孚，巽绳艮手，故“挛”。二使化为邦，得正应已，故“无咎”也。

来知德：挛如，即鹤鸣子和、我爵尔靡也。縻字与挛字，皆有固结而不可解之意。縻者，系恋也。挛者，相连也。如合九二共成一体，包二阴以成中孚，故有此象。若以人事论，乃委用专而信任笃，虞庭之赓歌，有商之一德是也。无咎者，上下交而德业成也。

九五居尊位，为中孚之主，刚健中正，有中孚之实德，而下应九二，与之同德相信，故其象占如此。

尚秉和：五下乘重阴，得类，故曰有孚。言孚于二阴也。挛，系也，恋也。《前书·李夫人传》：挛挛顾念我。有孚挛如者，言系挛三四也。五得位，故无咎。

按：九五爻与六三爻互卦为艮，艮为手，上卦巽为绳，九五爻居中正之位，六三、六四顺承九五，紧密团聚在九五身边，所以系辞为“有孚挛如”。

九五爻居中正之位，所以系辞为“无咎”。

《象》曰：“有孚挛如”，位正当也。

来知德：与履不同，履周公爻辞乃“贞厉”，此则“无咎”。

张惠言：五正中，故能孚于二。

尚秉和：五既中且正。

按："位正当也"是对"有孚挛如"的解释。

九五爻居中正之位，所以系辞为"位正当也"。

上九：翰音登于天，贞凶。

虞翻：巽为鸡，应在震，震为音。翰，高也。巽为高，乾为天，故"翰音登于天"。失位，故"贞凶"。《礼》，荐牲鸡称"翰音"也。

来知德：《礼记》"鸡曰翰音"，而此亦曰"翰音"者，以巽为鸡也。因错小过"飞鸟遗之音"，故九二曰"鹤鸣"，而此曰"翰音"也。鸡信物，天将明则鸣，有中孚之意。巽为高，登天之象也；又居天位，亦登天之象也。《礼记》注："翰，长也。"鸡肥则音长。考诸韵，无长字之义。盖翰，羽也。鸡鸣则振拍其羽，故曰"翰音"，则"翰音"即"鸡鸣"二字也。登者，升也。言鸡鸣之声登闻于天也。鸡鸣本信，但鸣未几而天明，不能信之长久。巽进退不果，不长久之象也。九二上孚于五，在阴而子和；上九不下孚于三，翰音反登天，其道盖相反矣。贞者信，本正理也。

上九居中孚之极，极则中孚变矣。盖声闻过情，不能长久于中孚者也，故有此象。占者得此，贞亦凶矣。

张惠言：谓上宜与三易位，正乎凶，卦辞"利涉大川"是也。

尚秉和：《曲礼》曰：鸡曰翰音。巽为鸡，为高。居巽上，又居卦之极上，故曰翰音登于天。上应在三，三震为翰、为音也。巽下陨，故贞凶。王注：翰，高飞也。飞音者，音飞而实不至之谓也。居卦之上，华美外扬，虚声无实，故不可久长。

按：上卦巽为鸡，六四爻居震卦上爻，震为“音”，上九居天极之位，鸡叫着飞上了天，所以系辞为“翰音登于天”。

上九爻阳居阴位不正，巽为陨落，所以系辞为“贞凶”。

《象》曰：“翰音登于天”，何可长也。

来知德：言不能鸣之长登于天，不过天将明一时而已。

张惠言：谓当反三。

尚秉和：穷上失位，下虚，故不长。翰音取象皆在应，非只巽鸡。《易》无一字不由象生，观此益信矣！震翰象失传，详《焦氏易诂》。

按：“何可长也”是对“翰音登于天”的解释。

巽为陨落，上九爻与六三爻阴阳相应，当降至此位，所以系辞为“何可长也”。

六二　小过卦

䷽震上艮下

小过：

来知德：小谓阴也。为卦四阴二阳，阴多于阳，小者过也，故曰小过。《序卦》：“有其信者必行之，故受之以小过。”所以次中孚。

张惠言：消息卦。在泰，次随、蛊。泰自归妹，阳归阴，历节、贲、旅、蛊、随六卦,而乾坤遇于小过,反否消观。注云“观四已消”谓此也。小过坎外离内,谓五以阴丽阳,故名“小过”。注云“柔得中而应乾刚”是也。内卦候在十二月,外卦正月。卦辞五正成咸,咸、否反泰。卦爻成既济,犹在泰也。

尚秉和:过之为义,《彖传》即不明释,故讫无定解。后儒于是有以经过为说者,端木国瑚谓兑巽过乾之左右,故曰大过;艮震过坤之左右,故曰小过。有以过越为说者,朱震谓大过阳过阴,大者过越也;小过四阴二阳,小者过越也。前一说人只见于端木氏,后一说则易家多从之。然尚有五阳五阴之卦,何以不言过?且汉人以大过为死卦,阳过盛而反死,又何说乎?如谓四阳为上下二阴所束缚,故死,则小过四阴包二阳,胡以不谓之死乎?又四阳在中为大过,四阴在中何以不谓为小过,而必以四阴在外者为小过乎?是皆可疑,而先儒无言者。按《太玄》拟大过为失,云阴大作贼,阳不能得,言阳为阻贼,而失其用也。拟小过为羡、为差,云阳气赞幽,推包羡爽,未得正行。言震阳本可直出,乃为上下四阴所包,推排曲抑,仍有羡爽。羡,邪曲;爽,差也。盖大过按卦气时当小雪,穷阴极寒,故阳气极衰。小过时当立春,阳气辟东,本可无阻,乃为阴气所包,仍不免小有回曲。大小过纯以卦义言,不以阴阳多少言也。

按:“小过”是卦名,卦象由上震下艮构成。《周易·序卦传》言:“有其信者必行之,故受之以小过。”《杂卦》言:“小过,过也。”小过卦下卦艮为阴终,上卦震为阳来,冬去春来,所以卦象被命名为“小过”。

小过卦与益卦旁通。

亨,利贞。

虞翻:晋上之三,当从四阴二阳临、观之例,临阳未至三而观四已消也;又有飞鸟之象,故知从晋来。“杵臼之利,盖取诸此。”柔得中而应乾刚,故“亨”。五失正,故“利贞”。“过以利贞,与时行也”。

来知德:阴柔于人无所逆,于事无所拂,故亨,然利于正也。

张惠言:从晋者,乾游魂卦也。明否泰具乾坤义。晋三《象》曰“上行也”,注云:“此则成小过。小过,故有飞鸟之象焉。杵臼之利,见硕鼠出入坎穴,盖取诸此也。”谓五也。乾刚谓五伏阳,震为应。

尚秉和:卦二五阴得中,二阴承重阳,故亨。阴牝阳,故利贞。

按:下卦艮为冬终,上卦震为春来,所以系辞为“亨”。

下卦艮为止,冬天静以养阳,上卦震为春,春天动以生阳,所以系辞为“利贞”。

可小事,不可大事。

虞翻:“小”谓五。晋坤为事,柔得中,故“可小事”也。“大事”,四。刚失位而不中,故“不可大事”也。

来知德：盖大过则以大者为贞，小过则以小者为贞，故可小事，不可大事。然卦体有飞鸟遗音，其过如是其小之象，故虽小事，亦宜收敛谦退居下，方得大吉。惟小事而又居下，斯得时宜而贞矣。可小事，不可大事者，当小过之时，宜下不宜上者，行小过之事。

张惠言：小，阴也。"事"当为"谓"。

尚秉和：阴得中，故可小事。阳失位而不中，故不可大事。

按："小"指六二爻、六五爻，二爻居中，所以系辞为"可小事"。

"大"指九三爻、九四爻，二爻居位不中不正，所以系辞为"不可大事"。

飞鸟遗之音，不宜上，宜下，大吉。

虞翻：离为飞鸟，震为音，艮为止。晋上之三，离去震在，鸟飞而音止，故"飞鸟遗之音"。上阴乘阳，故"不宜上"。下阴顺阳，故"宜下，大吉"。俗说或以卦象二阳在内，四阴在外，有似飞鸟之象，妄矣。

来知德：小过错中孚，象离，离为雉，乃飞鸟也。既错，变为小过，则象坎矣。见坎不见离，则鸟已飞过，微有遗音也。《易经》错综之妙至此。若以卦体论，二阳象鸟身，上下四阴象鸟翼。中爻兑为口舌，遗音之象也。遗音人得而听之，则鸟低飞在下不在上，与上六"飞鸟离之"者不同矣。大过曰"栋桡"，栋，重物也，故曰"大过"。飞鸟，轻物，而又曰“遗音”，故曰“小过”。不宜上，宜下，又就小事言也，如坤之居后不居先是也。上经终之以坎、离，坎、离之上，颐与大过，颐有离象，大过有坎象，方继之以坎、离。下经终之以既济、未济，既济、未济之上，中孚与小过，中孚有离象，小过有坎象，方继之既济、未济。文王之序卦精矣。

张惠言：遗，存也。谓五当变。谓二“遇其臣”。宋仲之说也。于《易》无此取象法，故曰“妄”也。

尚秉和：《左传》昭五年，筮遇明夷之谦曰：日之谦当鸟。日之谦即离变艮，变艮而曰当鸟，是以艮为鸟。《易林》本之。以艮为黔啄，为鸟。（详《焦氏易诂》。）小过下艮，故曰鸟。上震，故曰飞鸟。而震为覆艮，是上下皆鸟，故《传》曰有飞鸟之象焉。宋衷谓二阳在内，上下各二阴，有似飞鸟舒翮之象。虞翻则用卦变，云小过从晋来，晋上离为鸟。惠士奇谓古飞、非通用，小过即非字象，故曰飞鸟。愈演愈寄，皆艮鸟象失传之过也。遗，送也。震为音，茹敦和云：下艮为反震，口向下若送音于人者，故飞鸟遗之音。上谓五，五失位而乘阳；正谓二，二当位而承阳，故上不宜而下大吉也。

按：下卦艮为“鸟”，上卦震为“音”，飞鸟隐遁，空中余音尚存，所以系辞为“飞鸟遗之音”。

六五爻阴乘阳，所以系辞为“不宜上”。六二爻居中正之位，阴顺阳，所以系辞为“宜下，大吉”。

《彖》曰：小过，小者过而亨也。

来知德：以卦体、卦象释卦名、卦辞。阳大阴小，本卦四阴二阳，是小者过也。此原立卦名之义。过而亨者，言当小过之时，不容不小过，不小过则不能顺时，岂得亨？惟小者过，所以亨也。

张惠言："小"谓五。五过乎阳而应乾刚，故"过而亨"。

按："小者过而亨也"是对"小过"之所以为"亨"的解释。

下卦艮为阴去，上卦震为阳来，冬去春来，阴气渐消，阳气渐生，所以系辞为"小者过而亨也"。

过以利贞，与时行也。

来知德：时者，理之当可也。时当小过而小过，非有意必之私也。时之宜也乃所谓正也。亦如当大过之时，理在于大过，不得不大过，则以大过为正也。故"过以利贞者，与时行也"。

张惠言：艮为"时"，震为"行"，谓五正成咸。泰否相反，终则有始，"与时偕行"。

尚秉和：艮为时。

按："过以利贞，与时行也"是对"利贞"的解释。

下卦艮为时止，上卦春为时行，所以系辞为"过以利贞，与时行也"。

柔得中，是以小事吉也；

虞翻：谓五也。阴称"小"，故"小事吉也"。

来知德:以二五言,柔顺得中,则处一身之小事,能与时行矣,所以小事吉。

按:"柔得中,是以小事吉也"是对"可小事"的解释。

六二爻、六五爻居中位,所以系辞为"柔得中,是以小事吉也"。

刚失位而不中,是以"不可大事"也。

虞翻:谓四也。阳称大,故"不可大事也"。

来知德:以三四言,凡天下之大事,必刚健中正之君子方可为之,今失位不中,则阳刚不得志矣,所以不可大事。

尚秉和:刚失位指四,不中指三。

按:"刚失位而不中"是对"不可大事"的解释。

九三爻居不中之位,九四爻失位,所以系辞为"刚失位而不中,是以'不可大事'也"。

有飞鸟之象焉。"飞鸟遗之音,不宜上,宜下,大吉",上逆而下顺也。

来知德:卦体内实外虚,有飞鸟之象焉,故卦辞曰"飞鸟遗之音"。不宜上者,上卦乘阳,且四五失位,逆也。宜下,大吉者,下卦承阳,且二三得正,顺也。惟上逆而下顺,所以虽小事,亦宜下也,无非与时行之意。

张惠言:晋上之三。阴在阳上为"逆",故五宜正。阴在阳下为"顺",故二不变。

尚秉和:有飞鸟之象,谓上下卦皆艮也。非如宋衷之解。艮为鸟,上艮覆,故曰逆;下反是,故顺。又五乘刚,故逆；二承阳，故顺。

按：下卦艮为山，上卦震为“飞鸟”，所以系辞为“有飞鸟之象焉”。

“上逆而下顺也”是对“飞鸟遗之音，不宜上，宜下，大吉”的解释。

六五爻阴乘阳，“不宜上”；六二爻阴顺阳，“宜下，大吉”，所以系辞为“上逆而下顺也”。

《象》曰：山上有雷，小过；

来知德：山上有雷，其声渐远，故为小过。

张惠言：雷者随阳而出，遇阴而声。在山上为阴过，在天上为阳伤，义同。

按：“山上有雷，小过”是从天文学、地理学的角度解释卦象。

下卦艮为山，上卦震为雷，冬天过去，春天来临，所以系辞为“山上有雷，小过”。

君子以行过乎恭，丧过乎哀，用过乎俭。

虞翻：君子，谓三也。上贵三贱，晋上之三，震为行，故“行过乎恭”。谓三致恭以存其位。与谦三同义。晋坤为丧，离为目，艮为鼻，坎为涕洟，震为出，涕洟出鼻目；体大过遭死，“丧过乎哀也”。坤为财用、为吝啬，艮为止，兑为小，小用止，“密云不雨”，故“用过乎俭”也。

来知德：当小过之时，可小者过而不可大者过，可以小过而不可甚过。三者之过，皆小者之过，小过之善者也。

盖当小过之时，不容不过，行不过乎恭则傲，过甚则足恭；丧不过乎哀则易，过甚则灭性；用不过乎俭则奢，过甚则废礼，惟过恭、过哀、过俭则与时行矣。

张惠言：泰否之义，同剥复也。

尚秉和：震为行。恭或为艮象。兑毁折，故曰丧。震为乐，震反为艮，故为哀。俭亦或为艮止象。旧解皆用卦变，无确诂。姑测其义如此。又三者皆过之微，即诂小过之义也。

按："君子以行过乎恭，丧过乎哀，用过乎俭"是从卦象引申出来的人文思想。

能够效法小过卦的人被称为"君子"。上卦震为"行"，九四爻居二阴之下，恭谨从事，所以系辞为"君子行过乎恭"。

下卦艮为"丧"，九三爻与六五爻互卦为兑，兑为"哀"，所以系辞为"丧过乎哀"。

下卦艮为"俭"，所以系辞为"用过乎俭"。

初六：飞鸟以凶。

虞翻：应四。离为飞鸟。上之三，则四折入大过死，故"飞鸟以凶"。

来知德：因本卦有飞鸟之象，故就飞鸟言之。飞鸟在两翼，而初六、上六又翼之锐者也，故初与上皆言飞、言凶。以者，因也，因飞而致凶也。

居小过之时，宜下不宜上，初六阴柔不正，而上从九四阳刚之动，故有飞鸟之象，盖惟知飞于上而不知其下者也，凶可知矣，故占者凶。

张惠言：晋离。初失正，利四来易位，四死大过，故以初凶。

尚秉和：艮为鸟。四虽有应，二得敌，应予阻格，又失位，故凶。

按：下卦艮为“鸟”，初六爻与九四爻阴阳相应，初六爻不守艮止之义，妄动有凶，所以系辞为“飞鸟以凶”。

《象》曰：“飞鸟以凶”，不可如何也。

虞翻：四死大过，故“不可如何也”。

来知德：不可如何，莫能解救之意。

尚秉和：言应困难。

按：“不可如何也”是对“飞鸟以凶”的解释。

初六爻与九四爻虽然阴阳相应，但九四爻居凶位，初六爻不可上升至九四的位置，所以系辞为“不可如何也”。

六二：过其祖，遇其妣；

虞翻：祖，祖母，谓初也。母死称妣，谓三。坤为丧、为母，折入大过死，故称“祖妣”也。二过初，故“过其祖”。五变三体姤遇，故“遇妣”也。

来知德：“遇”字详见噬嗑六三。阳为父，阴为母，祖妣之象。震艮皆一君二民，君臣之象。三四阳爻，皆居二之上，有祖象，有君象。初在下，有妣象，有臣象。阴四，故曰过。阳二，故曰不及。本卦初之与四，上之与三，皆阴阳相应,阴多阳少,又阳失位,似阴有抗阳之意,故二阳爻皆言弗过。此爻不应乎阳,惟与初之阴相遇,故曰遇妣、遇臣也。观九四遇五曰“遇”,上六隔五曰“弗遇”,可见矣。盖遇者,非正应而卒然相逢之辞。言以阴论,四阴二阳,若孙过其祖矣,然所遇者乃妣也,非遇而抗乎祖也;以阳论,二阳四阴,若不及在君,过在臣矣,然所遇者乃臣也,非过而抗乎君也。

张惠言:对妣言,故知谓“祖母”。当为“妣”也,误倒耳。二在巽,三巽之主,女随母,故三为二母,死大过。故“妣”也。初体坤,坤又为巽母,故为“祖母”也。

尚秉和:艮为祖。二承三,故过其祖。巽为妣。二当巽初,故遇其妣。《尔雅》:母曰妣。妣谓二,祖谓三。

按:下卦艮为“祖”,六二爻顺承九三爻,所以系辞为“过其祖”。

六二爻与九四爻互卦为巽,巽为“妣”,所以系辞为“遇其妣”。

不及其君,遇其臣,无咎。

虞翻:五动为君,晋坤为臣;二之五隔三,艮为止,故“不及其君”。止,如承三得正,体姤遇象,故“遇其臣,无咎”也。

来知德:若初之于四,上之于三,则祖孙君臣相为应与,对敌而抗矣,所以初与上皆凶。此爻因柔顺中正,所以过而不过。

本卦阴过乎阳，阴阳不可相应，六爻以阳应阴者皆曰“弗过”，以阴应阳者则曰“过之”。六二柔顺中正，以阴遇阴，不抗乎阳，是当过而不过，无咎之道也，故其象占如此。

张惠言：谓三在坤位，为五臣。如而通。小过之时，阴过阳，故戒以顺阳为吉，《象》注云“随同义”。

尚秉和：二应在五，五震为君，而五不应，故不及其君。艮为臣，三艮主爻，二承之，故遇其臣。艮为祖，巽为母，震君艮臣，象皆失传，故旧解无通者，义详《焦氏易诂》。

按：六二爻与六五爻无感应之理，所以系辞为“不及其君”。

下卦艮为“臣”，六二爻顺承九三爻，所以系辞为“遇其臣”。

六二爻居中正之位，所以系辞为“无咎”。

《象》曰：“不及其君”，臣不可过也。

虞翻：体大过下，止舍巽下，故“不可过”。与随三同义。

来知德：臣不可过乎君，故阴多阳少，不可相应。

张惠言：“臣”谓三。谓二不可过三。随三“系丈夫，失小子”。小过时，阴亦当从阳。

尚秉和：传义未详。旧说或昆仑，或浮泛，皆不安。

按：“臣不可过也”是对“不及其君”的解释。

下卦艮为“臣”，六二爻要与六五之君相见，不可越过九三大臣，所以系辞为“臣不可过也”。

九三:弗过防之,从或戕之,凶。

虞翻:防,防四也。失位,从或而欲折之初。戕,杀也。离为戈兵,三从离上入坤折四,死大过中,故“从或戕之,凶”也。

来知德:弗过者,阳不能过乎阴也,两字绝句。本卦阴过乎阳,故二阳皆称“弗过”。防之者,当备惧防乎其阴也。从者,从乎其阴也。何以众阴欲害九三?盖九三刚正,邪正不两立,况阴多乎阳?

九三当小过之时,阳不能过阴,故言弗过。然阳刚居正,乃群阴之所欲害者,故当防之。若不防之而反从之,则彼必戕害乎我而凶矣,故戒占者如此。

张惠言:谓三弗过四,应上而防四也。谓四也。或,初。“凶”谓四也。此或疑焉。四之凶不当见于三,谓三不防四,四折之初,则体飞鸟而成明夷,三离灾眚,故“凶”耳。

尚秉和:四遇敌,故弗过。艮为守、为坚,下有群阴承之,利于防守,故曰防之。与渐九三、蒙上九利御寇义同也。三应在上。戕,害也。从或戕之者,言三若应上,则四或害之也。艮为刀剑,四艮反向下,故戕之。首回防之,所以戒也。

按:九三爻与上六爻阴阳相应,但九四阻隔为敌,下卦艮为“防”,所以系辞为“弗过防之”。

九三爻与六五爻互卦为兑,兑为毁折,九三爻若与九四爻硬碰硬,则有毁折之虞,所以系辞为“从或戕之,凶”。

《象》曰："从或戕之"，凶如何也。

虞翻：三来戕四，故"凶如何也"。

来知德：如何者，言其凶之甚也。

尚秉和：极言其凶。

按："凶如何也"是对"从或戕之"的解释。

九三爻若强行升至上六的位置，就会与九四爻硬碰硬，招致毁折，所以系辞为"凶如何也"。

九四：无咎，弗过遇之，

来知德：九四与九三不同，九三位当，九四位不当，故言"咎"。弗过者，弗过乎阴也。遇之者，反遇乎阴也。三之阴在下，其性止，故惟当防。四之阴在上，阳性上行，且其性动，与之相比，故遇也。

张惠言：失位，"咎"也。下成明夷，故失位无咎，谓四弗过三之初，而待五正体姤遇。

尚秉和：四临重阻，利往，故无咎。四应在初，遇谓遇三也，三为四敌，故戒以弗过，然而遇之。

按：九四爻阳遇阴，阳气生发，所以系辞为"无咎"。

九四爻与初六爻阴阳相应，九三爻阻止九四爻与初六爻相交，所以系辞为"弗过遇之"。

往厉必戒，勿用永贞。

来知德：往者，往从乎阴也。永贞者，贞实之心长相从也。

九四以刚居柔，若有咎矣，然当小过之时，刚而又柔，正即所谓小过也，故无咎。若其阳弗过乎阴，亦如其二，但四弗过乎阴,而反遇乎阴,不当往从之。若往从乎彼,与之相随,则必危厉,所当深戒。况相从而与之长永贞固乎?故又戒占者如此。

张惠言:往之初也。坤为“用”。五既变,则三弋初而正四,故“永贞”也。

尚秉和:往厉者,谓往应初而厉也。往应初,则三戕之,故厉。厉则宜有所戒,勿用而贞定自守可也。无咎指上行,弗过指下行。昔贤皆泥于往外为往,岂知需上云:三人来,是往外而曰来;睽上云:往遇雨,是来内而曰往。《易》固于往来不执定例也。

按:九四爻与初六爻相交,遇九三阻隔,九四爻与六二爻互卦为巽,反卦为兑,兑为毁折,所以系辞为“往厉必戒”。

九四爻恪守“潜龙勿用”之诫,含藏不动,所以系辞为“勿用永贞”。

《象》曰:“弗过遇之”,位不当也;

来知德:位不当者,刚居柔位。

张惠言:四失位,故常欲过三之初。

按:“位不当也”是对“弗过遇之”的解释。

九四爻阳居阴位不正,所以系辞为“位不当也”。

“往厉必戒”,终不可长也。

虞翻:体否上倾,故“终不可长”矣。

来知德:终不可长者,终不可相随而长久也。所以有

“往厉勿用”之戒。旧注因不知三爻、四爻“弗过”二字绝句，所以失旨。

尚秉和：言之初仍勿用为宜，终不可长。

按：“终不可长也”是对“往厉必戒”的解释。

下卦艮为“终”，上卦震为“长”，九四爻若与初六爻相交，降至“潜龙勿用”之位，失去在上阳气生发的机会，所以系辞为“终不可长也”。

六五：密云不雨，自我西郊。

虞翻：密，小也。晋坎在天为云，坠地成雨。上来之三，折坎入兑，小为密，坤为自我，兑为西。五动乾为郊，故“密云不雨，自我西郊”也。

来知德：本卦大象坎，云之象也。中爻兑，雨之象也。又兑西巽东，自西向东之象也。

尚秉和：《文言》以坤为云。五上重阴，故曰密云。兑为雨，风火在下，故不雨。兑西震东，言此密云起自西郊，而东行也。

按：六五爻与上六爻重阴，取象为“密云”；六五爻与九三爻互卦为兑，兑为泽，在天之泽未化为雨，所以系辞为“密云不雨”。

上卦震为东，六五爻居兑口，兑为西，所以系辞为“自我西郊”。

公弋取彼在穴。

虞翻：公谓三也。弋，矰缴射也。坎为弓弹，离为鸟。

矢弋无矢也，巽绳连鸟，弋人鸟之象。艮为手，二为穴，手入穴中，故“公弋取彼在穴”也。

来知德：以丝系矢而射曰弋。坎为弓，弋之象也。又巽为绳，亦弋之象也。坎为隐伏，又坎出自穴，入于穴，皆穴之象也。鸟之巢穴多在高处，今至五则已高而在上矣，故不言飞而言穴。本卦以飞鸟遗音象卦体，今五变成兑不成震，鸟不动，在于穴之象也。公者，阳失位在四，五居四之上，故得称公也。取彼者，取彼鸟也。鸟既在穴，则有遮避，弋岂能取之？云自西而东者，不能成其雨；弋取彼在穴者，不能取其鸟，皆不能小过者也。盖雨之事，大则雷雨，小则微雨；射之事，大则狩，小则弋。如有微雨，是雨之小过矣；能取在穴，是弋之小过矣。今不雨，不能取，是不能小过也。小畜以小畜大，小过以小过大，畜与过皆阴之得志也，故周公小过之爻辞同文王小畜之卦辞。

本卦“宜下不宜上”，至外卦则上矣。五以柔居尊而不正，不能成小过之事，故有此象，占者亦如是也。

张惠言：三，公位。谓三弋取初而正四，成既济，体坎离。句有误。初四易位，体二离。“鸟弋人”下有脱字也。巽伏为“穴”。在穴中者初也。

尚秉和：震为公、为射，故曰公弋。弋者，系绳于矢以射鸟。乃不射鸟，而以取彼在穴之艮狐，胡能得乎？盖五应在二，二巽为绳，艮为矢。以绳系矢，弋象也。而艮为穴、为狐，艮手为取。穴居之物，岂能弋取？言二不应五，有如此也。凡《易》取象,不于本变必于应,应爻有应予,如明夷初爻应在四震,则曰飞,曰翼,曰攸往,曰主人有言,全取震象而直言之。应爻无应予,亦往往取其象而明其不应,如归妹上六应在三兑,则曰女承筐,曰士刲羊,女与羊皆兑象;而三不应上,故又曰无实无血。及此爻皆是也。旧解不知此例,见象无着,则用卦变以当之,于是《易》义遂亡于讲说矣。

按:上卦震为侯,六五爻居天子位为"公"。九四爻与六二爻互卦为巽,巽为绳,下卦艮为"取"、为"穴",六五爻搭箭射鸟到六二这个位置去取猎物,所以系辞为"公弋取彼在穴"。

《象》曰:"密云不雨",已上也。

虞翻:谓三坎水,已之上六,故"已上也"。

来知德:本卦上逆下顺,宜下不宜上,今已高在上矣,故曰"已上也"。

张惠言:故"不雨"。

尚秉和:已上,与小畜之上往同义。

按:"已上也"是对"密云不雨"的解释。

六五爻阴居阳位,已升至天位,所以系辞为"已上也"。

上六:弗遇过之,飞鸟离之,凶,是谓灾眚。

虞翻:谓四已变之坤,上得之三,故"弗遇过之"。离为飞鸟,公弋得之,鸟下入艮手而死,故"飞鸟离之,凶"。晋坎为灾眚,故"是谓灾眚"矣。

来知德:此爻正与四爻相反。四曰"弗过,遇之"者,言阳不能过乎阴，而与五相比，是弗过乎阴而适遇乎阴也。此曰“弗遇，过之”者，言上六隔五，不能遇乎阳而居于上位，反过乎阳也。因相反，所以曰“弗过，遇之”，曰“弗遇，过之”，颠倒其辞者以此。离之者，高飞远举，不能闻其音声，正与“飞鸟遗之音”相反。凡阴多与阳者，圣人皆曰有灾眚，故复卦上六亦言之。

六以阴居动体之上，处小过之极，盖过之高而亢者也。阴过如此，非阴之福也，天灾人眚荐至，凶孰甚焉？故其象占如此。

张惠言：谓四先五动，明夷时也。谓上弗待五正遇三，而过五应三。注谓四也。案四下易初，则三在离鸟。三主弋鸟者，今不取“在穴”而由四下三体死，鸟离其凶，不能应上也。以凶主四，故取晋坎。今言三则四下初，三在坎矣。言非三咎。

尚秉和：弗遇，言为五所格，应三难也。乃竟过之，是无心相值，不虞之祸。盖艮为鸟，上卦艮覆，鸟首向下有坠象，而艮为刀兵，正坠兵刃之上。离、罹通，遭也。遭此意外之祸，故凶也。三巽体，巽为疾病，故为灾眚。是谓灾眚者，言祸非由己。致无妄之灾，不可如何也。

按：上六爻与九三爻阴阳相应，被六五爻阻隔，不能与九三爻相交，所以系辞为“弗遇过之”。

上卦震为“飞鸟”，所以系辞为“飞鸟离之”。

上六爻居天极之位，坤卦上六爻《象传》言：“龙战于野，其道穷也。”上卦震为春，阳道将生，阴道将尽，所以系辞为“凶，是谓灾眚”。

《象》曰：“弗遇过之”，已亢也。

虞翻：飞下称亢。晋上之三，故“已亢也”。

来知德：亢则更在上矣。

张惠言：《诗》传曰：“飞而上曰颉，飞而下曰颃。”故颃亢同。谓三已飞下，不上应上。

尚秉和：虞翻云：飞下称亢。按《说文》：亢，人颈，或从页。是亢即颃，古通为一字。《诗·邶风》：颉之颃之。《毛传》：飞而上曰颉，飞而下曰颃。故《前书·扬雄传·解嘲》：邹衍以颉亢而取世资。颃即作亢。师古云：颉亢，上下不定也。亦训亢为下。上卦艮鸟覆，有坠象，故曰亢。已亢者，言飞鸟离灾而下也。李道平云：阳言亢，阴不言亢，故虞不从俗说。《闻见录》云：唐张师为赞皇尉，梦白鸟飞翔坠于云际，召黄贺筮之，遇小过，曰：雷震山上，鸟坠云间；声迹两销，不可复见。委心顺命可也，是亦以艮为鸟。艮覆，故曰鸟坠。互大坎，故曰云间。震为声迹，坎隐伏，故曰声迹两销，不可复见。是亢之为下，再见于唐人所释。以艮覆为鸟坠，黄贺独知也。

按：“亢”是居天极之位的意思。“已亢也”是对“弗遇过之”的解释。

上卦鸟飞至天极之位，所以系辞为“已亢也”。

六三　既济卦

䷾坎上离下

既济：

来知德：既济者，事之已成也。为卦水火相交，各得其用；又六爻之位，各得其位，故为既济。《序卦》："有过物者必济，故受之以既济。"所以次小过。

张惠言：泰息卦。六爻皆正，故曰"既济"。济，成也。泰至既济则反否，故辞危。候在十月。爻不变。

尚秉和：《尔雅·释天》：济谓之霁。疏：霁，止也。《说文》同，《归藏》作岑霁。霁即霁字。上坎为雨，下离为日，雨过日出，故曰既济。谦《传》：天道下济，即下止也。《诗·庸风》：不能旋济。《传》：济，止也。《庄子·齐物论》：厉风济则万窍为虚。注：济，止也。《象传》曰：终止。《杂卦》曰：既济定。亦皆训济为止。既者，尽也，《左传》桓三年，日有食之既是也。既济者，言六爻尽当位而止其所也。止其所而不迁，则道穷，故《彖辞》不许其终吉。《释文》释济为度，《太玄》释为成，惟《彖传》曰终止，即明释既义、济义，既者尽也，终也，终止即既济。后儒纷纭不已者，以忽略终止即说卦义也。

按："既济"是卦名，卦象由上坎下离构成。《周易·序卦传》："有过物者必济，故受之以既济。"《杂卦》言："既济,定也。”既济卦下卦离为夏,上卦坎为冬,万物的生长在夏天达到最旺盛的状态,至冬天万物的生长停止,所以卦象被命名为“既济”。

既济卦与未济卦旁通。

亨小,利贞。

虞翻:泰五之二。小,谓二也,柔得中,故“亨小”。六爻得位,“各正性命,保合大和”,故“利贞”矣。

来知德:亨小者,言不如方济之时亨通之盛大也。譬如日之既昃,不如日中之盛,所以亨小,而不能大也。利贞者,即泰之“艰贞”也。

张惠言:于例当二之五,而五之二者,泰坤女主,下交上二,故卦主“柔得中”而“亨小”。

尚秉和:六爻皆当位有应,故亨。小利贞,小字,俞樾云:衍文,卦辞只曰亨利贞,故《传》特以小者亨也释之。如原有小字,则人人皆知,《传》不如此释矣。《子夏传》、虞翻皆以亨小断句,似非。毛奇龄云:宜以既济亨句、小利贞句,小利贞与小利有攸往同。按毛说于句读适矣,然《传》曰刚柔正,是兼大小言也,今专以属之小,于六交当位之义不合。然则小字属上下读皆不安,征之《彖传》,其为衍文无疑。俞氏之说,似为可信。盖《易》之为道,以阳为主,阴与阳绝不平等。故阴得阳应必吉,阳得阴应则不必吉,且有以为凶者,如大过四爻、中孚初爻皆是。既济二四承乘皆阳,又三阴皆有阳应,故小者亨。《彖传》专以亨属小,亦谓大者不然。大何以不然？凡阳遇重阴必吉，一阴则否。既济三五皆陷阴中，虽三阳皆得位有应，然所应者阴，固与柔爻异也，此《传》之所以专以亨属之小也。

按：既济卦六爻阴阳相应，所以为“亨”。下卦离为夏，上卦坎为冬，阴气上升，阳气下降，阴气为“小”，所以系辞为“亨小”。

既济卦六爻各居正位，所以系辞为“利贞”。

初吉，终乱。

虞翻：初，始也，谓泰乾。“乾知大始”，故称“初”。坤五之乾二，得正处中，故“初吉，柔得中也”。泰坤称“乱”。二上之五，终止于泰，则反成否，“子弑其父，臣弑其君”，天下无邦，终穷成坤，故“乱，其道穷”。

来知德：日中则昃，月盈则食，无平不陂，无往不复，一治一乱，乃理数之常。方济之时，人心儆戒，固无不吉矣。及既济之后，人心恃其既济，般乐怠敖，未有不乱者。此虽气数之使然，亦人事之必然也，故利于贞。

张惠言：坤为“终”。既济二也。既济者，已济也。其济在泰，至既济而尽，尽则二复于五，终泰而反否。

尚秉和：既济者，终止，其在既济之初，上下得所，民物咸宜，故初吉。然《易》之道以变通为贵，无或休息，止而终于是，则易道穷矣，故终乱。

按：“初”指六二爻。六二爻居中正之位，顺承九三爻，与九五爻阴阳相应，所以系辞为“初吉”。

“终”指上六爻。上六爻阴乘阳，坎卦上六爻《象传》言：“上六失道，凶三岁也。”所以系辞为“终乱”。

《彖》曰：“既济，亨”，小者亨也。

来知德：释卦名、亨小义，又以卦体释卦辞。言既济亨小者，非不亨也，正当亨通之时也。但“济”曰“既”，则亨小，不如方济之时亨通之盛大矣，故曰“既济，亨，小者亨也”，非不亨也，特小耳。小字生于既字。

张惠言：“小”谓二。由坤五之二，乃得“亨”。

按：“小者亨也”是对“既济，亨”的解释。

下卦离为夏，上卦坎为冬，阳为大，阴为小，冬天阴气浓盛，阳气退隐，所以系辞为“小者亨也”。

“利贞”，刚柔正，而位当也。

来知德：初、三、五阳居阳位，二、四、六阴居阴位，刚柔正而位当也。刚柔正，即是位当，有贞之义，故曰利贞。

按：“刚柔正，而位当也”是对“利贞”的解释。

六爻阳居阳位，阴居阴位，所以系辞为“刚柔正，而位当也”。

“初吉”，柔得中也；

虞翻：中谓二。

来知德：初指六二，二居内卦，方济之初，而能柔顺得中，则思患深而豫防密，所以吉也。

尚秉和：卦三阴三阳，二为阴始得中，故曰初吉。

按：“柔得中也”是对“初吉”的解释。

六二爻居中正之位，顺承九三爻，与九五爻阴阳相应，所以系辞为“初吉”。

终止则乱，其道穷也。

虞翻：反否终坤，故“其道穷也”。

来知德：终止则乱者，人之常情，处平常无事之时，则止心生，止则心有所怠而不复进，乱之所由起也；处艰难多事之时，则戒心生，戒则心有所畏而不敢肆，此治之所由兴也。可见非终之为乱也，于其终而有止心，此乱之所由生也。不止，乱安从生？文王曰“终乱”，孔子曰“终止则乱”，圣人赞《易》之旨深矣。其道穷者，以人事言之，怠胜敬则凶，此人道以理而穷也。以天运言之，盛极则必衰，此天道以数而穷也。以卦体言之，水在上终必润下，火在下终必炎上，此卦体以势而穷也。今当既济之后，止心既生，岂不终乱？故曰“其道穷”。

尚秉和：上六则阴之终，故曰终止。则乱，坤为乱也。五刚亦得中，不许其吉者，以陷于阴中，与柔得中异也。

按：“终止则乱，其道穷也”是对“终乱”的解释。

上六爻阴乘阳为“乱”。坎卦上六爻《象传》言：“上六失道，凶三岁也。”所以系辞为“终止则乱，其道穷也”。

《象》曰：水在火上，既济；

张惠言：水火相济以成其用，其不相济则患也。

按：“水在火上，既济”是从地理学的角度解释卦象。

上卦坎为水，下卦离为火，水火相济，所以系辞为“水在火上，既济”。

君子以思患而豫防之。

来知德：患者，蹇难之事，象坎险。防者，见几之事，象离明。思以心言，豫以事言。思患者，虑乎其后。豫防者，图之于先。能如此，则未雨而彻桑土，未火而徙积薪。天下之事，莫不皆然，非但既济当如此也。

张惠言：“君子”谓乾三也。坤为“患”，坎为“思”。泰天地交物所以济，终止则乱。乾三“惕若”，使二升五以正坤，故曰“思患而豫防之”，谓防否也。

尚秉和：治乱相循环，当治不可忘乱，坎为患、为心，故曰思患。

按：“君子以思患而豫防之”是从卦象引申出来的人文思想。

能够效法既济卦的人被称为“君子”。上卦坎为“思”、为“患”，下卦离为“豫防”，所以系辞为“君子以思患而豫防之”。

初九：曳其轮，濡其尾，无咎。

来知德：坎为轮，为狐，为曳轮，狐曳之象也。初在狐之后，尾象；在水之下，濡象。若专以初论，轮在下，尾在后，皆初之象。濡其尾者，垂其尾于后而沾濡其水也。舆赖轮以行，曳其轮则不前；兽必揭其尾而后涉，濡其尾则不济，皆不轻举妄动之象也。无咎者，能保其既济也。

初九当既济之时，尚在既济之初，可以谨戒而守成者，然初刚得其正,不轻于动,故有曳轮、濡尾之象。以此守成,无咎之道,故其象占如此。

张惠言:坎为“轮”、为“曳”。泰初本否四也。否四在艮为“狐”、为“尾”,未济之“小狐濡尾”是也。坎水为“濡”。初应在四,历坎,故“曳其轮,濡其尾”。濡曳似咎,正位,故“无咎”。既济六爻各正,不取相应,虽二五亦然,故二主承三也。

尚秉和:初应在四,四坎为曳、为轮、为濡。四居坎下,故曰曳,曰尾。所有象皆在应爻。旧解苦于本爻求,胡能合乎?曳、濡当有咎,得正,故无咎。

按:初九爻上承六二爻,六二爻与六四爻互卦为坎,坎为“轮”、为“狐”,初九爻在下,不能与六四爻阴阳相应,所以系辞为“曳其轮,濡其尾”。

初九爻阳居阳位为正,所以系辞为“无咎”。

《象》曰:“曳其轮”,义无咎也。

来知德:以此守成,理当无咎。

张惠言:正位,故“无咎”。

尚秉和:得正有应,当然无咎。

按:“义无咎也”是对“曳其轮”的解释。

初九爻阳居阳位为正,不轻举妄动,所以系辞为“义无咎也”。

六二:妇丧其茀,勿逐,七日得。

虞翻:离为妇,泰坤为丧。茀发,谓鬒发也。一名妇人之首饰。坎为玄云，故称茀。《诗》曰："鬒发如云。"乾为首，坎为美，五取乾二之坤为坎，坎为盗，故"妇丧其茀"。泰震为七，故"勿逐，七日得"。与睽"丧马勿逐"同义。髴，或作"茀"。俗说以髴为妇人蔽膝之茀，非也。

来知德：二乃阴爻，离为中女，妇之象也；又应爻中男，乃五之妇也。第者，车后第也，即今舟中蓬之类，所以从竹。坎为舆，离中虚，第之象也。近日书房皆写茀，茀者，草多也，去第远矣。坎为盗，离持戈兵，丧第之象也。此与屯卦六二相同。屯乘刚，故"邅如班如"；此则乘、承皆刚，故"丧其第"矣。妇人丧其第，则无遮蔽，不能行矣。变乾居一，前坎居六，离为日，七日之象也。勿逐自得者，六二中正，久则妄求去，正应合，所以勿逐自得也。又详见睽卦初九。若以理数论，阴阳极于六，七则变矣，时变则自得，盖变则通之意。

二以中正之德而上应中正之君，本五之妇也，但乘、承皆刚，与五不得相合，故有"妇丧第，不能行"之象。然上下中正，岂有不得相合之理？但俟其时耳。故又戒占者勿可追逐，宜令其自得也，又有此象。

张惠言：所谓被后夫人之燕服。"震"谓三也。离为日，震为离，二又在坎，故"得其茀"。言当顺三。睽初丧坎马，得震马，故同义。卦无膝象，故知非也。

尚秉和：《左传》昭五年：火，水妃也。故离为坎妇。茀，车蔽也。《诗·硕人》曰：翟茀以朝。疏：妇人乘车不露见,车之前后,障以翟羽,以自隐蔽,谓之茀。按《周礼》有巾车职,巾所以为蔽,即茀也。坎为隐伏、为茀。乃坎在外,故丧其茀。盖离为光明,二承乘皆阳,无所隐蔽,如妇人之丧其茀也。卢兆鳌云:初曳轮,二丧茀,义实相因。其改字作绂、作髢者,皆非也。震为逐,半震,故勿逐。七日得者,震为复,数七。言至七日,自然来复,与震二同义也。

按:“茀”是指车篷。古代妇女乘车不能抛头露面,所以所乘之车皆有车篷遮掩。下卦离为“妇”、为“茀”。六二爻与六四爻互卦为坎,坎为“丧”,所以系辞为“妇丧其茀”。

六二爻居中正之位,顺承九三阳爻,不可轻举妄动,所以系辞为“勿逐”。

下卦离为日、为火,火数七。七天之后,丢失的“茀”自然会返回,所以系辞为“七日得”。

《象》曰:“七日得”,以中道也。

来知德:中道者,居下卦之中。此六二之德也。济世之具在我,故不求自得。

张惠言:二中宜柔,道乃然也。

尚秉和:二得中,故得。

按:“以中道也”是对“七日得”的解释。

六二爻居中正之位,顺承九三爻,所以系辞为“以中道也”。

九三:高宗伐鬼方,三年克之,小人勿用。

虞翻:高宗,殷王武丁。鬼方,国名。乾为高宗,坤为鬼方;乾二之坤五,故“高宗伐鬼方”。坤为年,位在三,故

"三年"。坤为小人,二上克五,故"三年克之,小人勿用"。《象》曰:"惫也。"

来知德:离为戈兵,变爻为震,戈兵震动,伐国之象也。鬼方者,北方国也,夏曰獯鬻,商曰鬼方,周曰猃狁,汉曰匈奴,魏曰突厥。三与上六为应,坎居北,故曰鬼方。坎为隐伏,鬼之象也;变坤,中爻为方,方之象也,周公非空取"鬼方"二字也。离居三,三年之象也。既变坤,阳大阴小,小之象也。三居人位,小人之象也。变坤,中爻成艮止,勿用之象也。周公爻象一字不空,此所以为圣人之笔也。

既济之时,天下无事矣。三以刚居刚,故有伐国之象。然险陷在前,难以骤克,故又有三年方克之象。夫以高宗之贤,其用兵之难如此,而况既济无事之世,任用小人,舍内治而幸边功,未免穷兵厉民矣,故既言用兵之难,不可轻动,而又言任人不可不审也。教占者处既济之时当如此,戒之深矣。

张惠言:泰乾为君。三在震,帝君配天,故称"高宗"。坤为"鬼",为"方",故"鬼方"。三为高宗者,既济泰之用,以泰乾为君,乾三得位,使二上五征坤,故三为高宗。《象》曰"君子思患豫防",谓三也。谓上也。坎为劳也。

尚秉和:《易林》于既未济,偶用半象,本之《易》也,三四形震,震为帝、为主,故曰高宗,曰伐。坎为三年,为鬼方。高宗,殷王武丁。鬼方,西羌国名。《范书·西羌传》云:殷室中衰,诸侯叛,至高宗伐西戎鬼方,三年乃克。又曰周季历伐西落鬼戎是也。坎为艰,为劳,故三年乃克。小人谓上六,复上六云:反君道。比上六云:无首凶。师上六云:小人勿用。是上六反君道,无道,为小人之尤。兹于三爻发之者,以三应在上六,故预戒也。

按:下卦离为日、为君,九三爻取象为“高宗”,九三爻与九五爻互卦为离,离为戈兵,上卦坎为“鬼方”,所以系辞为“高宗伐鬼方”。

九三爻与九五爻互卦为离,先天八卦离数为三,上卦坎为劳,所以系辞为“三年克之”。上卦坎为小人,六四爻阴乘阳,所以系辞为“小人勿用”。

《象》曰:“三年克之”,惫也。

虞翻:坎为劳,故“惫也”。

来知德:惫者,病也。时久师老,财匮力困也。甚言兵不可轻用。

尚秉和:坎为劳,故曰惫。惫,疲极也。

按:“惫也”是对“三年克之”的解释。

上卦坎为劳,劳为疲惫,所以系辞为“惫也”。

六四:繻有衣袽,终日戒。

虞翻:乾为衣,故称“繻”。袽,败衣也。乾二之五,衣象裂坏,故“繻有衣袽”。离为日,坎为盗,在两坎间,故“终日戒”。谓“伐鬼方,三年乃克”。旅人勤劳,衣服皆败,鬼方之民,犹或寇窃,故“终日戒”也。

来知德:细密之罗曰繻。凡帛皆可言,故过关之帛曰繻。袽者，敝衣也。四变，中爻为乾，衣之象也。错坤为帛，繻之象也。又成兑为毁折，敝衣之象也。成卦为既济，本爻又得位，犹人服饰之盛也。济道将革，不敢恃其服饰之盛，虽有繻，不衣之，而乃衣其敝衣也。终日，尽日也。居离日之上，离日已尽之象也。戒者，戒惧不安也。四多惧，戒之象也。衣袽以在外言，终日戒以心言。

六四当出离入坎之时，阴柔得正，知济道将革，坎陷临前，有所疑惧，故有有繻不衣，乃衣其袽，终日戒惧之象。占者必如是，方可保既济也。

张惠言：三言定既济之难，四言既济不可恃。

尚秉和：此与解三用象同。繻，《说文》：缯采色。按：缯，《说文》：帛也。三四震象，震为衣。繻有，言有帛衣也。四五巽象，巽为帛，亦为袽。袽，败絮也。繻有衣袽者，言虽有帛衣，衣败絮以自晦，终日戒备也。离为日，坎为忧，故曰终日戒。盖四居两坎之间，坎为盗，惧有所侵犯，故恶衣以自晦。袽，《说文》引作絮，《释文》云：《子夏》作茹。茹、袽、絮音同，故通用。又云：京作絮。按，絮即絮之形讹字。《太玄·迎》首云：裳有衣繻。裳者礼服，繻者短衣，乃有裳不用而衣繻，释此句至为明晰。又《释文》：繻，《子夏》作繻。薛虞云：古文作𧝎。按𧝎、繻古通。《周礼》罗氏注郑司农云：𧝎为繻有衣絮之繻；《弓人》注郑司农云：帤读为𧝎有衣絮之絮。是𧝎、繻、袽、帤古通用，故各家读不同。

按：离为"衣"。六四爻居离卦中爻，上卦坎为败坏，华丽的衣服出现了破洞，所以系辞为“繻有衣袽”。

上卦为心忧，离在坎下，太阳沉入水底，所以系辞为“终日戒”。

《象》曰：“终日戒”，有所疑也。

来知德：疑者，疑祸患之将至也。

张惠言：四多惧，两坎间，坎为疑也。

尚秉和：坎为疑。

按：“有所疑也”是对“终日戒”的解释。

六四爻在上坎下坎之间，坎为“疑”，所以系辞为“有所疑也”。

九五：东邻杀牛，不如西邻之禴祭，实受其福。

虞翻：泰震为东，兑为西，坤为牛，震动五杀坤，故“东邻杀牛”。在坎多眚，为阴所乘，故“不如西邻之禴祭”。禴，夏祭也。离为夏。兑动二体离明，得正承五顺三，故“实受其福，吉大来也”。

来知德：邻者，文王《圆图》离居正南，坎居正北，震居正东，兑居正西，则东西者，乃水火之邻也，故有东西之象。观震卦上六变离，爻辞曰“不于其躬，于其邻”，则震兑又以南北为邻矣。杀牛不如禴祭者，言当既济之终，不当侈盛，当损约也。五变坤，牛之象。离为戈兵，坎为血，见戈兵而流血，杀之象。禴，夏祭。离为夏，禴之象。坎为隐伏，人鬼之象；又为有孚，诚心祭人鬼之象。杀牛盛祭，禴薄祭。“实受其福”者，阳实阴虚，阳大阴小。《小象》曰“吉大来也”，大字即实字，吉字即福字，大与实皆指五也。言如此损约，则五吉而受其福矣。泰入否，圣人曰“勿恤其孚，于食有福”；既济将终，圣人曰“不如禴祭，实受其福”，圣人之情见矣。六四不衣美衣而衣恶衣，九二不尚盛祭而尚薄祭，皆善与处终乱者也。

五居尊位，当既济之终，正终乱之时也，故圣人戒占者曰济将终矣，与其侈盛，不如艰难菲薄，以亨既济之福。若侈盛，则止而乱矣。故其戒之之象如此。

张惠言：东西称“邻”。五在震为“东邻”，二在兑为“西邻”。泰成既济，四时象正，“国之大事在祀与戎”，故三言“伐鬼方”，五言“祭事”也。

尚秉和：离位东，故曰东邻。坎位西，故曰西邻。离为牛，兑为毁折，为斧，故曰东邻之杀牛。坎为饮食，故为祭。禴，薄祭也。坎为薄，故曰西邻之禴祭。乾为福。杀牛而祭，当受福矣，然不如禴祭受福者，以坎当五，得中正之时也。此离东坎西之确证。郑氏谓离日出东，故曰东邻；坎月生西，故曰西邻。而不知离即在东，坎即在西，则卦象失传之故也。又汉人往往以纣与文王之事说此爻，非。

按：九五爻与九三爻互卦为离，先天八卦离位东，取象为“东邻”，离为戈兵、为牛，坎为血，所以系辞为“东邻杀牛”。

先天八卦坎位西，取象为“西邻”，坎为酒水，离为器、为夏，所以系辞为“不如西邻之禴祭”。

九五爻居中正之位，与六二爻上下相应，阴阳相通，所以系辞为“实受其福”。

《象》曰：东邻杀牛，不如西邻之时也。

来知德：“之”当作“知”，因与音同，写时之误。时，即“二簋应有时”之“时”。言“东邻杀牛，不如西邻知时也”，盖济道终乱之时，此何时哉？能知其时，艰难菲薄以处之，则自有以享其既济之福矣。

张惠言：既济“亨小”，故“西邻时”也。

按：上卦坎为冬、为隐伏，九五爻与九三爻互卦为离，离为夏、为光明。九五爻居中正之位，冬藏以待夏时，所以系辞为“东邻杀牛，不如西邻之时也”。

“实受其福”，吉大来也。

来知德：吉大来者，言吉来于大也。来字，与益卦“自外来也”“来”字同。

张惠言：受乾福也。阳为大。

尚秉和：受福，故吉。

按：“吉大来也”是对“实受其福”的解释。

九五爻居中正之位，有酒食可享，所以系辞为“吉大来也”。

上六：濡其首，厉。

来知德：初九，卦之始，故言濡尾者，心有所畏惧，而不敢遽涉也。上六，卦之终，故言濡首者，志已盈满，而惟知其涉也。大过上六，泽水之深矣，故“灭顶”。既济上六，坎水之深矣，故“濡首”。

既济之极,正终乱之时也,故有狐涉水而濡首之象。既濡其首,已溺其身,占者如是,危可知矣。

张惠言:象上濡五也。泰所以否也。

尚秉和:坎为首。阴乘阳,故濡其首。与比上六之无首义同。《象》所谓终乱者此爻。

按:上卦坎为水,上六爻阴乘九五之阳,所以系辞为“濡其首”。

上六爻阴乘阳,所以系辞为“厉”。

《象》曰:“濡其首,厉”,何可久也。

虞翻:乾为首,五从二上,在坎中,故“濡其首,厉”。位极乘阳,故“何可久”。

来知德:言必死亡。

尚秉和:荀爽曰:居上濡五,处高居盛,必当复危,故何可久。

按:“何可久也”是对“濡其首,厉”的解释。

坤卦上六爻《象传》言:“龙战于野,其道穷也。”阴道将尽,所以系辞为“何可久也”。

六四　未济卦

䷿离上坎下

未济:

虞翻:济,成也。六爻皆错,故称未济也。

来知德:未济,事未成之时也。水火不交,不相为用,其六爻皆失其位,故为未济。《序卦》:"物不可穷也,故受之以未济,终焉。"所以次既济。

张惠言:否消卦。六爻皆错,故名曰"未济"。未济者,言反泰则济也。内卦候在十月,外卦十一月。卦辞不变,消道也。爻正既济,明可以济也。

尚秉和:济,止也。六爻皆当位,止其所而不动,故曰既济。兹六爻皆不当位,不止,故曰未济。

按:"未济"是卦名,卦象由上离下坎构成。《周易·序卦传》言:"物不可穷也,故受之以未济,终焉。"未济卦下卦坎为冬,上卦离为夏,由冬到夏,天地没有穷尽,万物生生不息,所以卦象被命名为"未济"。

未济卦与既济卦旁通。

亨。

虞翻:否二之五也。柔得中,天地交,故"亨"。

来知德:亨者,言时至则济矣,特俟其时耳,故亨也。

尚秉和:终而止,则其道穷;终而不止,则其道不穷,故既未济相续而循环。柔得五中,故亨。

按:下卦坎为冬,上卦离为夏,由冬至夏,所以系辞为"亨"。

小狐汔济,

虞翻:否艮为小狐。汔,几也。济,济渡。狐济几度而濡其尾,未出中也。

来知德:坎为狐,坎居下卦,故曰“小狐”。坎为水,为隐伏,穴处而隐伏,往来于水间者,狐也;又为心病,故多狐疑。既济、未济二卦皆以狐言者此也。水涸曰汔,此指济渡水边水浅处言也。

张惠言:谓四也。“几渡”谓二上之五涉坎,由濡尾,故“未济”。

尚秉和:艮为小狐。卦有三艮形,故《易林》涣之未济云:三虎上山,更相喧唤。是以未济为三艮,故曰三虎上山。兹曰小狐,是以艮为狐。汔,《说文》:涸也。干宝云:小狐力弱,汔乃可济。

按:下卦坎为大川、为“小狐”,小狐想要渡河济险,所以系辞为“小狐汔济”。

濡其尾,无攸利。

虞翻:艮为尾。狐,兽之长尾者也。尾谓二,在坎水中,故“濡其尾”。失位,故“无攸利,不续终也”。

来知德:濡其尾者,言至中间深处,即濡其尾而不能涉矣,此未济之象也。无攸利,戒占者之辞。言未济终于必济,故亨。然岂轻于济而得亨哉?如小狐不量水中之浅深,见水边之浅涸,果于必济,及济于水中,乃濡其尾而不能济矣。如此求济,岂得济哉?占者无攸利可知矣。故必识浅深之宜,持敬畏之心,方可济而亨也。

张惠言:未济,非可终之道。

尚秉和:今水未涸,故濡其尾。艮为尾也。濡尾,故无攸利。按《九家》，坎亦为狐。兹曰小狐、曰尾，艮为小、为尾，故知取艮象。济者，济坎水也。

按：下卦坎为水、为狐，初六爻为狐尾，所以系辞为“濡其尾”。

初六爻阴居阳位不正，所以系辞为“无攸利”。

《彖》曰：“未济亨”，柔得中也。

来知德：释卦辞。柔得中，指六五阴居阳位得中，则既不柔弱无为，又不刚猛偾事，未济终于必济，所以亨。前卦既济之初吉者，已然之亨也，柔中之善于守成者也。此卦未济之亨者，未然之吉也，柔中之善于拨乱者也。

张惠言：谓否二之五，天地交。

按：六五爻居中，所以系辞为“柔得中也”。

“小狐汔济”，未出中也。

虞翻：谓二未变，在坎中也。

来知德：未出中者，未出险中也。言止于水边涸处，济之而未能出其险陷之中也。

张惠言：谓二以上体既济，故“几济”也。

尚秉和：未出中，言二陷于坎中也。

按：“未出中也”是对“小狐汔济”的解释。

初六爻居九二爻之下，所以系辞为“未出中也”。

“濡其尾，无攸利”，不续终也。

虞翻：否阴消阳，至剥终坤，“终止则乱，其道穷也”。乾五之二，坤杀不行，故“不续终也”。

来知德：济而得济谓之终，今未出中，则始虽济而终不能济，是不能继续而成其终矣。

张惠言：谓未济亦救否之道。然六爻失位，不可相续而终，故二居坎"无攸利"也。

尚秉和：六爻皆不当位，无攸利。然刚柔相应，穷则宜变，变则通，故不续终。

按："不续终也"是对"濡其尾，无攸利"的解释。

下卦坎为"终"，初六爻与九四爻阴阳相应，当升至九四爻的位置摆脱坎险，所以系辞为"不续终也"。

虽不当位，刚柔应也。

来知德：然岂终于不济哉？盖六爻虽失位，故为未济，然刚柔相应，终有协力出险之功，是未济终于必济，此其所以亨也。

尚秉和：然刚柔相应，穷则宜变，变则通，故不续终。申不止之义也。

按：未济卦六爻虽然居位不正，但上下相应，阴阳相通，所以系辞为"虽不当位，刚柔应也"。

《象》曰：火在水上，未济；

张惠言：火水各居其方，未成其功也。

按："火在水上，未济"是从地理学的角度解释卦象。

上卦离为火，下卦坎为水，火性炎上，水性润下，水火不交，所以系辞为"火在水上，未济"。

君子以慎辨物居方。

虞翻:君子,否乾也。艮为慎。辩,辩别也。物谓乾,阳物也;坤,阴也;艮为居,坤为方;乾别五以居坤二,故"以慎辩物居方"也。

来知德:火炎上,水润下,物不同也。火居南,水居北,方不同也。君子以之慎辨物,使物以群分,慎居方,使方以类聚,则分定不乱,阳居阳位,阴居阴位,未济而成既济矣。

张惠言:当云"阴物也",脱"物"字。以阳为主,故"乾别五"。

尚秉和:乾阳物,坤阴物,阴阳各当位,是居方也。阴阳皆不当位,是聚而失其方也。辨而明之,慎其居而择所处,则无咎矣,故君子以之。

按:"君子以慎辨物居方"是从卦象引申出来的人文思想。能够效法未济卦的人被称为"君子"。下卦坎为水、为阴物,居北方;上卦离为火、为阳物,居南方。六爻阳居阴位不正,阴居阳位亦不正,所以系辞为"君子以慎辨物居方"。

初六:濡其尾,吝。

虞翻:应在四,故"濡其尾"。失位,故"吝"。

来知德:兽之济水,必揭其尾,尾濡则不能济。濡其尾者,言不能济也。

初六才柔,又无其位,当未济之时,乃不量其才力,而冒险以进,不能济矣,吝之道也,故其象占如此。

张惠言:四在否艮,故为"尾"。四濡尾,故不应。初

“伐鬼方”,则下正初矣。

尚秉和:在下,故曰尾。濡尾,故吝。

按:下卦坎为水、为狐,初六爻为狐尾,狐狸的尾巴被坎水沾湿了,所以系辞为“濡其尾”。

初六爻阴居阳位不正,所以系辞为“吝”。

《象》曰:“濡其尾”,亦不知极也。

来知德:极者,终也,即《彖辞》“濡其尾,无攸利,不续终也”。言不量其才力而进,以至濡其尾,亦不知其终之不济者也。

张惠言:李鼎祚云:“极,中也。谓四居坎中,以‘濡其尾’,是‘不知极也’。”

尚秉和:极,《说文》:栋也。栋居屋中,故极者,中也。濡尾,故不知极。言初在下失中。

按:“亦不知极也”是对“濡其尾”的解释。

下卦坎为知、为终,初六爻阴居阳位不正,不知大难临头,所以系辞为“亦不知极也”。

九二:曳其轮,贞吉。

来知德:坎为轮,曳其轮者,不遽然而进也。凡济渡,必识其才力,量其浅深,不遽于进,方可得济,不然,必濡其尾矣。贞者,得济之正道也。吉者,终得以济也。

二以阳刚之才,当未济之时,居柔得中,能自止而不轻于进,故有“曳其轮”之象。占者如是,正而吉矣。

张惠言:坎为“轮”、为“曳”。未济之家,不正相应,故皆不取应爻，二应五而“曳其轮”也。“贞”而得位，故“吉”矣。

尚秉和：坎为轮，为曳。居中，故贞吉。

按：下卦坎水流动为轮，九二爻阳陷阴中，裹足不前，所以系辞为“曳其轮”。

九二爻居中，与六五爻上下相应，阴阳相通，所以系辞为“贞吉”。

《象》曰：九二贞吉，中以行正也。

虞翻：谓初已正，二动成震，故“行正”。

来知德：九居二，本非其正，以中故得正也。

张惠言：震为“行”。

尚秉和：以位言，九二中而不正。兹曰行正，以正释贞也，非谓位正。

按：“中以行正也”是对“九二贞吉”的解释。

九二爻居中，与六五爻上下相应，阴阳相通，所以系辞为“中以行正也”。

六三：未济，征凶。利涉大川。

来知德：未济者，言出坎险，可以济矣，然犹未济也，故曰未济。利涉大川者，正卦为坎，变卦为巽，木在水上，乘木有功，故利涉大川。征者，行也。初濡其尾，行而未济也。二曳其轮，不行也。坎至于三，则坎之极，水益深矣，故必赖木以渡之，方可济也。若不赖木而直行，则濡其尾而凶矣。

阴柔不中正，当未济之时，病于才德之不足，故征凶。然未济有可济之道，险终有出险之理，幸而上有阳刚之应，若能涉险而往，赖之则济矣。故占者利于赖木以涉大川。利涉大川，又占中赖阳刚之象也。

张惠言：三在两坎之中，故独象未济。三变正，四在震为“征”，谓“伐鬼方”也。初二未变，入大过，故“凶”也。四下正初，五变二正，上“孚”，既济皆三之用，故“利涉大川”。

尚秉和：不当位，前遇险，故征凶。征凶则不能利涉，兹曰利涉大川，上下文义反背。朱子疑利上有不字。按《象》云位不当，则不利也。缺以俟知者。

按：下卦坎为险，六三爻与六五爻互卦为坎，居上下坎险之中，所以系辞为“未济”。

六三爻阴居阳位不正，动则遇险，所以系辞为“征凶”。

六三爻与上九爻上下相应，阴阳相通，六三爻当升至上九爻的位置，脱离坎险，所以系辞为“利涉大川”。

《象》曰：“未济，征凶”，位不当也。

来知德：以柔居刚。

张惠言：六爻皆位不当，因三言“未济”而发之。

尚秉和：承乘皆险，动则必凶。柔居刚，故位不当。

按：“位不当也”是对“未济，征凶”的解释。

六三爻阴居阳位，居上下坎险之中，所以系辞为“位不当也”。

九四:贞吉,悔亡。

虞翻:动正得位,故吉而悔亡矣。

来知德:以九居四,不正而有悔也。能勉而贞,则吉而悔亡矣。然以不贞之资,非临事而惧,何以能济天下之事哉?故必忧惕敬惧之久,则其志可行,而有以赏其心志矣?故占者又有“震用伐鬼方,三年有赏于大国”之象。

尚秉和:贞吉,卜问吉也。

按:九四爻阳居阴位不正有悔,与初六爻阴阳相应,上下易位,变为损卦:䷿→䷨,九四爻下降到损卦初九爻的位置,回归正位,脱离坎险,所以系辞为“贞吉,悔亡”。

震用伐鬼方,三年有赏于大国。

虞翻:变之震,体师,坤为鬼方,故“震用伐鬼方”。坤为年、为大邦,阳称赏,四在坤中,体既济,离三,故“三年有赏于大邦”。

来知德:震者,惧也。四多惧,四变中爻为震,故以震言之。伐鬼方三年,详见既济。大国对鬼方而言,则伐之者为大国,鬼方为小国也。有赏于大国者,三年鬼方自顺服,故大国赏之,惟其有赏,故不言克之也。既济言克之者,鬼方在上,仰关而攻,克之甚难,且水乃克火之物,火又在下,所以三年方克。《小象》曰“惫”者,此也。此则鬼方在下,易于为力,故自屈服。曰有赏者,如上之赏下也。未济与既济相综,未济九四即既济九三,故爻辞同。亦如损、益相综,损之六五即益之六二;夬、姤相综,夬之九四即姤之九三，所以爻辞皆同也。综卦之妙至此。

张惠言：五未正也。“鬼方”谓四。“震”谓三也。又言“三”以四阳下正初也。四体既济离三，亦“伐鬼方”之爻也。初坤爻又“鬼方”。“三年”者，自四下初，三爻，故“三年”。以其正在初，故以离三言之耳。

尚秉和：坎为鬼。《易林》观之既济云：班马还师。是用半震。震为马，为反。既济三半震，故曰班马还师。兹《易》曰震用伐鬼方，亦以四五形震，为《易林》之所本。震为威武、为征伐。坎为三，故曰三年。有赏于大国者，言伐鬼方有功，以大国赏之也。盖以五上半艮为国也。高士奇《天禄识余》云：《易》震用伐鬼方，郭琛谓震乃挚伯名。《程传》训为威武，则三年有赏于大国，何人也？以文理言，此说颇胜，而述之者少。

按：九四爻与九二爻互卦为离，离为刀兵，先天八卦离位东，后天八卦震位东，刀兵为“震用”，下卦坎为“鬼方”，震为征伐，所以系辞为“震用伐鬼方”。

先天八卦离数为三。九四爻与初六爻阴阳相应，上下相交，变为损卦：䷿→䷨，损卦上卦艮为大国，下卦兑为悦，“震用伐鬼方”三年方见成效，所以系辞为“三年有赏于大国”。

《象》曰：“贞吉，悔亡”，志行也。

来知德：志行者，已出其险，济之之志行也。履之九四、否之九四、睽之九四皆言“志行”，以“四多惧”故也。

张惠言：震正四，以四阳下正初。坎为“志”，震为“行”，故“志行”。

尚秉和：坎为志。四承乘皆阴，故志行。

按：“志行也”是对“贞吉，悔亡”的解释。

九四爻在坎卦中央，坎为心志，九四爻志在与初六爻阴阳相交，所以系辞为“志行也”。

六五：贞吉，无悔。

虞翻：之正则吉，故“贞吉，无悔”。

来知德：贞非戒辞，乃六五之所自有。无悔与悔亡不同，无悔者，自无悔也；悔亡者，有悔而亡也。未济渐济，故虽六五之阴而亦有晖光；既济渐不济，故虽九五之阳而必欲如“西邻之禴祭”。凡天地间造化之事，富贵功名类皆如此。

六五为文明之主，居中应刚，虚心以求九二之共济，贞吉，无悔矣。

张惠言：上变坎为“悔”。未济柔中亨，嫌变有悔。

按：六五爻居中，与九二爻阴阳相应，上下易位，变为无妄卦：䷿→䷘，六五爻下降到无妄卦六二的位置，居中正之位，脱离坎险，所以系辞为“贞吉，无悔”。

君子之光，有孚，吉。

虞翻：动之乾，离为光，故“君子之光”也。孚谓二，二变应己，得有之，故“有孚，吉”。坎称孚也。

来知德：故本之于身，则光辉发越；征之于人，则诚意相孚，吉不必言矣。占者有是德，方应是占也。文明即“君子之光”，中虚即“有孚”。

张惠言：三四已正。

尚秉和：离为光，五君位，故君子之光。下有应，故有孚，吉。

按：六五爻居离卦中央，离为“光”，所以系辞为“君子之光”。

六五爻与九二爻阴阳相应，上下相交，下卦坎为“孚”，所以系辞为“有孚，吉”。

《象》曰：“君子之光”，其晖吉也。

虞翻：动之正，乾为大明，故“其晖吉也”。

来知德：日光曰晖，言如日光之盛。盖六五承乘应皆阳刚君子，相助为明，故其晖吉。

张惠言：谓五丽乎大明。

尚秉和：离为大明，故其晖吉。晖，《说文》：光也。

按：“其晖吉也”是对“君子之光”的解释。

上卦离为光明，六五爻居中有应，所以系辞为“其晖吉也”。

上九：有孚于饮酒，无咎。

虞翻：坎为孚，谓四也。上之三介四，故“有孚”。饮酒流颐中，故“有孚于饮酒”。终变之正，故“无咎”。

来知德：六爻皆有酒象。《易》中凡言酒者，皆坎也。上二爻离错坎，亦酒也。“是”字即“无咎”二字。上九负刚明之才，又无其位，果何所事哉？惟有孚于五，饮酒宴乐而已。此则近君子之光，所有孚者是矣，无咎之道也。

张惠言：“饮”当为“坎”字误。

尚秉和：坎为酒，为饮食。上九下履重坎，故有孚于饮酒。有应，故无咎。

按：上九爻与六三爻阴阳相应，下卦坎为“有孚”、为“饮酒”，上九爻下降到六三的位置，回归正位，所以系辞为“有孚于饮酒，无咎”。

濡其首，有孚，失是。

虞翻：乾为首，五动首在酒中，失位，故“濡其首”矣。孚，信；是，正也。六位失正，故“有孚，失是”，谓若殷纣沉湎于酒，以失天下也。

来知德：“濡其首”者，三也。坎水至三，坎水极深矣，故涉之者濡其首。既济之上六即未济之六三也。既济言“濡其首”，故上九与六三为正应，即以“濡其首”言之。六五为未济之主，资九二之刚中，三涉川，四伐国，至于六五，光辉发越，已成克济之功矣。若以濡其首之三为我之正应，乃有孚于二，与之饮酒，则坠落于坎陷之中，与三同濡其首，所有孚饮酒者不是矣，安得无咎哉？故曰“有孚，失是”。教占者必如此。

张惠言：否乾也。坤二之五也。此又综六爻之义而言。“有孚”谓四。四“失是”者，既济泰主九三，故“高宗伐鬼方”；未济否主九四，故“震用伐鬼方”；以其为消息之主，故既济之得正由三，未济之失正由四，其贞亦四，先之初也。干宝、侯果皆以既济为殷亡周兴之卦，盖古有是说，故引“纣沉湎于酒”为比。

尚秉和：上应在三，三居重坎之中，故亦濡其首。六爻皆有应，故有孚。皆失位，故失是。然不续终之故，正以此也。

按：上九爻与六三爻阴阳相应，应当下降到六三爻的位置，所以系辞为“濡其首，有孚”。

上九爻阳居阴位不正，应当下降到六三爻的位置，所以系辞为“失是”。

《象》曰：“饮酒濡首”，亦不知节也。

虞翻：节，止也。艮为节，“饮酒濡首”，故“不知节”矣。

来知德：节者，事之界也。“濡首”，同于六三，亦不知三在坎险之界，而自罹其咎矣。

张惠言：否四爻云“有孚也”。

尚秉和：上艮为节。节，止也。过而不止，故不知节。

既、未济之卦形，即异于常卦，故所取之象，往往为本卦所无。如曰逐、曰高宗、曰伐、曰繻衣袽、曰杀、曰祭、曰福、曰大国、曰震，本卦皆无此象，于是虞氏用卦变以求其象，惝恍支离，莫可究诘。然经于九四曰震，且明以四五为震矣，故知其他皆用半象也。《易林》本之，于观之既济云：班马还师。震之既济云：齫齫啮啮。兑之既济云：积石为山。旅之既济云：逐鹿南山。恒之既济云：三妪治民。是皆于既济取震马、震鹿、巽妪、兑齿、艮山象。又谦之未济：

千柱百梁。是以艮为梁柱。未济三艮形,故曰千柱百梁。又涣之未济:三虎上山。亦以三艮为三虎。又蹇之未济云:一口三舌。亦以重兑为三舌。凡《易林》取象,无不本于《易》,此用半象,必有所受之,而其详不传。由是证施、孟、梁丘三家《易》学,其取象皆尚有极繁琐之口传。徒以古人尚质,竹书艰难,其所为《易》传,皆疏其大义,而不详其烦琐,致使象数之细微,皆存之口授,不著竹帛,以伤其方雅。故汉时学《易》者必有师。非重师,重口授也。口授一绝,后人虽欲知而莫由。幸《焦氏易林》未亡,吾人可按其辞,抽绎坠象,使《易》之晦辞得以复明,《易》之误解俾以复正,不然,且终古长夜矣。

上经终坎离,坎中爻震艮,离中爻巽兑,是举坎离而六子具也。下经终既未济,乾坤具备;而既济一阳一阴,则震兑也;未济一阴一阳,则艮巽也,是举既未济而八卦备也,故以为六十四卦之殿。其卦既无所不包,其象遂父母与六子俱备。故《易》与《易林》,于既未济取象,独不同欤?

按:“亦不知节矣”是对“饮酒濡首”的解释。

上九爻下降到六三爻的位置,所以系辞为“饮酒濡首”。

上九爻居艮位,艮为“节”,上九爻若固守此位,则有“亢龙有悔”之忧,所以系辞为“亦不知节也”。

后　记

《周易六十四卦象数集解》是我的第一本学术著作。我的大学本科专业学的是汉语言文学,硕士、博士读的是中国现当代文学,在大学教书近30年,也主要从事中国现当代文学的教学与研究。

我为什么从文学跨界到易学,这其中的缘由似可略说一二。

我第一次接触《易经》,是1990年。读的是中华书局出版的高亨先生的《周易古经今注》。彼时我在东北的一所大学读研究生,面临毕业选择。至今犹记得,当我读到蹇卦,这样一句话不期而至:“利西南,不利东北。”仿佛冥冥中,自己和蹇卦卦辞从此结下了不解之缘。

1993年,我抱着离开云南的心态考入华东师范大学中文系攻读中国现当代文学博士学位。没想到,阴差阳错,三年之后,我博士毕业,又回到了云南。

我们这一代学人,是上个世纪八十年代进入大学校园的,从本科到研究生,所受到的文学教育、人文教育,所阅读的书籍,几乎都是以西方文化、西方文学为主的。虽然研究的对象是中国现当代文学,但所操持的文学批评的武器几乎都是存在主义、荒诞派、结构主义、后结构主义、后现代主义、新历史主义、女性主义、文化批评一类的西方时髦学说。许多学人都相信文学的秘密心脏与精神的原乡就隐匿在这些学说当中。所以我们这一代学人对西方人文著作、文学作品的阅读与膜拜,远远胜过对中国文化、中国古籍和古典文学的热爱。那时,我们都有一个“生活在别处”的美丽梦幻。

大约是2002年以后,我对自己所从事的文学批评与研究产生了一种倦怠,必须阅读的文学作品常使我感到“意味索然”,于是完全出于个人的好奇与兴趣,不是为了学术论文的写作,不是为了各类项目的申报,只是为了弥补自己的阅读缺陷与“文化空白”,我转向了对儒道释经典随心所欲的研读。

2003年以后,我开始致力于研读易学典籍。起初是给中国现当代文学专业的研究生作十部中国古代典籍的导读,《周易》即是其中之一;后来又给中文专业本科生开设《周易导读》的选修课。课堂上的讲解,当然是极为粗浅的,不过是为了引发个别学生对中国文化的兴趣而已。教学之余,凡是我能搜集到的易学书籍,我都找来囫囵吞枣似地阅读。开始读的是《周易正义》《程氏易传》《周易折中》等义理易学的名著。这些易学名著的哲学思想非常深刻，读的时候令人怦然心动，满心欢喜，但读完之后，却又有四顾茫然之感。义理易学著作的确能够给人思想的启迪，但也的确不能藉此登堂入室，进入《周易》的世界。这是我研读众多义理易学著作之后，得出的或许偏颇的一管之见。

对我的易学研究产生重要影响的著作是潘雨廷先生点校的《周易集解纂疏》和他所著的《周易虞氏易象释 易则》。潘先生是华东师范大学古籍研究所的教授。我去华东师范大学读书时，先生已经驾鹤西去，惜无缘亲聆謦欬。好在潘先生的弟子张文江教授整理并促成了先生系列遗著的出版，生前寂寞的潘雨廷先生因此而复活，他的易学思想广为流布，熠熠生辉，沾溉士林。我从潘雨廷先生的著述里，知道了三国谋士虞翻，对其将六十四卦卦爻辞还原为八卦卦象的解《易》思路佩服不已，始悟《周易》的经传文字是缘象而生的，不能离象空言。

对虞氏《易》作了深入的研读之后，我开始感到不满。虞翻将文字还原为易象的思路，毫无疑问，是契合春秋易学的精神的，但他通过卦变还原易象的迂曲注《易》方法，我却是心有存疑的。我认为，先圣在创作《易经》的时候，绝不会事先发明一个卦变的系统来使文字与易象一致。大道至简，目击道存，观象系辞，应是圣人著述的不二法门。后来看到南怀瑾先生极为推崇明代来知德的《周易集注》，于是又开始学习来氏《易》。从来知德的《周易集注》

那里，我得到的最大收获是懂得将一个卦象颠来倒去、上看下看、左看右看、错综复杂地看。但来氏《易》注也有卦象解释含糊、义理发挥过甚的地方。这是我对他的不满意之处。

大概在2004年，我开始读中华书局出版的《周易尚氏学》，2005年又购得张善文先生校理、中国大百科全书出版社出版的《尚氏易学存稿校理》丛书。尚氏易学对我的影响，可以说是石破天惊，醍醐灌顶。于省吾先生评价《周易尚氏学》“对易象的贡献是空前的”，洵不诬也。尚秉和先生从汉魏象数古易中发现了被人们遗忘已久的八卦逸象，他的《周易尚氏学》，我以为深得伏羲、文王、孔子的精神。毋庸讳言，尚先生的著作，也不是尽善尽美的，他的著作个别地方存在训诂繁琐、略而不注、“求异”“求新”的瑕疵。

多年以后，我又有幸读到台湾学者闫修篆先生的大著《皇极经世书今说》。闫修篆先生的经历颇为不凡，以少将军衔退役，转任商界，对易学深有研究。在《自序》中，闫先生引用了南怀瑾先生说过的一句话：“《易经》著作，虽已汗牛充栋，而得透羲皇消息者不多。”坦率地说，古代易学家，我最推崇的是北宋的邵雍。他的《皇极经世书》，我以为是“得透羲皇消息”的著述。遗憾的是，不知为什么，邵雍并没有注解《周易》。鄙陋如我，对南怀瑾先生“得透羲皇消息者不多”这句话“心有戚戚焉”，竟萌发出为《易经》作一部通达的注解著作的大胆念头。

2020 年 7 月，我向学校提出申请，辞去院长一职，回到教学岗位，教学之余，全力以赴致力于《周易》的注解。

2021 年 1 月元旦过后，完成《周易六十四卦象数集解》初稿。我之所以要将虞翻、来知德、张惠言、尚秉和的《易》注汇集在一起，一是为了向四位易学前贤致敬，说明自己易学研究的学术谱系；二是我认为四位前贤的《易》注符合《周易》“观象系辞”的著述方式，他们彼此之间，存在前后影响的学术关系，若能参透他们的注解，对其得失作出审慎的抉择，“于《易》则可彬彬矣”；三是我想完成一部汇集几家代表性观点的象数易学之作，为易学爱好者、研究者提供一部比较方便研读的著作。

最后，感谢学校、学院的出版资助，感谢支持、帮助过我的师友、家人。

2022 年 8 月 16 日于昆明四玩斋